中國近代期刊彙刊·第二輯

# 國風報

十

第二年第十二期——第二年第十七期

中華書局

# KOUK FONG PO

**No. 12**

**Issued on Tri-monthly**

大清郵政局特准掛號認爲新聞紙類

日本明治四十三年二月十三日第三種郵便物認可

# 國風報

宣統三年五月初一日

第貳年第拾貳期

每月三期逢壹日發行

**Annual Subscription $650 each copy 25 cents.**

Published by Hor Kwok Ching

**585 Foochow Road**

SHANGHAI, CHINA.

# 愛理士紅衣補丸

治愈心腎不交不耐操勞兼精血與腦筋薄弱承煙台芝罘日報館主人兼允康人壽保險公司經理　王君炳南惠來證書玉照

僕年來俗事紛繁祇以終歲奔勞無非破耗心神精血且也身膺報務素稱瑣雜衡繁日惟往來酧應函牘交馳百事勞形積久成弱以致神思過度心腎不交且居常不耐操勞每握管凝思輒覺神惛志亂甚則頭脹眼眩兼之記力較前大為差別隔夕便已遺忘此精血與腦筋日受損磨而成虛弱已無疑義近且身體日形消瘦胃納已大不如前久思得補血補腦之方以治之而還延日久以未逢其常今秋檢閱各報見告白中登有貴廠愛理士紅衣補丸有造血培元之力細察証書仿單似與僕患甚為吻合遂向本埠藥房試購兩瓶按日服之不期半月之間精神漸覺爽健面上血色亦由黃轉潤矣且眠食安舒日有進步於是深信是丸能補血補腦無疑且能固腎培元亦非虛語蓋耳聞不如自行實驗也遂再購六瓶日服三頓不斷及到二月竟將吾以前所患者悉行治愈前後判若兩人故目前雖日處繁劇而毫無倦意並知體魄已強腦筋亦壯乃深嘆愛理士紅衣補丸效驗神速可謂碩大無朋矣君子得惠莫忘僕愧無以報聊草驗數行并小影一張略表寸意希登於報中俾同病者知所憑証焉

每瓶補丸四十粒價洋一元二角　每六瓶價洋六元

各埠藥房商店均有發售倘內地無從購買請至上海四川路一百十七號震寰藥廠購辦即日回件郵費不加

# 中國合衆人壽保險公司兼辦婚姻百歲會廣告

本公司自乙巳年開辦迄今已有七年賠款之迅速已彰彰在人耳目無庸多贅矣前年又仿泰西保人壽辦法意雖良善保費未免太昂如保一千之數至少每年亦須供費百餘金非多數之人力所能逮今本公司爲普助同胞起見仿照粵東現在所辦婚姻百歲會章程畧爲變通創辦於滬上其辦法先投資數元如遇天年可領銀至一千元無論男女老幼富貴貧賤身體强弱皆可投保並不用醫生驗視以省煩瑣如有意投保者請到本公司取閱詳細章程可也　茲將大畧章程列左一保數以一千元爲限　一保費首次五元以後五角　一保額有限　一代供如半途無力供者公司有代供一法　一凡入此會者由少而壯則可有室家由壯而老則可有倚靠平時僅省去烟酒遊戲之資則一生有的實可靠之款　一家有老人爲子姪者爲之代保則祭葬之費可無慮矣　一家有兒女爲家長者爲之代保則婚嫁之費可無慮矣　一本人自保則身後可無慮矣

本公司在上海英界泗涇路第二號洋樓

## 內簡尺牘

古今名人尺牘多矣。求其文筆清雋。字字典雅。未有如宋孫仲益之內簡尺牘者。書凡十卷。四百十八篇。李祖堯編注。無錫蔡敦復蔡初篁增訂。廣搜羣籍。旁徵博引。最稱詳備。熟玩此篇。不特可爲尺牘之津梁。而當時人物。亦藉此考見其梗概焉。今用鉛字校印。裝成一厚冊。

定價大洋六角

上海福州路廣智書局白

## 今世說

仁和王丹麓先生撰。於國初諸名流。或述其片言。或紀其一節。一時才人學士流風逸韻。活現於字裏行間。言近旨遠。眞得晉賢風味者也。手此一編。如與昔賢相晤對。而文筆雋永。耐人尋味。尤令人手不忍釋。此書向未有刻本。道光間南海伍氏曾刻於粵雅堂叢書中。今抽出校印。精審無訛。每部大洋三角五分

上海福州路廣智書局白

# 國風報第二年第十二號目錄

宣統三年五月初一日出版

編輯兼發行者　何國楨

發行所　上海福州路國風報館

印刷所　上海福州路廣智書局

定價表

| 項目 | 全年三十四冊 | 半年十七冊 | 零售每冊 |
|---|---|---|---|
| 報資 | 六元五角 | 三元五角 | 二角五分 |
| 郵費 | 一元 | 五角 | 三分 |
| 歐美每冊七分 日本每冊一分 | | | |

報費先惠閏月停刊

廣告價目表

| 一面 | 半面 |
|---|---|
| 十元 | 六元 |

文王陵

## 諭旨

四月初十日內閣奉　硃諭慶親王奕劻著授爲內閣總理大臣大學士那桐徐世昌均著授爲內閣協理大臣欽此

同日內閣奉　上諭上年降旨飭將官制釐訂提前頒布試辦並即組織內閣旋經憲政編查館奏擬修正籌備事宜清單經朕定爲宣統三年頒布內閣官制設立內閣所以統一政治確定方針用符立憲政體茲據憲政編查館會議政務處會奏遵擬內閣官制繕單呈覽一摺朕詳加披覽所擬內閣官制十九條採取各國君主立憲之制參酌現在時勢之宜審愼規定尙屬周妥又因閣制甫經創辦必須以漸而進作爲籌畫試行並擬內閣辦事暫行章程十四條權宜損益均屬可行曾經召見會議政務處王大臣等面加垂詢意見僉同著將內閣官制頒布遵照此項欽定閣制設立內閣並即照辦事暫行章程先行試辦除弼德院官制同時頒布外所有內閣屬官制京外官制各項官規仍著遵照修正籌備清單妥速擬訂陸續奏聞候朕頒布施行用副朝廷進行憲政力圖自强之至意欽此

同日內閣奉　上諭內閣總協理大臣業經簡授其各部行政長官有應同負國務責任者應即同時簡授梁敦彥著授爲外務大臣善耆著授爲民政大臣載澤著授爲度支大臣唐景崇著授爲學務大臣廕昌著仍授爲陸軍大臣載洵著仍授爲海軍大臣紹昌著授爲司法大臣溥倫著授爲農工商大臣盛宣懷著授爲郵傳大臣壽耆著授爲理藩大臣所有內閣總協理大臣及各該大臣均爲國務大臣欽此

同日內閣奉　上諭內閣總理大臣慶親王奕劻著仍管理外務部欽此

同日內閣奉　上諭內閣總理大臣協理大臣均著兼充憲政編查館大臣欽此

同日內閣奉　上諭梁敦彥已補授外務大臣著迅速來京供職未到任以前著鄒嘉來署理欽此

同日內閣奉　上諭本日業經降旨設立內閣所有舊設之內閣軍機處會議政務處著即一併裁撤在內閣屬官制未經奏定以前以上各衙門舊設之章京侍讀中書等項人員著暫由總協理大臣督率辦理日行事件其內閣官制內未載之應行改併各衙門有應照內閣暫行章程辦理事宜均著暫行遵辦其未經規定事項暫仍其舊其

餘無關行政各衙門均照常辦理欽此

同日內閣奉　上諭現已降旨裁撤舊設內閣所有大學士協辦大學士仍著序次於翰林院並著該衙門於釐定翰林院官制時妥擬章程其內閣學士以下裁缺各員均食原俸聽候分別改用欽此

同日內閣奉　上諭上年修正籌備淸單經朕定爲宣統三年頒布弼德院官制設立弼德院茲據憲政編查館會議政務處會奏遵擬弼德院官制繕單呈覽一摺朕詳加披覽除酌改外餘尚妥協現在已經降旨設立內閣該院權限與內閣相爲維繫所關重要必須同時並設用備顧問著將此項官制一併頒布即行設立弼德院以重憲政始基欽此

同日內閣奉　上諭陸潤庠著授爲弼德院院長榮慶著授爲弼德院副院長欽此

同日內閣奉　上諭自宣統元年五月設立軍諮處以爲軍諮府之基礎現已時閱兩年籌辦已有端緒叅謀軍事最關重要著即設立軍諮府秉承詔命襄贊軍謨所有軍諮府官制一切事宜即著該衙門妥速詳擬奏聞候朕裁定施行欽此

同日內閣奉 上諭郡王銜貝勒載濤貝勒毓朗均著授爲軍諮大臣欽此

同日內奉閣 上諭前因釐訂外省官制曾經派錫良陳夔龍張人駿瑞澂李經羲會同憲政編查館王大臣悉心參酌隨時電商現在錫良業經開缺著添派趙爾巽會同商訂欽此

十一日內閣奉 上諭慶親王奕劻那桐徐世昌各奏懇請收回成命等摺朕已覽悉現在時事多艱又當創設內閣試辦之初一切事宜均關緊要端賴老成重臣竭力贊襄用資輔弼所請著毋庸議即遵昨旨到閣辦事欽此

同日內閣奉 上諭貝勒毓朗著加恩在內廷行走欽此

論說壹

# 內閣果對於誰而負責任乎（責任內閣釋義中之一節）

滄江

吾在本報草責任內閣釋義一文方成二章屬有臺灣之游戛然中止未幾而閣制遂發表大不饜國人之望內地各報所以糾其繆者亦既多矣夫有治人無治法今以彼哉彼哉尸內閣之位內閣復有何可語故在今日而徒論閣制當若何組織實無價值之閑言語耳吾念此感憤幾欲將前論閣筆也雖然我國民既已辛勞孟晉欲進吾國於立憲政體且舍此一著亦更無起衰救敝之途然則相與講明立憲主義之眞精神亦安可以已吾之賡續以成此文抑亦無用之用也第四號所列章目頗有病其類於著書體裁入諸報紙不免使讀者望洋而歎乃散其結構擇問題之尤要者先論之乃次及其他讀者合諸篇以觀其會通則亦猶前志也偶讀憲政編查館奏議覺其言大有足熒人聽者不得不一辨故先爲此篇

實原文第六章之第一節也　辛亥四月　著者識

憲政編查館會奏遵擬內閣官制摺云『查各立憲國內閣之設在負國務之責任而對於何者應負責任各國立法又復不同恭繹　欽定憲法大綱統治之權屬諸　君上則內閣官制自以參仿日德兩國爲合宜日本憲法各大臣輔弼天皇任其責以國務大臣責任關於輔弼之任務而生故對於君主負責任而國務大臣任免黜陟君主皆得自由與英法之注重議院者不同與德意志宰相對於其君負責任非對於議會負責任者則相類我國已確定爲君主立憲政體則國務大臣責任所負自當用對於　君上主義任免進退皆在　朝廷方符君主立憲宗旨議院有彈劾之權而不得干黜陟之柄』此其言將法理論與政治論併爲一談支離滅裂不可究詰卽以文理論亦前後不相銜接絕似頑鈍學僮之學作搭截題之八股文者不暇深論但取其文中「對於何者應負責任」一語疏通證明之

國務大臣果對於誰而負責任乎此在稍治國法學稍明國家性質者視之實不成問題**蓋茲義可一言而決曰對於國家負責任而已**曲學阿世之徒無端造爲對君主負責任之說其陋固不值一笑而矯之者則曰是對於議院而

負責任也按諸法理則其不完亦正相等所謂楚固失而齊亦未爲得是故予曲學之輩以口實而詭辯無已時也我國多數人於國家性質所見未瑩故此種誤解得而中之今不避複沓先簡單論述國家性質以爲論據焉

國家者法人也若君主若內閣及其他行政官署若議會若法院皆其機關也（我國人於法人與機關之意義。多不能明瞭。去年軍機大臣某君在資政院演說。自稱爲法人。最近某某等報之論說。亦稱內閣爲法人。竊其意。殆指凡奉公職者皆爲法人歟。雖然。此可謂之公人。不能謂之法人也。公人者對私人言之也。法人者對自然人言之也。自然人者。據生理上之狀態而命之爲人也。法人者。據法律上之狀態而命之爲人也。法人固有其機關。自然人亦有其機關。自然人之機關。則眼耳鼻舌身意等是也。法人之機關。則公司之總理監督等。國家之政府議會等皆是也。今指軍機大臣及內閣等爲法人。是無異指眼耳等爲人也。得乎。是故新名詞不可妄用。科學上之術語。尤當謹諸。因有所感觸。附論之如右。）「人格者」莫不各有其目的有目的故有意思以決定之有行爲以成就之（凡「人格者」亦法學上之術語也。謂凡有人之資格者也。兼自然人與法人而言之。）其意思行爲莫不假途於其機關以表現然自然人者有形體可指者也其機關（即眼耳等）皆附著於其體中者也故眼耳鼻舌等之運動非別自有其目的而惟以本人之目的爲目的稍明事理者皆能知之法人之國家則無形體可指者也常假自然人以爲其機關故淺識者流常誤認機關（政府議會等）之意思行爲爲屬於運用此機關之自然人（君主大臣議員等）之意思行爲而不知非也運用國家機關之自然人當

論說 四

其立於機關之地位也則不容自有其目的而惟以國家之目的爲目的是故君主也政府也議會也雖其所司之職務各有不同至其爲國家機關則一也各機關同對於國家而負責任非甲機關對乙機關而負責任譬猶心臟耳目手足並爲人身之一體而各率其職非耳目對於心臟而有應盡之職非手足對於耳目而有應盡之職也準此以談則謂政府對於君主而負責任固不可謂政府對於議會而負責任亦安見其可

夫謂大臣對於君主而負任責此其義在專制政體之國誠無以易若以之解釋立憲政體之責任內閣此惟日本陋儒之囈言耳歐美無有也（若美國之采絕對的三權分立主義不行責任內閣制者。又當別論。）日本陋儒認國家爲一物而不認之爲一人質言之則彼蓋視國家如一什器然而謂此器即屬於君主之私產也（世界學者。皆謂國家爲統治權之主體。而日本陋儒。則有指爲統治權之客體者。夫一切權利之主體皆人也。一切權利之客體皆物也。國家者。本爲有人格而能統治之人也。日本陋儒。則指爲無人格。而謂爲被統治之死物也。）彼亦明知此說之不能通也乃爲之詞曰「日本國體爲世界所無故在他國則應以國家爲人格而以君主爲國家之機關在吾日本則應以君主爲人格而以國家爲君主所統治之物也」嘻甚矣其傎也既命曰國家則必凡國家共通之現象悉已具備然後能錫以此名所謂共通現象者萬國之所同而決非一國之所能獨外也謂日本國家而與他國家異其性質則必日本國非國家焉然後可耳夫謂國家而非有人格謂國家而非統治權之主體則以推諸一切法律現象政治現象將無一而可通（參觀本報第一年第一號第二號政治淺說第一章論國家之意義）彼陋儒之說自謂將以此尊其君主而不知乃適以蔑其國家故彼中稍有識者已抨擊此邪說不遺餘力而舉國中亦殆無復更爲所惑者矣顧不料我國之小人儒乃復有摭此糞土之言以恣其簧鼓者也夫使國家而果爲君主私產則君主固自應非國家機關卽政府議會等亦不過爲君主之機關而非國家之機關（吾國古代稱王之喉舌。稱臣作朕股肱耳目。正指百執事皆爲君主機關者也。）則語責任內閣問題其結論必歸宿於對君主負責任固其所也然此說究可通乎如曰君主非國家機關而國家爲君主所有也則必君主得任意割裂國家如人之析產以授諸子焉然後可則必君主得任意舉全國以畀人如人之以己物餽贈朋友焉然後可則必舊君殂落而一國家隨以亡新君卽位而一國家隨以建焉然後可此非惟天下萬國無此事理卽按諸吾中國古訓其不相容亦明矣故孔子曰天生民而立之君使司牧之豈其使一人肆於民上此以言乎君主實爲國家一機關其義最著明者也晏子曰君人者豈以陵民社稷是主臣君者豈爲其口實社稷是養故君爲社稷死則死之爲社稷亡則亡之若爲己死而爲己亡非其私暱誰敢任之此以言乎大臣惟對於國家而負責任非對於君主而負責任其義最著明者也若曰大臣惟當對於君主負責任乎則凡君主之所欲行大臣有將順而成遂之而已脫有君主於此如漢哀帝之欲禪位董賢則若何而策加九錫若何而勸進若何而築壇墠授璽綬正大臣之責任也脫有君主於此如石敬瑭之欲以燕雲十六州賂契丹則若何而繪圖若何而繕表若何而遣使畫界正大臣之責任也脫有君主於此若金海陵之嗜淫嗜殺非此不歡則若何而爲之物色妖冶擄掠良家若何而爲之張鉗網礪刀鋸陳鼎鑊正大臣之責任也此非吾好爲詭激之言也蓋盡責任云者質言之則忠於所職而已既對於君主負責任則無論君主命以何職皆當忠之賢主命以爲善之職則務成其善乃其責任暴主命以爲惡之職則務盈其惡亦其責任論理學上正當之結論固應如是也是故龍逢比干則對於君主最不盡責任之人也蔡京秦檜劉瑾魏忠賢則對於君主最盡責任之

人也如曰大臣僅對於君主負責任而可以爲治也則必君主皆堯舜湯武焉然後可也夫使君主誠皆堯舜湯武則專制豈不更有利於國而何取乎立憲所貴於立憲者徒以堯舜湯武不能代有其人故於君主之下而別置一機關焉使對於國家負政治上之責任立憲之所以示異於專制者全在此耳 **如曰大臣惟對於君主而負責任也則是取立憲政體之原則翻根柢以破壞之而復返於專制** 故曰此陋儒之邪說也

然則爲對於議會負責任乎是又不然凡兩「人格者」以事相委託則此對於彼之責任得以發生例如某甲以其財產委某乙經理則乙必對於甲而負責任今議會亦機關耳非人格也國家非議會所有國事非議會私事故議會不能使政府對於己而負責任亦猶君主不能使政府對於己而負責任也是故謂政府對君主負責任則無以解於大臣之可以拒絕副署謂政府對議會負責任則無以解於大臣之可以奏請解散議會要之此兩說者皆由誤認國家機關爲一獨立之人格忘却人格之主體惟在

國家忘却機關之不能離人格而別存故無適而可也夫國家之有議會猶公司之有監查員也監查員雖應糾察總理之責任而總理非對於監查員負責任也對於公司負責任而已議會雖應糾察政府之責任而政府非對於議會負責任也對於國家負責任而已

明乎此義則知對君主對議會之爭辯實不成問題**然則正當之問題何在亦曰當問以某機關糾察此責任而已**彼「自然人」之治一事也苟其躬自治之則是非得失皆由一人躬負其責無俟他人過問也若委託他人爲代理則躬自糾察其人之克盡責任與否爲事亦至便也國家則法人而非自然人也國家雖自有意思然非借自然人爲機關則不能發表之國家雖自有行爲然非借自然人爲機關則不能實現之是故國家雖自有目的然非借自然人爲機關則不能貫徹之彼自然人之爲國家機關者固以意國家之意行國家之行貫徹國家之目的爲其責任者也雖然人類之德非能生而粹美者也國家既不能自意其意自行其行自貫徹其目的而悉舉以委諸機關而司機關者又恒爲德非粹美之人類苟其人

意私意行私行以反於國家之目的則國家將如之何古今中外之國家其爲此問題所窘而苦於解決者不知幾何世矣疇昔之國家惟置一總攬機關而會凡百機關皆隸屬其下則君主專制政體是也然既已不勝其敝近一二百年來以經驗之結果而別創爲種種法門（其一）則以數機關分立各行國家職務之一部而互不相統攝若美國瑞士等之共和立憲制是也（其二）則以數機關並立有執行國家職務者有監視之者而別以一最高機關不偏不倚超然立乎其上則英德日等之君主立憲制是也要之其所以異於專制國者專制國之機關以惟一之系統而成立立憲國之機關則於此系統以外更有其獨立之別系統焉別系統惟何卽議會是也**議會最要之功用則在其能糾察政府之責任而已矣**夫糾察政府責任之權原不必專畀諸議會也苟使有他機關可以行此權而收效更多於議會者則國家固不憚畀之然無如其不可得也將以託諸君主耶臨之以尊嚴而隨之以賞罰宜若最宜矣然以君主生深宮之中堂上百里階前萬里其地位果能舉糾察政府之實耶使其能之則歷代大臣之欺罔專恣史不絕書者又何以稱焉然則將別置

論說

一機關妙選官吏使助君主以行糾察耶古代之御史臺今茲之都察院皆是矣而其人之得列於此機關者則皆由政府所拔擢也以政府所拔擢之人其又能舉糾察政府之實耶使其能之則歷代權奸常以臺諫爲鷹犬而今者豺狼當道寒蟬俱噤又何以稱焉將汎然託諸輿人之誦耶則彼固不成爲國家機關又安有力以實行其糾察者若是乎糾察之道殆窮其不得不以此權託諸議會此實東西諸國積數百年經驗之結果而始得此法而以吾國數千年經驗之結果反證之而益當信其法之無以易也是故今日而欲舉責任之實則首當問者爲內閣責任果需人糾察與否然此殆可一言而決蓋非有嚴重之糾察則責任決難期實踐事理之至易見者也次所當問者則當使何機關糾察之彼曲學阿世之徒則曰君主糾察之而已足也而公明正直之學者則曰君主最不適於行此權惟議會適於行此權也兩說之孰是孰非我國民試平心以斷之

彼曲學阿世者動則以危言悚聽曰謂政府非對於君主負責任則是蔑君主之神聖也謂政府對於議會負責任則政府將夷爲議會之隸屬也而民黨之主張對議會負

責任者。其義雖極正當。而措詞不免有語病。徒使彼輩有所遁飾以助其燄。若首明乎對國家負責任之義。次明乎責任必藉糾察而始舉其實。次明乎國家之設議會實用之以爲糾察政府責任之機關。則彼曲學阿世者其將何說之辭。

## 附論德日兩國關於責任大臣之立法

憲政編查館摺稱責任內閣各國立法不同。而謂日德兩國皆以對君上負責爲主義。謂爲我國所當采。此言果當乎。夫謂各國之運用責任內閣。其政治習慣各有不同。斯誠然也。若求諸法文。則館摺所云云。吾苦難索解也。彼言英法之立法。爲采對議院負責主義。（摺中雖無此語。合上下文觀之。其意必云然。）按英國爲不文憲法之國。其法文原不完備。顧勿深論。但據學者所認爲「準英國憲法」者。若大憲章。若權利請願。若權利法典。徧讀其原文。則並大臣負責任之文句且無之。遑論對君主與對議院法國一八七五年二月之憲法第六條云。「國務大臣關於政府一般政務連帶負責。關於自己之行爲。各自負責」亦未嘗有對議院之明文也。彼言日德之立法。爲采對君上負責主義。按德國憲法第十七條云。「宰相緣副署而負責任」普魯士憲法第四十四條云。『各大臣代國王而任其責。』日本憲法第五十五條云。『國務各大臣輔弼天皇任其責。』其與法國憲法原文大同小異。又未嘗有對君上之明文也。據此等條文而指爲對君上主義。不過注釋家之言耳。然此種注釋之當否。固大有容商榷之餘地也。據普國憲法有「代國王」一語。夫既已對此人負責者。則又安能代此人負責。然則不能指普國爲采對君上主義甚明。即德帝國及日本之條文。其意義亦漠然而含極富之彈力性。强以對君上主義解之。固可也。卽以對議院主義解之。又安見其不可。彼瑪耶伊陵尼美濃部達吉市村光惠輩所著書。言之已詳。無俟吾喋喋矣。而館揩之論日本也。謂『其國務大臣之責任關於輔弼之任務而生。故對於君主負責任。』此數語者。以論理學衡之。適見其不通耳。何也。輔有將順其美之義。弼有匡救其惡之義。（書曰予違汝弼）謂緣輔而生出對君主責任可也。謂緣弼而生出對君主責任。則苦難索解。若君主不聽其弼。而大臣抗拒不肯副署。此果爲對君主負責任者所當出乎。此一疑問也。反是。若君主不聽其弼。而大臣徒以順從君主之故。漫然副署。以致生出政治上之惡果此責任將歸諸大臣乎抑歸諸君主乎此又一疑問也若持對君主負責之主義則此兩疑問皆不可解決然則據輔弼二字何從生出對君主負責之結論耶夫咬文嚼字以解釋法文猾吏之所爲耳博通君子固所不取善解法者惟當貫通全法系以求其精神之所在夫立憲之所以異於專制惟在君權有限之一大義大臣責任制之所由立皆爲是也無論何國之憲法要不能背戾此精神陋儒强爲曲解徒增其醜耳明夫玆義則知館摺所謂各國立法不同者實夢言也

若夫政治習慣則固有異矣英法議會之勢力甚强而日德議會之勢力較弱此事實之昭然共見者也然此則安可以與立法論併爲一談者夫以英國憲法中絕無大臣負責之條文而議會糾責之權乃如彼其厖大法德普日之憲法條文畧相類而所演之事實乃互殊異是知法律條文爲一事政治現象又爲一事安得援此而誣彼乎哉且卽以政治現象論若日本者館臣所指爲采對君上主義而非采對議院主義者也吾且與之言日本政府議會交涉之事實彼第一次伊藤內閣何以辭職（明治二十四年四月）豈非以與議會約言節減政費而不能實行乎彼第一

次松方內閣何以辭職（明治二十五年八月）豈非以議會提出干涉選舉之上奏案乎。彼第二次伊藤內閣何以辭職（二十八年八月）豈非以三國干涉還遼外交失敗為議會所攻擊乎。彼第二次松方內閣何以辭職（三十年十二月）豈非以進步黨中途與政府絕而不信任案以大多數通過於議會乎。彼第三次伊藤內閣何以旋起旋仆（三十一年正月成五月倒）豈非以自由進步兩黨聯合在議會以全力搏政府乎。彼隈板內閣何以旋起旋仆（同年六月成十一月倒）豈非以憲政黨中道分裂在議會不復能制多數乎。彼山縣內閣何以能支持三年餘（自三十一年十二月至三十四年六月）豈非以與自由黨提携在議院得其助乎。其何以瓦解豈非以逢立憲政友會之反抗乎。彼第一次桂內閣何以能亘五年（自三十四年六月至三十九年一月）因緣當日俄戰役內訌盡息抑亦恃立憲政友會之保障也。其何以瓦解豈非緣戰後外交失敗為議會所指攻乎。要而論之日本自明治二十三年開設國會以來凡內閣大臣之能立乎其位者未有不恃議會之多數為後援者也。其顛蹶瓦解者未有不緣議會之反抗者也。然則日本之糺問內閣責任者為君主乎為議會乎。願館臣有以語我來夫以法理一方面言之。則日德立法之本意。既非如館摺所云云。卽以政治方面言之。則日德與英法之差異。亦不過程度問題。而非性質問題。曲學阿世者。其亦可以已矣。

## 附論大臣責任與君主任免權之關係

館摺述日本之制。於「對於君主負責任」句下。緊接以「國務大臣任免黜陟君主皆得自由」二語。而謂其與英法不同。其論我國所當采之制。則於「用對於君上主義」一語下。緊接以「任免進退皆在朝廷」二語。謂以符君主立憲宗旨。玩其語氣。一若苟非行此對君上負責任主義。則君主任免大臣之權。立卽失墜者。一若英皇與法大統領在憲法上無任免大臣之權者。嘻。吾不知館臣所據者爲何項之法文。而所宗者爲誰氏之法理也。英國爲不文憲法。故任免大臣權之安屬。不能於法文中求之。然向來研究英國憲法者。皆以爲除大憲章權利請願權利法典所明列限制者之外。自餘權利。一切保留於君主手中。故英王任免大臣。有完全之自由。絕非他機關所得干預。此全世界法學者所同認也。至法大統領之任免權則更明載於彼憲法第三條無所容疑議矣**館臣欲爲將來政府開一逃責之途徑懼議院之持其短長也乃敢於造作詖說以危言聳聽一若議院稍申其職權君主卽淪墮其魁柄嗚呼是安得此不祥之言抑各國成規具在又安能以一手掩盡天下目也**

若夫以政治現象論之則英法大臣之進退誠若惟議院所左右矣然以此指爲其制度所生之結果焉不可得也法國本爲共和政體加以政黨未能完全發達故其政治習慣無甚可誦法者茲勿具論專言英國據英國之法理則君主欲任何人爲內閣大臣本有絕對的自由權也雖舉一不識字之屠沽博徒以爰立作相不爲違憲也其國務大臣原不必視議院之向背以爲進退也苟遇議院之反對則雖奏請解散之數次乃至十數次不爲違憲也然而實際上不爾爾其大臣

一失多數之援於議會恒立即辭職而君主恒必擇多數黨之首領而任命之者蓋其大臣深知反於民意之政治決不能施行圓滑故非得多助不肯濫尸其位其君主亦知爲國擇賢其道莫妙於從民之所欲察輿論所歸而授之以政此皆爲國利民福起見夫豈有法制强之使不得不然者哉若德日兩國推館臣之意一若其君主藉憲法成文之擁護可以悍然不恤輿論濫引私人而委以大權也然按諸實際又豈其然蓋德國本爲聯邦國其憲法之系統自不能與單一國同科就法理言之則爲德國元首者乃聯邦參議院也非皇帝也皇帝對於立法事項無發案權無不裁可權無單獨宣戰媾和之權質言之則皇帝不過對於兩議院所議決之事而自爲其執行機關而已其在法理上之權力旣如此其薄力則運用之於實際上不能不有所以補之故其政治現象發達之方向適與英國相反其任免宰相所以不能專視帝國議院之向背者蓋以帝國宰相苟非以普魯士王國宰相兼充之則一切施政不能圓滑而帝國之基礎且將危普魯士王國之宰相自有普魯士議會監督之其不容以此權多畀諸帝國議會固其所也此

其第一原因也。又創建此帝國者。實出俾斯麥一人之力。俾公即爲建國後第一次之宰相。以迄維廉大帝之殂落。其威望固足以服全國。而舍此亦更無可以代之之人。故雖間遇議會之反抗。而其君不忍易之也。此其第二原因也。然俾公執政數十年。固無日不以操縱政黨爲事。其在議會。固未嘗不常得多數。以贊成其政策。遇反抗太劇。則解散議會。仍必以得多數然後已。其操術果軌於正道與否且勿具論。而要之謂其專恃君權以蹂躪議會。則固俾公所不肯出也。及其晚年之失職也。雖曰新帝猜忌之所致。然亦猶其所提出之排斥社會黨法案。爲帝國議會所反對。及舉行新選舉。而反對黨之燄益張。蓋至是而俾公之操縱政黨已窮於術。其辭職蓋不得已也。由此言之。謂德國議會全然不能左右宰相之進退得乎。至如日本。則吾前文所列舉。彼其自明治二十三年以迄今日。內閣之起仆以十數。當其仆也。何一非以議會攻擊爲其原因者。其支持稍久之內閣。何一非由與議會多數黨提攜而得之者。即以最近政界現象論。彼首相桂太郎。向以不黨主義號於衆。曷爲而今春乃納降於政友會。（今春桂太郎親詣政友會本部相談判。宣言與之情投意合。彼中各報多譏笑之。）

彼得君方如彼其專則何不怙天威以蹴踏議院而胡乃憚之至此彼任免大臣之權自法理上論之固全操自天皇也顧天皇曷爲而不以畀諸其所最昵愛之皇族而必擇輿望所歸者而每當一內閣之見窘於議會而辭職也天皇曷爲而不强留之且現在桂內閣之將倒盡人皆知矣而繼其後者必爲西園寺公望亦盡人皆知其天皇是否能扶桂氏使不倒是否能於西園寺之外別任一人若其不能則彼任免之自由權尚足稱爲完全具足否此中消息可以參矣由此言之謂日本議會全然不能左右內閣之進退得乎 夫以法理言之則不惟德日之元首能自由任免大臣也即英法亦何莫不然以政治現象言之則非惟英法之元首常察議會之向背以行任免也即德日亦何莫不然今館摺既混二者爲一譚而於英法則揭其政治現象而匿

其法理於德日則揭其法理而匿其政治現象任意上下其手顛倒是非苟以熒惑　聖聽而已其不知而妄爲此言耶並此且不知而猶靦然敢尸立法之職無恥孰甚焉其知之而故爲此言也則欺罔　君父罪且不容於誅矣

抑吾嘗聞日本學者齋藤隆夫之言矣曰、

眞正之立憲政治亦務於憲法法理範圍內養成憲法的習慣而已此徵諸日本憲法而最易見也據日本憲法則天皇雖解散議會幾何次惟所欲對於議會議決之法案可以行其不裁可權議會不通過之法律得發緊急命令或獨立命令以補之議會不肯協贊豫算得施行前年度豫算又認爲必要時得爲豫算外之支出欲任命何人爲國務大臣全屬天皇之自由又大臣雖被彈劾可以不去其位凡此皆日本憲法上所表現之法理也若一一適用之則所謂立憲精神者將從根抵破壞以盡並國會可以不設並憲政之名可以擺棄矣

何也苟不阿附政府之國會則累解散以解散與政府意見不合之法案則行不裁可權以抑之毋赦濫發緊急勅令獨立命令而爲國務大臣者無論遇國民若何抵抗猶戀其職而不肯去如是則純粹的專制政治耳而復何立憲之可云而或者猶爲之辯護曰是固未嘗違背憲法法理也是徒知有法律學而不知有政治學適成其爲陋儒之論而已

富哉言乎憲政妙用盡於是矣今憲政編查館館員所爲刻意模仿惟恐不肖者乃欲利用最無聊最無價値之法理以文飾其最惡劣之政治習慣其與他國殷殷求治之心不亦相反耶 **吾請爲一言以正告館中起草員曰**貴館中老朽大員本未嘗夢見憲政之爲何物不足責也若公等則大率皆嘗留學東西洋以博學達識聞於時者也否則曾歷聘外國考察憲政飫聞其賢士大夫之言論者也豈其於此至淺之理論而無所知焉苟能出其絲毫愛國之良心舉所學以忠告當道或未始不可冀其一寤若終不見采則潔身而退亦可以告無罪於天下而徒徇區區薄祿倡邪說以受天下萬世之唾罵竊爲公等惜

之。夫國民所爲想望憲政　先朝所爲斷行憲政者。豈不以有鑒於專制之極敝知非此不足以轉危爲安耶夫憲政之所以能成立全恃上下有交讓之精神而不然者勢必出於革命而已前此未嘗以立憲號於衆國民猶冀其一旦幡然而改也今乃假立憲之名以行專制之實而公等復杜撰支離滅裂之法理以逢其惡則國民益何望哉　嗚呼公等而猶有人心者其庶幾改之

宣統二年四月廿八日稿

論說 弍

# 違制論

滄江

新內閣成立後次日發收回鐵路幹線之　明諭內有「煽惑抵抗以違制論」一語。此語與立憲主義有何關係當一論之。

世界曷爲而有立憲政體耶。各國曷爲而競革專制政體以行立憲政體耶。一言蔽之曰**使君主超然於政爭之外不致緣政治問題搖及國本而已**。凡政治問題莫不同時而具有利害之兩方面。故國家每行一政策。國中必有一部分人歡欣鼓舞者。亦必有一部分人憤懣不平者。昔人詩云耕田欲雨刈欲晴來者順風去者怨。此自然之運。必至之符。雖賢聖無如何者也。孟子亦曰爲政者每人而悅之。日亦不足矣。是故凡當政治之衝者。苟自信一政策爲利餘於弊。則毅然行之宜也。然不可不預備自以其身爲衆矢之的。蓋欲全國人而贊成吾之政策。勢固不可得必有反對者焉使反對者而居多數則雖有極良之政策亦不能施行强施行之則必將爲怨毒所歸夫以人臣而當政治之衝雖怨毒歸焉充其量不過災逮其身而已君主而府怨毒則國本危矣此立憲國君主所以必當超然於政爭之外者其理由一也

復次凡政治家固當堅持其所信以與反對黨力戰戰而能勝則舉所信者而實行之固最善也戰而不勝則辭職而已終不肯枉所信以降服於反對黨如是然後政治家之道義名節得以保全夫在朝之政治家以不能行其志之故而翩然下野此最名譽之事不足爲辱也然此惟人臣能之耳若以人主而當斯衝在勢固不能有辭職之自由然則當行一政策而反對論蠭起也則所以對待之者惟有二途一曰强壓二曰降服而已夫衆怒難犯專欲難成强壓之危險前既言之矣若既已發布一政策旋因民情不順而收回成命則是降服也瀆損威嚴不亦甚乎此立憲國君主所以必當超然於政爭之外者其理由二也

復次凡眞理愈辨而愈明辨之既析則自足以使人心折有一政策於此其利害兩方面皆可以持之有故言之成理而輕重相權之間果利餘於弊耶將弊餘於利耶非使

兩造各盡其詞則無以獲至善之鵠故在立憲國恒有政黨對立每遇一問題起各發表其所主張報館論文也集會演說也議院討議也常侃侃不肯相讓而又未嘗以强力相壓以詭道相妨（此種美風。英人養之最完。彼議院之少數黨。無論討論何問題。其必敗固早在意中也。然少數黨從未聞自餒而斂其論鋒。多數黨亦從未聞自恃而抑制他人之論鋒。常堂堂正正相見。）此非徒言論自由爲尊重人權者所當有事也凡欲伸己說當求能服人之心往往有極良之政策徒以多數人未能了解而疑議朋興者矣俾反對者盡其言我然後抵其隙而正其誤則易使之折服而降心以從我若徒箝其口不使發言則彼雖理屈而不肯自承即旁觀者亦將代爲不平明知其理不甚完猶且矜惜而表同情於彼故昔賢之不毀鄉校以監謗爲大戒匪惟用示大公抑亦待敵制勝之一妙術也若一切傳之於君主惟其言而莫予違則不能怒以聲者必怒以色不能怒以色者必怒以目不能怒以目者必怒以心眞是不見而寃氣徒積此立憲國君主所以必當超然於政爭之外者其理由三也

復次政策既必兼有利害兩方面則國人之論政者必分爲兩派或稱道其利或稱道其害常軋轢而不相下此數之不能免者也於此時也必賴一人以調和之使不致緣

軋轢太劇而生擾亂而此人者必須嚴守中立常不偏不黨爲國人所共尊信者也以君主當之最宜矣譬諸一家其兄弟時不免相鬩惟父母足以判斷而和解之然使爲父母者居恆於諸子有所偏愛偏憎則雖有善言而終不能使失愛之子怡然聽受故君主對於在朝在野兩方面之政見宜常執「第三者」之態度萬不容與一方面結同盟而與他方面爲敵而況於自立陣前以挑戰乎老子曰知其雄守其雌爲天下谿知其白守其黑爲天下谷此教人以遠害全身之道尋常人學之或不免以巧滑爲病若主術則眞當如是矣（老子之言。教人以不負責任也。故盡人而學之。則人心世道。將受其敝。若君主則固應不負責任者。學之宜也。）此立憲國君主所以當超然於政爭之外者其理由四也

是故今世各立憲國**從不肯輕發詔旨**偶有發之則必其巍巍蕩蕩全體皆抽象的之語不着邊際斷不至緣此而陷君主於政爭之旋渦中者也（如本年三月初五日　訓諭軍人之　大誥是其例已）否則湛恩汪濊使民悅懌者也（如恩詔）若夫其有關於政治對於臣民而生具體的拘束力者則常以法律或勅令之體裁行之法律勅令雖亦必冠以詔旨然其語甚簡單肅括斷不予民以瑕疵之可指至於法

律勅令之內容雖或甚複雜然法律則必先以提出（或由政府或由議院）次以議定（由議院）然後以國務大臣副署頒之勅令則亦必以國務大臣副署頒之而其內容之利害得失則副署大臣全負責任君主無與焉人民議其利害得失則議大臣耳非議君主也甚或攻擊之不遺餘力亦攻擊大臣耳非攻擊君主也君主旣無專欲之咎人民無偪上之嫌輿論以相淬厲而得健全政府以畏民喦而不敢恣治化之所以蒸蒸日進皆恃此也**是故今世各立憲國聞有違憲問題矣有違法問題矣有違令問題矣而從未聞有違制問題何也其制詔本甚少卽偶有之而其內容則決無從違犯故也**　若其大臣而有假制詔以爲護符者耶則舉國羣起而攻之雖以德之俾斯麥日之伊藤博文偶一出此彼中輿論未之或赦也而制詔中一字一句副署大臣義當全負其責雖欲假爲護符又可得耶是故不如其已也**今我國而欲實行憲政耶則嚴定公文格式而絕對的不發政治上之　制詔此其第一**

義矣。夫我國以制詔出政令之習慣行之已數千年驟聞吾此言計未有不駭怪而卻走者殊不知現今各立憲國皆然毫不足奇而此中實含有無數之精理妙用不可不深察也不然則可駭怪之事孰有過於改專制以爲立憲者既改專制以爲立憲則固已破數千年習慣矣專制政體自有其全部組織以相維繫立憲政體又別自有其全部組織以相維繫治國者無論采用何種皆可也但既已采用其一種則必須將此種之全部組織而悉采用之譬諸被服朝衣朝冠固佳也葛巾草服亦未始不佳若身襲袍笏而足履芒鞵甚或以偉男而傅脂粉以弱女而擐甲冑則未有不爲人笑者也今中國之大患在於取立憲政體之一部組織與專制政體之一部組織相維用欲舉其性質不能相容者而兩存之其究也則盡棄兩方面之所長而盡取兩方面之所短耳是以不勝其敝反不如前此之純粹專制政體猶可以自成片段也夫君主無責任之一大義實立憲政體之中堅其全部組織之一切條理皆從此義引出而不發政治上之制詔即所以舉君主無責任之實而爲條理中之最要者也其亦有公忠愛國之大吏講明此義以寤明主者乎予日望之

抑吾吏有不能已於言者**凡文告之直接以拘束力及於臣民者其用語不可不力求明確**如教育勅語軍人勅語之類。其功用在感化力。非拘束力也。即云有拘束力。亦間接而非直接。**故必當以法規的形式行之**我國詔旨之文。多近於論說文體。而非法規文體。**而關於刑事上罪名之規定尤當謹嚴**否則官吏得以上下其手輕入人罪而民將無所措手足矣即如此次　諭旨云煽惑抵抗以違制論夫違制之罪爲大不敬據國法宜處以極刑者也而煽惑抵抗四字果足以成罪名耶若云成罪名則必以何種程度之行爲始構成此罪耶更質言之則若何而始爲煽惑耶若何而始爲抵抗耶此最不可不審也例如有臚述學理旁證各國先例攻擊國有鐵路政策謂其弊餘於利者如此則認爲煽惑抵抗否耶有指陳前此國有諸路之弊竇證明此政策之不宜於中國者如此則認爲煽惑抵抗否耶有攻擊郵傳部當局謂其人非能行此政策之人如此則認爲煽惑抵抗否耶將來收回此諸路之辦法今尚未發表萬一發表後而其辦法實有病民之處民爲自衛權利起見不得不力爭如此則認爲煽惑抵抗否耶緣以上各種理由而人民開集會演說以講明其得失如此則認爲煽惑抵抗否耶如曰此皆非煽惑抵抗也則請政府別臚舉事項規定煽惑抵抗之界說使吾民知所趨避如曰此卽爲煽惑抵抗也則與　欽定憲法大綱中所謂臣民有言論集會之自由者所謂臣民之財產不加侵擾者正相反對**我臣民固有不許違制之義務不知政府亦有不許違憲之義務焉否也**夫在立憲國君主違憲猶且不可遑論政府若政府自行違憲之實而反嫁君主以違憲之名者其罪又當居何等也

夫國有鐵路政策之是非得失此自爲別問題（參觀前號論說門收回鐵路幹線問題篇）然無論如何總不宜出以詔旨陷我　皇上於政爭旋渦中尤不應以此種束縛馳驟之言入於詔旨致臣民疑　朝廷之有意違憲此則副署大臣不能辭其咎者也

著譯壹

# 巴拿馬運河與海權問題

竹塢

自蘇彝士運河開通以來。世界大勢爲之一變。所論軍事也。商業也。政治也。靡不直接間接。被其影響。今巴拿馬運河。又將以一九一五年（宣統七年）竣工矣。語曰。視諸來。鑑諸往。則此事所關。寗得謂細。吾輩生當大變之世。處茲不競之國。坐對蒼茫。百感交集。泚筆述此。不知身世之何若也。憂時之士。想復同之。　譯者識

## 第一　商業上之影響

### （一）巴拿馬運河沿革

自哥侖布發見美洲後。巴拿馬運河。已爲歐洲人所注意。有德人方波者。由一七九九年至一八〇四年。淹留墨西哥及南美之北部。以學術研究此運河。竭五年之力。而著成一書。極言開鑿之要。且曰。巴拿馬地峽隔斷大西洋潮流障其東注之勢故東洋諸

國。如中國。日本。皆緣此。得保其政治上之獨立云云。自此說出巴拿馬運河。益爲世界各國所重視。一八六八年蘇彛士運河之成也。即有兩洋聯絡運河協會者起。由會員尉提請諸哥倫比亞政府。獲得開鑿權。自是巴拿馬運河。遂由虛論而變爲實事。雖然以人力鑿空其事殊非易易。故此會所計畫者。屢有變易。當事之人。亦頻見更迭。不足怪也。次尉提以起者。厥爲李涉。李涉者開蘇彛士河而成功者也。以彼之才能經驗。宜若可以集事。然竟中道顚躓。成敗之難逆睹。有如是夫。再次爲新巴拿馬運河公司。復歸失敗。且自李涉所經營。美人頗不喜之。蓋惡其與門羅主義背馳也。自是美人乃知此河非成於其國人之手。將有不利。思一舉而攫之。因揚言當開尼加剌甲河以搖動新巴拿馬運河公司之人心而奪其氣。果也公司之人。哀懇美政府情願將公司事務。歸美國接辦。美政府乃以三千萬打拉與公司。一千萬打拉與哥倫比亞政府。而盡獲得其權利。於是開鑿巴拿馬之事業。悉爲北美合衆國所宰制矣。

未幾而巴拿馬地峽。忽起革命運動。反對哥倫比亞政府。美人知其可利用也。乃暗助革命黨。且首認其獨立。巴拿馬共和國成後。美人與之訂新約。即一九〇四年二月廿六日所發布者是也。於是美國開鑿巴拿馬運河權益。為國際法上所明認矣。其約文大意。則運河兩岸五哩之地。及運河其他附屬工事之建設。與夫維持此等工事必要之地域。悉讓與美國。又運河及鐵路通過之交通施設權。永遠歸英國獨占。此其最重要之點也。

由是觀之。則哥侖比亞之革命。其與美人以無量數之利益者。從可知矣。巴拿馬共和國成立於美國保護之下。同時運河地帶。全為美國之主權。故美國對於巴拿馬共和國。不可無所酬謝。乃定自條約批准時。即與以一千萬打拉。又九年之後。相約歲歲以二十五萬打拉。贈巴政府。蓋所以報其厚意也歟。

要之美國對於巴拿馬運河。其熱度之高。無一物可以為喻。今且萬事等閒。惟希望此河早日竣工耳。此蓋於美國政治上。軍事上。商業上。皆有莫大之影響。故其併力以為之。非無故也。而緣是益足證明此河之關係。為不小矣。

## (二)　工程近況

巴拿馬運河工程。自歸美國後。變遷不知凡幾。今定為由大西洋岸之哥倫灣。入最狹

著譯 四

幅員五百呎之水道。約七哩而至加丹。則有連續之水閘三處。使船舶上昇至八十五呎之高。凡經二十四哩而至阿比斯坡。由是入求列布刺。蓋工程最難之處也。又九哩而達鼈特羅苗克之水閘。船舶至此。凡降低三十呎三分一。而出海面上五十四呎三分二之一小湖。渡湖一哩半。經水閘三。然後船舶之高度。始與太平洋之水準同。又經長八哩半最狹幅員五百呎之水道。乃出運河以達大洋。其所費時間。固因船舶之大小速力之如何。未能盡同。然大約十點鐘或十二點鐘。則未有不能盡通過者。此其大略情形也。

若夫開鑿之土量。則除新巴拿馬運河公司所曾動工者。由美國接辦日起。至竣工日止。總計應再開一萬萬七千五百六十六萬餘立方碼。豫定至客歲當開一萬萬三百七十九萬餘立方碼。然大統領忽有特別命令。將昔日所定之開鑿土量。大事變更。蓋因此年兵船商船皆日趨巨工之故乎。由開工起至客歲三月。所開得之土量。爲一萬萬三千百二萬立方碼。故所餘者。尚有七千餘萬立方碼。最近三年之平均開鑿量。月爲二百四十萬立方碼。以此推算。再費十三月而畢。惟須種種善後事宜及試驗行船。

故一九一五年大功始得告竣。大西太平兩洋。非久將可成一氣。世界之海運。必緣此而生一大變。此又不待智者而知之者也。

竊嘗論之。巴拿馬運河蹉跌已三次。然今也乃得於兩年後全功告竣。此則非賴美國之力。不能有此一日者也。且中美等地有最敗風俗之一事焉。賭博是也。前此工程所以屢躓者。皆緣不知留意及此。而衞生等事亦純主放任。美國不然。彼於受事之初。即厲行此兩事。則其能成一大事業也。豈無故哉。

## (三) 將來運輸之貨物

巴拿馬運河漸次開通。然將來由此河以運輸之貨物。能有幾何乎。據種種調查。其最可信憑者。(甲)美國地峽運河委員所調查。(乙)新巴拿馬運河公司所調查。而兩種調查中運輸額最大者一千萬噸。最小者五百萬噸。若折衷其說。則六百萬噸必不能更少矣。

今進考由此河運輸之貨物。其種類方向以及增加率。果何如乎。則有一豫想之資料焉。即經中美地峽之貨物統計表是也。據此統計。一九〇五年爲八百萬打拉五年以後至一九一〇年而增至十倍。爲八千二百萬打拉。其所以驟增如是之速者。則緣墨西哥政府補助所成之德方比克鐵路。長百九十哩。使比爾祿克與德方比克兩市。聯爲一氣。以一九〇七年開通。而大西太平兩洋。亦緣是而無所扞格。今經過中美之貨物。其八分之七。皆由此路。此其所以盛也。同時經巴拿馬地峽之貨物。亦由九百五十萬打拉。增至一千二百七十五萬打拉。若運河開通後。則原經巴拿馬者不待論。即由德方比克鐵路而運輸至中美者。亦必改由運河。蓋自然之勢也。

然則此等貨物。其所自之地爲何地。其所向之地爲何地乎。大抵經德方比克及巴拿馬兩鐵路所運之貨物。合計五千萬打拉。西行。三千二百萬打拉。東行。更細分之爲表如左。

| 經德方比克者 四千百萬打拉 | | |
|---|---|---|
| | 往三藩西士哥 | 二三〇〇萬打拉 |
| | 往桑家角 | 九〇〇 |
| | 往杯賒沙文 | 四五〇 |
| | 往檀香山 | 三五〇 |

西行五千萬打拉（各種貨物皆由紐約來者）

- 往中美墨西哥加拿大　七五
- 經巴拿馬者九百廿五萬打拉
  - 往三藩西士哥　四二五
  - 往檀香山南美之西岸等　五〇〇

東行三千二百萬打拉（各種貨物皆運往紐約）

- 經德方比克者二千八百萬打拉
  - 由檀香山　二〇〇〇
  - 由三藩西士哥　六〇〇
  - 由杯賒沙文　一三〇
- 經巴拿馬者三百五十萬打拉
  - 全部由三藩西士哥

東行貨物三分之二爲砂糖。三分之一爲雜貨。西行則全部皆雜貨也。

如上所述。現今經過地峽鐵路之貨物。年年增加。即如檀香山之糖。當德方比克鐵路未成以前。其運往紐約。皆繞荷侖岬。自此路通後。則麕集於陸運矣。由此觀之。巴拿馬

運河將來之繁盛蓋有不可思議者而大西太平兩岸之運輸上必生一大變動蓋可斷言也最初即享其厚利者厥爲美國東西諸省乎

（四）距離縮小與其影響

巴拿馬運河開通後美國東西兩岸之運輸與夫南美西岸之交通必日趨頻繁斯固不待言矣即美國東岸及歐洲諸國至東洋之航路距離縮短其事亦未可輕視也此雖不能一概論當視煤炭之供給何如灣泊地多少運河通過稅何若然僅就距離一事觀之其關係亦有極要者請畧陳之

欲明距離縮短之關係則最當注目者爲世界二大商港之利物浦與紐約也先就利物浦至各港之距離而明其由巴蘇兩運河爲孰近則可得表如左

| | 由蘇彝士河 | 由巴拿馬河 |
|---|---|---|
| 至星架坡 | 七、九五八哩 | 一四、三二六哩 |
| 至香港 | 九、八一〇 | 一三、七八六 |
| 至橫濱 | 一一、七六五 | 一二、一一一 |

據此表觀之。由利物浦至香港。仍以蘇彝士爲最近。而至橫濱則所差不過三百四十六哩。雖然。僅就利物浦觀之。猶未足以比較兩運河之得失也。若進論紐約。則其距離當如左表。

| | 由蘇彝士河 | 由巴拿馬河 |
|---|---|---|
| 至馬尼剌 | 一一、五一一哩 | 一一、四一二 |
| 至香港 | 一一、五〇八 | 一一、二〇七 |
| 至橫濱 | 一三、〇八〇 | 九、六七七 |

觀此表則由紐約至橫濱。若經巴拿馬。當近三千海哩。其至香港之距離。則兩河亦幾相等也。

要之。巴拿馬運河開通後。第一受其影響者。則東洋諸國也。何也。彼美國貨物。前此在東洋市場。往往爲歐洲貨物所壓倒。今者距離短縮。運費低減。得此最有力之武器。其販路可以漸次擴張也。後此美貨當代歐貨以興。而最大之競爭場。其爲中國矣乎。此眞不可不留意者也。

## 第二 軍事上之影響

### (一) 各國海軍與太平洋

巴拿馬運河之開通其影響於商業者至大固如前所言矣不特商業也卽軍事亦有焉何以言之美國前此因有巴拿馬地峽故其西岸之海軍與東岸之海軍往往分爲兩橛若欲聯合非繞南美之極南端固無從出至太平洋也今有此運河僅消十數時而兩軍合爲一軍矣此猶僅就美國言之耳若歐洲諸國之欲至東洋者以距離言或經蘇彝士或經巴拿馬相去固不甚遠且經蘇彝士停泊之地甚多煤炭之取給甚便固無爲僕僕於新運河也雖然在巴拿馬未通以前僅有一路耳今則有兩路焉緩急之際或舍此取彼或舍彼取此固任人之自由也則此河豈特美國軍事獨蒙其利將爲世界各國之海軍開一生面也吁可不畏哉

### (二) 海權之關係

今東洋諸國固羣雄利害攸關之地也使其一旦有事則派遣軍艦果由何路乎此可想像得之苟其國而與英國反對與美國親睦者必由巴拿馬其國而與美國反對與

英國親睦者必由蘇彝士蓋自然之勢也由是觀之則巴拿馬運河者可以助長列國擴張海軍之勢而使大西太平兩洋之水合爲一流也不審東洋諸國民其將何以待之

且也美國既總握此河之權而將彼東西兩艦隊轉瞬可呵成一氣則美國雄長太平洋之事唾手可成且彼之海軍根據地有檀香山有沙摩亞有菲律賓脈絡貫注節節生動其勢豈可當哉無惑乎美今汲汲擴張海軍彼固有所恃而將以求其大欲也嗟夫東方睡獅其醒也邪抑猶未邪

## （三）各國遣東艦隊之勢力

今列國艦隊之在東洋者其勢力決不能謂之甚强雖然萬一有變則大隊之艦必紛紛調自本國此無待深辨者也況巴拿馬漸次開通海軍航路不必僅恃蘇彝士則他日列國東來艦隊其勢力果居何等乎論世者所不可不亟知之者也請得分國以述之

（一）德國　萬一外交上忽有變動德但留多數之水雷艇及舊艦隊之全部防守

本國而已足。其餘戰鬥艦三十一隻。裝甲巡洋艦十四隻。所謂主力艦隊之全部。皆可盡派至東洋。

(二)美國　美國孤立西半球。其隣皆弱小之國。故所患者。獨歐洲之國。乘間抵隙耳。然海戰之原則。勞師遠伐。勢所不許。故東方一旦有事。美之主力艦隊可盡出而無虞。僅留海防艦水雷艇以衛本國。已綽綽有餘裕也。則美之戰鬥艦二十七隻。裝甲巡洋艦六隻。舊艦二隻。皆可隨時調遣者也。

(三)法國　法之主力艦隊。有戰鬥艦二十六隻。裝甲巡洋艦四隻。皆可盡派。其防衛本國者。亦僅留小巡艦、舊艦隊、水雷艇、潛水艇而已足也。

(四)英國　英四面環海。萬一歐洲諸國中。忽有國焉。乘虛襲之。則英國數千萬人皆將餓死。故英國派遣東方之艦隊。與他國略有不同。彼對於本國。至少須留一主力艦隊。可與他強國一戰者。然後其國本不致動搖也。故無論東方如何危急。英國必不能盡驅其海軍以與人爭。即欲派一半以上。亦非易事。則惟有戰鬥艦二十四隻。裝甲巡洋艦十六隻。舊艦隊二十八隻。可派至東方者也。

請更別爲一表以便觀覽焉。

| | 戰鬥艦 | 裝甲巡洋艦 | 舊艦隊 |
|---|---|---|---|
| 英 | 二四 | 一六 | 二八 |
| 美 | 三七 | 六 | 二二 |
| 德 | 三一 | 一四 | — |
| 法 | 二六 | 四 | — |

要而論之。今日之世界。兵戰固戰也。商戰亦戰也。兵戰固烈。而商戰有時更烈於兵。兵戰而敗。其轉敗爲勝也猶易。商戰而敗。其轉敗爲勝也實難。斯固不待言矣。而數年後之巴拿馬。乃導商戰兵戰之勢。使盡趨東方。一若今日之戰。固猶未酣。必欲藉此更增其燄而助其虐者。何其酷也。且今之東方。日本則有以自立矣。朝鮮則亡矣。緬甸安南則有主矣。南洋羣島。則既分割於羣雄之手矣。所餘者惟此神州奧區。禹域萬里。以此而供人商戰兵戰之塲。其必致慘苦愈慘苦。劇烈愈劇烈。有必然矣。嗟夫。天實爲之歟。抑人謀之不臧歟。孟子曰。禍福無不自己求之者。國之人。尙其念之。

著譯弍

# 國民與國會之關係（續第十一號）

柳隅

## 第二篇 上議院

### 第一節 上議院之效力

國會之沿革。既如上述。雖然。是特舉其大略而已。欲知其詳。尚待更端也。夫英國之人民。分爲三階級。而此三階級之議員。則構成上下兩議院。此上篇所已述也。而兩院中之下院。其在近世。實爲政治上最大之舞台。其議場之舌戰。即國民之舌戰也。其勢力之發展。即國民勢力之反映也。故議會之經過。每一度唱凱還。即國民之自由。添一重之鞏固。此下院之性質也。至於上議院。則今日之地位。大異曩時矣。依攷據家言。則今之上議院。實爲撤遜時代賢人議會之遺蛻。而歷史家之言。則謂當平民未獲參政權與勢力微弱之時。英國之自由。實賴上議院之保障。故今日英國國民。其感情雖注於下院。而推。飲水。知源。之義。則對。於上。議院。實不。可不。三薰。三沐。以謝。其錫。我自。由之。澤。也。

## 第二節　上議院之性質及貴族爵位之創設

史家傳黎滿。曾謂英國今日之上議院。酷似十一世紀時之賢人議會。依彼之說。蓋以上議院爲賢人議會之嫡派也。雖然以余觀之。今日之國會。與昔時之國會。其差異之點。恰等今日之貴族。與撒遜及諸曼時之貴族。彼此之性質。固大相逕庭也。蓋曩時之賢人議會。名雖爲國民之議會。實則集合之人。殆限於所謂賢人者之階級而已。抑撒遜時代之所謂賢人。實依財產之多寡。及位置之高下。國王寵遇之厚薄。以定之。而貴族則代表財產。僧侶則代表位置。朝臣則代表寵遇。然議會之議員。不滿百名。而朝臣常占過半數。其議員之分子。如此。故由表面上觀之。議會幾有立法司法之二權。足制國王之專擅。實則議會常迎合國王之意旨。以議員之過半數。皆爲國王寵遇之臣也。緣此之故。故諸曼人征服之時。及爾後諸朝。緣封建思想之發達。遂使議會性質之變動。此實不可免之勢也。抑諸曼朝之時。僧侶與貴族。雖仍列席於議會。然非由國王之召集實因爲國王直臣之資格自然得以蒞會也。據純粹之封建說。凡爲國王之直臣。皆有列席於顧問會之權利。故貴族僧侶之與會。非由其才能與地位。惟以其爲直臣之資格而已。故諸曼朝之初。由前代傳來之議會。其性質既一變。而變動之結果。貴族之中。又新增一階級焉。其始列於顧問會者。一如撒遜之時代。僅有伯爵貴族、及僧正、僧院長。至是有男爵之一階級發生。既不附於伯爵。亦不附於僧侶。而均得列席於顧問會。是即新創之貴族也。夫伯爵之起源。原爲州之司長。其在古代。司長之名。大見重於州府。而男爵則王臣之義也。其得列席於顧問會者。僅由國王與直臣之關係。此其性質所以與伯爵異也。

抑諸曼朝之顧問會。名義上雖云以王之直臣組織之。實則惟召集大貴族而已。彼小貴族者。因蒞會費用之多。力所難堪。往往避不與會也。故當時之顧問會。非由爲直臣之各貴族組織而成。實僅限於歷代蒞會之貴族。此當時之情形也。當十三世紀之末廢借地貴族。而代以世襲貴族。然此等貴族之階級。實僅限於爵位貴族也。（對僧侶貴族而言）其後閱一世紀間。李查特二世以特許狀錫年康布公爲男爵貴族。是即近世增設貴族之濫觴也。

且貴族之中。尤有一創例焉。此創例在法制上。雖無重大之關係。而在社會上。則其影響實非淺少也。蓋當時之王公縉紳。其渴望爵位之念。貪欲無厭。不以伯爵及男爵之名稱。遂自滿足也。故一三三七年。耶德華第三嘗錫其長男爲公爵。旋復以是封其次男。嗣後諸王再以封皇族之爵位。封其重臣。而同時又由歐洲大陸輸入侯爵之名稱。故即以封其次於公爵之臣僚。未幾又有子爵之封典出焉。其位置在男爵之上。此五等封爵之源委也。

### 第三節　爵位貴族衰退之原因

如上所述之時期中。出席於國會之貴族。常漸次減少其員數。依達布斯氏之言。千三百年召集之國會。公爵十一名。男爵九十八名。耶德華第二時召集之國會。則男爵七十四名。耶德華第三時召集之國會。則男爵僅四十三名。亨利第四即位之初。上院之貴族。公爵四名。侯爵一名。伯爵十名。男爵三十四名。當薔薇軍之亂。頗傷貴族之繁榮。故入條特爾朝之後。有爵貴族之員數。殆不滿五十名。至一四六一年。減爲四十四名。

一四七〇年。減爲三十四名。其員數旣少。其勢力自微弱。而其對於其他階級之關係。亦生變動矣。何也。有爵貴族之員數。雖減少。而僧侶貴族之員數。固未嘗減少也。蓋當時之僧侶貴族。大僧正二名。僧正十八名。常出席於貴族院。而大僧院之院長二十七名。自耶德華第三時。以迄條特爾朝。亦常被召集於上議院。故國會中之宗教分子。常有四十七名之議員。以代表其權利也。夫十三世紀及十四世紀之上議院。僧侶之議員本占少數。及十五世紀。忽占上院中之多數。是一奇也。故於此有二應銘記之事焉。其一。則二十七名之僧院長。實由忠於羅馬。而忽本國之僧侶所選舉。其二。則二十名之代議高僧。雖以寺院之選舉爲口實。實則因國王之指名。而由羅馬法王之任命。緣此之故。當時之上院。幾爲羅馬法王之勢力所支配也。且當時英王與法王。忽生釁隙。彼此相持不下。至亨利第二時。其勢益岌岌。及耶德華第三。因寺院後任選定法之故。彼此衝突之熱度益以漲高。原此釁隙實爲政畧而起。與宗教之事。初無所關。而當時之形勢如此。遂使英國國民所獲得之自由。因有爵貴族之減少。與英王與法王爭議。而協商之結果。幾爲其犧牲。以盡也。

## 第四節　爵位貴族强盛之原因

薔薇軍之亂及有爵貴族之減少其原因實起於十五世紀末條特爾朝諸王之專制也。國會之地位既不能抵抗國王之勢力故條特爾朝、及斯宁阿特朝、百五十年間英國人民。遂屈伏於專制政治之下。然前篇所述。當此時代。忽有一種之勢力。漸次强盛。而足以防遏國王之專制。此種之勢力爲何。則有爵之貴族是也。蓋此等貴族。其員數既漸次增加。其勢力亦漸次强盛。而大僧院之院長。又離去上院。於是上院之勢力驟振。遂足與國王抵抗也。當亨利第七時。其第一次召集之國會。有爵貴族之議員。僅二十九名。至亨利第八時。則增至五十一名。迨的屑斯第一時。其第一召集之國會。增至八十二名。最末次召集之國會。則增至九十六名。而查里斯王一六二八年之國會。增至百十七名。一六四〇年。又增至百十九名。有爵貴族。其增加之員數如此。今世之士習見內閣之濫授爵位。或以爲此區區者。不足以爲輕重也。而不知當時有爵貴族之勢力。卽因之而驟振。況乎大僧院之院長既脫離上院。其影響所及。尤大助有爵貴族之趨於繁榮乎。哈朗氏有言。彼應徵集之僧院長及法敎長。於各會期間。其員數雖時有差異要之常能與二十一名之僧正連合而其勢足以壓倒有爵貴族豈期自大僧院院長之離去上院而其勢遂一變蓋從來占少數之有爵貴族今也竟執上院之牛耳矣

### 第五節　僧侶貴族衰退之影響

此變動之結果不特使有爵之貴族由少數而變爲多數也而其勢力亦爲之一振蓋從來僧院長及法敎長領有廣大之封土及亨利王時忽剝奪之以與貴族及士族傳克麟氏嘗謂英國土地五分之一昔爲寺院之食邑今也則變爲貴族及士族之食邑此亦可見僧侶貴族與有爵貴族權力消長之大勢也而此等變動不特使舊貴族之致富已也即拉紗爾、加孟寺斯、菲治威廉諸家本屬寒族而由國王奪寺院之地以賜之亦成爲巨富之新貴族夫新貴族增加而舊貴族不減少在國王及大臣不過以此爲寵其私人之一手段而不知貴族增加之結果獨裁之政治即由之而破壞也

### 第六節　上議院之漸次隆盛

僧院長脫離上院後經百年間英國之爵位貴族其員數日添加其資產日增殖而其

勢力亦日雄厚。而爲國王者。尙執蠶食臣民權利之政策。於是舉國臣民。無論貴賤。勢不得不聯合以抵抗虐政。當斯宁阿特朝之時。代表寺院之僧正。常力擁護國王之專制。於是一國人民。惡其助桀爲虐也。漸謀脫離大僧正之統轄而表同情於彪力丹之教宗。緣此之故。遂使下院之勢力。亦因之而日振。薔薇軍之初起也。下院之中。曾通過剝奪僧侶參列國會之議案。旋復通過於上院。所可惜者。變亂之際。國民激於狂熱。其舉動。走於極端。有爵之貴族。既表同情於下院。合力以排斥僧侶。乃下院之中。復議決廢止有爵貴族之議案。斯則恩怨不分明。其事所以終歸無成也。

條特爾、斯宁阿特兩朝之虐政。及長期國會之措置失宜。使英國憲政之進步。大受其障礙。遙想當時之形勢。譬之洪水橫流。天下幾有陸沉之禍。及一六六〇年革命後。於是乎憲政之趨勢。復回復其進步之舊觀。當查里斯第二時。其第一次之國會。共召集貴族百三十九名。及其末年。上議院議員之名簿。登載員數百七十六名。威廉第三未崩御之前。增至百九十二名。女王安未崩御之前。又增至二百九名。佐治第一在位時。則增至二百十六名。佐治第二時。則增至二百二十九名。佐治第三時。則增至三百三十九名。佐治第四在位之末年。則增至三百九十六名。威廉第四在位之末年。則增至四百五十六名。及一八八一年。又增至五百十二名。今試舉其平均數則自查里斯第二之晏駕。以至威廉第三之晏駕。十七年間貴族增加之員數共十六名。殆一年爲一名之增加。女王安在位十二年間。貴族增加之員數共十七名。殆一年爲一名半之增加。佐治第一及第二在位中。三十七年間共增加二十名。殆兩年爲一名之增加。佐治第三在位六十年。共增加百十名。則一年幾增兩名。佐治第四在位十年。共增加五十七名。則一年幾增六名。威廉第四在位中。共增加六十名。則一年幾增八名。維多利亞女王之蒞位。四十四年間。共增加五十六名。則一年殆增一名又四分之一。貴族議員之增加。其趨勢如此。而其反響則在於裁抑英蘭貴族之勢力。當女王安之世則增加。蘇格蘭之貴族。佐治第三之世則增多愛耳蘭之貴族。維多利亞女王之世則使愛耳蘭退離上院之議員。減少其數。此全國貴族消長之大勢也。惟維多利亞之在位四十四年間。（維多利亞在位本不僅四十四年特著者著此書時適在其在位四十四年時耳）貴族之增加。全在後十六年。若其初二十八年間。則絕無增加。此何以故。蓋女王每封多一新貴族。則減少一舊貴族。故二十八年。

間就大體上觀之但見新陳之代謝而不見員數之增加也

## 第七節　貴族增設及其不名譽之原因

其在往時貴族之增加一般人對之常抱猜忌之念其所以然者蓋昔時之上議院其權力甚大迥非今日之比也當十八世紀之初列於貴族之卓越政治家常得民望而其勢力亦强大及十八世紀之末所謂平民紳士者最受社會之尊崇苟一旦而列於貴族或受君主之恩賜則其勢力與聲望忽一落千丈故昔時之貴族視今日之貴族大有上下床之別此古代人心猜忌貴族之原因一也且女王安之時曾一時增加十二名之貴族雖此等貴族與爾後八十年間所增加者其性質有異要之上議院旣占立法部重要之地位而新貴族之增加則使同院增加非常之勢力此又古代人心猜忌貴族之一原因也不特此也當哈雷氏執政之時曾一次封加十二名之新貴族斯卽爲惹起社會側目之見端故一七一八年山達蘭氏曾草一議案限國王爾後新增英蘭之貴族僅許六名又上議院之選舉貴族十六名以蘇格蘭之世襲貴族二十五名代之此等計畫皆以防新貴族增多之無度也而此議案曾經通過於上院旋爲瓦

耳波氏所反對。竟不得通過於下院。故其計畫。終不得實行也。瓦氏反對之理由。謂往昔羅馬名譽之宮殿。置之善良宮殿之裏面。故非通過善良之宮殿。不能達於名譽之宮殿。上議院者。譬則名譽之宮殿也。而欲得此名譽。必先爲善良之人。故苟杜絕新貴族之增加。卽不啻杜絕社會之名譽心。使之甘於自棄。而不勉爲善良也。雖然社會進步。則人類之思想。亦因之而變化。彼羅馬人之所謂德義。與瓦氏時社會之所謂德義。則已大異其標準矣。且瓦氏所謂名譽之貴族。今其地位已變爲守財奴之巢穴。故英國所謂名譽之宮殿。已非復在於上議院。欲以是鼓舞青年之名譽心。殊與社會之情形不相應也。

使山達蘭氏之議案。而得成爲法律。則英國之上議院。勢必漸歸於消滅。蓋以英國社會之發展。當長期國會時。一般人心。已謂上議院無益於時。徒爲社會之危險物。故廢止上院之論。固非自山氏始也。乃因瓦氏之反對。使上院猶得維持其殘局。而隨社會之繁榮。與國民同享太平之福。亦云幸也。嘗佐治第三之在位也。濫用其權。驟封幾多之新貴族。勃克耳氏曾論之。謂是爲貴族喪失名譽之原因。而蹇耳丁氏亦有言。古時。

之貴族其成立在何時其祖先爲何族非吾人之所能知也故社會卽以崇拜神權之心理崇拜貴族若今世之新族貴由何途以倖進爲誰氏之子孫人皆知之從而社會對之皆含輕蔑之意此實不可免之事也法國之詩人杜富嘗以詩譏刺英國之貴族今譯其意如左

英國之社會無論流品富之背後卽有貴之稱號隨之而來職工之中有侯伯博徒之中有縉紳

此國之社會閥閱與血統非所問也

鐵面皮與阿堵物實爲貴族之原素

入五都之市新封之貴族相望於途也

今朝新貴人問其舊家風殆無事之可言也

雖然佐治三世之濫封貴族雖招社會之訕謗**而於維持兩院勢力之平均又不可謂其無功也**蓋當時英國之人民屈服於一種地方寡頭政治之下卽史家所謂**邑主政治是也**當時有勢力之邑主常渴望於爲上

院之議員而下院之議員則受邑主之統治故下院議場之議事常爲邑主之意思所支配故當時之下院名雖由平民之勢力而成立實則由邑主之勢力而成立也佐治第三知其然也故大舉邑主以爲新貴族使其僅爲上院之議員而不得復爲邑主**於是上院與下院其勢力遂歸於平均**佐治第三之後其子繼之亦一遵守此政策然此時之貴族尙少不德之事蓋貴族之所以喪失名譽者其眞正之原因不在於佐治第三之濫封貴族而在於邑主政治之消滅也蓋彼輩旣昇爲上院之議員地方之政權從而消失即前此地方所供奉之賦稅亦從而消失爵位雖尊而財用缺乏於是有可以得利者雖寡廉少耻之事亦樂爲之此貴族之名譽所以爲之掃地也

### 第八節　僧侶貴族衰退之原因

新貴族之增加寺院之運命實大受其影響當布蘭他的匿託朝之時寺院之僧侶屈意以迎合國王因組成一特別之階級及條特爾朝而其勢益盛其時僧侶貴族之議員蓋占上院之多數及乎僧院解散後尙有二十六名之僧正議員雖占議席之少數

然尙有不可侮之勢力也。及乎新貴族之增設頻仍。僧正投票之勢力。遂次第殺減。迨查里斯第二時。二十六名之僧正。僅占上院議員八分之一。至於今則殆占二十分之一而已。雖在晚近亦嘗增加僧正之職。然於上院中僧侶議員之員數。則固無所影響也。距今四十年前。保守黨之政治家。多認僧正爲貴族。其時又有謂里蒙及莾的耶士達、繁庶之僧封。須設置新僧正。而欲聯合克羅斯他、布里斯託、聖託亞撒、漫古耳諸舊僧封。分餘地以與新僧正。卒因威爾士人民之抗議。計不得行。乃別創設二十七之僧正封地。然當時之政府。固不敢議創設二十七名之僧侶議員也。且新設一條例。謂非代表倫敦、達耳翰、威因查斯塔、等大僧封之少年僧正。當退去國會。其後於聖阿耳曼、杜路羅、里巴布爾、等地創設新僧封。卽襲用上之條例。使四名之少年僧正辭國會議員之職。然舍政治上無謂之疲勞。而事僧封中直接之職務。以僧侶之職分論之。固理之當然。而未可謂爲失計也。

第九節　上議院議員之員數及蘇愛二島之貴族

今日列席於國會之僧正。固不失曩時之面目。若今日之伯男爵貴族。比之昔時。則其性質大異矣。夫皇族公侯子爵諸貴族其得列席於國會者蓋始於布蘭他的匿託朝之時。獨僧正之議員則自撒遜時之賢人議會綿延相承以至於今其系統未嘗或亂也。且僧正之得列席於國會者以上院之組織於採用門閥主義之外又不可不參用其他之主義。昔巴馬斯頓侯爲內閣時嘗欲使著名之律師昇爲一代之貴族而得列席於上院奈爲俗論所沮撓此等計畫終不得實行其後當道者遂無復再作此企圖及再設高等法院時國會嘗議決拔其法官二名昇爲一代之貴族斯則巴侯之主義得見於實行之一端也。

當時上議院之組織。由二種之議員而成立。即爵位貴族之議員及僧侶貴族之議員是也。僧侶貴族之議員大僧正二名。倫敦及達爾翰、威因查斯達、之僧正三名英蘭及威爾斯之僧正二十一名。以其長老之序列席於議會。爵位貴族之議員則合英蘭之世襲貴族。愛耳蘭及蘇格蘭之選舉貴族。高等法院二名之一代貴族。此其大畧也。僧侶貴族。以官職而列於議會。若夫爵位貴族。則或以門閥。或因封典。或因被選舉。其爲議員之故不同也。抑當時之國王濫封新貴族。其勢殆無所底止。千八百三十年。進步黨之首領當政局。一意贊成國王之增設新貴族。而其封貴族之手續。則就本人或其嫡嗣。與以爵位之免許狀。但時或以國王之命令召集於貴族院。因以授爵。概而論之。新封貴族之場合。則用前之方法。嫡子襲爵之場合。則用後之方法。蘇格蘭之代議貴族十六名。每逢國會開會。卽召集於議會。以行更迭也。而愛耳蘭之代議貴族。則終身居其職。以應國王之召集高等法院之一代貴族。亦同此例也。

千八百八十一年之初。上議院議員之員數。皇族五名。大僧正二名。公爵二十一名。侯爵十九名。伯爵百十八名。子爵二十五名。僧正二十四名。男爵二百五十四名。愛耳蘭代議貴族二十八名。蘇格蘭代議貴族十六名。共五百十二名。但此名簿所載之貴族。惟限於爲議員之貴族而已。彼蘇格蘭及愛耳蘭之貴族。固未嘗盡包於其中也。今舉其列席之位置。則阿勃孔公就侯爵貴族之席。阿鎖爾公、布塞黎公、孟特羅公、洛克士牟耳公。就伯爵貴族之席。林士達公。就子爵貴族之席。阿耳惹公。就男爵貴族之席。凡蘇格蘭愛耳蘭之貴族。於其本地所稱之爵位。不得應用於貴族院。蓋其在貴族院所稱之爵位。比之本地之爵位。多屬降格也。自蘇格蘭合併以來。其地不得增設新貴族。

故其貴族殆有日趨減少之勢。然其幸存者。亦改授以英國貴族之爵位。故現今不爲英國之貴族。亦不爲蘇格蘭之代議貴族。惟爲蘇格蘭本地之貴族者。僅二十四名而已。又愛耳蘭合併之際。英王曾用一種之政略。對於上院之議席。每減愛耳蘭三貴族。則別新增一貴族。緣此之故。不得占上院議席之愛耳蘭貴族。至達於七十四名。而合蘇格蘭及愛耳蘭計之。則其不得爲上院議員之貴族。共九十八名也。

第十節 上議院之特權及裁判權

上議院之地位。自上世以來。實兼有二重之職務。卽一則爲高等法院。一則爲立法部之一機關是也。其裁判權之事。不在本論之範圍。姑勿語及。而其立法上之職務。欲知其詳。亦且讓之後篇。本節所欲論及者。則以爲立法部世襲官之貴族。實獲有一種之特權是也。蓋此等貴族。因爲國王世襲顧問官之故。有得自謁見國王之權。而貴族中時有反對國務大臣之政見者。常得親見國王。而陳述其意見。且以其爲立法顧問官之故。苟對於全院議決之法案。別有意見。得以其意見登之議事錄。以付討議。若是者。謂之**存議權**。至於近世。又得不須親赴議會。而委同爵之貴族。使代理投票。若是者謂之**代理投票權**存議權今尚存在代理投票權則於二十年前廢止之當代理投票權之存在也爲貴族者多中於惰氣罕赴議會而赴會之際亦漫不經心上議院之不名譽半爲此也蓋此等貴族常遠在他地別有官守上院中曾有何等之議案經何等之討議非彼等所能知也則其代理之投票試問果有絲豪之價値否乎蓋其人遠在數千里之外雖極有卓識者亦不能洞悉中央政界之情事以是而望其能舉議員之職斷不可得也

夫謁見國王之權及存議權代理投票權此貴族特權中其最重要者也其他尙有特權存焉則關於民事之訴訟不受逮捕及謀反或重罪不受裁判所之審問是也此二特權初見之常使人抱奇異之感然一經深思固不難知其理由也

第一、國民第一之公權在於得爲議員以參與國家之大政且議員者國民之代表也故上下兩院之議員關於民事訴訟皆應不受逮捕況貴族之身體實尊嚴不可侵犯於何徵之以貴族院永無被解散之事也

第二、謀反及重罪之場合惟應受同族之審問此等制度本非有健全之理論特

以古代之裁判。凡被告人常與以受同族陪審官審問之權利。茲特沿其法而擴充之而已。夫貴族之同族。則上院之貴族是也。

昔加寺安侯曾以私鬬之故。銃擊艦長達客托氏。即依此法以行審問。顧審問之結果。竟使侯得免於罪。世因以有遺議。亦可知此法之非良法矣。

## 第十一節　上議院疏惰之狀況

英國上院之沿革及特權。既如上述。而在攷據家則以上院爲撒遜朝賢人議會之嫡派。在歷史家則又歷舉憲法史上之事實。謂英國人民之獲得自由。皆賴上院之力。要之此皆屬過去之事迹也。若夫今日之上院。以實事求是之主義律之。則其果適於生存與否。余實不能無疑也。蓋今日一切之事業。不貴有虛名而貴有實益。故欲論上院之價值。當以其現在之勳勞爲標準。而不能舉歷史上陳腐之事迹以爲口實也。關於上院之問題。論者各異其意見。巴西渥託氏嘗謂宜增設一代之貴族。依此生力軍。以警醒其他疲餒之分子。猶可使上院能舉多少之功績。夫巴氏雖以此期望於上院。但依吾人之所見。以適於上院之職掌。在上院終無負擔之勇氣。實可斷言也。故欲批評現在上院之價値。吾敢悍然斷言曰。彼爲議員者。惟兢兢於保持其位置而已。其有所事事。則擇一二無大關係之議案。稍加修飾。以塞國民之望而已。以如此之議會。欲望其能臨機應變。以爲國民增進幸福。斷不可得也。

## 第十二節 英國上院之特質

博攷列國國會之制度。則英國上院之組織。實爲他國之所無。若欲强爲比擬。則惟加拿大之上院。有類似之點而已。彼其上院之議員。實由總督所任命。語其任期。則終身在其職也。若夫澳州之上院。其議員由於人民之選舉。特其選舉之人。比選舉下院議員者。其位置較高而已。至於歐洲大陸各國。則其上院之組織。少有由世襲議員而成者。墺大利之上院。雖有一部分之世襲議員。而其一代貴族。則占過半數也。意大利之上院。由勅選議員而成立。其員數無定。實包含有種種之分子。有官吏之議員。有學者之議員。有元老與多額納稅之議員。議員種類之多。殆他國所未有也。法國之上院。其議員三百名。其四分之一。由議員互選。任期終身。其四分之三。由於町村之複選舉。按期改選焉。德國之聯邦參議院。其議員由各邦政府所任命。美國之上院議員。則由各

州立法部所選任每州二名此各國上院組織之梗概也

今日列國之國會雖皆有上院然除英國之外無僅以血統門閥爲上院議員之資格者緣此之故英國貴族之位置雖因之而增高而上院之位置則反因之而墮下也夫法美兩國之上院以選舉之議員組織之其議員之位置雖不必甚高而上院所有之特權常能保持之而不至於旁落蓋其議員亦直接或間接由於國民所選舉有國民以盾其後故上院之權力因以不失墜也反之而上院之權力不由國民委任而來而由血統門閥而來則其所有之權力必日以退縮此實不可逃之事也執是以推則各國之上院宜皆樂以選舉之議員組織之而不樂以世襲之議員組織之矣雖然共通之理論非可適用於特別之國情故欲論一國之制度非能悉據論理學以

相繩也英國之上院由理論上言之固不及他國之善良然其壽命或更高於他國之上院亦未可知也**蓋英國之上院議員享有二大特別之利益一則因其爵位之故予以結婚上之利益一則因其位置之故與以機會上之利益**此其所以適於生存也蓋英國之富於資產與才色兼備之淑女常樂與貴族結婚而爲貴族者得此等之淑女大足爲門楣增色而貴族之地位亦因之而益以崇高且一般之人達成年之候爲生計問題不得不竭精斂神以求職業而高尚之思想因以銷磨若夫少年貴族因雄於貲財無患貧之慮其心思材力專用以擔當國家社會之大事故等是青年在一般之人世所目爲乳臭未乾者其在貴族則已能於政治舞臺中嶄然見頭角矣大抵擔當事業可以增長人之才能與引伸人之智力彼寒門之士少無事業之可擔當迨閱歷數十年始能於政界中占一位置故必中年以後其政治才始發達若夫爲貴族者雖在青年時代已有事業之可爲故其才能之發展實比常人爲較先此實因其地位之高使之然也昔

亞丹斯密嘗謂英國之長子相續權。徒使爲貴族者。其兒女皆成豚犬而已。而豈知一核之今日貴族之情形。則亞丹斯密之論。恐成反對也。蓋今日上院之議員比之下院之議員。其程度實較高。彼下院之中除二名之俊傑外。其他議員之智識才能。皆在上院議員之下。故某卓識之批評家嘗謂下院全體之智識比其各分子之智識爲優。而上院各分子之智識則比其全體之智識爲優。此等批評。雖屬創論。抑亦確論也。抑下院之中。其領袖與多數議員。常爲一致之行動。而在上院則不然。故下院之權力在於全體。而上院之權力則分之於各分子也。

（未　完）

著譯

# 法令

## 法部奏編定京外各級審判檢察廳辦事章程擬請頒行摺 併單

奏爲編定京外各級審判檢察廳辦事章程擬請頒行以資援用而昭畫一謹繕清單恭摺仰祈 聖鑒事查法院編制法第四十七條第九十六條分載高等以下各審判廳總檢察廳以下各檢察廳辦事章程由法部奏定通行等語臣部本年二月奏定籌備事宜清單聲明應於本年頒布各級審判檢察廳辦事章程先後各蒙 俞允欽遵在案竊維立法事項屬於法院者大別凡三一規定審檢各廳之組織及其權限由法院編制法主之一規定審檢各廳訴訟之手續由民刑訴訟法主之至於司法行政期歸統一則又必有一種規則可循其規則專以明定事務標準爲宗旨卽辦事章程是也方司法改制之初編制法遲而始成訴訟法久猶未定僅有臣部奏定各級審

判廳試辦章程通行各省而又略舉大綱不賅細目是以各省所擬辦事規則節據咨部覈查只能據編制法及試辦章程爲定而以訴訟律未頒之故往往取材外邦法制其所爲規則乃不啻以彼之搆成訴訟兩法合搆而成入彼出此混無界限故文成已傷繁賾而義例終嫌盩戾爲取便一時計又不得不過而存之固其勢然也現在各省法庭次第開辦法律館所編民刑訴訟兩律業於上年奏交憲政編查館覈議此後司法者不患無所遵循即應將辦事章程及時編定頒行以昭法守茲謹擬爲十三節都五十八條凡已爲編制法所定及應爲訴訟律並其他章程所有者概不闌入而爲本章程不甚詳備者另以專章補助之尙容陸續編定謹繕具淸單恭呈御覽伏候

命下卽由臣部通咨各省遵行以歸畫一所有編訂京外各級審檢判察廳辦事章程各緣由理合恭摺具陳伏乞

皇上聖鑒謹奏宣統三年四月二十一日奉

旨依議欽此

審判廳及檢察廳辦事章程

第一節　總則　第一條　本章程以規定審判廳及檢察廳事務標準爲宗旨　第

二條　審判廳自高等以下檢察廳自總檢察廳以下其辦事方法除依編制法訴訟律及與本章程相關聯之他項章程所定外悉照本章程辦理　第三條　本章程所稱各廳長官爲左之各項　(甲)審判廳　一高等審判廳廳丞　二地方審判廳廳丞或廳長　三初級審判廳監督推事或獨任推事　(乙)檢察廳　一總檢察廳廳丞　二高等檢察廳檢察長　三地方檢察廳檢察長　四初級檢察廳監督檢察官或檢察官　(丙)各分廳之監督推事監督檢察官

第二節　職權　第四條　各廳員應於法定範圍內各行其職權　第五條　關於司法上行政事務應各受本廳長官及上級廳長官之監督者悉照編制法第一百五十八條之規定

第三節　事務之分配及代理　第六條　高等及地方審判廳訴訟事務應按各廳分期承審由該廳長官預定該年度分期開庭表於該廳署內公衆易見之地揭示之

第七條　置兩員以上推事之初級審判廳於承審訴訟事務有應行分期辦理者適用前條之規定　第八條　審判廳分配事務應按事務之種類或土地之區域定

之分配事務得酌量繁簡令甲庭之推事兼辦乙庭事務或令獨任推事兼庭長庭員 第九條 前條第一項之規定初級審判廳如置有二員以上之推事時亦適用之 第十條 由各廳長官交審事務其次序當從各廳或各推事承辦事務之號數定之但有緊要時得變更其原定之次序 第十一條 檢察廳有檢察官數員時其事務之分配由該廳長官定之但初級檢察廳及分廳應照編制法第九十七條第二項第三項之規定 如遇重要事件應由該廳長官自行處理 第十二條 各廳書記官應辦之事由書記官長從該廳長官之命令分配之 第十三條 各廳長官遇有事故時以庭長或廳員之資深者代理之 各廳員之代理量事情形分別照編制法關於代理各條之規定

第四節 服務之時限 第十四條 各廳長官及廳員除有第十八條第十九條情事外不得曠其職守其書記官以下員役亦如之 第十五條 各廳設考勤簿廳員自行畫到由該廳長官查核每半年彙報法部或提法使 第十六條 各廳辦公時間除京師外各省由提法使定之 第十七條 萬壽聖節 先師聖誕及星期

各放假一日年末歲始假期除京師外各省由提法使酌定　第十八條　各廳廳員於前揭假期外因事請假必須書明理由經該廳長官之認可　第十九條　各廳員請假每月不得逾五日但有特別事故不在此限　有前項特別事故請假者仍應開具事實經該廳長官之認可　第二十條　各廳應派書記官輪班值宿其輪次由各該廳長官於每月朔定之　第二十一條　各廳雜役均應常川駐廳有請假者適用第十八條第十九條之規定

第五節　關於廳員進退之申報　第二十二條　各廳長官於所屬各廳員到廳接事卸任交替等事均應具文申報法部或提法使　各廳員有前項事宜亦應具文申報本廳長官　第二十三條　各廳員有補職派署丁憂退職等事應由該廳長官出具切實考語開單具文經由該監督上官層遞出考申請法部或提法使核辦　第二十四條　總檢察廳高等審判檢察各廳長官於該廳書記官之進級得按各該廳預算定額照書記官俸給進級章程以法部或提法使之名義代行之但事後仍應分報法部或提法使　第二十五條　地方審判檢察各廳長官於該廳及該管下級審判

檢察各廳書記官之進級得適用前條之規定　第二十六條　高等審判檢察各廳長官於該廳及該管下級審判檢察各廳之書記官得按該廳預算定額以法部或提法使之名義於該管內調用差遣之但事後仍應申報法部或提法使　第二十七條　地方審判檢察各廳於該廳及該管內書記官之調用差遣適用前條之規定　第二十八條　各廳長官得按各該廳預算定額雇用員役但在初級廳應詳由該管地方廳長官核奪

第六節　會議　第二十九條　高等及地方審判廳除編制法第四十八條所列會議外遇有左列事宜應開推事之總會議　一　關於編制法第一百六十二條事宜　二　關於法律章程之執行由高等檢察廳檢察長地方檢察廳檢察長有所請求事宜　三　關於事務細則之設定變更事宜　四　審判廳廳丞或廳長認爲必要事宜　第三十條　總會議以審判廳廳丞或廳長爲會長　第三十一條　非有該廳三分之二以上之推事列席不得開總會議　第三十二條　高等檢察廳檢察長或地方檢察廳檢察長得列席會議陳述意見　第三十三條　高等審判廳每年三

月開定期總會議關於該管內下級審判廳上年辦事成績據高等檢察廳檢察長之報告如有應行矯正之處互相討論加以評決　第三十四條　高等審判廳爲前條之評決應先申報法部或提法使俟奉批後由該廳長官行文通諭下級各審判廳

第三十五條　地方檢察廳檢察長應將該級審判廳及該管內之初級審判廳所有上年辦事成績及隨時矯正之法於每年正月開具詳明事實呈報高等檢察廳檢察長　第三十六條　高等檢察廳檢察長應將該管內下級審判廳上年辦事成績及隨時矯正之法於每年三月高等審判廳開總會議時演述之　演述之筆記應申報法部或提法使

第七節　召集　第三十七條　高等及地方各廳長官得於該廳內召集直接下級廳長　前項之規定總檢察廳不適用之　第三十八條　爲前條之召集時應申報法部或提法使　第三十九條　地方各廳長官得於該廳內召集該管內初級廳書記官　第四十條　爲前條之召集時應報告直近上級廳長官

第八節　巡視　第四十一條　高等審判廳廳丞得承法部或提法使之命巡視該

管下級審判各廳及監獄但於應分地巡視時得分派地方審判廳長官相互代行之地方審判廳長官得承提法使或高等審判廳廳丞之命巡視該管初級審判廳及監獄於應分地巡視時得分派初級廳廳員相互代行之　第四十二條　高等及地方檢察廳長官得適用前條之規定各巡視該管下級檢察各廳及所在之監獄　第四十三條　前二條巡視事畢限一個月內將考察情形申報法部或提法使於巡視之先並應將定期呈報

第九節　出境勘驗　第四十四條　推事及檢察官如應於該廳所在地外親臨勘驗應先請示於該廳長官但遇緊急事宜可於勘驗後再行報告

第十節　出差　第四十五條　地方審判廳長官得在高等審判廳或該管內初級審判廳出差　初級審判廳之推事或監督推事得在直近上級審判廳出差　前二項之出差應經直近上級廳長官之認可　第四十六條　地方審判廳長官得派該廳及初級審判廳之書記官在該管各初級審判廳出差　初級審判廳之推事或監督推事得派該廳書記官在直近上級審判廳出差但必經直近上級廳長官之認可

第四十七條　前二條之規定地方或初級檢察廳長官適用之　第四十八條爲本節之認可或派書記官出差應分別照第三十八條第四十條辦理

第十一節　表簿之設備　第四十九條　各廳每年應製司法諸表簿由各該廳長官管理之

第十二節　文書之申送　第五十條　各審判廳因行其職務申報法部在京應詳經各該監督上官層遞轉呈在外應詳經各該監督上官由提法使轉呈　第五十一條　各檢察廳因行其職務應申報法部或提法使時適用前條之規定但依別項規定必經由總檢察廳者仍報由總檢察廳轉呈法部　第五十二條　遇有緊急事宜各廳在京得逕申法部在外得逕申提法使但仍應分報各該監督上官存案　第五十三條　各廳內與京師各部院衙門外與直省將軍督撫因公往來文件均應由法部或提法使轉咨但與司道府廳州縣及其他武職衙門行文時又因特別事故應行逕自行文京師或直省各行政衙門時不在此限　第五十四條　各廳與駐劄外國公使領事因公往來文件在京由法部咨行外務部轉遞在外由提法使申請督撫轉

行仍咨明法部備案　第五十五條　各廳在京在外或京外各廳相互間因公來往文件時不適用前兩條之規定　第五十六條　前三條如有別項規定時不適用之

第五十七條　文書程式照別定章程辦理

第十三節　附則　第五十八條　關於執行審判司法警察及保管金錢物品征收費用管理文牘會計事務照別定章程辦理

# 諮議局聯合會呈都察院代奏皇族不宜充內閣總理大臣摺

爲內閣宜實負責任。總理宜不任懿親。請實行內閣官制章程。另簡大員組織。以固國本而尊皇基。恭請代奏仰祈　聖鑒事。竊本年四月初十日。頒布內閣官制。同日奉硃諭慶親王奕劻著授爲內閣總理大臣等因欽此仰見我　皇上統一政權。實行憲政之至意。欽佩莫名。查內閣爲代君主負責任之機關。總理大臣爲內閣全體責任之總匯。故君主立憲國。內閣大臣任命於君主。實體之組織。純係於總理大臣。總理大臣有組織內閣之權能。負完全無缺之責任。責任之所集。功罪之所歸。即國家安危之所繫。立憲國家重內閣之組織。尤重總理大臣之任命。其最要之公例。在不令組織內閣之總理。歸於親貴尊嚴之皇族。此非薄待皇族。謂其無組織內閣之能力。實皇族內閣與君主立憲政體。有不能相容之性質。勢不得不然也。談君主立憲政體者。類無不知君主神聖不可侵犯之語。君主立於神聖不可侵犯之地位。密隸於君主之皇族。亦即立於特別不可動搖之地位。內閣之地位。則可動搖而更新者也。立於君主之下。以受議會之監督。有政策之衝突。即發生推倒之事實。組織內閣之總理大臣。於君主無親族之關係。倒一內閣。不過倒一某總理內閣。君主毫不受其影響。組織內閣之總理大臣。爲密隸於君主之皇族。倒一內閣。即爲倒一皇族、內閣皇族。緣內閣而推倒。使臣民之心理。忘皇族之尊嚴。君主之神聖。必有不能永保之慮。恭讀　欽定憲法大綱、君主神聖不可侵犯。列爲專條。新內閣官制十九條。絕無組織內閣必以皇族總理之規定。蓋亦守君主立憲國之公例。而第一次內閣總理。適爲親貴之慶王。慶王內閣既成。對於　皇上擔負責任。使不可以推倒。於設立閣制之眞意何。使其可以推倒。於我　皇上神聖之體統何。此某某等所以熟思深慮。不能不披瀝呼籲者也。或謂慶王內閣。不過暫行試辦。原非以此開皇族內閣之例。某某等亦知暫行內閣。不至成爲經制。然朝廷不組織內閣則已。既已組織內閣。須具內閣之眞相。似不可有暫行試辦之制度。

蓋試辦者。必成績之良否不可知。姑爲籌畫試行以定進止。設內閣以定政治之方針。保行政之統一。但當期成績之優良。決無可暫行嘗試之理。以皇族內閣先爲嘗試。在皇族既爲褻尊。政治之前途。尤有舉棋不定之隱慮。慶親王受　命之始。兩次懇辭請收回　成命。另簡賢能。一則曰速謗疾顚。懼負非常之任寄。再則曰唯　至聖能無我。咸知　朝廷用舍之公。誠不欲開皇族內閣之端。以負　皇上者負天下臣民之望。所以爲　皇上計。爲皇族計者至深且遠、非僅自爲退讓計也。且皇族僅不爲組織內閣之總理。不患無自展所長之地。皇室經費。親貴各有定給。法律上政治上之特例。均不同於一班之臣民。安富尊榮。當然受中外之尊敬。原無取乎當政爭之樞紐。以自陷於危途。且若以皇族總理開希冀之門。萬一內部生爭競之萌。尤非國家前途之福。某等若非有愛於　皇上。有愛於皇族。但求得良內閣以得良政治。其或不良。任議會內閣之衝突。組織內閣之總理。爲皇族與否。皆可不問。惟以吾君主之國體。皇族密繫於君主。君主密繫於國家。今衝突之發生。屬於皇族。國家之根本不固。亦無善良政治之可言。具愛國之天良。不能不望我　皇上之預杜其漸也。夫古者宰相率不任親冑。本朝舊制。親王不入軍機。伏讀 仁宗睿皇帝有自本朝設立軍機以來向無諸王在軍機處行走。正月初間因軍機處事務較繁。是以暫令成親王永瑆入直辦事。但究與國家定制未符。成親王永瑆著毋庸在軍機處行走等因欽此。當時之軍機。尙無負一切政治責任之明規。尙嚴親王之限制。今日之內閣責任。重於軍機。組織內閣之總理大臣。更不可不循限制之舊矩。伏願 皇上爲國家計久遠。鑑立憲之通例。守 祖宗之經制。俯念閣制爲國本所繫。取銷暫行章程。於皇族外另簡大臣充當組織內閣之總理。責任明而政本以立。皇室固而國祚益昌。天下幸甚。某等愚忠所發。不敢不言。所有請代奏實行內閣官制另簡大臣組織各情。伏乞 皇上聖鑒。謹呈。

## 諮議局聯合會呈都察院代奏增練備補兵爲徵兵預備摺

呈爲時局阽危。擬請直省各廳州縣。一律增練備補兵。以爲徵兵之預備。據請代奏事。

竊維今日世界大勢。非武裝不足底和平。故各國軍制。多採國民皆兵主義。我 國舊習尙文。有事則倉卒募軍。事後則設團防衛。承平日久。軍備又弛。辦團之弊。防營之窳。爲一般所通詬。髮逆底平。迭遭大故。乃議裁防營。練陸軍。定額三十六鎭。竭全國之財。數年之力。止成二十一鎭。而徵兵之制。且有所懲而不敢實行。比年以來。風雲日亟。內訌外患。遝至紛來。團防既廢。鄉巡未興。續備無軍。而防營又未可遽撤。日日在恐慌時代之中。人人有覆巢危卵之懼。卽使三十六鎭同時成立。而以中國幅幀廣袤。一旦有警。徵調甲地。則乙地空虛。幸或無事。而以招募來者。勢不能爲退伍計。糜無窮之脂膏。養此有限之兵卒。而又不足以強國。況各鎭尙難完成。其危險更何堪設想。故爲根本計。非實行徵兵不可。然實行徵兵。必先確查戶口。近年調查一端。風潮迭起。疆吏粉飾冊報。可以爲考查之成績。實不足爲徵兵之根據。再事確查。尤需時日。此一難也。定制常備兵三年退爲續備。又三年退爲後備。四年退爲平民。經營一軍。歷十年之久。就一鎭論之。循環遞練。必歷九年。始成三鎭。實得弁目兵丁三萬餘人。苟值承平無事之時。尙可從容徧置。今則列強思逞。人心動搖。蹉跎蹉跎。恐不及徵兵。而國已不救。此二難也。每鎭經費約需百二十萬。益以戰事預備金。爲百七十萬。現有陸軍經費。較他項爲最多。今欲趕練各鎮。期如原額。所需經費至爲浩繁。將取之於民間。而連年災歉。已不能支。將取之於外債。而借款練兵。殊非長策。況如所云三十六鎮。幸卽成立。猶不免兵單勢薄之虞。而即此定額。尚難辦到。設再遷延。何以爲國。此三難也。徵兵既難遽實行。國防果安所可恃。爲今計。宜有一急則治標之法。使國家增餉不多。增兵無限。器械充足。練一兵即收一兵之用。則惟有直省各廳州縣。一律增練備補兵。以爲徵兵之預備。而後可以救國家之危亡。敢披瀝肝膽。爲我　皇上陳之。夫所謂急則治標。爲徵兵之預備者。第一須有多額之兵。欲練多額之兵。莫如取民兵之意。而變通練軍之法。定制常備訓練。期限三年。爲時甚久。而常備軍設有備補兵。胥有名無實。今擬裁撤備補兵。改練預備兵。仍用備補之名。以爲常備之補充。并作爲留守兵。第二須爲土著有業之兵。今擬練備補兵。就直省各廳州縣。繁盛城鎮編列。則應由各廳州縣會同自治團體選擇。故必其確係土著。確有職業者可知。第三須有統一之教練及編制定制。常備兵期滿回籍。列爲續備。聽其自謀生業。每州縣有續備兵百人。即派駐弁管轄每年調操。如有緝捕彈壓要事。准各地方官會同該駐弁酌量調用。今擬參用此法。每廳州縣派遣駐弁前往。鎮管標區。會同各地方官編練。小縣先練一隊。中縣大縣酌加。即以該駐弁擔任管教。依隊分排輪班教練。暇日仍聽自營執業。練成之後。擇尤提充常備現役。其餘發給憑照回籍。列爲續備及後備。第四須縮短訓練時間。今擬練備補兵。期以六個月練成。其列爲續備及後備者。期亦如之。練成之後。續編續練。第五須明定餉數。備補兵既輪班教練。則每名給餉。可仿續備軍例。月給銀一兩。若有緝捕彈壓或徵調各事。始給全餉。事平仍復其舊。第六須備多數之軍械。續備軍制。各府州應按各屬兵數。預先請領槍械及號衣等件。今擬略仿其制。先儘各省存儲舊槍。撥給廳州縣練用。一面暫向外國多購新機關槍。新式槍。新式山野砲。及造子彈機器。自行趕造子彈。一面擴充兵工廠。添購新機。改造最新式之槍。以爲取不窮用不竭之計。如此則常備不足。而有以應徵。續備無兵。而可資留守。所謂增餉不多。增兵無限。器械充足。練一兵即收一兵之用者也。准此籌練。則三難可免。而四利興焉。夫徵兵之所以難遽實行者。一由於徵兵之不確實。二由於人民不知當兵之義務。今直省各廳州縣增練備補兵。由各牧會同自治團體選送。則無土著職業不確實之虞。循環編練。逐次選送。調查戶口之事實。己因之而釐然。一旦實行徵兵。則不待另行調查而已有著手之方。且人人必知有自衛而後可以防國家。今就地練兵。而曉之以國家大義。則愛國之思想可生。而人民對於當兵。乃視爲應行之義務。而非爲月餉權利而來。則兵乃始盡可用。而何有於逃匿。而何有於滋擾。其利一也。軍制以國民皆兵爲最優。則實行徵兵。又安可緩。今不爲實行徵兵之議者。則尤以國勢瀕危。迫不及待。爲一大原因。誠增練備補兵。以六個月爲期。而可補充常備。而可列爲續備及後備。以三年訓練原期計之。所練兵數。可增六倍。以直省各廳州縣統計之。所增兵數。殆相千萬。以最短之時期。得最多之兵額。無招募之煩。而收民兵之用。其利二也。練軍必籌費。故各鎭難遽成立。今練備補兵而用續備餉制。則但提常備軍裁曠銀兩。及議裁備補兵餉銀外。稍有添籌。即敷挹注。以一鎭練兵之費。可練無數倍之兵。其利三也。邇者腹內邊徼。時虞不靖。外人藉詞恫喝。調兵調艦。輒不崇朝而集。我國兵備既單。各省大吏明知防營之不足恃。不得不留此形式之兵勇。以爲鎭攝守衛之資。而爲地方籌畫者。又主復團練鄉勇之舊。夫團練鄉勇。昔日本以之中興。而或慮其滋弊者。則以無軍事上之紀律。而少實力之教練。防營無用而不可裁。又虛糜此浩大之款。今練備補兵。一方面為國防。一方面為留守。取鄉團之義。而得多數預備之兵。將來兵實漸充。防營可以次裁撤。移茲鉅款擴充軍備。計無有善於此者。其利四也。議員等熟察各省之情形。深維國家之大局。以為今日國家不敢諱言覆亡。而救亡之政策。舍增練備補兵外。均有緩不濟急之憂。用敢合詞籲請飭下軍諮府。陸軍部。電商各省督撫各鎮統制。詳定直省各廳州縣增練備補兵辦法。尅日實行。以救危局。無任戰慄屏營之至。伏乞代奏。謹呈。

## 諮議局聯合會請飭閣臣宣布借債政策呈都察院代奏摺

為新借鉅債關繫國家存亡大計。請　飭閣臣宣布政策。以釋羣疑而定責任。恭請據情代奏事。竊本年四月初六日奉　上諭。近來國家財政竭蹶。由於幣制不一。民生困苦。由於實業不興。朝廷洞鑒於此。不得已飭部特借英美德法四國銀行一千萬磅。日本橫濱銀行一千萬元。專備改定幣制振興實業以及推廣鐵路之用。該管衙門自應竭力慎節。不得移作別用。並著隨時造具表冊呈覽。以副朝廷實事求是之意。欽此。四月二十二日欽奉　諭旨郵傳部會奏粵漢鐵路接議英德美法各銀行借款合同磋商定議繕單呈覽並請旨簽字蓋印一摺。著郵傳大臣簽字。餘依議。欽此。恭讀兩次上諭。一發於內閣官制未頒以前。一發於內閣官制既頒之後。然第一次　上諭署名者爲軍機大臣奕劻毓朗那桐徐世昌。第二次　上諭署名者爲奕劻那桐徐世昌載澤盛宣懷。除毓朗盛宣懷外。後之內閣總協理大臣。卽前之軍機大臣。事本相承。諸臣既始終主持。卽當始終擔負責任。斷無因軍機變爲內閣。責任卽行中斷之理。議員等對於暫行試辦之內閣。曾呈請代奏　另派大臣組織。原期實臻政治之統一。責任之確定。惟暫行閣制未取銷以前。國家政治上之責任。不可一日無所寄。而借債政策。關係國家存亡大計。一日無確當之解決。卽國家大計日陷於臲卼之危境。此議員等所以倉皇呼籲。不能遽息也。近日中國之貧窘達於極點。借債以謀救濟。誠屬萬不得已之舉。然借債之公例。必政府與國民均有用債之能力。而後可利用之以爲救時之藥。否則飲鴆自斃。勢必不救。埃及波斯之覆轍。稍治歷史者皆能言之。故立憲各國。

愼舉國債。必經國會之議決。 先朝欽定資政院章程。亦以議決公債之職權。畀諸資政院。不經資政院議決而起之國債。違 先朝之法律。原應歸於無效。惟合同旣已簽押。事實再難更變。大臣違法。屬資政院彈劾之範圍。議員等請姑舍法律之論爭。所急求明白宣示者。爲關係存亡之借債政策。此次借債政策。恭繹 諭旨明定爲改定幣制振興實業。以及推廣鐵路之用。改定幣制振興實業推廣鐵路爲政策之標題。決不可卽認爲政之條件。在諸臣本此政策而借鉅債。必先有精密之計畫。斷無漫無成竹。冒然一試之理。就改定幣制言。此項借款。將爲購置幣材之用。卽按國中人口之比例。需鑄實幣若干。需用幣材若干。流通於國中之生銀若干。銀圓若干。閣臣曾有詳悉之調查比較乎。有詳悉之調查比較。當采自由鑄造之法。以實値換實値。吸收國中之銀貨。而以外債濟其不足。今於法制則不采自由鑄造。而以外債爲基本。此何說也。將爲大淸銀行準備金之用耶。大淸銀行之組織。純戾於銀行之原則。邇年以來。敗相畢露。救正改革。實爲先決之問題。而所謂準備金者。亦必有一定之成數。閣臣曾於銀行改良之法與準備金之確數。有精詳之計畫乎。將爲收回舊幣之用耶。國中舊幣之惡孽。無逾銅元之充斥。自非用不加貼補。盡數收回之法。必終亂幣制之統系。而蹙國民之生計。閣臣於處置籌擬舊幣辦法。亦當略陳梗概。大旨所在不外暫准照市價行用。按年限制。隨時設法收回。最後之解決。歸於體察事情。斟酌辦理。以何方法能使并行。不害於主幣。收回。不累及國民。閣臣曾有確實之把握乎。則例頒布一載。施行瞬將屆期。幣制根本問題之待決者。不知凡幾。計之已熟。而後敢樹借債改定之政策。此不能不要求宣示者一也。振興實業。盡人皆知爲要政。此次借款條款。指定東三省之工業。東三省之工業。以何者爲重要。東三省重要之工業。須若干之資本而後能舉辦。而後能推廣。必有以總計而區劃之。振興實業之要件。必有種種輔助之機關。中央銀行之外。必有賴於國民銀行。銀行之外。必有賴於股分懋遷公司。閣臣能爲有條理之布置否。實業之發達。必恃有完備之法律以爲之監督保障。內地各種已舉之實業。旋起旋滅。非法律不備。即用法不善。有以蹙其性命。欲移植發榮於邊省。閣臣能爲保障監督之實計否。此不能不要求宣示者又一也。借債修路。閣臣既借　上諭以定爲一種政策。然政策云。非僅以鐵路國有一語。要足以了之也。中國幅員之廣。鐵路何以必須國有。鐵路何以擯斥民款。而純借外債以收回。之外債之數。能否盡舉國中之幹路。修築國中之幹路。應以何路爲先著。路款之預算。路材之取給。路師之分配。非有成算在胸。安敢毅然取銷累年之成案。奪商民已得之權利。救中國之貧困。借債造路。自以生計之鐵路爲先。尤必經營鐵路以外之事業。以求本息之有著。四國六百萬磅之借欵指定之粵漢鐵路。固可列於生計鐵路之數。川漢鐵路。已不能純謂之生計鐵路。此外幹路。屬於政治者較多。借日本之一千萬元。未指定爲何路之用。逆計大勢生產與不生產之比較。必不足以相抵。而鐵路以外之實業。腹地凋敝已極。民力涸竭無餘。瀝瀝爲潤。以外債造鐵路。終必以鐵路受外債之害。路未成而本息已無所出。將如何法以治之。官辦鐵路。夙稱弊藪。京奉鐵路。尚不止此。所以有窮之借款。供無窮之揮霍。將何術以弭之。此不能不要求宣示者又一也。現時中國外債已達十萬萬兩以上。罄全國十年之歲入。毫不用於他途。猶不足爲償還夙逋之用。況本年預算政費之用。不足超七千萬。計臣已窮於羅掘。人民已窮於負擔。重以新債驟增。誠不知所以償還之計。不問所以償還而姑救目前之急。償還期至。保不借債還債。出於附水附塗之下策乎。塗附既窮。保不亂增惡稅以自絕稅源。終至債權國攬抵押物之主權乎。恭讀四月初六

日　上諭有該官衙門自應極力撙節。不得移作別用。幷着隨時造具表冊呈覽。及四月十九日　上諭有著度支部將內外各衙門應遵全國預算及借款用法各項表冊分別嚴催。尅期辦妥。一俟九月開常年會。卽交該院議決。毋稍延誤云。　皇上愼重借債。兢兢業業之意。朝野內外感激莫名。然以　皇上聖明。日理萬機。表冊繁多。斷難一一精核其眞僞。審計院之設置。尙須俟諸明年。資政院之決算。亦必窮於鉤考。非更籌嚴密監督之法。必無以副　皇上實事求是之盛心。而財政顧問幣制顧問之電傳。方喧播於東西之報紙。設其不謬。則內國之監督。且均無所用。純至於受外人監督。況大宗外債。驟輸入於內地。銀價之漲落。物値之低昂。貿易正負之差異。皆將增而生絕大之變動。久困涸轍之社會。亦或以驟增消費。生蒸蒸蕃庶之幻象。外資竭。則幻象滅。反動力之發現。其困且百倍於舊時。前途種種之危險。消弭于未然之策。又均不能不要求其宣示者也。閣臣因負責任。爲　聖訓之所明示。無政策而借債。是以負
皇上者負國家。非閣臣之所可言。有政策。卽當宣布其政策之所在。以定責任之所歸。大計攸關。存亡一髮。薄海士庶。危疑交幷。擬請　皇上飭內閣下收回此項政策施行補助詳細之計畫。明白宣布。以釋疑慮。而利推行。伏乞據情代奏。

# 中國紀事

**中國政黨歷史小誌** 立憲國最重政黨。而政黨則必自政治團體而發生。吾國政黨政黨之聲。既已騰躍數年。然卒未聞有成立者。則以政治團體之少也。今國人憬然於國會之期伊邇。非從速組織政黨。將來縱開國會。亦必紛如亂絲。因糾合同志共結小團。以爲他日政黨之預備。茲將近日在北京發現之政團。彙錄之如後。(一)政學會。約二十餘人。未立案。黨員以資政院議員爲限。(二)憲政實進會。約五十餘人。已立案。黨員以資政院議員爲最多。(三)辛亥俱樂部。約六十餘人。未立案。黨員資政院議員非資政議員各半。(四)憲友會。發起人共六十餘人。尚未立案。黨員以諮議局聯合會爲中堅。 政學會憲政實進會。皆以爭議刑律之異同而生者也。前者贊成新律爲白票黨。後者反對爲藍票黨。前者可以汪榮寶之流代表之。後者可以陳寶琛勞乃宣之流代表之。辛亥俱樂部。亦發起於資政院議員。其中堅有易宗夔羅傑諸人。亦有度支部中之緊要人物。若何宗旨。尚未探悉。憲友會則最近聯合會湯化龍孫洪伊等所草創者也。可謂爲帝國統一黨之後身。特其政綱專注重民生。及地方分權處最多。不甚涉及中央政策。蓋對於時勢有一種緊急自衛之意。蓋起草者別有苦心也。至其各團之政綱。及進行之法。有經已揭示者。有尙未揭示者。以文冗從畧焉。

●關於軍事集權之結果● 軍諮府與陸軍部。擬行中央集權政策。日前電飭各省督練公所。改設軍事參議官一員。歸軍諮府直接派充管轄。離督撫而獨立。各督撫接此電後。大不以爲然。謂向來各省督練公所之組織。由督轅之軍事秘書官與現充軍官者組合而成。歸督撫直接派充管轄。遇地方有警耗。以督撫之命令。即可調遣軍隊迅速撲滅。若改歸軍諮府直接派充管轄。是將督撫兵權剷去乾淨。遇有亂耗。束手待斃。皆極力反對此議。推江督領銜。具摺奏爭。摺內大意畧謂陸軍部奏定督練公所官制綱要。於各省辦事情形。諸多隔閡。辦理爲艱。擬請將水陸巡防隊。歸督撫直接管轄等語。聞日前已有旨飭後各省督練公所。應派軍事參議官以下各員。飭令查照定章和衷商榷。仍由陸軍部奏派。以免歧異云。

●蘇省預算之結果● 江蘇諮議局全體辭職之後。尙未得有解決方法。蘇人所主張者則甚決。絕謂如以諮議局所主張者爲是。則應公布豫算。如以爲非。則應即時解散、重行選舉。日前該局議長張謇氏進京。謁見慶邸。亦以此爲言。慶邸因擬有辦法二項。一由內閣諸人。致函張督。令其公布。一由度支部行文江督。申明預算不可不公布之理由。故於五月十六日。張督遂劄局照行。其劄文大意。謂除寧垣各學堂經費應俟學司明定標準。及未能照辦各項俟資政院核覆。再行酌辦外。應將諮議局原冊及覆議冊。速同會議廳審定表冊。施行公布。以六月初一日爲分別施行之期云云。

粵省辦理善後之借債　張督以此次亂事。辦理善後。用款頗鉅。適在禁賭之後。庫款空虛。現飭藩司趕緊設法。先借外債維持。聞陳藩已向日本台灣銀行。商借日金六十萬元。經已簽約。該約內容。則年息六釐。擔保物廣東省歲入期限則据置一年。償還二年。已於中歷五月十三日。第一次交付二十五萬元。十八日。第二次交付二十萬元。二十一日。第三次交付十五萬元。合計六十萬元。交付全訖。

粵省抵制紙幣風潮　自粵路收歸國有之後。各股東以爲此路奏經商辦有案。今忽攫歸國有。是政府已失信用。於是別思一抵制之策。乃持官銀號日前所發行之紙幣紛紛換取現銀。而大清交通兩銀行。遂起一大恐慌。寖假並連及官銀錢局。此風潮不知何自而起。據各報所載。謂香港於十五日以前。即有對於此種紙幣屏棄不用之消息。至十四日。有人偏收此種紙幣數十萬。携帶上省。向各行討換。十六七八等日風潮極烈。索換者約有六十餘萬。政界睹此情景。大爲恐慌。一面傳集各紳商維持金融。一面分遣兵隊。把守各銀行。以防匪徒暴動。又復電請政府代奏。擬借洋欵五百萬。以資接濟。玆將電文摘要錄後。畧謂近日香港。忽有人倡議。不用大清交通兩銀行。暨廣東官錢局紙幣。以爲抵制國家收回鐵路國有之計。查其起事原因。係亂黨從中鼓惑。致商店一時週轉濡滯。省城市面。大受影響。紛紛持票取銀。一日已達數十萬兩。來者仍陸續不絕。岐即飭藩司設法應付。以保信用。惟查各行局所存現銀。僅百有餘萬圓。藩運兩庫。計存二百餘萬兩左右。危險情形。不可思議。已商請造幣粵廠。趕鑄龍毫以資兌付。一面電請港督查禁謠言。並飭各關卡遇有徵收稅釐。全數均收官發紙幣。以期疏通。但際此風潮惡烈之時。非有大宗款項應付。不易平息。岐齊集司道磋商。擬向外國銀行訂借五百萬兩。專備接濟行局準備之用。惟此項借欵。俟市面平靖。紙幣照常流通。立卽如數籌還。國家所費有限。保全大局。誠非淺鮮。若一二日風潮稍息。雖訂借有成。亦當隨時作罷等語。此摺上後。經已由部覆准如所請矣。

**湘省爭路再誌**　　自幹路國有之旨下。有謂宜仍爭歸商辦者。有謂萬不能爭回者。有謂雖不爭全路。必爭作官商合辦者。有謂雖允合辦。亦無人敢合者。諮議局教育會商會自治會湘路協贊會皆有專摺呈請代奏。湘撫皆允奏。惟諮議局一摺。已奉諭旨申飭。其餘皆以語太激烈。未及代奏。湘人見諮議局被諭旨申飭。愈益憤激。該局議員有多數辭職者。以致不能開會。繼而各學堂亦相率停課。五月十二日。已停數十校。惟優級師範與公立法政學堂未停。近日亦均停止。官場中見此情形。恐釀事端。諭令各監督召集上課。因今年改辦通學。各學生均在外寄宿。無由召集。行政官防備甚周。每日巡防隊警察隊及加募之偵探隊。沿街穿巷。四處巡邏。前往後繼。晝夜不輟。手擎槍械。如防匪寇。街市行人。皆不敢偶語。又出示禁止開會。取締印刷店。凡有廣告等事。皆須經巡警道派人核閱。方準付印。又取締信行郵局。凡有外來信札。送學界軍界者。皆須檢閱。又請各學堂監督檢察學生信札。此次學堂停課。皆用學堂員筆板油印紙發行。

暗中通傳。竟至同時罷課。亦可見湘省人心之一致矣。

**湖北之大水災**　湖北荊門直隸州沙洋大堤。爲襄陽荊州兩府屬十餘州縣之保障。去歲冲潰後。被災之民數十萬。皆田廬蕩然。非俟該堤修復。不能耕作復業。故鄂督於客冬奏派彭守覺先前往興修。乃開工之期過遲。今春又雨量太多。延至三月底。工程祇及八成。然此時襄水已漲。施工極爲不易。雖招集人夫數萬搶修。多半旋築旋潰。不能合龍。其所以冒險修築。不停工作者。原欲以工代振。且存僥倖合龍之心也。孰知自春及今。雨多晴少。卒不能合龍。延至五月十二三等日。天大風雨。襄水暴漲二丈餘。將上搭腦外灘鎖口漫過。致將築成之新堤冲潰一百三十餘丈。當時溺斃者不可計數。以費時五閱月擲貲四十萬之新堤。一旦遂陷於旋渦中。哀哉。彭守覺先承乏此役。本甚認眞。所用員司。皆選之又選。又能奮勇無前。當堤潰之際。全局員司數十人。各手一棍。督同搶護。奈衆土工畏險。多徘徊不敢上堤。而堤遂潰。瑞督亦以該堤之不能成。非人謀之不臧。與彭守無尤。刻議寬免彭守。惟具奏自請議處而已。惟自是堤潰後。影響於潛江鍾祥監利等縣不少。（一）安陸府之潛江縣。近因沙洋堤決。襄水灌入。該邑迭年受災。人民元氣已傷。今復被水淹溺。災民大受水濕。日來瘟疫大發。身體黃腫。成爲不治之症。死者已二三千人(一)鍾祥縣西北鄉六官堂地勢低窪。近因沙洋潰口。水如建領直下。自周家嘴對岸將子堤沖潰。灌入內地。二十餘里皆成澤國。(一)監利縣。連年受災。民不聊生。近亦被沙洋滯淹。所有受災之區。一片汪洋。數里不見烟火。災民有生食野獸之肉者。有握泥果腹致斃者。有掘挖樹皮草根以濟急者。令人不忍目睹。亦一時之鉅劫也。

# 世界紀事

**英皇加冕之盛典**　五月廿六日爲英皇舉行加冕盛典之日。是日天陰欲雨。惟上午四時。天略清朗。聖瞻斯公園及倫敦塔鳴砲宣布。滿城裝點布置。備極華麗。貴族及命婦御珍服。乘汽船由支爾斯而來。在下議院門首上陸。再結隊經宮前而至維司文司德大禮拜堂。該堂所備之觀座。無容足地。已有七千人。因閉門以謝來者。貴族坐南廊。命婦坐北廊。至八時三十分。清道以俟御駕。第一節爲各親王及專使之車。第二節爲皇族之車。末後爲皇太子及妃並英皇喬治及其后四人之車。所過之處。歡聲雷動。少頃雨止。陽光發現。皇與皇后有喜色。鞠躬謝國民歡迎。隨教士等入教堂。成禮回宮。

**批難英國會議之無效**　倫敦新聞記者加辨氏者。主張關稅改革論之急激派也。於帝國議會。將次閉會之時。曾著一論。登於阿不沙巴報紙中。力詆帝國會議之無效。其言曰。此次帝國會議討論之事。對於母國與殖民地間之互惠關稅案。終未有改善之處。試問至千九百十五時之時。英日同盟滿期之後。德澳之海軍。又已計畫完成。巴拏馬運河既開通。列國海軍力之關係。其根本已變。而帝國議會者。對於此時勢。不計及殖民地。力謀海軍之聯絡。尙得謂之得計乎。又關於加拿大首相。有撤退英國與各國通商條約權之議案。政府不能不承認。然英國與外國通商者。凡四十餘國。倘各殖民地均如此。政府果允之否乎。如其允之。是各殖民地。均可與外國交涉矣。雖然政府不與殖民地結關稅同盟。原不足以責殖民地。其結果則殖民地各以自己之通商政策爲基礎。如互惠條約。及他種條約。均可自由締結。而大帝國之存在。遂等諸混茫矣。

**公債下落之原因** 議會休會之後。英國政界一時沈默。然近因政府有電命栢克必銀行停止支出之事。於是議論復活。泰晤士報者。保守黨之機關報也。以剛梭爾公債。及各公債之下落。歸罪於政府。並謂藏相之財政政策。其結果致令英國之資本陸續流出外國。故此次財政遂生破綻。而自由黨之新聞紙。則謂保守黨當國時之二十年間。剛梭爾公債已由百一十磅。落至八十六磅。又有加錫特報。論公債下落。實有三原因。一因前保守黨當國時。以從來之分利之公債換爲二分五釐。二因獎勵殖民地之公債。與以特別之便宜。三因南阿戰爭。及日俄戰爭。消費巨大之資本。現尙未回復。藏相即以意答議員之質問。並謂保守黨之攻擊。其手段太爲卑劣云。

**擬辦全英無線電信之政見** 英國驛遞總監。在帝國議會演說。謂帝國政府。若爲軍略上及商業上而計。宜通全英帝國內。設置國有無線電信局。以期連絡一切。聞英政府亦疑採用此策。近已提議開設英國、沙布拉、雅典孟買及海峽殖民地、濠洲等六處無線電信局矣。

●摩洛哥之與列國● 自西班軍隊占領摩洛哥拉力治之地方後。法國輿論極爲沸騰。謂西軍此種舉動。是蔑視從來所締結之各種條約。且以促摩洛哥之瓜分。並有疑此舉實爲德國之所煽動者。巴黎各報均有此風說。然據外電則謂英德兩國均立於旁觀之地。又有謂德國實從中暗嗾西班牙。與法報同其意見者。緣德國素來政策。多利用各方面之種種問題。以扶植其已國之勢力。故令人致疑云。

●土耳其之與列國● 土耳其自去年革命後。青年黨執政權。改革諸政。亞爾巴尼亞者。土國之屬地也。然立於土國特別施政之外。實有半獨立之形勢。凡諸政治皆行自治。自土國改革後。欲實行統一政策。對於亞爾巴尼亞施以特別之處置。凡兵役納稅教育宗教言語。並禁止携帶武器等事。均與治他處異。亞人憤之。於是與土戰。其所要求於土者。免除徵兵制度。及一部份之納稅。廢土耳其人知事。以亞爾巴尼亞人代之。以亞爾巴尼亞之費。設立小學校。維持其語言。公認其宗教。公許其出版自由。及携帶武器等事。又復設假政府。以與土相抗。此事幾亙一年。然衆寡不敵。終爲土軍所壓服。亞人不得已。遂遁入黑山國。自此事發生。歐洲諸列强。各磨牙吮爪以伺其變。意國則欲以一萬之義勇隊。以助亞爾巴尼亞。然其事未果。俄國則力援黑山國之抗議。黑山國者。俄之同種民族也。嘗抗議於土耳其。謂亞爾巴尼亞與彼接境。今擾亂及彼國。故俄助之。且俄人又欲誘致列國干涉其事。幸土國新政府力爲斡旋。於是土與黑遂得無事。而有沿土黑國境要塞開鑿溝渠之協議。其究竟也。卒達征服亞爾巴尼亞叛徒之目的。雖由於土國之善於運動新政使然。要其內援則固有一德國爲之後盾也。雖然。土國既征服亞爾巴尼亞之後。遂得斷行其政策。而可晏然無事乎。此則不得不令人致疑者。果也不逾時竟有意澳干涉之事。澳之半官報謂土國之對於亞爾巴尼亞。不能加以壓制手段。意國外相在下院宣言。謂意國與澳國宜爲堅固之同盟。意國之對於土耳其。就亞爾巴尼亞事而論。宜以强制土國遵守伯林條約第二十三條爲目的。意澳既干涉。於是駐維也納之土使有與澳協議之事。致令意澳得容喙於亞爾巴尼亞善後問題。德意澳之勢力既增。而俄遂爲之屈。窺俄之意。將來且有藉口於處置遁入黑山之叛徒。以爲干涉之張本者。此則不可不慮及也。

叢錄

# 春冰室野乘

春冰

## 陶凫薌宗伯遺詞

長洲陶凫薌宗伯樑。爲嘉道間風雅主盟。嘗舉生平境遇。自繫以詞。厲編年紀事於倚聲。中實爲詞家剏格。今紅豆樹館詞之五六卷皆是也。其紀嘉慶癸酉林淸之變。有百字令一首云。刀光如雪。鎮驚魂一霎。頭顱依舊。祕閣校書剛日午。卒遇跳梁小醜。義膽同拚。凶鋒正銳。血濺門爭守。狠奔豕突。半空霹靂驚走。更遣飛騎訛傳。款關諜報。匪黨還交搆。往事思量成噩夢。差幸餘生虎口。淨掃欃槍。肅淸蟊蠈。功大誰稱首。神槍無敵。當今　聖武天授。時宗伯以編修。在文潁館編校全唐文。賊揮刀入。供事倪大銓、蘇濤、戴杰。暨茶房李得均被戕。家人駱升。徒手格鬥。賊砍其五指去。　仁宗方狩木蘭。倉卒間禁兵未集。　宣宗方讀書上書房。發槍斃悍酋二。賊始驚。又直雷雨交作。遂遁。巨魁旋卽授首詞作於道光時。故有當今聖武天授之語也。

## 紀盛京宮殿

盛京大內。在奉天府城之中。規模頗狹小。正面爲大淸門。其前有東西兩柵門。亦名東華西華。宮內正殿爲通政殿。殿之東廂曰飛龍閣。西廂曰翔鳳閣。殿後有最高之三層樓。曰龍鳳樓。卽藏歷代玉牒處。左右兩小院。爲東西兩宮。再後則爲神殿。殿宇雖未極崇閎。而整齊嚴肅。且數百年來毫無損壞。飛龍翔鳳兩閣中。收藏寶貴品物甚多。東閣內有　太宗文皇帝御製鹿角天然倚一座。製作極工巧。蓋以全鹿爲之。其頭骨處作倚背。將角枝向下倒插。承以木座。倚心以藤絲編製。極精細。倚背之板。嵌以硬木。上鐫　高宗純皇帝恭製詩一首。有大熊兩隻。楦以稻艸。長約八尺。乃乾隆中吉林將軍所製以進呈者。至所藏吉金鼎彝尊壺之屬。自三代以下。多至八百餘器。紅綠班駁。什九皆人間所未經見者。其甆庫則爲樓七楹。樓上下列置皆滿。自明以來。至乾隆時止。靑花五采。脫胎窰變。無奇不備。皆近今希有物也。西閣上　有純廟御用蟒袍一襲。刺繡工細不必言。其龍身純以小珠砌成。而平均無跡。百餘年尚未變色。　純廟御佩小刀兩柄。柄以鑽石嵌成。精光烱烱。寶氣射目。製法與中土迥殊。頗類舶來物。蓋當時歐洲傳教士東來所獻也。腰刀五柄。各有名稱。鐫於刀上。其柄皆以玉爲之。或青或白。而中嵌五色寶石。成種種花樣。以手捫之。則泯然光膩。無纖芥罅痕。眞鬼工也。朝珠一盤。以東珠百八枚穿成。皆徑逾三分許。而瑩潔如一。佛頭以青金石爲之。背墜則爲一天然橢圓珠。大可拇指許。盌一項。烏金爲之。週嵌珍珠。鐫以唐古忒文字。寶燒瓶一尊。高約七八寸。白質豆青章。琢以花。乾坤交泰瓶一尊。製極工巧。瓶身亦不過八寸許。式如長項罇瓶。然實爲兩段。其腹則以銀定扣相聯合。能轉動而不能分離。尤奇者由縫隙向內窺之。乃見其中尙有霽紅小瓶一枚。赩然如火齊之在暗中也。雕漆小合一枚。大約五寸。玲瓏剔透。細入豪髮。雕成三層。懸空者細如游絲。疑非人力所爲矣。法書名畫。自五代宋元明以及國朝諸名家。無不具備。皆裹以錦囊。貯以木篋。惜乎不得一發篋讀也。篋上皆鐫恭進大臣姓名。項皆有御覽之寶。其美術象眞品中。則有西清續鑑所繪古泉。綠鏽紅瘢。或經土蝕。或字跡已近模糊。皆維妙維肖。形狀偪眞。閱者乍疑爲眞品嵌入紙中者。及以手捫之。乃知皆紙上所繪也。可謂神乎技矣。友人有從軍陪都。隨將軍入敬觀者歸而言之。今又二十餘年。中更滄桑。不知尙能一一保存否耳。

王半唐給諫上疏事

王半唐給諫。於光緒丙申三月。上疏諫駐蹕頤和園。疏中大意以　太后駐蹕園廬。皇上每數日一詣園請安。戴星而出。往往暮夜始歸。設有風雨霧露之侵。　慈懷當亦爲之不釋。措詞極爲婉摯。疏稿屬達縣吳筱村先生繕正。蓋是時筱村先生方謫選在都。楷法爲一時弁冕也。不佞即於筱翁齋中。讀其原稿。笑語筱翁曰。疏語誠極懇摯。微惜有八股氣。筱翁亦笑曰。大約從父母在不遠遊題文脫胎耳。不料其幾以此買禍也。時寇烈監連才。甫以上書論死。內廷固深忌言官論奏及此。相傳張侍御仲炘一日遞封事。樞臣見其封面。即動色相顧曰。來矣。及啓視。乃論它事者。始額手稱慶。又數日而給諫之疏上矣。當時恭忠王與李文正同入直。文正語王曰。此等事大臣不敢言。而小臣言之。吾曹於此滋媿矣。此人斷不可予以處分。少遲入對。王當善言保全之。王亦謂然。顧難於措辭。及入見。　上謂當加嚴譴。王卽以文正語。婉切陳奏。　上曰。然則寇連才何爲而正法耶。王對曰。寇連才乃內監。內臣不應干預政事。所奏無問當否。皆當論

罪。御史乃諫官。詎可與內監一例耶。 上意稍解。深太息曰。朕亦何意督責言官。慮
聖慈或不懌耳。汝曹好爲之。但此後勿令渠等再論此事而已。諸臣既退。乃公擬一片
覆奏。畧謂該給事中冒昧瀆奏。亦屬忠愛愚忱。臣等公同閱看。尙無悖謬字句。可否籲
恩免究云云。奏上。竟留中。旋 車駕詣園請安。面奏 懿旨。御史職司言事。予何責焉。
上乃召軍機王大臣至。諭以此次姑不深究。此後如有人妄奏及此。僥幸嘗試。卽將
王鵬運一併治罪。王大臣欽遵傳諭知悉。事遂得解。然此後車駕還宮。亦較早矣。數日
後。筱翁爲余述此事畢。微吟曰。至今猶破膽。應有未招魂也。

陳資齋軍門之輿地學

嘉道以前諸老。講輿地學者。類多精於攷古。而疏於徵今。詳於陸而畧於海。其卓然有世界之通識者。當以陳資齋軍門爲第一人矣。資齋名倫炯。同安人。康熙中襲父廕。由侍衛歷官福建水師提督。著有海國聞見錄二卷。上卷爲記八。曰天下沿海形勢。曰東洋。曰東南洋。曰南洋。曰小西洋。曰大西洋。曰崑屯。曰南澳氣。下卷爲圖六。曰四海總圖。曰沿海全圖。（東起鴨淥江口西南至欽州屬之防城、）曰台灣圖。曰台灣後山。曰彭湖。曰瓊州。凡山川之阨塞。

道里之遠近。砂礁島嶼之夷險。風雲氣候之測驗。一一皆親歷而備書之。非徐氏魏氏之書。僅取材羣籍者比也。又嘗游歷日本博諮明季倭寇之遺跡。其論海疆防禦之策。謂不在陸地之固守。而惟注意於大洋。故於海底之暗礁暗砂。海上之一島一礁。皆詳記。精繪以示航線之通阻。其論勃海形勝。謂登州旅順。南北對峙。爲畿疆之門戶。設險守國。當綢繆於未雨。論黃海。謂沂州以南通州而北。有五條沙爲之阻障。江浙海船往山東者。必從狼山盡處對東開一日夜。避過其沙。方敢北向。讀此可知海州開埠之不易。論江浙形勢。謂定海爲內海堂奧。乍浦濱大海。東達漁山。北達洋山。某處水淺可以椗船。某處水深。可以通航。此近日興復海軍之議。所爲欲以舟山羣島爲第一根據地也。論南海謂金廈爲閩海咽喉。虎門香山爲粵東門戶。廉多沙。欽多島。皆據天然保障之勢。海南孤露。地脉瘠磽。不及臺彭之沃野千里。它日有事。爲敵國之所必爭。則又老成謀國。贈言百里之夐識矣。使其得效用於當時。則吾國海軍之發達。當爲世界先進國矣。有才如此。乃僅以箸書傳後。惜哉。

# 文苑

讀報聞日俄立協約遂亡高麗降封李王痛慨感賦六章庚戌　更生

坐看東海竟揚塵。太極茫茫轉日輪。箕子爲奴及今裔。庭堅不祀擬改漢陽實盡靡餘民。千年圖史空王會。八道河山痛種人。夏肄殷遺今已矣。諸華一線我酸辛。

禍水東流起翟翬。自閔妃之難爲東事始吳壯武公乃提兵定亂將軍大樹尙棱威。太公羹肉西河館。大院君移天津都護雄幢平壤譏。吳軍長戍後袁世凱繼統兵早上罪言收郡縣。吾上書言宜收高麗爲郡縣否則公之萬國謬行和約誤戎機。遼臺竟割緣東學。袁凱千秋鑄錯非。自吳大澂與日本定約若兩國調兵必見告遂爲非吾屬國之據袁世凱不知日本已變法日强緣東學黨事欲開邊立功致割遼臺而有今日嗚呼

趨朝曾憶廿年前。五鳳樓頭日耀天。紗帽綠袍穿陛仗。呼嵩稽首入班聯。沈沈渤海驚龍戰。滚滚邊塵壓鴨川。可笑降王娛帝號。牽供傀儡十三年。己丑年元旦朝會曾遇高麗使于太和殿門綠袍烏紗帽象管奉鞸從九品班末也數年後短衣後袵從各使後鞠躬吾不見矣

撫桂親披職貢圖。先叔祖中丞公撫桂林時越南入貢宴之巡撫大堂巡撫中坐司道側陪貢品陳庭使臣侍郎阮某拜跪陛下登堂賜坐于地而宴之從官後列曾攝影焉吾年十五見之同

文苑　二

治辛未年也

卅年世變色模糊。越裳香象何蹤跡。緬甸金花可有無。鬱鬱祖伊奔入告。哀哀天帝醉難呼。琉球高麗誰爲晝。瀚海黃河更可虞。

黯黯雲霾長白昏。虎爭蛇鬥雜吾門。藩籬久撤嗟誰主。牧圉驚心只喪魂。豈乏橫刀能作健。其如臥榻鼾無言。黑龍綠鴨興王地。東望沾衣只淚痕。

獨迷大漠我心憂。虎豹交橫弱肉求。無褐無衣何卒歲。將風將雨最悲秋。高邱回首哀無女。滄海橫流歎乏舟。天地有情忍終古。國家多難獨登樓。

庚戌八月讀邸報

接續野花開落秋。小枝多刺竟簪頭。早知搖落當風雨。豈有馨香在被篝。九畹滋蘭鋤使去。三年種艾病方憂。寒梅絕色空山裏。大雪漫山照水流。

庚戌歲暮感懷　滄江

歲云暮矣夜冥冥。自照寒燈問影形。萬種恨埋無量刼。有情天老一周星。催人鬢雪搖搖白。撩夢家山歷歷青。今古茲晨同一概。祇應長醉不成醒。

鼎湖雞犬不能仙。一慟龍髯歲再遷。禹域大同勞昨夢。堯臺深恨閟重泉。杯弓蛇影今

何世馬角烏頭不計年忍望海西長白路　崇陵草勁雪漫天

夢短雞鳴第一聲明朝冠蓋盛春明家家柏葉宜春酒處處駝蹄七寶羹聞道天門開詄蕩儘容卿輩答昇平官家閑事誰能管萬一黃河意外淸

故園歲暮足悲風吹入千門萬戶中是處無衣搜杼軸幾人鬻子算租庸近聞誅歛空羅雀儻肯哀鳴念澤鴻金穴如山非國富流民休亦怨天公

風雨吾廬舊嘯歌故人天末意如何急難風義今人少傷世文章古恨多力盡當年從爛石淚還天上莫成河由來力命相回薄山鬼何從覓薜蘿

入骨酸風盡日吹那堪念亂更傷離九洲無地容伸腳一盞和花且祭詩運化細推知有味癡頑未賣漫從時勞人歌哭爲昏曉明鏡明朝知我誰

聞英寇雲南俄寇伊犂感憤成作　前人

涕淚已銷殘臘盡入春所得是驚心天傾已壓將非夢雅廢夷侵不自今安息葡萄柯葉悴夜郎蒟醬信音沈好風不度關山路奈此中原萬里陰

辛亥上巳禊集南河泊　弢庵

文苑　四

葦灣昔再至。先雨後快晴。重尋。亦。雨中。含淚。花。盈。盈。今來荷未出。雪蠹葭始萌。朋懽旣一新。物態龠迭更。獨喜八十翁。猶能守軒楹。舊游數朝士。約畧記姓名。頗怪非花時。命儔顧出城山容。不。可。即。況有高堤橫低徊壁間題。迤邐。水。次。行。喧寂各有適。甯復知衰榮。將詩當禊敍。俯仰誰無情。

三月三日集南河泊修禊賦呈山腴舍人　弱甫

京城水所潴。南渠與南河。南河本葦灣。舊名今已訛。當平六月時。萬柄搖風荷。渺然江湖。思。扁舟掛綠蓑。今我。三月。來。柳外。水。始。波。臨水。開。軒。牕。漠。漠。風。痕。拖。禊集及茲辰人物如永和。林君蓄歸思。日夜縈江沱。不知靑羊宮花事今如何。游情與別意。春色爲銷磨。西。山。空。有。情。挽。客。看。黛。峨。天。甯。蠹。廢。塔。高欲。蒼。穹。摩。前度集江亭詩卷束笥多。鄭公抱之來。座客偏吟哦。可惜趙御史。今日不來過。空留壁上句。諧謔生笑渦。斜日冷茶灶。暮鴉噪庭柯。後約定殷勤。莫任春蹉跎。

事變。固當爲警吏所眈眈者也。曰。彼亦若曾受警吏之煩惱者矣。加路曰。惡警吏當未由爲羅甸婦罪者。其博局並不欺人。不然。吾亦不到彼中矣。馬甸曰。其召煩惱之因。不在乎博局。乃在乎此英國婦人之死亡也。剛騰急問曰。何謂也。得毋有疑於此婦被人謀殺耶。羅畢曰。必無此疑竇。吾曾於新報中得見醫官之論斷矣。渠輩固衆口一詞。皆謂爲死於正命者。馬甸曰。雖無甚形跡可疑。然羅甸婦之宅院。至今猶在嫌疑中。其家中諸服役者。曾見有警署諜人。微服游行於四近。吾誠不解其何故也。剛騰沈吟語曰。警吏之行動如是。必非無因者。綸提氏亦接口曰。渠輩雖云不懈。顧未能盡獲諸歹人也。剛騰心知其所指。惟以眉眼示意答之。羅畢又曰。子聞道路之傳說若何。馬甸曰。大抵謂此死者。爲英國某貴爵之寡婦。其身後遺貲甚多。審如是。則其該當承襲遺產之人。誠不難斷送之也。羅畢曰。亦不能因此故。致疑其承襲之人爲有罪犯者。綸提氏亦問曰。此死婦有認識之者乎。羅畢曰。容或有之。然吾無所聞。馬甸又曰。羅甸婦堅謂此夫人行。必當有一女兒。彼曾從壁間孔穴窺之。見其手一幼孩肖像。方吻親之也。剛騰愕然。私念曰。肖像耶。姌娜所得之肖像。莫是此物否。彼謂有一匿名人付來。殆非事實歟。又聞羅畢作嗤笑聲曰。此婦雖云深愛其女。殆猶似別有所歡。彼每夕至劇場中待之。然所待爲何人。終無有知之者。或者彼既出劇場後。已獲見其人。遂同歸於羅甸家中。未可知也。剛騰急曰。此人極當覓得之者。羅畢曰。然則君亦疑其被謀殺耶。君之言甚類法吏鞫問之語氣也。剛騰曰。惡。是何言。吾殊無用心於其中者。吾於此事絕不關懷。今此縱談及之。吾猶自嫌其太多事也。吾輩今與美人同食。固志在取樂。無端羅以警署事件。不免教人惡心。想綸提氏長者。亦當表同情也。綸提氏曰。誠如公言。加路曰。公等所言良是。然此固公等所自取。使公等不多所窮詰。吾儕又何至往復辯論哉。就吾一身論之。則不盡如公等言。吾苟無人致其殷勤。則食不下咽耳。羅畢笑曰。指揮聽之。公尙有何言耶。剛騰曰。斯言是也。吾亦至樂爲之。然吾須飲酒數樽。始能發動其情愫。今則一樽猶未畢也。加路曰。然則君必沈醉。乃能有愜於心乎。剛騰曰。敢告小娘吾從如是也。加路又問綸提氏曰。男爵於此云何耶。馬甸急謂之曰。加路可兒。若徒費工夫矣。此諸君子。皆將與有情人成眷屬者。毋爲覬覦也。羅畢曰。否否。吾自謂不爾者。馬甸曰。吾所親子。亦非眞摯用情者。媽娜已告我矣。君既來自俱樂部。何勿偕沙提里同來耶。彼最能與婦人款洽者也。羅畢曰。沙提里已爲博局所害。喪貲無算。卽今座中之綸提氏長者。亦已贏得彼二千枚。路易歸矣。洛瑟急曰。君何不早爲我言之。遂畧移其座以傍近於綸提氏。綸提氏加路亦如之。綸提氏遂陡爲兩美人所挾。大有右拍洪崖左挹浮邱之勢。剛騰故戲之曰。鄙人幸免茲難。吾所以故罄其貲於博場者。亦有見於此耳。剛騰之意。實以加路之愛好軍人。恐其來親炙。故特語此而加路遂果不之顧。彼雖愛其人。然不愛其空囊也。於斯時也。馬旬則極意與羅畢欵洽。綸提氏則分心以照顧兩面。然亦不過世故之周旋。徒以資片時之消遣耳。席中惟剛騰子然一身。彼自願如此。得乘便以參究頃間之所聞。於是引酒割炙。旁若無人。心下則自念曰。據頃間馬旬之言。姌娜實未悉以眞情告我者。彼曾到劇場得見迦爾尼夫人。又嘗至羅旬家以詢究之。而皆未爲我告。至德理斯之肖像。殆必得於羅旬婦之手者。彼又不以其實告我。而詭云得於匿名之人。何烱爍閉藏。畏首畏尾。一至是耶。不獨此也。於此更有一上流人。常惠顧馬旬。遺贈不吝。而其心之所注。實在於姌娜之一身者。且馬旬又謂其情狀若僕隸。更不似上流人。此事亦大可異。斯人得毋卽吾所尾隨之賊耶。其果爲稚狄虔之爪牙。改易面目以愚馬甸。將以探求姌娜之秘事耶。吾所見之賊。蓋僞飾鬚髯者。吾已深知其假裝面目。彼何難作兩般行徑。日則扮作老成練達之君子。夜則假裝竊賊耶。然任彼千變萬化。吾倘與再遇。必能認識。明朝申酉之交。吾當往訪馬甸。試一覘之也。明朝爲來復日。姌娜必終日歸伴其女兒。彼復知吾招晏陀鼇午膳。料吾無暇來訪。當不至空勞盼望者。且吾明日又須往拜綸提氏。還其所假之一千佛耶。似此必終日無暇。直續至星期一日。乃見姌娜可矣。剛騰計較已定。遂亦隨和諸人談笑所樂。俄而目倦思睡。乃趨諸女絃歌之際。潛身自遁歸客館眠矣。次日剛騰日高方起。念今日見晏陀鼇。當如何處置。乃預計曰。彼果以姌娜母子事爲問。吾斷不能隱瞞。不然是欺之也。欺人之事。徒自損其名譽也。無論故交厚誼。不當出此。即自問平昔亦未嘗出一誑語。今詎可變節。以自玷其生平耶。丈夫當自愛其聲名。踰於財產生命。財產生命容或可拚棄。此則必不可須臾離也。似此吾惟有實告之。然晏陀鼇少年意氣。旣聞姌娜生世。必不願以烟花下賤之流。爲其婦姑。則此婚事當必無可望。如此一對天然嘉偶。竟不能作成眷屬。誠爲憾事。吾固當力爲德理斯回護。是不待言。然晏陀鼇苟以玷辱爲嫌。

則吾雖身有百口。口有百舌。亦莫也之何也矣。晏陀鼈既不肯就。則德理斯一旦失其所愛。情何以堪。雖然。少年男女之情性。亦至無定。且彼知晏陀鼈之相鄙棄。亦必轉輕晏陀鼈之爲人。而愛慕之情。不患不歸於消滅也。惟㚷娜終未能擇得佳婿。大事未了。此誠可憂。吾觀綸提男爵之爲人。大有可取。彼爲年華已盛之人。今中歲而求偶。更事既多。意氣漸泯。則其擇婦。當不至如晏陀鼈之苛。且彼已明爲我言。謂娶妻不復論聲名門第。但求才德並優之女。又聽其言論。知其深厭世俗門地限人之謬見。似此則德理斯又當必能爲所喜。彼雖齒長。不若晏陀鼈之年貌相當。然尚非甚老。風采亦佳。德理斯當亦能用其愛情也。況以被護德理斯而論。綸提氏老成練達之士。尤遠勝於彼未更世事之少年晏陀鼈也。即語及貲財。綸提氏亘富。亦非晏陀鼈中落之舊家可比。至㚷娜欲於嫁女之後。遷居異鄉。則綸提氏本遠在麼理梭島。尤遠勝於轉徙摩必恆州也。由此觀之。晏陀鼈未必肯締婚。既如此。綸提氏之必肯締婚。又如彼。其他類種比較。又多有令人舍此而取彼者。吾何憚而不爲㚷娜變計。一轉其趨向於綸提氏耶。雖然。晏陀鼈之爲人。固亦大可敬愛者。得此洵足稱快壻。且彼方與德理斯交相愛慕。吾亦何可强奪之事。誠兩難。令人不知所可矣。此段好姻緣。終恐敗於吾今日之一席話中。心又何安。吾深悔昨宵不應招彼來此共食。使彼得乘利便。以姌娜毋子事。窮問於吾。吾秘之不能實告之。又不忍。今事至於此。亦已無可奈何。吾惟有不輕說話。彼苟問姌娜事。吾但含糊對之。務求不敗姌娜事。亦不至於欺誑晏陀鼇。斯可矣。至此中情實。晏陀鼇終須知之。吾惟有聽姌娜自行剖訴於彼。其成其敗。吾不代任其咎。晏陀鼇果棄德理斯。吾乃更以綸提氏進。以期有裨於姌娜之事。則吾之對姌娜。庶幾無憾耳。剛騰計議既定。乃命駕至有名之酒樓槖駝尼。以待晏陀鼇之至。當午。晏陀鼇已如約來。二人對酌。晏陀鼇心事正苦相思。其容不樂。然亦勉居賓主之歡。剛騰惟語舊事問舊時摩必恒之友。追述往日游獵樂趣。又及晏陀鼇父子之壯快事。而於姌娜之事。且未輕言。晏陀鼇亦自述其近況。且告以將來之計畫。以冀涉及婚娶大事。惟見剛騰未及姌娜毋子。彼亦不便造次深問也。泛語久之。燕會已將終局。剛騰知此事斷不容不一語及。又念倘不先開其端。晏陀鼇終未敢冒昧。而其心則實已切望己之開口者。自知難免。乃先引酒。連盡數觴。然後語之曰。人生遇合。誠有機緣。吾自去摩必恒。常常念子。

复碧齋詞話云王右遐詞如黃河之水泥沙俱下以氣勝者也鄭叔問詞剝膚存液如經冬老樹時一著花其人品亦與白石爲近朱古微詞墨守一家之言華實並茂詞場之宿將也閩中某君嘗欲彙刻爲光緒三家詞未知付梓人否彊邨詞本局覔印發行已不脛而走今又印得王右遐半塘二稿鄭叔問冷紅詞比竹餘音二種出售海內倚聲家當先覩爲快也

上海福州路廣智書局啓

| | |
|---|---|
| 半塘二稿 | 六角 |
| 冷紅詞 | 四角 |
| 比竹餘音 | 四角 |
| 彊邨詞 | 四角 |
| 彊邨詞前別集 | 三角 |

合售二元

# 漱玉詞斷腸詞合刻

詞至宋而極盛而李易安朱淑眞尤爲閨閣雋才易安能詩文尤工於詞其議論前輩之詞皆能洞中窾竅所自爲詞天才超逸淸麗芊綿朱文公謂有宋一代婦人能文者首推易安其推重可想淑眞才力足與易安抗行惟漱玉斷腸二集世少傳本臨桂王半塘侍御曾輯補精校刋入四印齋詞中半塘歸道山後其板庋藏不復印布今將其初印本重付石印合爲一書俾成雙璧世欲讀才媛之詞者幸勿交臂失之每部大洋五角

寄售處上海四馬路廣智書局

大日本　島津製作所告白

營業概目

理化學器械及藥品
一般測定用精密機械
電氣其他實用諸機械
蓄電池及電線工事
機械及土木學用模型
博物學標本及模型
紙製生理學用模型
地理歷史教授用標本
博物採集及實驗用器械材料

敝所創業以來已三十有七年在日本教育用器械標本製造廠中爲最老而最大者也

販賣品目錄有數種如欲取閱請詳書姓名住址寄下當即郵送

島津製作所

本店　大日本京都市木屋町二條南
長電話四八八　振替貯金口座大阪六四〇〇
標本部用電話三八〇六　工場用電話四〇九〇
納品係用電話二五六七甲　倉庫用電話二五六七乙

東京支所　大日本東京市神田區錦町一丁目十八番地
長電話本局一一四一　振替貯金口座東京二二七

九州發售舖　大日本福岡市天神町九十五番地
長電話三二〇　振替貯金口座福岡二六一

# 王右軍書聖教序

此帖原本爲北宋搨之至精者覺羅崇恩氏題曰天下法書名碑第一其吾家宋搨墨寶第一其價値可知矣今用石影印與原本不差毫髮誠臨池家之至寶也每部

大洋八角

寄售處上海廣智書局

# 法政雜誌

本社宗旨在究研法律政治現象參證學理以促進羣治月刊雜誌一册分社說資料雜錄專件記事附錄共六類每册約九十六頁五六萬言現已出至第五期今將社說資料二類要目列後

●社說

論提法使爲司法上必要之機關否耶
議員爲國民之代表說
就吾國目前之財政觀
論編訂法典之主義
新刑律修正案彙錄書後
論新刑律果爲破壞家族制度否
論新內閣官制
法學協會雜誌序
論府廳州縣自治

●資料

禮與法
非立憲
國家之性質
政體與國體
英國之刑事法廷
列强空中飛行界之現狀
法人論
歐美各國立憲政治近時之趨勢
空中飛行與法律之關係
財政學之近況

其他林長民序滄江序及雜錄專件記事附錄等材料豐富不及備載

定價表　費須先惠

| 項目 | | 一册 | 六册 | 十二册 |
|---|---|---|---|---|
| 定價 | 現欵及兌票 | 一角五分 | 八角 | 一元五角 |
| | 郵政票 以一二分及一角者爲限 | 一角六分 | 八角四分 | 一元五角七分 |
| 郵費 | 本國 | 三分 | 一角八分 | 三角六分 |
| | 日本 | 三分 | 一角八分 | 三角六分 |
| | 外國 | 六分 | 三角六分 | 七角二分 |

| 廣告 等第 | 地位 | 一期 | 半年 | 全年 |
|---|---|---|---|---|
| 特等 | 一面 | 三十元 | 一百五十元 | 二百五十元 |
| 上等 | 一面 | 二十元 | 一百元 | 一百六十元 |
| 普通 | 一面 | 十二元 | 六十元 | 一百元 |
| | 半面 | 七元 | 三十五元 | 六十元 |

編輯所　上海寶山路法政雜誌社
發行所　上海四馬路商務印書館
　　　　各省商務印書分館

# 二十世紀大著作名家童君愛樓實驗自來血保証書

明州童君愛樓著作等身生平擅長詩文書畫小說戲曲等一切撰作大江南北久噪文名歷在本埠各譯局各報館秉筆多年海內文學界中莫不知有此君其爲文莊諧並作獨闢町畦實爲近今二十世紀著作家中有數人物因其朝夜著作操勞過甚以致心血大衰精神困憊時患喘咳百藥無功今讀其來書能知其服本藥房自來血後其病如失精神倍增仍能深宵著述不知勞倦深讚本藥房自來血有起衰扶弱之功今特將其惠書照登於下藉見自來血大有功於人之以思慮致疾云云〇五洲大藥房主人雅鑒今啓者鄙人向以筆墨餬口歷在廣學會山西大學堂譯書院萬國商業月報館字林滬報娛閒日報文娛報鶴鳴報春申諸處辦事多年自顧不文著書至數百萬言一人精神有限終日埋頭窗下竟成了肺喘之症近更書寫稍久神志易昏不能如舊時深宵著述莫知苦辛鄙人亦稍諳醫理念小恙之來多由心血暗耗致陽氣飛越成神衰咳喘痰多內熱之症服多方均不見效後自去秋八月間服貴藥房自來血後不覺喘平痰少仍得耐勞蓋由補血而得能若此也心感之餘爲作此書聊伸謝悃并告學界諸君之抱有同病者即頌財安

厲本埠大馬路德仁里六弄志强學堂內童隱頓

海內諸公如蒙惠購請認明全球老牌商標每瓶內加附五彩認眞劵一張值洋一角保證書一本方不致誤小瓶一元二角大瓶式元每打十二元二十元託局函購原班回件

總發行所上海四馬路老巡捕房對面五洲大葯房抄登

●太倉中斌學堂監督兼歷辦普通震旦校務聞君冠塵服自來血之後精神倍增舊病全除之保證書

五洲大藥房主人執事敬謝者鄙人自東瀛游學因病歸國瞬將十年歷辦普通震旦校務並獨力担任創辦中斌公學一所學生日見發達一切校政教科鄙人均有監督之責祇以舊患痰喘逢寒必發深受其累去秋在太倉中英大藥房購服自來血四瓶功效甚速鄙人素不信醫藥自服之後精神倍增目下舊病全除面部紅光大來日漸肥胖一切校務勝任愉悅爲此敬告中外學界仝人之同病者庶得早占勿藥也專鳴謝悃即頌◯◯日祉

自來血價目 大瓶二元 每打二十元 小瓶一元二角 每打十二元 託局函購原班同件凡各界諸君如蒙惠顧須認明全球老牌商標每瓶附有值洋一角之認眞劵一張五彩保證書一本方是眞的

●總發行所上海四馬路老巡捕房對門五洲大藥房

抄登

韋廉士大醫生紅色補丸

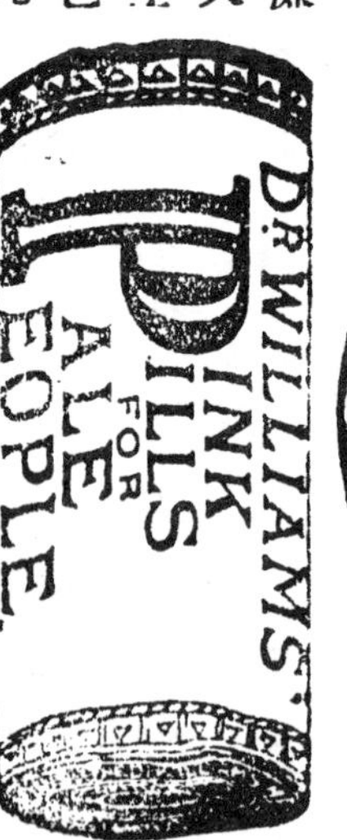

中國各處藥局凡經售西藥者均有出售如疑假冒可直向上海四川路八十四號韋廉士大醫生藥局中國總發行函購或向重慶白象街分行函購亦可價銀每一瓶大洋一元五角每六瓶八元遠近郵費在內

此係甘肅常備步隊第一標第三營軍官世襲恩騎尉李倬如君漢之玉照也右幅乃表明李君患胃病甚劇及四肢風濕時之情形左幅乃表明李君服韋廉士大醫生紅色補丸後胃病風濕皆得全愈身體康强時之氣象焉

KOUK FONG PO

No. 13

Issued on Tri-monthly

大清郵政局特准掛號認為新聞紙類

日本明治四十三年二月十三日第三種郵便物認可

風

每月三期逢壹日發行

宣統三年五月十一日

第貳年第拾叁期

Annual Subscription $650 each copy 25 cents.

Published by Hor Kwok Ching

585 Foochow Road

SHANGHAI, CHINA.

# 愛理士紅衣補丸

有協助戒烟之能力與戒後調養虛弱之神功承
嚴君靄庭惠來証書玉照

敬啓者僕爲煙癖所困已二十一年矣平時體質已非壯旺及上癮後更形瘦弱庚子年夏曾戒一次未幾因病吸回乃直至去春幸遇振華戒烟會伯偉君以新法戒烟始克將吾老癮戒脫然是時煙癮雖斷而筋骨與脊背之酸及心亂神疲甚如大病匪獨行動乏力且坐臥亦不甯連進參朮補劑終無大效適見時報登貴廠之愛理士紅衣補丸有調補血氣之功培養精神之力乃購到兩瓶試服數天覺神氣日漸其爽而骨酸心亂亦見減輕且眠食亦頗舒暢於是再購六瓶續服月餘竟將僕以前所苦者一律斷除且筋骨雄健大異往時是誠靈丹也夫洋烟最易削磨人身精血故久吸者必致形容枯槁神氣頹喪若不於戒前先事調補則戒後於身體更爲受虧矣僕親沾實驗感激焉敢不言爲此草泐寸函並賤照一張望登於諸報以揚仁風而告同患者焉專此奉候並請台安寓英界長畊里天泰成報關行嚴靄庭頓首

各埠藥房商店均有發售倘內地無從購買請函至上海四川路一百十七號震寰藥廠購辦即日回件郵費不加

# 中國合衆人壽保險公司兼辦婚姻百歲會廣告

本公司自乙巳年開辦迄今已有七年賠款之迅速已彰彰在人耳目無庸多贅於前年又仿泰西保人壽辦法意雖良善保費未免太昂如保一千之數至少每年亦須供費百餘金非多數之人力所能逮今本公司爲普助同胞起見仿照粤東現在所辦婚姻百歲會章程畧爲變通創辦於滬上其辦法先投資數元如遇夭年可領銀至一千元無論男女老幼富貴貧賤身體强弱皆可投保並不用醫生驗視以省煩瑣如有意投保者請到本公司取閱詳細章程可也　茲將大畧章程列左

一保數以一千元爲限　一保費（首次五元以後五角）　一保額（有限）　一代供（如半途無力供者公司有代供一法）

一凡入此會者由少而壯則可有室家由壯而老則可有倚靠平時僅省去烟酒遊戲之資則一生有的實可靠之款　一家有老人爲子姪者爲之代保則祭葬之費可無慮矣　一家有兒女爲家長者爲之代保則婚嫁之費可無慮矣　一本人自保則身後可無慮矣

本公司在上海英界泗涇路第二號洋樓

# 國風報第二年第十三號目錄

宣統三年五月十一日出版

編輯兼發行者　何國楨

發行所　上海福州路　國風報館

印刷所　上海福州路　廣智書局


| 定價表 | 報費先惠閏月停刊 | | |
|---|---|---|---|
| 項目 | 全年三十四冊 | 半年十七冊 | 零售每冊 |
| 報資 | 六元五角 | 三元五角 | 二角五分 |
| 郵費 | 全年 | 半年 | 每冊 |
| | 一元 | 五角 | 三分 |
| | 歐美每冊七分 | | 日本每冊一分 |

| 廣告價目表 | 一面 | 半面 |
|---|---|---|
| | 十元 | 六元 |

武王陵

# 諭旨

四月十一日內閣奉　上諭外務部奏續訂禁煙條件繕單呈覽一摺禁煙前定十年遞減原因舊染已深稍寬其限以冀收拔本塞源之效惟爲民祛害但使從速禁革自當切實進行俾可早竟全功永除痼疾本日據外務部奏稱禁煙已滿三年與駐京英國使臣續訂條件於未滿之七年期內如土藥概行禁絕則洋藥亦概禁進口無論何省隨時可提前辦理等語洋藥之禁運應視土藥之禁種爲斷現擬分省辦理土藥能早一日禁絕洋藥即早一日停運所議辦法尙屬妥協至增加洋藥稅釐並土藥同時加稅仍爲寓禁於徵起見應飭立即施行其各省對於洋藥大宗貿易之各項制及徵收各捐著即停止以免紛煩新增稅釐亦不過暫資彌補朝廷亟欲與民更始財力雖絀決不顧惜此宗進欵一俟各省實行禁運卽應另行籌款抵補此時惟有嚴申禁令務期早絕根株著民政部度支部暨各省督撫迅將禁種禁吸禁運各事宜益加認眞整頓督飭尅期辦到一律斷絕庶幾克慰國民願望之同情無負友邦贊成之美意實有厚望焉將此通諭知之欽此

同日內閣奉　上諭郵傳部奏遵議給事中石長信奏鐵路亟宜明定幹路枝路辦法一摺所籌辦法尚屬妥協中國幅員廣濶邊疆遼遠袤延數萬里程途動需數閱月之久朝廷每念邊防輒勞宵旰欲資控禦惟有速造鐵路之一策況憲政之諮謀軍務之徵調土產之運輸胥賴交通便利大局始有轉機熟籌再四國家必得有縱橫四境諸大幹路方足以資行政而握中央之樞紐從前規畫未善並無一定辦法以致全國路政錯亂紛歧不分枝幹不量民力一紙呈請輒行批准商辦乃數年以來粵則收股及半造路無多川則倒賬甚鉅參追無著湘鄂則開局多年徒資坐耗竭萬民之脂膏或以虛糜或以侵蝕恐曠時愈久民累愈深上下交受其害貽誤何堪設想用特明白曉諭昭示天下幹路均歸國有定爲政策所有宣統三年以前各省分設公司集股商辦之幹路延誤已久應卽由國家收回趕緊興築除枝路仍准商民量力酌行外其從前批准幹路各策一律取銷至應如何收回之詳細辦法著度支部郵傳部凜遵此旨悉心籌畫迅速請旨辦理該管大臣毋得依違瞻顧一誤再誤如有不顧大局故意擾亂路政煽惑抵抗卽照違制論將此通諭知之欽此

十二日內閣奉　硃諭慶親王奕劻奏內閣總理大臣斷難勝任仍懇收回成命一摺朕披覽均悉現在朝廷勵精圖治預備憲政新設內閣創辦之始殊關重要是以令該親王充斯職任原期其籌畫試辦俾成郅治朝廷因其功勳懋著年歲已高本不忍令其久勞王事今復具摺懇辭出於至誠惟朝廷倚任方殷仍當勉爲輔弼共濟時艱倘至數月以後精力實有難勝彼時再候諭旨所請仍著毋庸議不可再行固辭欽此

同日內閣奉　上諭本年九月初一日爲資政院第二次開會之期著仍於八月二十日召集所有該院議員均即遵照定期一律齊集衙門知道欽此

同日內閣奉　上諭本日引見之辦學期滿翰林院庶吉士李坤著授職編修欽此

十三日內閣奉　上諭奉天度支使著朱鍾琪試署欽此

同日內閣奉　上諭昨據錫良電奏吉林省城民房失愼延燒各衙署局所街市當經諭令將因何失愼暨被災情形詳查速奏茲據錫良電陳災情甚劇趕辦賑撫又據陳昭常電奏被災暨撲救情形請頒帑撫恤並自請議處各等語此次吉林省城猝被火災延燒甚廣小民困苦流離殊堪憫惻加恩著頒發帑銀四萬兩由度支部發給著該

督撫等迅速派員查明被災輕重分別妥爲撫恤毋任失所陳昭常疏於防範咎無可辭著交部議處仍著認眞稽查彈壓毋任別滋事端其失愼原由暨事後辦理情形並著查明具奏該部知道欽此

十四日內閣奉　上諭李經義奏甄別屬員賢否分別勸懲一摺署雲南大理府知府騰越廳同知周安元署東川府知府思茅廳同知嚴慶祺署廣西直隸州補用直隸州知州趙心得丁憂中甸廳同知鄒德淹陸涼州知州黃玉方新興州知州何業進署賓川州知州彌勒縣知縣張漢皋請補安平廳同知蒙自縣知縣胡思義試辦靖江縣知縣熊祖頤署雲州知州卓異順寧府右甸經歷方濂蠻允交涉委員補用知縣趙開壎辦理迤東銅務委員鄧川州知州鄭鸞鏘以上各員既經該督臚陳政蹟均著傳旨嘉獎卸署阿迷州知州補用知府談汝康貪鄙昏溺倚任蠹丁丁憂文山縣知縣李崇樸罔利病民異常齷齪均著即行革職永不敘用署羅平州知州富州廳通判席瑛鄙濁粗浮聲名甚劣卸署嵩明州知州候補知縣趙仁農匿收參費故違禁令前鶴慶州知州童瑾昌治獄不明居心欺罔卸署華坪縣知縣補用知州呂國璋習染未除趨向不

正撤任鎮雄州牛街知事陳宗毅謬妄任性不守官箴卸署永北廳金江知事補用府知事鄒潤湘居官不謹査案不實阿墩子彈壓委員補用廵檢夏瑚才不歸正奸足濟貪均著即行革職騰越廳學正鈕尙質操持不正士論所鄙著革職交地方官嚴加管束卸署魯甸廳通判阿迷州知州狄瑤江苛捐失察惟平日居官尙無劣聲著暫行革職留滇効力贖咎卸代彝良縣試用知縣鄭家楨舉動輕率不顧大體著以府經歷降補撤任恩安縣知縣陳康黼迂拘疏玩才短釀事惟文理尙優著開缺以教職銓選撤任緬寧廳通判房星東才平心實年力就衰撤任定遠縣知縣黃澤書疲玩無能不堪策勵均著開缺休致巧家廳同知周文鎬强幹不足難膺邊要大關廳同知有瑞聽斷輕率難勝煩劇均著開缺另補景東廳同知錢紹彭調奉離滇曠職已久著即行開缺卸署黑鹽井提舉楚雄縣知縣秦發慶廢弛井務辦事欺飾著開缺嚴行察看勒繳欠課卸署昭通府候補知府羅雲碧暮氣昏惰昧誤機宜補用直隸州知州王元齡性懦才庸短於察覈署石屏州知州補用通判姜汝圻小有浮才政多欺飾署甯洱縣候補知縣郭心義疲輭因循難期振作均著勒令休致又片奏鍊鉛廠委員永北直隸廳同

知宋體乾辦事不力迭被控告所呈帳冊含混浮冒銅廠委員已革四川候補知縣周昌隆領款鉅萬成效毫無巧詞諉卸等語宋體乾著暫行革職歸案查辦周昌隆著嚴行官押勒限追款餘著照所議辦理該部知道欽此

同日內閣奉　上諭陳昭常奏吉林各屬田禾被災歉收請分別蠲緩開單呈覽一摺上年六七月間吉林各屬田苗或因雨雹被傷或因霪雨被淹若將應徵錢糧照常徵收民力實有未逮加恩著照所請所有查明之新城等府各屬被災田地著將上年應徵錢糧分別蠲緩以紓民力該撫卽按照單開詳細數目刋刻謄黃徧行曉諭務使實惠均霑毋任吏胥舞弊用副朝廷軫念災區之至意該部知道單併發欽此

同日內閣奉　上諭陳昭常奏大員積勞病故懇恩賜卹一摺京口副都統慶祿於同治年間由披甲從戎在甘肅等處會著勞績薦升副都統克勤厥職玆聞溘逝軫惜殊深加恩著照副都統例賜卹任內一切處分悉予開復應得卹典該衙門察例具奏欽此

同日內閣奉　旨京口副都統著載穆候授欽此

## 論說　壹

# 內閣是否代君主負責任（責任內閣釋義篇之一節）

滄江

內閣是否代君主負責任。此就法理上以明內閣責任之所從出也。疇昔學者。多有謂責任本在君主。特以君主神聖不可侵犯之故。不能以他機關起而問其責。於是乎別置內閣之一機關以代之。此責任內閣之義所由生也。而各國憲法。甚且有以「代君主」之一語著於正文中者。徵諸我國。則如周公抗法於伯禽。如魏絳戮揚干之僕。如商君黥太子之傅。凡此之類。皆以法不可枉。而又不可以加諸尊者。故權宜以出此兩全之策。是說也。其足以說明責任內閣之眞意義乎。此治國法學者所欲深論也。

各國學者論此義雖多。要以德國碩學波倫哈克之說爲最當。今節譯如下。

波倫哈克曰。『君主以一人而兼有二人之資格。其一則國法上之資格。其他則私法上之資格也。就國法上之資格言之。君主與國家同體。（按波氏持論。主張君主主體說。與國家人格說不能相容。但本節所論。卻甚正當。即按以國家人格說。亦不矛盾。吾於下方申釋其義。君主恒遵依國法所規定之形式以表示意思若此者其所表示之意思即認爲國家之意思者也夫國家者正義之源泉也自法理上言之國家萬不能爲惡何以故以善惡之標準惟國家爲能決定之故夫國家既不能爲惡則與國家同體之君主其不能爲惡自不待言此非擬議之詞實法理上顚撲不破之事實也

(按)所謂不能爲惡者與不可爲惡有異與不肯爲惡亦有異不可爲惡者謂事實本能爲善亦能爲惡而道義上詔之以不可爲惡也不肯爲惡者亦事實上本能爲善或爲惡而其人遵守道義上之原則故不肯爲惡也若不能爲惡則異是雖欲爲惡而事實上有所不能也國家曷爲不能爲惡以善惡之標準由國家出故善惡之標準曷爲必由國家出必須先知性理上所謂善惡與法理上所謂善惡之區別然後能明之性理上所謂善惡者據人類之良知所認爲善惡者是也然此不過抽象的意思耳而非具象的行爲法理上所謂惡祗能專指具象的行爲言之耳必有某種某種之行爲表現於實乃認以爲惡而從而罰之此法理上罰惡之原則也而所謂認某種某種行爲爲惡者舍法律所規定外末從求之易詞以言則法律所禁之行爲而或犯之者是即爲惡也是故無國家則無法律無法律則無所謂善惡各國法律不同故各國所謂善惡亦隨而不同例如在君主國有謀侵犯君主者則爲大逆在民主者有謀擁戴君主者則爲大逆孰善孰惡舍國法外無從得標準也又如在古代閉關之國見外國人格殺勿論在今世文明國殺外國人與殺本國人同罪孰善孰惡舍國法外無從得標準也又如古

代埃及奉蛇爲神殺蛇者服上刑古代斯巴達凡盜竊財物者不惟無罪而或且得賞孰善孰惡舍國法外無從得標準也由此言之則善惡由法律出既章章矣而制定法律者則國家也國家既爲法律所從出自然卽爲善惡所從出雖有惡事然國家既不認爲惡則其性質自立變爲不惡矣（例如在斯巴達行竊）然則國家雖欲自爲惡豈可得哉法理上所謂善惡之意義畧如右驟聞之若甚足駭怪然按諸實際則無以易也夫國家既不能爲惡則與國家同體之君主亦自不能爲惡固無待言

雖然此必其所表示之意思眞爲國家意思者始足以語於是耳必如何而後眞爲國家意思則以一定之形式而表示者是也參觀本報所載拙著「論立憲國之詔旨」及「違制論」又法政雜誌所載拙著「論立憲國之公文格式」等篇苟不遵此形式乎則所表示者非與國同體之君主的意思不過一私人的意思而已解釋詳下文附言君主以其爲一私人之資格無論何種惡事皆可得爲然猶謂之不能爲惡者則君主以其爲君主之資格雖欲爲惡而決不可得也其樞機何在則大臣副署之一形式是已據吾普國憲法第十四條之趣意凡國王政治上之詔令必要一大臣副署而始有效該大臣卽依之而負責任然則凡政治上之詔令必以大臣副署爲發生效力之一條件無副署者純然無效雖發之亦與未發等至易見也然各種國務上之發令尙須各循特別之形式例如法

律如預算等必須經議會之協贊苟不依此種形式則違法也雖有大臣副署依然違法也易詞以申明之則此種舉動非君主以其爲君主之資格而發令實君主以其爲一私人之資格而發令也大臣也者惟對於國法上之君主而輔弼之耳若副署違法之發令則非輔弼國法上之君主而加擔於私法上一私人之違法行爲也而副署此種行爲以施諸有政則大臣實無所逃罪此大臣責任所由發生也」原著普魯士國法論上卷第一百三十七葉以下

(附言)波氏主張君主卽國家故有君主與國家同體之說或疑其與吾黨所信之國家人格說君主機關說（謂國家爲一人格而君主爲國家之機關）不相容而不知非也波氏所謂君主以一人而兼有國法上私法上之兩資格者惟以機關之意義爲最能證明之蓋凡以自然人而司法人之機關者未有不以一人而兼兩資格者也例如以某甲爲某公司總辦彼某甲者固有時以公司機關之資格而爲公司治事有時亦以一私人之資格而自治其私事彼其一私人之債權債務與公司之債權債務不相蒙至易見也又如以某乙爲某署長官

彼有時以長官之資格（即國家機關之資格）而爲國家治政務。有時亦以一私人之資格而自治其私事。而彼之僚屬。惟對於彼所委辦之政務理宜服從遵辦。若長官私事。則僚屬無服從辦理之義務。又至易見也。然凡屬法人之事務。必有一定之形式。以爲成立之條件。例如公司之事務。必須於商律及本公司章程之範圍內行之。而欲使之生効力。尤必須用簽名蓋印貼印花等種種形式。苟踰越範圍。缺損形式。則只能認爲總辦私人之行爲。不能認爲公司之行爲矣。又如官署長官之治政務。亦必須遵守法令及備具公事上種種形式。否則亦認爲長官私人之行爲而已。長官私人之行爲。僚屬固無服從協辦之義務。苟協辦而至於干犯國紀。則僚屬亦不能辭其咎明也。波氏謂大臣副署違法之發令。無異加擔於私法上一私人之違法行爲。卽是此意。

由是言之。則大臣代君主負責任之說。其不衷於理論也甚明。**蓋責任內閣制與君主無責任之大義實相依而不可離。**使大臣而爲代君主負責任也。則是君主本有責任。而名義上移之於大臣云爾。而議會之糺問大臣責任者實則本當糺問君主責任徒以君主不可斥言姑以大臣尸其名云爾此義非是蓋罪惡之爲物自作者宜自當之在法不容諉諸他人常人有然即君臣之際亦何莫不然昔周太史勸楚昭王禳災以移諸令尹司馬昭王猶以爲不可使君主果有過舉而以大臣尸咎揆諸法理豈得曰平且君主神聖不可侵犯各國無不明著諸憲法夫不可侵犯云者非徒不許有侵犯之迹而已抑亦不許開侵犯之門故禮曰以足蹴路馬芻有誅齒路馬有誅譏其嫌於偪君也使過責本在君主而人民徒以畏憚尊嚴之故集矢於其所信任之大臣而使之聞之則先自有褻其君之心而何神聖之可言彼豫讓擊趙襄子之衣以寄其報讎之宿志謂豫讓未嘗加無禮於襄子焉不可得也然則大臣代君主負責之說其不能貫徹君主神聖之本旨蓋可見矣**立憲國之法理則使君主無責任一語成爲顚撲不破之事實而絕非虛構擬議之辭夫如是然後君主神聖不可侵犯亦成爲顚撲不破之事實而絕非循例頌揚之比**立憲國皇

室所以安如磐石者道皆在是也語其樞紐則亦曰以大臣副署爲君主行爲成立所必須之條件苟無副署則君主雖欲爲惡而不成於惡更易詞以申明之則國中無論何人皆可以獨力爲惡事惟君主不爾君主苟非得大臣之協助則在理在勢皆斷不能爲惡事者也非惟不能爲違法之惡事抑且不能爲失政之惡事其有幾微之違法失政則罔不由協助之大臣成之**故大臣責任實其本身所固有絕非由代君主而始發生也**

夫曰代君主負責猶且乖於法理況於言對君主負責乎夫使大臣爲對於君主負責則誰歟爲對於國家負責者據論理學以窮其旨歸則責仍在君主而已如是則於立憲國法理上所謂君主無責任君主神聖不可侵犯之兩大原則枘鑿而不能相容則立憲與專制更奚擇哉此義言之已屢今不復沓述也

論說　弍

# 對外與對內

滄江

詩曰。兄弟鬩于墻。外禦其侮。此言夫必戢內爭。乃可以從事於外競。蓋凡人類社會所以自存之道。皆不外是。非徒一家宜然也。卽一國亦有然。日本最近五十年來朝野政爭。繼續不斷。獨其遇兩次對外戰爭。則舉國一致。故能所向有功。十九世紀前半期歐洲大陸各國。疲精力於內訌。英人乃得乘此時偏闢殖民地於全世界。至今各國無一得與抗顏行者。此國民善於對外之明效也。雖然。彼其對外何以能著著奏功。必其國民之於對內事業。已歷幾許艱辛。而使國家內部之組織。漸圓滿無遺憾。夫然後競於外。而進退皆有餘裕。此其先後因果之關係。最不可不審也。

前古之事。蓋勿深論。若今世者。則國家主義全盛之時代也。**所謂對外者。以一國家對於他國家也。使內部組織不完。則先已不能**

具國家之形體不能錫以國家之名而更何對外之可言歐洲自三百年來各國皆汲汲焉務所以建設國家鞏固國家而其業之最先就者則英國也蓋大陸諸國當十九世紀前半期慘淡經營之事英國則當十七世紀末略已就緒質而言之則英國憲政基礎之成立先於他國百餘年也以內政整理之故則國力充實以國力充實之故自不得不橫溢於外而外界復有多數內政不整內力不充之國與之相遇其臨之也則如以千鈞之弩潰癰也英人所以首得志於天下者其機皆在此而今日所稱英國殖民地者前此蓋皆自命爲一國者也徒以其內部組織不完全一遇强敵則全失其抵抗力以取滅亡彼印度者幅員三十倍於英國人口二十倍於英國也而英人以一公司二千餘軍士取之若拾芥此內政完不完之明效也使世界中而僅有一國焉內政能完者其不至舉萬國而悉爲所併呑焉不止也然而大勢固不許爾爾於是歐陸六七國乃至美洲之美國亞洲之日本等相繼而起此諸國者其人民爲改良國家內部組織之故而演極慘劇之內爭多者數十年少者亦數年直至我咸豐同治間乃始陸續就緒若俄羅斯則尤瞠乎其後直至最近數年間始略就緒者也夫彼諸國民者豈

不知一國智力銷磨於內訌至爲可惜豈不思早發揮其力以競於外其奈非經過此一關則國家且不能以圖存而更何外競之可言是以糜萬人之血費累世之淚以致死於國內之蟊賊而不悔也使英國而長爲卜硜函輩及其他宮中嬖人所宰制使法國而長爲馬薩林輩及其他貴族僧侶所宰制使日本而長爲井伊直弼輩及其他幕府鷹犬所宰制則此諸國者恐將早絕於天壤矣夫惟其民有極强毅之對內能力能取國內腐敗之元素排泄之使善良之元素得以健全發達及其力之存於內者旣能自完則非惟外人莫之敢侮也且自能伸其有餘之力以侵畧於外今世列强浡興之歷程如斯而已矣

反之而衰亡之國則皆由誤此塗徑而自貽伊戚者也吾嘗讀波蘭埃及朝鮮波斯諸國之近世史見其每當受逼迫於列强也其國民對外敵愾之心未嘗不甚盛時且有壯烈爆發之舉聳天下之耳目雖然此不過一時客氣之橫溢耳而終不能善用之以對付其病國殃民之政府以一新其政治上之組織遂乃取次魚爛以至於亡而彼乍發乍斂之對外感情或反以供外人利用之資而助大命之速傾此眞亡國史一邱之

務論世者未嘗不爲之扼腕流涕也

**夫國曷爲而有外侮亦必由有其自可侮者存焉耳**而不然者雖以今之荷蘭比利時瑞士等國幅員曾不能比我一縣而豈聞有他强國焉敢加以無禮者然猶得曰託庇於均勢主義之下非其自力所能致也若乃如前此之普魯士以區區一小侯國普國前爲布蘭丁堡侯國腓力特列大王之父始稱王耳地斥鹵人民寡介於五六强之間曷爲能日趨盛大卒締造今日之德意志帝國稱霸五洲焉前此之撒的尼亞不過阿爾頻山中之一小公國蜷伏於奧大利肘腋之下曷爲能續古代羅馬久絕之緒統一意大利以自伍於歐洲六雄之列焉是知外侮之加惟加於其可侮者必不加於其不可侮者孟子曰能治其國家誰敢侮之此千古不易之至言也是故凡明達果毅之國民當其見侮於他國也則必能深察其所以受侮之由之存於國內者急起併力而排除之昔英人因法之侵占邁那卡島也舉國憤起推倒紐卡蘇爾內閣確定下院政治之基礎參觀附注普人爲拿破侖所侵失其領土之半遂起士達因大改行政組織漸頒憲法政治以底盛强日本因美艦入浦賀各國逼訂不平等之通商條約輿論沸騰咸集矢

於將軍德川氏遂倒數百年基深蒂固之幕府成今日之治參觀附注若此者雖未嘗不借對外之感情以爲動機而其實則以期收效於對內也夫本以不能忍對外之恥辱思一雪之窮極所由知非得良政府末由奏功然後迂其途以先從事於改造政府則謂對外論爲目的而對內論不過其手段焉可也然亦以人民蓄怨積怒於惡政府者既極欲去之而苦無術乃借一對外問題利用人民敵愾之心理而導之以成改造政府之大業則謂對內論爲目的而對外論不過其手段焉亦可也目的手段可以迭爲循環而要其著手實行者必先在對內而後及對外而苟非對內獲有成功者則對外之成功亦決無可望此徵諸各國已事而章章可見者也

(附注一)邁那卡島事件者起於一七五五年而英法戰爭之導線也地在地中海本爲一小國受英之保護法將黎士流以兵奪之其時英相維卡蘇爾柄政十餘年賄賂公行綱紀盡弛英民借此事起而攻之於是紐氏遂失勢名相維廉畢特繼起執政憲政確立卒戰法而勝之有名之史家馬哥黎所作維廉畢特傳記其事云『當英將邊克氏之歸自邁島也舉國痛憤咸思一雪此恥倫敦市民首攻政府之溺職討罪之

論說 六

檄偏貼街墻於是舉國州縣各派代表凡三百餘人伏闕上書兩星期間書之達於樞密院者凡六十餘通詞極嚴厲務追求所以致此屈辱者原因何在造此原因者爲何人書上政府雖嚴憚然猶欲以術解散之當時有名士白拉安者著一書題曰時事豫言其中一節云『吾英人卑屈無恥之人種也行將永爲外敵之奴隷然萬不能謂之不幸蓋自業自得理有固然也夫安有以十餘年蜷伏於惡政府下不感痛癢之人民而能與強敵遇者哉』此書一出全國若狂於是各城鎭鄉互相傳檄決議不納租稅當此之時首相紐卡甦爾之心事如何彼生平所最貪愛者利祿也威權也雖然尙有一物焉視此二物爲更可愛者而今也此物殆將失墜此物維何則首級是也於是紐氏乃不得不舍其所次愛者以保其所最愛者而下院多數黨首領畢特氏始得代與』馬氏之言如是英人於對內對外本末緩急之務可謂知所擇矣吾國民試思之使英人而遇我國今日伊犁片馬等事件者其所以待之將何如而白拉安若視今日之中國人又謂之何哉

(附注二)日本人最能借對外事件以爲改革內治之動機前所舉因美艦入浦賀而奏倒幕之功其最著者也次則明治七年因征韓論而元勳之一部分翩然下野遂相率請願國會組織政黨以成立憲之治又次則因改正條約問題使當局者數次辭職又次則因俄法德干涉還遼倒伊藤內閣而大隈板垣聯合之憲政黨內閣繼之是爲政黨內閣之始又次則因日俄和約倒桂內閣而西園寺之政友會內閣繼之凡此皆最善利用對外問題以對內者也

夫國民而誠能利用對外問題以對內則外侮之來有時或反爲國之福孟子所謂無敵國外患者國恒亡是其義也若置內治於不顧而惟單純的昌言對外乎是必終於無效而已（不必其絕對的不顧內治也但使以對外爲第一義而以對內爲第二義則已大錯）此何故耶（其一）現今爲國家主義全盛時代人挾其偉大之國力以臨我我非有偉大之國力決無從對付之而偉大之國力非內治組織完備後決無從發生凡一切對外論不可不以此爲總前提（其二）據此前提則知凡國民遇他國侵陵而思抵抗之者亦惟有求得一良政府以爲國家健全機關然後由此機關運用國家之全力以相抵抗舍此別無他途苟欲以箇人抵抗則其力徒消耗於無用充其量若鴉片戰役廣州三元里之事亦可謂有名譽矣然其所補於大局者安在（其三）各國對外政策其由人民督促援助而成者誠甚多如日本之日俄戰役實由人民鞭策政府然後決行其顯例也雖然此亦由先有良政府積多年以養成國力始能臨事而收其用耳而不然者則如以我現政府當外交之衝一旦遇伊犂片馬等事件起而欲助之以求一對外壯烈之舉此無異磨甎希鏡蒸沙望飯其必至徒勞此五尺之童所能

逆覩矣（其四）況對外之事變動不居者也有惡政府在上日日竊鬻權利以予外人及其條約合同之既訂則於國際上而我國對於他國有當負之義務迨夫祕密暴露國民始謀起而爭之則已無及矣雖取鬻國者尸諸市朝而繫頸之組終不可得解**夫國民苟非先戮力對內以去此惡政府則此等事固日出不窮防之不勝防者也**而國民雖抱誠毅之敵愾心亦不過事後作一塲空議論如諺所謂賊去關門者則何益矣（其五）不惟國家與國家交涉爲然也卽甲國人民對於乙國國家之交涉或兩國人民之互相交涉而以今日國家主義發達之結果凡個人之對外者殆無不恃國家爲後援我國民卽僅欲對付他國國民而在此惡政府之下亦斷無術可以自貫徹其所主張者（其六）至如抵制外貨等舉動當國民憤懣無所復之之時以此爲最後之武器似亦可以使强敵稍有所慴然當此交通大開之世生計上之原則固不容一國與他國閉關絕市雖以國家强制執行猶必無效而況於一時客氣之所結集乎其必不能持久而徒使國民生計上招無量數之損失已耳（其七）凡國民在腐敗政府之下而欲以私人資格爲强硬之對外運

動其動運無效則無論矣苟稍有效者則外人欲摧滅之亦易如拉朽蓋其國民能力曾不能改造政府者則必其畏惡政府如虎者也而惡政府又畏外人如虎者也兩虎在前有辟易而已矣俗諺有恒言曰。百姓怕官府。官府怕洋人。洋人怕百姓。此言殆深入吾全國人之腦中。雖賢者猶惑之。雖然。此大謬也。夫安有以怕洋人之官府在上。以怕官府之百姓在下。而洋人猶怕之者哉。

（其八）苟挾一時客氣而竟能有一二事達其强硬運動之目的而損失之與之相緣者又或不可紀極其小者則如因仇教而致賠款其大者則如數年前贖路贖礦之議盛行往往甘吃大虧以毀約反墮他人術中其中廢約而不甚吃虧者固有之。要以吃虧者爲多。礦約尤甚。蓋外國投機家承辦一礦。已失敗而我爲之彌補虧空者甚多。更大者則如義和團糜千萬人之生命費數萬萬之金錢以買歷史上永遠不滌之恥辱夫國家固常有犧牲一部分之利益以保全全體永遠之利益者故雖吃虧舉動原不能遽斷爲失計然亦視其犧牲之所以爲償者何如忍一度苦痛而可以免他日無數之苦痛則忍之宜也凡國民之對內而謀改造政府者蓋未嘗不大有所犧牲以與爲易矣若夫服從惡政府而徒囂張於對外者其所犧牲則皆以無償終者也。綜此諸義則國民對外對內先後之序從可識矣。

善夫先哲之言也。曰自勝之謂強。凡一私人之治身也。蓋未有不以省克爲自立之基者。輕浮者而不能自克以進於沈實巽懦者而不能自克以進於剛強怠荒者者而不能自克以進於勤慎以此立於世未有不爲人役者也。夫國亦何莫不然。大憝蟠於朝宁不能鋤而去之而謂可以禦寇於境外。伊古以來未之前聞。此如一家主人常受制於悍僕欲免鄰里之淩蔑豈可得哉。以如此之國民則雖絕無敵國外患亦必魚爛於內而莫之救此如積年瘵疾者不必冒風寒然後致死也。以如此之國民正白拉安所謂理合永爲奴隸自業自得者也而猶仰首伸眉以言對外則亦爲外人笑而已矣。

然與國民言對外則動聽甚易與言對內則動聽甚難者斯亦有故。(第二)外侮之相加其事件常爲具體的。强訂一條約也。割一地也。奪一路掠一礦也。皆有確實顯着之一迹象予人以共見者也。故稍有血氣者無待思索而可以立生其義慣政府之稔惡其事件常爲抽象的每一惡政出之者爲何人成之者爲何人常迷離徜徉而不得主名故民聽易惑而惡政結果之及於吾民之身也恒幾經曲折非稍具常識者不能明其因果關係也（第二）外侮相加恒予吾民以新苦痛政府爲惡則相沿已久人民於惡現象之驟現者則驚而惡之其習之久者則相忘而莫之察也（第三）對外運動常爲間接的苟非蠻橫如義和團者決不肯以無意識之排外見諸實事即義和團亦由有政府嗾於其後耳。否則此運動豈能成爲事實哉。欲見諸實事仍不得不賴國家機關之力故其與敵交綏終無其期此如去敵營百里吶喊呼殺不必勇者然後能之也對內運動則常爲直接的動則須與政府短兵相接性命相搏而政府亦感其直接不利於己則或以威偪之或以利誘之自非極强毅之人未或能持久也坐是之故則國民輕於言對外而憚於言對內亦宜

雖然知具體的之新害而不知抽象的舊害是智識低下之表徵也敢於爲間接的運

動。而不。敢。於。爲。直。接。的。運。動。是志。行。薄。弱。之。表。徵。也。二者。有。一。於。此。國其。何。以。競。吾。願。我。國。民。之。深。有。所。自。省。而。已。

著譯壹

# 英皇加冕感言

竹塢

陽歷六月廿二日(中歷五月廿六日)大不列顚愛爾蘭王兼印度及海外諸領土皇帝佐治五世皇后域多利亞美里舉行加冕禮於倫敦之委士兌士打大教堂。甚盛典也。案英國皇室中閒屢有外人入繼大統。而其本支則統一英國之高祖威廉克士王埃白祿克及名君亞兒弗列之後也。埃白祿克以紀元後八百二年即距今千百九年前卽位。今皇帝佐治五世。實其三十九世孫。且威廉克士王國創業於紀元後四百九十五年。故英國皇統。綿延千四百十六年之久。並世諸國。舍日本外。罕有其比。而今次舉行之加冕禮。亦卽率由千餘年前之舊典。所謂遙遙華胄者非耶。六月十七至十九日。外國貴賓及殖民地代表者。次第集於英京。廿日開大宴於巴京幹宮。加冕之翌日。皇帝皇后。巡游倫敦市。其陸續舉行之典禮。則有斯彼特希大觀艦式、宮庭園游會、臨幸帝國戲園、親謁聖保羅教堂。而六月晦日。賜宴水晶宮。其與宴者。皆爲童子。數在十萬。秋七月。皇帝幸愛爾蘭蘇格蘭。十三日又於威爾士州之傑拿溫城行立儲之禮。此蓋六百二十七年前愛德華二世降生之地。加冕以後。立皇太子於此。已爲恒例也。夫皇室慶典。慶續兩月。其領土則迄於日所出入。華實並茂。不亦盛哉。

雖然英國所以致有今日之隆盛者。非盡由天幸也。欲求其故。則英本島國。與歐陸關係不密。一切變亂之影響。無自波及。其位置之善一也。英國人民。近古以來。已養成堅牢不拔之氣質。重實事而富常識。地方自治之精神。極其發達。議會政治運用圓熟。且有能保守能進步之美風。其民德之醕二也。故吾輩對於今日之英國。不宜徒羨其隆盛。而當知其所由來者甚深且遠。大可取爲師資者也。

大抵一國之國民性。必因時勢以爲轉移。通古今而一成莫變者。未之有也。雖然苟其國民性而果堅實不拔。則變之中仍有不變者存。國家之所以郅治隆盛。民族之所以發揚光大。胥是賴也。彼英人則亦猶是耳。英國民族當中世與近世之交。其生活狀態。動搖特甚。故其國民性亦緣是而變易。夫中世時之英國人。其愛活動。重實事。遠不如今日之英國人也觀彼時史家所記則距今五百年前之英人專以農牧爲業身不出乎田舍志不離乎猥瑣性惰而無意近取及哥侖布發見新世界以後英人氣質始爲之驟變然彼之特質中有亘古如一者則亦可於史乘中求之據史家所言當中世時英與大陸諸國其國民性已截然不同以拉丁諸國之法律與英國法律較則一以羅馬法爲本犧牲個人而供君主之專制一以社會之意志爲本而專保護個人故自中世以來英人他種性質雖變獨此尊重個人之權利擁護個人之自由則自始迄今未之或變英之所以異於大陸諸國者在此其最卓越之點亦在此

夫個人主義驟聞之似專爲私利而已然英之所以有今日固食此主義之賜彼英之所謂個人主義者非僅圖一身一家之利益而置他人之利益社會公共之利益於不顧也彼以社會公共之事聽民自便而政府以及一切法律其目的不過在保護個人而已其有妨害個人之自由發達者絕不爲也而人民亦絕不倚賴政府故自主自治之習慣不期成而自成惟個人所爲有時而至於害及他人之自由侵犯社會公共利益者則要求政府以保護干涉之耳前世紀初期以來英國率先制定工場法凡婦人

小兒之勞働皆有限制。蓋卽發源於此主義也。近時之養老年金法。勞傭者衰老之後。與以恩䘏。又前月度支大臣雷德佐治在右院提出國民保險案。凡疾病失業者由顧主與國家共同醵金以贍之。亦卽此精神之表現也。雖然英國人民。其富於地方自治之習慣。今猶如昔。故各州知事以及治安判事等。今尙爲名譽職由地方紳士任之。不受俸祿。而美國之憲法。卽國會與此種自治制度。爲其兩大基礎也。當十七世紀時。查爾士第一不召集國會者十有一年。欲實行其君主獨裁政治。然因各州知事皆名譽職。由地方紳士任之。故查爾士之專制政治卽緣是失敗。何也。彼各州知事皆拒絕其未經議會協贊之租稅案。而不肯向人民徵收也。且英國之州知事。非如他國之可由中央政府任意罷黜也。必當由國王之命。然國王縱免其職。而在自治制度下之州知事。絲毫不感苦痛。不寧惟是。其後任之人。國王仍不能任意委任。仍當在地方紳士中選之。而其拒絕租稅案如故也。故查爾士雖極專橫。而竟不能宰制無議會之英國也。其後克林威爾以不世出之豪傑。起於匹夫。終躋王位。欲以武斷政治統治英國。然及其身之亡。而業亦隨之。是皆此地方自治制度爲之梗也。

夫如是英國之法律及其地方自治制度無非爲保護個人之自由權利而已其犧牲個人之舉英人所未肯輕易爲之者也且英國議會人皆謂之舍易女爲男易男爲女外無不可爲之事故其政府非在議會占多數者絕不能久於其位此英國議會權力之大爲萬國所無也雖然其所謂改造政府者不過內閣諸大臣及政務次官等五六十人而已其他專職之官不隨內閣以爲交迭也較之美國每當大統領改選而官吏數萬皆隨之以更易者眞有雲泥之別矣

英國過去之歷史其所經蹉跌固不知凡幾而所謂完全以保護個人之自由者非自昔即能如是雖然此種精神則伊古以來即已示別於他國故其議會政治足以垂範於世界也在今日之英國其防壓危險思想如社會主義無政府主義等殆於絕無苟非犯現行法律防害治安者無論如何之言論如何之主義皆絕對的自由故英國上下之融洽社會之寧謐遠非歐陸諸國所可望而其皇室之安榮亦有以遠勝於他國而爲世界之冠也

英國之版圖延於六大洲面積一千百三十四萬方哩人口三萬九千四百萬爲世界

第一大帝國。其人口之多。舍中國外。蓋未見其比。而文化程度之高。內容之豐富。即古今萬國。亦幾於絕無僅有。嗟乎。何以得此哉。則其國民有以致之也。吾輩對於此次英皇加冕式。固未嘗不歆羨贊嘆。爰聊舉其所以致此之由。使國民知一國之隆盛。非盡由天幸。吾國民聞此。而知自奮乎。豈惟　皇室之幸。抑亦數萬萬人之幸也。

叢譯 弍

# 盧斯福論白種衰亡之兆

竹塢

美國前大統領盧斯福氏。比著一書。頗論歐美人口事。其言曰。余讀比祿氏（比祿澳洲人爲有名之著述家）人種衰亡論。未嘗不廢書而嘆也。曰。嗟乎。白人日以文明自豪於世界。而究其文明之所得。則自殘同類而已。夫人口日減之現象。初惟法蘭西有之。此罔盡人所同知者。及比祿書出。則澳洲如是。英本國如是。坎拿大亦如是。寧獨澳洲、英、坎拿大。以余所見。吾美亦何莫不然。故比氏之書。苟有愛國之至性。以民胞物與爲懷者。眞不可不讀。蓋欲研究此問題。舍比氏書。實未多見。而此事所關。又非細故也。比氏論英法諸地人口所以日減之故。純由婦人避孕。指爲文明之大惡。其於吾美。亦頗有論列。惜不能詳。此蓋比氏所知未深耳。若試爲之精心比較。則美國出產率之銳減。已次法而同於英。夫出產率減。則人種必日衰微。不預爲之防。非久遂歸絕滅。此眞奇禍大變。未容輕視者。

也。據比祿所言。法國避孕之俗。始於五六十年前。直至今日。未之或改。故法人種十年以來。日惟加少。幸而有意大利人德意志人。移居其國。以是見於統計表者。猶能保其常率。否則江河日下之勢。益有不可問者。用英語之國民。恆謂法國今日之地位勢難持久。言之以爲愉快。豈意彼輩已蹈法國之覆轍。竟不自知。而日以笑人。其危險寗可思議耶。且也英語國民之出產率。其銳減之數。視法爲尤甚。更有最可悲可怪之事。則此種現象。於元氣充溢之地。亦往往見之是也。夫出產率之被限制。其最大之原因。則生計困難也。惟生計困難。故曠夫怨女。在所不免。縱令授室成家。而以不能羸養。故遂相率而爲避孕。即不盡避。所舉子女。亦復有限。今歐洲大陸諸國。有所謂一兒制二兒制者。蓋純爲生計上之關係也。故此種惡風。多見於商工衝繁之區。或發達極盛之國。而殖民地與夫後進諸邦。謀食非艱。不應有此。然澳洲新西蘭等處之英人。則大反是。以新西蘭論。廣袤與英本國等。地味之豐饒。亦不少讓。其人數不過英國三十分之一。或四十分之一。來居此土者。其祖若父。大抵皆敢於冒險。長於企業之人。彼輩受此遺傳性。故所至之地。不問其爲制度也。爲產業也。咸能盡力以發揮其民主主義之精神。

雖然。獨至人口增加之比例。則遠不及其祖國。且漸次減少焉。澳洲亦然。僅以稀薄之人口。散布於全洲之沿岸。自今以後。即有十倍之人。不患無容足之地。且土質膏腴生活程度自易甚高。乃今之澳洲。其人口既已不多。又不能深入內地。闢草萊以事開拓。惟羣集於極狹隘之大都會。與歐洲諸國等。故其增加之比例。亦極遲遲。縱能維持現在之出產率。而今後百年。斷無自達於二倍。若再繼續過去十年間之減率。則不及五十年。雖欲求今日之人數。恐亦有所不可得矣。夫亞細亞洲之人口。歲歲繁殖有加無已。以此相較。優劣之數。奚待著龜。故澳洲識時之士。咸以爲憂。其所大聲疾呼者。非故爲是悲痛之言。以亂人心曲也。且夫國民的生涯。亦猶之個人的生涯耳。其在個人的生涯。則無論何人。凡自己不能利用之土地。而欲永久保持之勢有所不許。國民的生涯亦然。無論如何人種。凡擁有一領土。非以開拓之。居住之。爲一條件。則其領土終必爲他人所有。此絕對的事實。絲毫不容假借者也。

澳洲新西蘭等等現象。於坎拿大及用英語之國民。亦往往見之。惟英本國則不如是之甚。然其銳減之度。已漸次增加。美國亦然。其影響所以不甚顯著者。徒以歲歲徠民甚多故耳。在南部諸省。猶有純潔高尙之道德。故出產率尙不至減少。若北部西部諸省。則已與澳洲英本國坎拿大同一現象。其新英倫諸省則減少之比率不惟較英帝國爲大。即較之法蘭西亦幾過之。夫新英倫省者。於美國國民精神上之發達實一最有力之分子。今也彼輩陷於根本的不道德。而恬不爲怪。觀世變者。其可不知所惕哉。竊厥因由非生理上有所缺點也。義務觀念根蒂全絕。晏安躭逸之風。披靡一世。蓋純出道德上之缺點爲之主因也。此等罪惡。不僅土著人（指百年前來住美洲之白人）之子孫爲然也。即移民（指後日入籍美國之白人）之家。亦蔓延甚捷。夫使此罪惡僅爲舊美國人犯之。則不過舊美國人子孫之恥辱已耳。而共和國之主義目的。猶可傳之移民之子孫。前途未嘗無一縷之望。果其如是。則吾與其與謀叛舊美國主義之舊美國人種共命。無寧與忠實於舊美國主義之外國人種共命也。而無如新至者亦同蹈此習。則惟有感慨唏噓而已。前二世紀由歐洲以移居美國者。其子孫爲屬於最繁衍之人種。故亞巴拉彊等地之白人今日猶復如此。即法人以不孕聞於天下。而坎拿大之法人。則殊不爾。過去十年間。美國人口之增加。其由於移民者。幾三之二。而出產率較諸往昔。遂大低減。昔林肯曾言美國必爲繁庶之邦。彼豫計至今當得二萬萬人。蓋以當時之增加率計之。或不甚相遠。而無如自林肯以後不見其加多而惟見其加少也。若以今日之減少率賡續不已。則美國人口其勉足維持現狀者惟至今世紀之半耳。英帝國及其屬地當與吾美同遭此厄。然論者或曰凡文明人種必爲同一之經驗。此不過自慰之言。其實決不然也。歐洲小國或將如是。而德意志人則今日並無此現象也。惟柏林漢堡等大都市畧與紐約芝加高倫敦同一比率耳。若德人不預爲之防。將來或步法之後塵。未可知也。夫德意志於十九世紀所以在歐洲占優勝之地位者。純由人口而得勝利也。今惟斯拉夫族自古及今並無所謂人口減少之事。故縱以德之强而今之情勢已不能不輸斯拉夫種一籌矣。可不畏哉。

余一年前曾游阿非利加東部。以余所目擊者。則發見東非洲與夫合併之而統治之者雖爲英人。然養成將來之市民則非英人而實荷蘭人也。英人在彼地所經營之事業。固無一不偉大。令人嘆羨不置。以言夫殖民。恐究不能敵波亞人之農夫。蓋英人家族既少。又無一人焉思永處殖民地者。今若以兩國人種各舉十人。其屬於英國種族者縱令十人皆在殖民地中有重望之人士然彼等日夜所想望者則何時得歸祖國也故在殖民地結婚者十人中不過四五人而此四五人中又不過有兒童五六而已波亞人則有以異於是彼十人者人人皆以非洲即彼之故國故人人結婚各成一大家族若循是不變則東阿非利加將來必爲波亞人所有而非復英人之所有矣

淺見者流動爲之辭曰凡物不能徒視其分量之多寡而當視其品質之優劣故聚無量數庸鄙凡陋之人民曾不能絲毫有所輕重於社會雖多亦奚以爲無寧得其少而精者即箇人之繁榮亦緣是而日增也此其言雖若可聽而一究其實則亦聊以自慰之談耳何也蓋緣避孕而人口減少者不特分量日寡即品質亦隨之以日低也不觀夫法蘭西乎彼其人口停滯五十年而德人乃於其間繁息加倍若如論者之言法人之幸福當亦倍於德矣而何以適得其反此其故不可深長思耶

夫處今日以逆料將來此其事固不能期於必當雖然若使今之人口增加率百年不變則至現世紀之末法雖欲求爲今日之比利時英語國民雖欲求爲今日之西班牙恐亦有不可得者矣白人之將來惟有盡委於德意志人種斯拉夫人種之手而已吾

美人乎。其以此前途無限希望之國家。坐視其由壯歲以入老境。而一無所動於中乎。青年男女。因不盡最初步之義務。故竟使吾祖先以血汗造成之光榮歷史。隨蔓草荒烟以俱泯滅乎。

夫人口問題。固種種問題中之最要者也。然使世人皆知此事之重。則其道甚難。何也。其在尋常流輩。偶一語此。則莫不以爲滑稽。即以先覺自任者。亦鄙棄不道。而固執俗論。中所指爲重要之事。不知他問題之所以重要者。即因此問題重要之故。他問題重要。則此問題益不能不重要。固事理所宜爾也。即如教育問題。寧能謂非一國民最要之事。然使無可教之兒童。則所謂熱心教育者。不幾等於無用乎。爲欲教養青年。故而立至精極密之案。疲精費財。曾不少惜。然使所教者及年而輒自殺。不又幾純爲徒勞乎。夫一人之生涯。則固靡不汲汲於物質之繁榮。精神之修養。若其人一旦而死亡。則前此所爲汲汲者。果亦何用。以人種全體觀之。其道亦猶是耳。而今以傳播文明自任之徒。與夫主張新生計思想之輩。曾無一人焉留意及此。不亦奇哉。故若男女皆不結婚。即結婚而不舉子女。則人種且將絕滅。他事更有何可言。此本淺而易見之理。何憂時之士於先後緩急之序顚倒至此乎以余所見結婚而無子女者則其人種一代而亡有一人或二人者則其滅亡之時亦不過稍能長久故無子之結婚與有一子或二子之結婚皆可謂之避孕而避孕則人種上最大之罪惡也更就人種的地位以觀之即有三子者亦當謂爲避孕結婚蓋多一子者脫有死亡雖非其咎而不能增殖人口則一也故凡結婚者非舉子女四人則其人種必更無蕃息之日且必不能維持其人口之常率是惟有坐待澌滅而已嗟夫國家之前途未來之文明一繫於其國男女之雙肩此其故所關非細也今之君子奈之何勿思

今多數避孕之徒往往以已爲一善良之市民而輕蔑他人之無道德者不知避孕卽最無道德之事其罪大惡極其最可厭惡更無有加於此者故獨身放蕩較之一夫多妻利無可言害實相等其結果必致一國民連結之生活截爲兩段而後已以是他種惡習雖復有害然苟生命而在猶有改過之期獨至避孕大罪則直與死無異夫既死亦有何可改者故余不能不深惡而痛絕之也比祿氏以爲此皆貪安逸忘義務之所致故此等人永無覺醒之一日而余又不敢謂其必如是也以吾美人心性健全早晚

必能痛改前非此余所敢深信者且有多數之宗教家以及醫士之流固已知道德之本盡在於是則他日一掃此害正不難耳惟今第一重要者當使吾國民知履行義務爲人生之正義又爲人道一切之根源而今日吾國人所共欲規避之事卽爲不履行義務之最大者則庶乎圖挽救於將來亦正易爲力也夫天下成功之事雖多而其幸福則斷不能優於有多數子女之父母故無論爲政治之成功也爲文學之成功也爲美術商業之成功也而較諸男子能創家庭之成功女子能守家庭之成功相愛相敬相忍耐以家庭爲神聖而共養育子女之成功固不可同年而語矣

夫不能勞苦則不能得幸福凡所謂幸福所謂成功者不外冒險奮鬬竭畢生之力以成一業耳反是而畏葸焉而怠惰焉則無成無敗惟混沌以終其生是一切失敗中之最可厭者也欲得勝利而不能奮鬥則其不免於失敗也不亦宜乎今男女共同之生活其冒險最多奮鬥最力者實惟女子吾輩既知此理故對於不親切之男子最憎惡之蓋一切男子皆婦人之債務者也男子雖如何竭力以全其職務甚或效命疆埸而以之與良妻賢母較終不能立於對等之地位也何也彼最勞苦則其所得之幸福尤

著譯

十

宜加於男子也。

余非謂男女有同一之義務也。以余所見。則男女欲各主張其權利。無寧各盡其義務之爲優。蓋權利者。男女平等也。卽如今日婦人所急欲求得之選舉權。余固甚贊成。余對於能盡義務之婦人。惟恐尊敬之不至。雖然。對於規避義務之婦人。則余之輕蔑之。亦惟恐不至也。至於避孕之事。其責若在男子。則此等賤丈夫。較諸婦人之爲之者。亦更可鄙矣。若夫普男普女。本非徇一己之安逸。以人力而自絕其後。乃天不令之有子。又或因種種理由不能結婚。則此輩不幸之徒。吾哀憐之不暇。豈復以此相責者。今茲所論。實專指貪一己之安逸。而忘全社會之福利者。爲之當頭一棒也。

夫英美澳洲所以生此弊害者。其原因雖不一端。而要之。此等土地之人民。惟知驕奢淫佚。不遑他顧。是實其受病之根源也。夫好逸惡勞。人有同情。苟其所求之安逸。果在正當範圍之內。則孰得而非之。而無如今日之趨勢。固已軼於正當範圍之外。且釀成莫大之隱患於將來者。故吾雖欲不言。而勢有所不許也。今日之美國人。其求權利之心太多。而盡義務之念太少。非痛自改悔。其何立於競爭之世。永遠維持其地位乎。顧

吾國人重思之、

讀者勿以余爲視有子女者。即謂之爲善良之市民也。夫犯、罪、之、父、母、寧、無、子。不、能、自、養、者。毋、寧、不、婚。有、家、庭、而、無、適、當、之、養、育、者。毋、甯、無、家。斯、固、人、種、上、之、要、義。而、余、亦、深、信、不、疑、也。若此等人而亦令之娶妻生子。是惟恐社會之發達。而從根本上遏其進步之機也。雖然此不過消極之手段耳。天下事。不。能。徒。事。消。極。而。當。當。以。積。極。爲。重。此言進。化。者。所。不。可。不。知。也。而今日之文明。其最危險之現象。則莫如不能得充分之子孫。故余以此爲國民最重之義務。而竭力以排斥避孕之風者。良有由也。余雖愚昧。豈有以避孕爲惟一之罪惡。而有子即爲惟一之道德乎。

余非徒以此事訴之明達之人而已。余且欲以之訴於有情之人。有良心之人。何也。此爲全國民生死重大問題也。故余對於能盡義務之善男子善女人愛之敬之。而尤對於良妻賢母。尊之重之。蓋彼爲人種之女宣教者。人數之命運。其重任皆繫於彼之雙肩也。

著譯叁

# 國民與國會之關係（續第十二號）

柳隅

## 第三篇 下議院

### 第一節 下議院之占國會之要部

議院政治之發達。與上院之歷史。既詳於上矣。然欲熟知英國國會之源委。則下院之歷史。又不可不一述也。夫上二篇所敘述者。第一則爲赫斯丁格戰役後。威廉第一所以變賢人議會爲封建貴族會之原因。第二則小貴族不躬赴國會。而派遣二名或三名代議士之原因。第三則此等慣例、於蘭尼綿特、得議定爲法律之原因。第四則十三、世紀之中。國會之議員。所以換由州長獨選舉而爲由州民共選舉之原因。第五則爾後數年間。忽有大改革家（指西蒙）出。戰勝國王。使邑民得舉國會議員之原因。第六則此大改革之後。未及一世紀。今日組織國會之元素、當日已得備之之原因。此上二篇記迦之大畧也雖然當十三世紀之時雖極有遠見者亦不能料當時之改革竟生出今日之結果也夫以耶德華第一之大權獨攬作福作威執長策以鞭笞天下豈料後此之爲君者竟大權旁落位同守府乎其時之僧侶在國會之中勢力最雄厚有睥睨一切之概（當時僧侶在臣民中占第一位）豈料後此僅存二十六名之議員在國會中僅保有伴食之位置乎當時之貴族氣燄薰天豈料後此僅得維持上院之壽命關於重大問題不敢反對下院之意見乎當時平民之勢力微弱不振豈料後此之邑民竟得舉代表以參與國政而下院之地位竟握有國家最高之主權乃至國會之名義幾爲彼所獨有乎撫今思昔情形異致論世者又安能不起滄桑之感也且夫撒遜時代之賢人議會實國王重臣之議會也諾曼朝之顧問會實封建之議會也而今日之國會 **則以下院爲主體國務大臣欲與國會協商則協商於下院而已皇帝欲解散國會則解散下院而已欲召集新國會則召集下院新議員而已** 一般之人幾忘國會之機關尚有上院在焉則下

院。地。位。之。重。要。果。何。如。也。

第二節　下議院之元素

國會之大體成立以後。經六世紀間。其在下院。實生種種之變化也。當耶德華第一之世。下院之議員共四百六名。即三十七州及百六十六邑。各得舉二名之議員。爾後百年間。其員數忽不足三百名。蓋當時之被剝奪參政權與自奉還者有五十三邑也。自斯以降。其員數漸次增加。一五三六年。蒙茅士得選舉二名議員之特權。威爾士各州。得各選舉一名議員之特權。雖達爾翰、查斯亞等。以其爲王領州之故。廢止其選舉議員之權。然及亨利第八及査里斯第二之時。又各回復其選舉權焉。不特此也。亨利第六時。則回復八邑選舉議員之權。耶德華第四時。則回復四邑選舉議員之權。亨利第八時。則回復十七邑選舉議員之權。耶德華第六時。則回復二十四邑選舉議員之權。馬黎女王時。則回復十二邑選舉議員之權。耶里撒伯斯女王時。則回復三十二邑選舉議員之權。的臂斯第一時。則回復十二邑選舉議員之權。查里斯第一時。則回復九邑選舉議員之權。查里斯第二時。則回復二邑選舉議員之權。顧自此以後。國王亦不能以自己之權力創設有參政權之邑也。自查里斯第一至女王安之時。下院之議員。計由英蘭四十州所選出者八十名。由威爾士十二州所選出者十二名。由英蘭二大學所選出者四名。由英蘭及威爾士二百十六邑所選者四百十七名。及與蘇格蘭合併。增加議員四十五名。與愛耳蘭合併。增加議員一百名。此下院議員增加之源委也。

### 第三節　議員之俸給

下院之歷史自西蒙之時以迄於今。可分之為三時期。其第一期即十四世紀之間。其員數漸次減少。其第二期即自十四世紀以降四百年間。其員數漸次增加。其第三期即現世紀間。其員數無所增減。此其大較也。抑十四紀間其員數所以減少者。蓋當時之人民。**不以議員為榮譽而以為繁苦之責任也**　蓋在當時交通之機關不發達。往來困難。為議員者欲赴倫敦。其所需之旅費。常非自己之所能負增。於是各州人民欲舉代表以作國會之議員。不能不與以俸給。而各邑所舉之議員。其在家鄉安於儉樸。欲使之舍職業以赴倫敦。苟無以報酬之。尤非其所欲也。**故推原議員俸給之由來。蓋自議院設立之初而已有此制**。當耶德華第二時。議員俸給之額。其由州舉之議員。一日四喜林。由邑舉之議員。一日二喜林。但此定額初非一成而不變者。蓋在各選舉區以負擔之重。常欲以少量之額給與議員。當時之達爾布依州。其給與議員之俸給共二十磅。人民病其過多也。其後遂減至一半或一半以下。迨千四百二十七年。康布立治府之人民。與其議員結契約。定其俸給之數。此通常俸給之半額。此種之契約相繼發生於各地。然俸給之減少。非議員之厄。正所以增進議員之名譽也。當此種契約之未成立也。對於議員之俸給。人民常不堪其負擔之重。蓋當千四百六年之國會。**其議員俸給之總額。殆達五千五百磅。而國會所議決之豫算案。其給與國王政治上一切之費用。不過六千磅。夫以議員之俸給而幾與國費之額量相等。**其負擔之重如此。是非國民之所能堪也。故當時之小邑。多拋棄其選舉議員之權。誠非得已也。夫一四〇六年議員俸給之多。雖屬振古未有。非可視為通例。而要之僅此議員俸給一項。常使小邑之民。苦於負擔。則固顯然。無。疑。也。當一四六三年。會議決十五分稅（課動產價值十五分之一）與十分稅。（課動產價值十分之一）蓋爲供給國王之國費而起。當時國費之總額。計三萬七千磅。及亨利第七時。降至三萬磅。使此額量而精確也。則當時議員俸供之額。實當國費總額七分之一。或六分之一。夫甯得謂非重大之歲出也。

議員俸給之額之多。既如上述。當一三五二年。炭疽病（激症熱病之一種）暴興。其勢極跋扈。人民之死亡無數。緣此影響。工商業不振。小民之生計。亦甚蕭條。故耶德華第三時。對每一選舉區。僅召集一名之議員而已。不能照常額也。蓋當時之國會若照常額召集。則因議員俸給之故。必大妨害國民之生計。非民力之所能堪也。夫因議員之召集。僅在二百名與四百名之差。遂至影響於國民之生計。則當時人口之減少。與民力之凋敝。亦從。可。見。也。而一三五二年之炭疽病。人民之被其災難者。尚繼續一年。及一三五四年。始復故例。每選舉區各舉二名之議員。自斯以後。遂一循此例也。但於此有一例外焉。即威爾士公國之各州邑。雖與以選舉權。然此等之選舉區。因稍屬僻遠之地。且人口稀少。故每一選舉區。猶僅使選出一名之議員也。

## 第四節　議員之資格及其選舉權

當時州舉之議員。比之邑舉之議員。占有優等之位置。蓋邑舉議員。在國會之內。不得着鞋釘。而州舉議員則不然。彼其位置。蓋得與著名之士族比肩。而不屬於鄉士以下之階級也。十四世紀之時。州舉之議員。以全州之同意。於州法庭選舉之。而亨利第六時。則有選舉權者。僅限於有四十喜林地價之自由借地主。而在當時。此等自由借地主。其位置實列於素封之家也。顧當時有選舉權之人所以必限於有此等之財產者。誠恐貧民多無智識。使其得舉爲議員。有徒使會場之紛擾而已。無益於事也。而此等法令其繼續施行者。垂四百年。語其效力。則其裨益於英國國民之自由。蓋非淺少。蓋當時之富民。非等一般之貧民。屈服於君主及貴族威權之下。而不敢小有抵抗。蓋各州之自由借地主。爲自由之故。以與暴君汙吏鏖戰。其氣極銳。而其功亦極有可紀也。州舉之議員。必爲住於本州之人士。若邑舉之議員。其初雖亦限於本邑之住民。而不必皆守此規則也。故當時之富民。常喜於爲所適意之邑之民。以其可不受此規則所束縛也。且當時邑之選舉法。亦與州異。其在各邑。各自爲制。而彼此不必相同。故甲邑之議員。或以住民之全體選舉之。而在乙邑。則有選舉之人。必限於能納若干之稅額者。其在丙邑。又或以施治者任選舉之責。其法固非必一致也。若夫限制選舉之法。蓋出於斯宁阿朝之政署。而此限制之法。當王政復古後。由下院之議決。依然施行。而下院議決此法律之結果。遂使各邑之選舉權。生出重大之差異。茲摘錄十八世紀之末提出於下院之著名請願書。亦足以知當時之情形也。

吾賢明之下院乎。現在障礙及紊亂選舉權之法律。吾儕深望其更改之以歸於一致。因屢煩貴院之聽聽。而現行法之繁雜及勞費。當亦爲貴院所洞悉矣。往者貴院因條件借地、有期借地、自由借地之事件。聽律師之辯論。所費之光陰。不知其幾何也。因調查租稅分頭稅、投票人平民、寄留人、及住民等。所派委員之數。亦不知其幾何也。因檢定邑民、市長、港民、選舉人、代議邑民會議員等之資格。其所費之心力。亦不知其幾何也。再由社會一方面觀之。則寄留自由民、與本籍自由民。因免許狀差異之故。其生出之紛擾。固何如乎。又因種族、隸屬、結婚、贖身、選舉、購買、等之故。使獲得之自由。大相差異。其煩雜之景象。又何如乎。

如此複雜困難之情形。實使調查之委員。不知所以從事也。當一八〇七年。羅米里氏。於阿耳森邑被舉爲議員。其時之投票者雖僅七十三名。而選舉塲之書記。爲記投票之資格。竟費二日之勞。又威茅士邑之投票權。屬於古昔有借地料者一部分人之權利。據康布伯耳侯之言行錄。當一八二六年。同邑數多之選舉權。歸於有借地料六辨士二十分之權利者。故調查委員。欲調查此等有選舉權資格之人。常費無窮之心力。抑欲調查如此瑣碎之事。不能不需老練之補助員。彼康布伯耳侯。即嘗於賽陵紗斯塔。爲調查之補助員。嘗言其當時之景況曰。當舉行選舉之際。余審判其投票之爭議。殆及六十次。而每次之爭議。無異訴訟於『四期巡回裁判』之景象。亦可見當時紛擾之情形也。

第五節 議員選舉之弊害

如此拙劣之選舉手續。其費時妨事。實勢之所不能免也。且當時選舉之際。絕不設時期之限制。猶憶一七八四年。威斯託民斯他之選舉。有一奇異之景象。其景象爲何。卽選舉之時期。亘於六週間以上也。及十八世紀時。新制定一法律。選舉了結之期間。限於十五日以內即懲一七八四年之流弊也。但選舉之時。以早竣事爲貴。非必全費法律上所定之時間。顧當時下院之議員。概由衰殘之都府。或蕞爾之小村選出。蓋一般無識之選舉人。多承邑主之意旨。而舉其所指名之人也。當一七九三年英蘭及威爾士之議員五百十三名。其內三百九名。由大藏省及百六十二有勢力家之指名而舉出。又蘇格蘭之議員四十五名。由三十五有勢力家之指名而舉出。及一八〇一年愛耳蘭之議員百名。其內七十一名。亦依五十五有勢力家之援。始得列席於議會。故合而計之。下院議員之總數。六百五十八名。其內四百二十五名。實依有力者之指名或推薦。而始得中選也。

讀者苟就此等奇異之現象而熟思之。則返而觀英國之憲法史。即可以知其轉移樞紐之所在也。蓋自上世以至一六八八年之革命。英國憲法史中。其重要之事件。則爲國王與國會結不解之冤孽也。自十五世紀以迄十七世紀。政治上存在之一大問題即英國之主權。將爲國王所獨有。抑應爲國王與上下兩院所共有之爭議也。又有一六八八年革命後所發生之爭論。亦屬重要之問題。即國會之本原。將歸功於人民。抑歸功於貴族是也欲解決前之宿題必依革命之力若後之宿題則因一八三二年之國會改革條例竟容易解決平和無事而見大功之告成斯亦國家之福也

邑主之權力常藉狹隘之小地區以舉出其所愛之人使爲代議士蓋此等小地區多無住民其有住民亦屈服於邑主勢力之下選舉之際不能不仰承其意旨也今試舉其例彼邑主之舉其私人以作議員嘗有藉加子頓一公園地及阿特產一堤防戈傳加斯達一荒地者不特此也丹威克者其地今固沉沒於北洋之海底也當時其有選舉權之人不過數十名乃至百名而其選舉上之勢力雖大都府未之能及也哈朗氏曾有言余披英國之地圖有未嘗享有選舉者如遜達蘭、何耳茅、之海港及里治比眠翰之島嶼都府是也由上觀之則當時選舉權之分配不平均實偏陂已極也

### 第六節　議員選出不平均之原因

議員之選出雖不平均然此等現象謂之出於人爲無甯謂之由於偶發的結果也當十七世紀之中人口繁殖各都府皆有選出議員之權爾後爲工商業中心點諸地所以無此權者乃由其地之繁盛後來始然而在十七世紀之中固不逆料有此等之現

象也。抑自十七世紀之中葉以迄於一八三二年。下院議員之數絕無變動。蓋在前此。隨新君之登極。下院之議員常有變更。及至是時。除使蘇格蘭愛耳蘭之議員。參列國會外。百六十年間議員之數一無所變動。夫當時社會之景象已視前此而一新。而議員之數乃如印板之字一成而不變。此選舉權不平均之現象所以發生也。當耶德華第三在位之末年。英蘭及威爾士之人口僅二百三十萬。迨革命之時。一六八八年增至五百萬或五百五十萬。然閱三世紀之星霜。其所增進者僅有此數。則其增加之速度猶甚遲也。及一八三一年。經百四十三年間。忽增至一千四百萬。則其增加之速度以視前此大有天淵之別矣。而此增加之結果。遂使國會之制度不得不改革也。

如上所述。僅言其大略而已。尚未足以說明英國人口增進之性質也。當布蘭他的匿特朝之時。英國之人民多麕集於瀕南海諸州府。彼里巴普之地。一茅屋數間之僻陋而已。而曼徹斯達及比耳民翰。前者則一寂寞之荒村也。後者則一砂地之丘陵也。而所謂最殷富之地者。則爲倫敦之諾威克、及布里斯他。然及十八世紀之際。蒸氣之學發明。工業革命。大機械之工廠。次第設立。加以道路修整。運河開鑿。交通之機關。亦大發達於是社會之形勢一變人民爭集於石炭產出之地以石炭爲致富之第一元素也從而從來荒涼寂寞之區如英國北方諸州今也忽變爲商工業之中心點彼蘭加士及約克士本屬荒僻之區緣工業革命之結果至斯則已變爲肩摩轂擊之大都府矣夫北方諸州其人口雖驟增加而其議員之數初未嘗隨之而增加也千八百三十一年英蘭及威爾士之南方十州其人口三百二十六萬而得選出二百三十五名之議員北方六州其人口三百二十六萬而僅得選出六十六名之議員蓋蘭加士有一百三十三萬之人口而選出議員之數僅十四名戈倫瓦有三十萬之人口而選

著評 十四

出議員之數則竟占四十四名故在蘭加士平均須十萬之人口始得選出議員一名而在戈倫瓦則平均有七千五百之人口即得選出議員一名其不平均之現象如此實可使人驚駭也於是曼査斯達及比耳民翰里治等大都府以未獲得選舉權之故遂大鳴不平其所執之理由謂沙黎以一公園地威耳特士以一丘陵特耳塞託士以一荒地各得舉出二名之議員而以曼査斯達等大都府竟並一名之議員而無之天下不平之事甯有過是也及千八百一年有精確人口調査表之刊行爾後每十年即重刊一次而有此等調査表益以助長曼査斯達等都府之鳴不平即一般政治家亦多執之以爲批評之論據既而國會改革黨遂依據此調査表以爲改革之理由夫改革之動機固非起自調査人口以後特有此等調査表則其改革之理由益充足耳

第七節　國會改革之障礙

當時國會之改革實爲政治上之一大問題一般政治家皆昌言改革之必要彼加毳

公、威基士公、李特蒙公、及威廉罷特諸賢。皆嘗發此議論也。旣而法國革命之師起。其舉動走於極端。英國之政治家。懲其流弊。反使改革之業。爲之阻礙。蓋當時英國之政治家。思竭力以鎭壓法國之亂。而本國改革之事。遂置之不問。不幸因此之故。不惟阻礙政治之進步。卽一切學術。亦依之而不振。良可慨也。雖然。當時政治上之外觀。雖爲暗淡之雲霧所籠罩。而工業之發展。則大呈燦爛之光輝。其結果也。反爲英國之人民。增進自由之幸福。則又不幸中之幸也。蓋當時之國王。雖虐政苛法。次序施行。對於人民。徵收過重之租稅。然哈克里布、阿克來特、龍普頓、加特來、瓦特布爾頓、達和特布林特里諸賢所新創之工業。初不被其影響。今摘錄英蘭史之一節如左。亦足以知當時選舉不平均之情形也。

此諸賢者。實於冥冥之中。舉行改革之業也。彼曼查斯達以一村落。而變爲大都府。比耳民翰以一砂地之丘陵。而變爲有十萬人口之市府。里治及瑟非耳。則住民各增至五萬。里斯及擺斯令、斯託克巴。則住民各增至二萬。倫敦之區域。則漸次引伸。大超越舊時之境界。而滿里列曼、芬斯伯、特威耳、翰勒、蘭伯士、克林威的、等。亦變爲人口稠密之區域。是皆受工業革命之賜也。然此等諸地。率多無選出議員之權。以德本波特、繁盛之都府。而不能選出一名之議員。若夫曾林布通、及撒他士。其人口稀少。而各得選出二名之議員。且布里頓、屬瀕海形勝之區。世人所共以樂土目之者也。然亦不能選出一名之議員。而其近鄰西和特之一小村。則得選出二名之議員。當時淺見之士。或以爲此等不平均之景象。轉爲人民生出幸福之媒介。夫在承邑主之意旨以選舉之小邑。及感選舉競爭之弊之大選舉區。由俗眼觀之。減少其選舉權。或亦轉爲其人民之幸福矣。然豈可語於全國也。又況乎選舉議員。乃國民應有之公權。斷不可以剝奪之也。

曼戈令氏亦有言

當時首相當宣言曰。余決不左袒國會改革說。余以爲現行之代議制。實已盡人智之妙用也。使余而新編定國會制度。余亦惟沿襲現在之制度而已。荒涼寂寞之地。必使舉出國國全體之議員。若繁盛之都府。則不與以選舉權也。

顧當時之政治家。雖大頑不靈。以反對改革說。然伴人口之繁殖。國會改革之機運。日以接近。蓋時勢所趨。非人力之所能禦也。

第八節　國會改革之實行

當一八三二年以前。惟戈耳尼士一僻邑。其選舉權被剝奪。移其二名之議員。以與約克士。此外之選舉區。則絕無改革之事也。抑當時固執不通。竭力以反對改革黨者。實爲惠靈吞公。既而勒託華特之問題起。此問題謂勒託華特邑、若有賄賂選舉時、其二名之議員、將奪以與同邑之附屬區、抑以與比耳民翰都府、因此爭議、惠靈公不安於其位。遂於一八二八年。辭職而退處於野。夫當英國之政治家。萃精神於國會問題時。法國政界之風雲。又大變動。卽七月革命之役之發生是也。其時畢士託拉河及斯喀耳河之間。爲擾亂之中心點。法王查里斯第十。遯荒於野。而英國之惠靈吞內閣。亦於是時倒焉。其起而組織新內閣者。爲自由黨首領克列侯侯之爲總理大臣也。以國會改革之業自任。卒以見大功之告成。夫欲說明改革經過之事。非此一小冊子所能詳其狀況。故今茲所欲論述者。惟由國會改革所生之結果而已。

當時之下院。其議員六百五十八名。蓋自千八百三十二年以前。下院之議員。代表英蘭及威爾士者五百十三名。代表愛耳蘭者一百名。代表蘇格蘭者四十五名。及一八三二年。由愛耳蘭選出者。一百五名。由蘇格蘭選出者。五十四名。而由英蘭及威爾士選出者。則降至四百九十九名。蓋當時之英蘭。其選舉權全被剝奪者。五十六邑廢止議員。百十一名。其剝奪其選舉權之半者。三十一邑。其每邑選出議員二名者。二十二邑。其每邑選出議員一名者。二十四邑。其比前增加每州各得舉議員二名者。二十七州。其每州各增議員一名者七州。以如斯之大變革。其在前此實爲世人所夢想不到者。豈料其議僅發於一年之前。未幾竟博朝野多數人之同情。而遂以見諸施行也。而此。選。舉。權。予。奪。之。結。果。又有一種之改革件之而起焉。蓋一八三二年以前州舉之議員。由本州各自由借地主之所舉。若夫各邑。則無論其住所何在。皆有選舉權。及一八三二年改革後。新定之法律。全與前此之慣例反對。各邑之錯雜選舉權。悉廢止之。除保存自由民及自由借地主之權利外。凡邑民必歲有十磅以上之屋租者。始有選舉權。反之而州民之選舉權。則自自由借地主、以及登簿借地主、有期借地主。暨歲有五十磅純益之地主。皆有此權。此改革後新定之制也。

## 第九節 選舉權之普及

此等改革可謂政治上之一大革命然竟以無血告成功斯亦倡始此議者所不敢料其如此易舉也而此改革之結果遂使下院之中**別現出一種之新勢力爲其勢力爲何即下院議員之多數爲邑舉之議員故下院之勢力成爲邑民之勢力也**如上所述邑之有選舉權者爲有十磅屋租之戶主而此等戶主之過半數實爲中等社會之代表也故改革後四十年間**英國之政治實爲中等社會勢力所支配之政治也**

法人德克比曾著美國共和政治論一書其言曰中等社會之政治雖缺優雅寬大之景象然在自由政治中實最適合於經濟主義（經濟主義即以最少之勞費得最多之利益）之政治也讀者苟一讀自一八三二年至一八六七年英國之歷史當嘆德氏之言信不我欺也雖然在此時代中**要求選舉權之聲又再起於下等社會**蓋國會改革之業藉全國人民之力始得告成功而改革之結果其有選舉權者僅限於中等以上之社會則在下等社會其不平之鳴誠必然之事也自一八三二年至一八六七年此等不

平之人民。常有要求選舉權之舉。而一八四八年之前十年。及一八六七年之前十年間。其要求選舉權。尤極激烈。即前之十年間。平民各携兵器。以要求選舉權之普及。後之十年間。有賢明之首領以指導之。其舉動稍靜穩。而其處置則條理整然也。且當時保守自由兩政黨。惡感甚深。要求選舉權者。利用此機會。遂得以達其目的。蓋在保守黨。其惡自由黨與中等社會。比惡國會改革派而益甚。而其黨又極有勢力。於是乎因他人之勸告。保守黨竟贊成選舉權擴張之計畫。而改革之議案。竟由保守黨的士黎里氏提出於議會。而遂以通過。故一八三二之改革案。其選舉權僅及於中等社會。及一八六七年之改革成功。**其選舉權遂普及於下等社會矣**

此改革之結果。愛耳蘭得選出議員百五名。蘇格蘭則六十名。英蘭及威爾士則四百九十三名。而英蘭及威爾士之四百九十三名中。其由州選出者百六十二名。由大學選出者五名。由邑選出者三百二十六名。英蘭及威爾士其有州之選舉權者。一爲歲有四十辨士純益地租之自由借地主。二爲五磅純益地租之登簿借地主。及有期借地主。三爲歲償還十二磅以上屋租之戶主。其有邑之選舉權者。爲歲還十磅屋租。及住其地一年以上之戶主及寄留人。又每歲至一月五日所負之稅。能於七月二十日以前償還之戶主。亦得有邑之選舉權。若蘇格蘭選舉人之資格。則與英蘭異。其有州之選舉權者。爲歲有五磅純益之地主。有邑之選舉權者。爲納貧民稅之戶主。及歲償十磅屋租之寄留人。而在愛耳蘭。則有州之選舉權者。爲歲有純益十磅之自由借地主。及結六十年之借地契約。而歲償十磅以上地租之登簿借地主。或有期借地主。暨結二十年之借地契約。歲償二十磅地租之有期借地主。有邑之選舉權者。則爲歲有四磅以上純益之戶主也。

大不列顛之邑民。其選舉權幾於普及。故無復再謀選舉權之擴張者。若夫各州。因其選舉權未能如邑之普及。故謀擴張其選舉權者。猶時有其人也。而在愛耳蘭州之選舉權。既尚未擴張。而邑之選舉權。亦不如大不列顛之普及。故抱平民主義者。常企再行改革也。雖然。若今日之英國。除未成年、重罪、赤貧者外。全國之戶主。皆有選舉權。其去普通選舉。殆不遠也。

## 第十節　多數黨專制之弊害

一八六七年以前。州邑之選舉人。其投票權之多少有異。卽倫敦府之選舉者。一人有投四票之權。威士特民斯塔之選舉者。一人有投二票之權。耶爾士巴里之選舉者一人僅有投一票之權。然好學深思之士。以爲此等之法。但利於多數黨。而不利於少數黨。於是哈爾氏發議別創代表少數之法。而米爾氏贊助之。其法卒見之實行。一八六七年之選舉。有議員二名以上之府州邑。其選舉人票權之數。必限少於議員之數。如其地應舉出議員三名則各選舉人但有投二票之權所謂三角選舉法是也。如其地應舉議員三名、多數黨之票、各寫其所欲舉之人二名、少數黨之票、則但寫其所欲舉之人一名、其結果、三名之議員、必不全歸於多數黨、而少數黨亦可得一名、例如甲黨九百人、乙黨五百人、因一票可書二名、或一人投二票、甲黨之票權爲一千八百、乙黨之票權爲一千、若乙黨以此一千之票權專舉一人、則無論甲黨之票權、分舉二人、或三人、皆必留一名以歸乙黨、依此等之法。三名之議員中。少數黨必可得一名。而不至全歸於多數黨也。如上所舉一人有四票權、使其地議員之數四名、則多數黨出四名之候補者票、每各書此四候補者之名、則四名之議員、必全歸多數黨、而少數黨不能分一名也。

雖然此法施行之結果。常不能如其所豫期。蓋由此法少數黨之議員。雖於別就其他之官職何也。一就官職。則本黨之議席遂空。而無人以代表本黨之意見也。就官職後、本選舉區行補缺選舉、則此名之議員、必歸多數黨、而少數黨遂無議員也、夫將來果有良法能救此弊與否。今未能知。而在現制度之下。選舉權爲多數黨所專制。而少數黨無如之何。誠政治上一憾事也。(未完)

文牘

# 度支部會奏遵旨籌畫川粵漢幹路收回詳細辦法摺

奏爲遵 旨籌畫川粵漢幹路收回詳細辦法。恭摺會陳。仰祈 聖鑒事。宣統三年四月十一日。內閣奉 上諭。郵傳部奏遵議給事中石長信奏鐵路亟宜明定幹路枝路辦法一摺。數年以來。粵則收股及半。造路無多。川則倒賬甚鉅。參追無著。湘鄂則開局多年。徒資坐耗。竭萬民之脂膏。或以虛糜。或以侵蝕。恐曠時愈久。民累愈深。上下交受其害。貽誤何堪設想。用特明白曉諭。昭示天下。幹路均歸國有。定爲政策。至應如何收回辦法。著度支部郵傳部凜遵此旨。悉心籌畫。迅速請旨辦理。該管大臣毋得依違瞻顧。一誤再誤。如有不顧大局。故意擾亂路政。煽惑抵抗。即照違制論。將此通諭知之。欽此。四月二十四日內閣奉 上諭。前經降旨鐵路幹路收歸國有。並派端方以候補侍郎。充督辦粵漢川漢鐵路大臣。迅速前往妥籌辦理。現既將鐵路改歸官辦。著自降旨之日起。所有川湘兩省租股。一律停止。其宣統三年四月以前。已收之款。著郵傳部督辦鐵路大臣會同該省督撫。詳細查明。妥擬辦法奏聞。總不使有絲毫虧損。失信吾民。此外如有另立各項名目。捐作修路一款。一併查明請旨辦理。欽此。五月初六日內閣奉　上諭。王人文電奏。據四川諮議局呈稱。川省紳民。自奉鐵路改爲國有之命。紛紛函請暫緩接收。並請緩刋謄黃等語。覽奏殊深詫異。鐵路改歸國有。乃以商民集款艱難。路工無告成之望。川省較湘省爲尤甚。且有虧倒鉅款情事。殃民誤國。人所共知。朝廷是以毅然收爲國有。並停收租股。以恤民艱。既經定爲政策。決無反汗之理。王人文著傳旨嚴行申飭。仍著迅速刋刻謄黃。徧行曉諭。至已收租股。並著趕卽查明。由度支部郵傳部督辦鐵路大臣。會同該署督。妥籌切實辦法。請旨辦理。欽此。五月初三日奉

上諭。署大理院少卿王世琪等奏。湘路加抽各股。請一律停止一摺。所奏頗能仰體朝廷德意。俯察民生疾苦。著卽將湖南所有因路抽收米捐鹽捐房捐各股。與前租股概行停止。其已收之款。仍著郵傳部督辦鐵路大臣湖南巡撫恪遵前旨。一併詳細查

明。妥擬辦法奏聞。欽此。五月十五日。奉 旨張鳴岐電奏幹路收歸國有。請從速決定。歸還股本辦法等語。著度支部郵傳部督辦粵漢川漢鐵路大臣。妥速議奏。欽此。五月十八日奉 旨張鳴岐電奏粵民對於路事。抗拒情形。酌擬辦法。請堅持國有政策。准令商股悉領現銀等語。著度支部郵傳部督辦粵漢川漢鐵路大臣。歸併前案。妥速議奏。欽此。同日又奉 旨御史黃瑞麒奏借欵官修幹路。宜仍留商股一摺。又片請飭將停收以前所收米鹽各款。悉數解交公司。不准挪用等語。著度支部郵傳部督辦粵漢川漢鐵路大臣。悉心妥議具奏。欽此。各等因。仰見朝廷通籌全局。明定政策。以造路爲統一行政之本原。以停捐爲體恤民艱之要義。恭讀之下。欽服莫名。臣等公同會議。粵漢鐵路於光緒三十二年。改歸商辦。不惜鉅資贖銷美國借款合同。實係張之洞主之。宣統元年。又與四國訂立借款合同。亦係張之洞主之。豈好爲其難哉。亦實見商辦之難見成效。鄂湘商股。固甚微薄。瑞澂電稱鄂路並無尺土寸料。湘路雖有米捐鹽捐田租房租。然路線甚長。民計甚窘。竭力搜索。告成無期。故張之洞絕不迴護前言。遺摺尙言此次粵漢川漢鐵路關繫繁重。必須官爲主持。俾得早日觀成。並准本省商民。永遠附股。藉爲利用厚生之資等語。又查移交案內總理余肇康致張之洞函稱湘省財力有限。斷難驟得大宗。以之專造洙昭。或可敷用。此外工程自非多分數國籌借不可。惟盼早日定局。以期從速開辦大工等語。此張之洞奏請鄂湘借款紳士認可之情形也。至川省則已收租股等項。一千數百萬兩。粵省則自丙午年起。已亥年四月止商股已收第一第二期銀一千數百萬兩。六七年來果能切實進行。粵路自黃沙至坪石不過六百里。川路自宜昌至夔州亦僅六百里。已可觀成。將謀接綫。乃六年之久。粵路僅造成一百七十里。尚有前用美款造成黃沙至高塘幹路。棠涌以下六英里。已安鋼軌。棠涌以上六英里築基已成。未安鋼軌。共計十二英里。合三十六華里在內。又石圍塘行車處接收物料。値銀九萬三千餘元。又黃沙貨倉接收物料。値銀四十四萬六千餘元。又已買地價計銀十二萬三千餘兩。一槪估折移交詹天佑到粵新釘軌之路。由黃石站至黎峒二十一里。尚未開車。自黎峒至韶州二百二十九里內。僅止築基過半。而支出之款。已一千四百七十七萬餘兩。僅存材料價銀七十四萬八千餘兩。去年六月郵傳部覆奏。袁樹勛奏參粵路弊混一摺。據候補參議龍建章等。查粵路自丙午開辦起。

至己酉第五段通車止。一百四十五里。用銀六百二萬五千餘元。每里攤四萬一千三百餘元。核與梁誠電稱每里二萬。暨鄺孫謀面稱每里二萬六千及二萬九千元數目不符。造路如此之少。用款如此之多。且歲月遷延。恐新路未成。而一百七十里之枕木已朽爛矣。又川路據道員馬汝驥電稱宜昌路工。查得大概。除北京滬漢成渝費用不計外。自光緒三十二年七月設局起。至宣統元年十月止。支開辦費約計三十三萬餘兩。自元年十一月開工起。至三年四月止。共支出銀四百十餘萬兩。現在材料約值六十餘萬兩。內有未付之價十一萬餘兩。購入地畝計値十九萬餘兩。現存錢莊生息十萬兩。現銀二萬餘兩。宜局向無多存款。按月須在滬漢撥支。又路工計由宜昌至歸州線長二百八十餘里。分十段。均開工。已成通車運料者。三十餘里。橋峒未完未通車者。八十餘里。在工夫役四萬餘人。俟接收之員到工後。方能截數造報。又據四川護督王人文電稱。存款僅七百餘萬。與宜昌所報合而計之。共計一千一百數十萬。其餘施典章上海倒帳約計三百萬。前經四川京官甘大璋等。嚴劾在案。總之鐵路國有民有本屬無甚出入。目下國計艱難。果能商民實力舉行。不致延曠虞糜。亦可毋庸遽歸官辦。

無如取諸民捐。則如王人文所言。催比追呼。繁興訟獄。閭閻愁歎不絕。取諸商股。則如袁樹勛所言。糜費作弊。工程草率。股東概不與聞。在商民受害無窮。而國防關繫尤鉅。朝廷毅然收歸國有。銷除商辦各案。實亦出於萬不得已之辦法。今據御史黃瑞麒奏稱收回幹路。而不將所收股款絲毫給還。固爲失信。但還股欵而不使民間享修路之利。仍不免爲失信。且京奉鐵路。至今商股未退。幹路國有。不必完全官股可知。擬請明降諭旨將川漢粵漢以前所抽所招各股。改換官辦股票。仍照原定官利。按時給息。路成之後。一律分給紅利。其有不願領換股票者。卽將原股如數給還。不使有絲毫虧損。且各項加征之股欵。雖當停止。以恤民艱。而全國富商。未嘗不可招之使來。以期衆擎易舉等語。所陳不爲無見。臣等於四月十二日電致各省督撫。即是此意。其所爲難者。四省情形各有不同。受弊輕重亦異。臣等仰體 聖意。俯察輿情。但求於國際力圖進行。決不與民爭利。應即准如該御史所請。准將粵川湘鄂四省所招所抽之公司股票。盡數驗明收回。擬由度支部郵傳部特出國家鐵路股票。粵漢川漢仍分兩種。照數更換。仍照長年六厘支息。倘欲抽還股本。約以五年後分作十五年還本。從前京奉鐵路所留商股。不分餘利。此次格外從寬。如有餘利。按股均分。並准將此項股票。向大清銀行。交通銀行。按照行規抵押。以便流通。惟該公司願領此項國家保利之股票者。則悉照歷年路工支出之欵。除倒帳外。毫無折扣。倘或願領資本不願換領國家保利股票者。必應分別辦理。以昭平允。一粵路全係商股。已收之第一批每股一元。第二批每股一元五角。近年因路工遲滯。糜費過多。票價每一元跌至二角。刻因有人收買每一元漲至四五角。現擬每股從優先行發還六成。每二元五角。先發現銀一元五角。以路工及材料支款一千四百七十餘萬。按里攤算。實不止袁樹勛所奏每里費銀五萬七千餘元之數。虛糜已達極點。其餘每股四成。久在虧耗之列。此皆任事人及股東查帳員應職其咎。在出股者不無可原。然所舉非人。漫無覺察。亦屬自失股東權利。現擬格外從寬。將四成一元之數。另發國家無利股票。俟路成獲利之日。准在本路餘利項下。分十年攤給。以示體恤。一湘路所收五百數十萬內。有米捐鹽捐租股房股各項四百餘萬兩。商股約一百萬左右。支欵內開修路購料約二百餘萬兩。據余肇康電稱。洙洲至長沙一百餘里。已經完工。開車碼頭各項均已齊備。約計其數耗費無多。擬定將實在商股一百萬兩。照本發還。其餘米捐鹽捐租股房股。除美國贖約經費三百餘萬兩外。准即另發國家保利股票。長年息六釐。五年後分作十五年攤還。以充本省實業公用。一鄂路所收商股。粤川兩項共一百十四萬五千餘元。據湖廣總督七年冬季册開。除已支用外。尚存現銀三十二萬餘元。向歸官局經理。又該省上年所設公司共收新股九十七萬餘元。續據湖廣總督單開。現尚存銀九十一萬餘元。其眞正商股。應准湊足歸還現銀。至川漢彩票股。另發國家無利股票。俟路成獲利之日。准在本路餘利項下。分十年攤還。另有動用振糶捐。除美國贖約經費不計外。其餘如有實用者。准照湖南米捐一律辦理。一川路現存欵七百餘萬。如願入股。應准悉數更換國家保利股票。五年後。仍分作十五年還本。亦准隨時抵押。並可分得餘利。除倒帳外。其宜昌已用之款。四百數十萬。准給發國家保利股票。一律辦理。又宜昌開辦經費三十三萬及成渝各局用費若干。則發國家無利股票。與粤股一律。悉歸本省興辦實業之用。此外粤漢未贖之美比小票。二十二萬二千二百金元。在此次借款內撥還。前已奏明在案。至所借贖約英款。尚有本息五十七萬餘磅未還。三省路工。既經收回官辦。自應由郵傳部查照原約。按期另行籌還。以上所擬辦法。臣等盱衡時局。博采衆論。似已仁至義盡。大約以商股與公捐不同。實用與虛糜又不同。故不得不稍示區別。或還現款。或給保利股票。或給無利股票。分作三項辦法。而終不使其資本虧折絲毫。仰副朝廷德意。如蒙俞允。應由臣部咨明各督撫。臣並會商臣端方。迅速派員分往各省。按照章程妥籌辦理。一面由臣端方收路開工。至於趕辦工程之法。必須多分段落。庶可剋期告竣。擬請以武昌至長沙爲一大段。以長沙至郴州爲一大段。以郴州至廣州爲一大段。以廣水至宜昌爲一大段。以宜昌至夔州爲一大段。以夔州至成都爲一大段。其武長一段長郴一段。郴廣一段。均限三年完工。郴廣一段本擬責成詹天佑一手辦理。必令長郴一段同時完工。俾得接軌。如粵商欠繳之二批。未繳之三批股分。如數照繳。便可毋庸借款。成夔一段。路綫甚長。尚須另行籌欵。限於夔宜一段完工之時。俾得接軌。從前用點工自造之法。未免担擱。此次各段擬參用洋匠包工之法。以求迅速。惟各段分局。斷非一手一足之力所能兼籌並顧。應由督辦大臣會同郵傳部悉心遴選廉明切實可靠之員。奏明委派。並於監工之外。各派管理收支一員。以資稽核。借款銀行雖派有查帳員。如我得人。不爲彼所輕視。其中保守利權自必不少。各員派定之後。即飭各門總辦。分往各路接收工程。截清界限。其商辦公司前此已用之款。飭令督同趕造實報實收之賬冊。以憑核辦。各路總辦之外。並當由督辦大臣遴選正派幹練之紳士各省一人爲總紳。遇有地方交涉事件。應令認眞照料。俾免隔閡。以上辦法。均經臣等細加籌酌。並與總協理大臣妥商。一切意見相同。將來如有未盡事宜。容臣等隨時會商。請旨辦理。所有遵 旨籌議各緣由。理應合詞具奏。是否有當。伏乞 皇上聖鑒訓示。謹奏。

## 聯合會呈請代奏明降諭旨另簡大臣組織內閣稿

爲皇族組織內閣。反君主立憲之公例。失臣民立憲之希望。仍請降明諭旨另行簡員組織。以重憲政而固國本。恭請據情代奏事。竊議員等前以總理大臣爲組織內閣之主體。不宜以皇族充任。呈請代奏。請取消內閣暫行章程。另簡大臣組織。未奉 明旨。芻蕘之言。不足以動天聽。惴惴待罪。罔知所措。伏念議員等伏闕請願。以達國民之公意。既不得邀俯察。何敢再行瀆請。惟議員等愛我國家。愛我 皇上。憐愚誠之未至。使人民對於政府。生希望斷絕之感。實非國家前途之福。不避斧鉞。謹再爲我皇上縷陳之。君主不負責任。皇族不掌政權。爲君主立憲國唯一之原則。世界各國。苟號稱立憲卽無一不求與此原則相脗合。今中國之改設內閣。變舊內閣之官制。而另定官制。改軍機處之舊名。而更定新名。其爲實行憲政特設之機關。固天下臣民所共見。而第一次組織內閣之總理。適與立憲國之原則相違反。各國輿論屢肆譏評。國內人民。尤爲惶悚。夫自　先朝頒布立憲之詔。天下喁喁望憲政久矣。請國會之早開。以求實行憲政也。責軍機之不負責任。亦以求實行憲政也。天下臣民求實行憲政之心。日積日高。希望政府之心。卽日益日熾。挾最高最熾之希望。乃一覩新發布之內閣總理。卽爲東西各立憲國未有之創例。方疑　朝廷於立憲之旨。有根本取消之意。希望之隱變爲疑阻。政府之信用一失。憲政之進行益難。未識　朝廷何以處之。內閣之責任。顯於彈劾。終於懲戒。考各國內閣大臣懲戒之例。若英內閣之曾受彈劾而宣死刑。意內閣之曾受彈劾而致流放。唯其非皇族也。故於國家大本。無所動搖。今吾國以皇族當衝。懲戒之則有碍親親之誼。不懲戒則全國人民。又集怨於君主之一身。實大變之所伏。此雖杞人之過慮。然既爲歷史之所有。不能保事實之必無。萬一此種事實發生。未識朝廷何以處之。內閣總理大臣。任命於君主。以組織內閣。故責任聯帶。實以總理爲中心。其能聯帶負責任之原因。必在總理大臣。與各部大臣。爲同一政治方針之黨派。君主無偏無黨。操黜陟之權以臨之。故元首超然。而大權益固。若以皇族總理組織內閣大權之行使。欲爲懿親留餘地。必生進退爲難之現象。卽乾綱長振。不至生此現象。而皇族懸內閣之希冀。國中黨派。將有擁戴皇族。倘此外之政黨再有擁戴皇族者。則因黨派之競爭。而啓箕豆之憂。倘此外之政黨所擁戴者。而非皇族耶。則因黨派之競爭。而啓階級之爭。萬一此種事實發生。未識　朝廷何以處之。四月十二日慶親王奕劻奏內閣總理大臣。斷難勝任。仍懇收回成命一摺。奉　上諭。倘至數月以後。精力實有難勝。彼時再候諭旨等因。欽此。恭繹　聖訓。亦知慶親王內閣。原出於暫時之權宜。然既開皇族內閣之端。卽易啓臣民之誤會。第二次總理。仍將爲皇族之風說。漸傳播於人口。雖屬盲瞽之言。決非　朝廷之意。而以前次議員等呈請代奏。未奉　明諭。實爲誤會之大因。且既設內閣。而奏倘留中。卽爲內閣輔弼無狀。蓋內閣責任。緣署名而生。

署名則責在大臣。留中則內閣大臣有不負責之實據。而以責任純歸於　皇上。旣設內閣。重之以同負責任之　明旨。署名與留中。斷無並存之理。內閣成立以後。奏摺留中者。凡數見。此天下臣民所以益不信內閣。而妄測　朝廷之意旨也。議員等入都以來。聞諸朝士大夫。多謂皇族組織內閣。原非朝廷本意。實有萬不得已之苦衷。果如所言。眞有不得已之苦衷。正當明布　絲綸。期與臣民共見。不宜以焦勞獨貽君父。議員等抱忠君愛國之隱。爲披肝瀝胆之詞。仍請　皇上明發上諭。於皇族外。另簡大臣。組織責任內閣。以符君主立憲之公例。以饜臣民立憲之希望。不勝悚惶待命之至。伏乞代奏。謹呈。

## 外務部奏覆變通外交官服式摺

爲遵議變通外交官服式。並請　旨辦理。恭摺會陳。仰祈　聖鑒事。宣統二年七月二十四日。軍機處鈔交出使義國大臣吳宗濂奏請飭議外交官禮服品級暨宴會章服一摺。奉　硃批該衙門議奏。欽此。欽遵到部。原奏內稱各國外交禮服。采異製同。視如一律。獨我冠裳寬博。參差顯著。非所以尊　國體。協邦交。又稱光緒三十一年練兵處王大臣。奏准派員出洋閲操。改用新製短衣。外交官應照軍官出洋之製稍事變通。用昭齊整等語。臣等伏查東西各國服裝制度。文質損益。大畧相同。除常服無有等差外。其於禮服約分文武爲兩大宗。而章采程式。莫不有一定規制。以判職司而區等級。我國出使人員禮服。尙無特別章采。每與各國外交官往還酬酢。彼衆我寡。寬博不適於晉接。單簡難辨乎等威。同登禮法之庭。易啓差池之見。觀瞻所集。其不便於交際良多。況遣使出洋。首重聯絡。欲猜虞之悉泯。必形迹之渾忘。欲情事之周知。必町畦之胥化。庶於交鄰覘國。乃有從入之方。若服色顯有異同。斯舉動每多扞格。既易招人指目。明示以族類之殊。安能通彼悃忱。相洽於意言之表。情以暌而難合。勢以孤而罕儔。其不便於交涉。關緊尤鉅。近來輪軌交通。我國王大臣遊歷考察。使車四出。各國親貴官紳來華聘問。亦無歲蔑有。凡與外人交接。握手鞠躬等禮。我已習之爲常。是禮文已予通融。即服式亦不妨酌改。該大臣所請將外交官禮服稍事變通。用昭齊整者。誠不爲無見。趨勢所在。固非輕議更張可比。惟是變通之際。欲求推行之盡利。宜合內外以兼籌。各國服式。舉國齊一。從未有以一國同等之官級而有兩種歧異之服章。外交官即文官之一部。使臣又爲一國之代表。若出使之外交官。與國內之外交官。服式不同。或外交官一律從同。而與國內之各項文官。服式顯判。則此標新而領異者。在外人視之。將謂此等裝束專爲與彼周旋。既非舉國所通行。即不得稱爲一國之制度。在國內人視之。同屬衣冠之列。獨有畛域之分。其知者以爲從宜。其不知者且以爲徇外。故就理解上決之。必須內外同時併改。斠若畫一。方足以隆體制而齊觀聽。但茲事體大。尙非旦夕所易推行。而就情勢上言之。風會所趨。幾於萬國一致。衆同獨異。窒礙實多。似不若因地制宜。因時適變。參仿練兵處王大臣奏改軍服辦法。擬將出洋之外交官服式。量爲更易。以期便利。而袪隔閡。如蒙　允准。此項外交服式。應如何分配章采。區示品級。暨宴會章服各節。俟奉旨後。再由臣等詳細釐訂奏請　頒行。所有臣等遵議。並請旨緣由。謹合詞恭摺具陳。伏乞　皇上聖鑒訓示。此摺係外務部主稿。會同軍諮處陸軍部辦理。合併陳明。謹　奏。宣統三年三月十一日奉　硃批依議。欽此。

按此次外交易服。乃係駐義吳使奏請。故奉旨交議。後。外務部通行各使館。囑繪圖貼說。以備採擇。而各使臣以發起者爲吳使。咸就商確。茲採得吳宗濂欽使通告書。

附錄如下。

敬啓者。前奉到部咨。以敝處奏請外交官禮服一摺。已議准等因。緣義國冠服制皆義文。須由義譯法文。更譯漢文。尚未啓復。如愚見。外交官禮服。除與用紫絨緣貂。丹用紅呢蟠金外。其餘大致從同。所區別者。僅於領袖襟袴上。堆金花紋分之。或用麥穗。或用葡萄。各取其國瑞表禩之。我國旣准變通改制。似宜從衆。不可矜奇立異。仍如弟所奏。采異制同。以期混一之語。即可取茶桑黃豆蘭竹等物。以爲堆金文采。俟部中擇定可也。至衣料。西人皆尙呢。現我國固亦有自織呢廠。自可取用。以免利權外溢。西人禮冠尖長。緣飾短羽。而軟胎。腋下手中。可隨意挾疊。我亦用其製式。而酌改緣飾。西帽右邊原有之帽結。西人謂之國結。似可即用頂盤下之繡金紅墊。作爲頂盤。改圓頂珠。作平扁式。大如銀圓一角。仍以現在頂珠之色分品級。鈕扣鐫蟠龍文。劍則有現成者。祇須裝飾處。添鐫長虬龍耳。弟擬將義國冠服圖式譯就。即寄部備考。並將前意條陳。謹抒愚見。聊備採擇。

## 中國紀事

**鄂省裁撤綠營練軍之實行**　湖北全省綠營及操防練軍。現經瑞督。照資政院議案。本年六月。一律全裁。所有籌給恩餉。及一切善後辦法。經藩司會商兵備處擬議。詳請瑞督核訂。列爲十條。經已通飭綠營鎭協標營及各府廳州縣。一律遵辦。茲紀其章程如下。(甲)湖北全省綠營練軍大小官弁兵丁。一律裁撤。以本年六月底爲截止之期。各營官弁。尙有經手點交事宜。應至本年閏六月底止。一律裁撤。(乙)綠營練軍。現存兵丁匠夫。共二千八百三十名。應各照所領餉銀米折。並加餉之數。均一律自裁營之日起。發給恩餉。由藩司全數籌備。由各標營照章具領。至裁撤之日。按名散放。不得短少分釐。俾得改業有資。免致失所。(丙)湖北提督缺。應裁與否。候奏明請旨辦理。(丁)鄖陽宜昌兩總兵缺。應即裁撤。現任鄖陽鄧鎭正峯。宜昌潘鎭瀛。應請　旨另行簡放。其未經得缺之先。准照副將以下例。發給恩俸廉。(戊)湖北二十三標副參遊都守千把外額現任實缺者。三百三十員。均給予三年恩廉俸餉。下餘二年半恩廉俸餉。由藩司查照各該員弁應領數目。自宣統四年起。酌分五次。以半年爲一次。按照先後塡給印票。到期持赴司庫領取。如各該員弁另有差委。或有事故。均應稟明停支。將印票繳銷。以昭覈實。(己)各署事之員弁。應給予兩季半廉。作爲旅費。由司一次發給。若署事者。另有本缺。則照本缺裁撤辦理。(庚)在額世職。所有世俸。照舊支給。查此項世職。均附屬綠營。現綠營全裁。無標可歸。以後應將各世職撥歸督練公所兵備處統轄。核照部章。擇其年壯才優者。派入相當學堂肄業。或各防營差委。現督練公所尙須改章。應暫毋庸來省。各在本籍居住。遇請領世俸時。暫由該地方官出具印領。赴司照領轉發。其部派武進士武舉。隨營學習。期滿支俸者。亦一律於六月底裁撤。酌給一年恩俸。以示體恤。(辛)裁缺大小員弁。及隨營武進士武舉。均准其投効他省。或本省各防營。(壬)裁撤各營軍器軍火房產操塲廠所。及一切官有之物。應飭各營附近之各府廳州縣地方官。按冊點收。造報詳由布政司分別核收變價。倘查明實有隱匿。應責成各地方官。據實通報。不准扶同徇飾。其裁撤各員弁關防印信鈐記。應俟事竣。各自申送。以憑奏咨銷案。(癸)原派練軍。出防彈壓。看守城垣。防護軍火各庫所等差。應如何改派巡警。或新軍防營。填紮布置。應飭兵備處巡警道會商另詳核定。

**鄂省預算出入相抵不敷之確數**　湖北清理財政局。刻將宣統四年本省歲入歲出預算正附各表冊辦竣。由各司道會同核查。計正冊內載歲入經常臨時兩門。共庫平銀一千二百零二萬三千一百七十六兩。歲出經常臨時共庫平銀。一千三百零六萬八千八百八十六兩。出入相抵。不敷庫平銀一百零四萬五千七百十兩。又附冊內載。歲入經常臨時。共庫平銀二百十三萬零二百十八兩。歲出經常臨時。共庫平銀二百三十六萬八千四百零二兩。出入相抵。不敷庫平銀二十三萬八千一百八十四兩。昨已呈送瑞督院。分咨憲政編查館度支部查核矣。

**中俄勘界之爭點**　中俄會勘黑省邊界。我以黑撫周少樸為會勘大臣。俄以協都統菩提羅福充任斯役。在齊齊哈爾省城開議。聞此項國界業由兩國派員調查完竣。其宗旨不過按圖復勘埋立封堆界牌。為永遠遵守之標誌而已。中俄兩國爭執之要點。某地實係中國領土。俄人則以千七百二十七年之公文為証。指我為佔據。我國委員不知。旋由蒙文譯出。該地雖係屬我。而不甚明晰。俄村坡利搭有小島形地一處。華員稱屬我。而俄員則云屬俄。爭持不下。竟至用武。雖兩未受傷。亦竟未解決。聞已由該處俄官稟准會勘大臣。向我要挾云。

●粵省每年賠償葡人賭稅二十萬● 粵省禁賭。經已實行。惟粵人之好賭。幾如遺傳性。恃此以爲生活者。不下數百萬人。澳門葡政廳乃利用此機會。與粵紳勾結。在澳門設立賭館。於是賭風復熾。吾國方禁之。惟恐不立時斷絕。而彼方獎勸之。不遺餘力。大有爲叢敺爵之勢。張督曾與澳門葡督交涉。彼謂此事已由該國政府認可。彼無法爲力。其後屢次談判。知澳門葡政廳實以賭博稅爲一重大財源。現擬與葡督結約。每年許以二十萬金。爲賭稅之代價。由廣東交付葡督。此事雖一時終了。然遺患無窮。論者多謂葡國革命時。政府不能急將澳門收回。致生許多枝節云。

●粵局爲亂事賞罰不均質問案● 廣東諮議局以本年三月二十九日之變。亂黨預日潛運槍械。匿跡省垣。乘機竊發。以致焚燬院署。幾釀巨禍。追原禍始。固由各業戶漫不加察。以房屋租賃亂黨。使得藉爲藏匿之資。事後查封。以示懲儆。似亦法所應然。然當時同城營警。於亂黨運械布黨。窮年累月。同一罔覺。且亂黨賃屋。皆有警局還單。似其失察。尤在業戶之上。乃事後論功行賞。一律優殊。或者營警欲取先與。以退爲進。別懷私策。庸未可知。而輿論轉謂營警不能先事預防。又復漫無覺察。反蒙不次之賞。而業主偶然失察。則已受累無窮。於情於理。似均不可謂平。因具情質問張督。請將此件查封房屋事件。明白批示。觀此則張督操切之過。殆未能滿粵人意者與。

**粵局質問借債案與張督之答覆** 廣東諮議局因日前粵省有抵制官銀錢局紙幣。張督借債維持一事。特具呈質問張督。畧謂官銀錢局紙幣。前於本年臨時會時。曾蒙明答基金充足。乃此次風潮。計連日紙幣兌換。不過百萬有奇。何至卽形支絀。乃竟因此商借外債五百萬。日後如何籌還。是否由粵共担。乞將該局基本缺乏之故。與商借外債辦法。詳爲批答。再前由藩司借日本正金銀行六十萬元一款。並請將用途一併宣示等語。張督劄覆則謂此次先後由司向日本台灣銀行。訂借日金一百六十萬元。又向英國匯豐銀行。訂借港帋五百萬元。此項借欵。計歸官銀錢局者港紙四百萬元。歸財政公所者。港紙一百萬元。日金一百六十萬元。官銀錢局歷年發行鈔票。所收票本。分存本省銀行銀鋪。本無虧空。此次風謠驟起。若提還票本。以供應付。則票本分存本地銀行銀鋪。一經提取。數鉅期迫。必至牽動商場。虧損甚大。故爲保全本省市面起見。擬息借外款。使官銀號受一時之虧。而決不提還票本貽商場莫大之累。且此項借款。屬於營業範圍之內。將來即由營業餘利項下。歸還本息。旣可保市面之安甯。又不遺人民以負擔。本年禁賭。政費不敷二百一十四萬餘兩。況增兵清鄉。需餉尤鉅。前據諮議局具呈。原請將賭餉不敷之數。由官廳暫行籌備。此次財政公所所借港紙一百萬元。日金一百六十萬元。略足抵賭餉不敷之數。而清鄉經費。尙不與焉。至此項借款。或屬於國家行政經費。或屬於地方行政經費。將來列入預算。自可由資政院及本省諮議局分別議決云云。似此所言。洵屬持之有故。言之成理矣。特所慮者。粤省預算案。不知於何日成立爾。

**湘省金融界之大恐慌**　湘省紙幣充斥。現銀空虛。早已成爲紙世界。凡各項生意。名曰現錢。其實皆以紙幣從事。如銀兩洋銀錢文等項。靡不各有紙幣。錢自一千文至一二百文。皆有零星票據。以省城而論。無論何項商業。出票者幾占十成之九。每日綜計所兌票據。必須三四萬金。惟向來皆以此交割。習以爲常。相安無事。不意前月二十五日。自順昌吉鹽號倒閉後。一時出票各家。謠風大起。擁擠異常。撥票者紛至沓來。幾一發不可制止。各家應兌不及。四出籌措。而現銀遂因之飛漲。二十九日爲五月底。比各商號掣肘異常。零拆每日出息二分。尚無放主。頃刻之間。銀根奇緊。實爲十餘年來未有之大變局。商會總理龍研仙觀察。見此情形。恐商務因之受害。連日會商大吏。請由大清銀行借撥鉅欵若干。由商務總會承領。轉發出票各家。取保具領。俾應急用。借以維持市面。但未知有無效果爾。

**湘省之大水災** 湘省此次水災。以長沙府益陽縣爲最劇烈。全城無一完土。平地水深一丈有奇。雖極高之處。亦積水至五六七尺不等。電線已被冲斷。船舶不能行走。城內衙署監獄。城外堡市鋪戶。城廂內外居民。暨官錢牙釐督銷等局。概被淹沒。又常平社倉積存備荒冬穀五千六百餘石。二堡淮商鹽局積存之鹽。均一律被淹。居民猝避不及。死者無算。現在無論貧富。概行登樓。斷炊數日。有乞一火而不可得者。至於省垣水勢。因連日大雨。驟漲至一丈有奇。即高阜之處。如南門之南湖港。北門之新河。登城一望。均成澤國。不謂天甫放晴。水勢下趨。忽於前月二十七八等日起。又值大雨。竟日夜不止。直至六月初二日尚未稍息。故未退各處。又復加漲。已退各處。忽又重來。連日以來。洪水彌天。幾成一大水世界。河江中水流屍具。不下數千人。而屋宇船艘等零星板片。暨雞犬什物等件。滿目皆是。岳州則濱臨洞庭湖一帶。水勢暴漲。平地深至丈餘。西鄉各處垸田。所種禾苗雜糧綿花等物。已悉數付諸澤國。農民痛哭失聲。悽慘萬狀。現在初稻已無可挽回。惟有補種晚稻之一法。乃水勢稍落。連日大雨。又復驟漲二丈有奇。西鄉各處。現已全數淹沒。損失人口不少。常德則自大水之後。忽於五月二十一日傍晚時。突起大風。旋轉不已。河干船艘。一時未及防備。沉沒至四百餘號之多。淹斃者不知凡幾。呼號乞命之聲。徹夜不絕。令人聞之。骨節皆酥。所有各處堤垸。非被大水冲塌。即爲怪風吹倒。其沿湖屋宇。吹倒者尤爲繁夥。因被水淹沒之後。屋基早已損壞。一被風災。故即傾倒。龍陽沅江兩縣。全邑淹沒。豆麥初稻三蔴等類。正在苗長。忽然大水陡至。勢極猛勇。以致概行冲沒。屋宇倒塌。船艘冲沒。人口溺斃。牲畜漂流。不可以數計。統觀各處。則湘省此次之水。實遍三屬。亦不可謂非一鉅災也。

# 世界紀事

英國自由黨與保守黨之劇戰　陽歷去月廿七日。英國保守黨。巴精握慕所選出之議員。發表以美德蘭杜氏爲該黨之幹事長。氏本關稅改革派之首領。自任命後。對於上院否認權之限制問題。力租上院首領拉士圖卿。然是時自由黨。亦持强硬之態度。謂上院否認權限制案。如依最初之修正案。是不啻再創設一新貴族云。

倫敦宣言之風潮　自倫敦宣言發布後。非難者日劇一日。保守黨首領巴爾弗柯氏演說其利害。謂此宣言。如當實施之時。則英國不陷於外國侵略之危險。即陷於戰時饑餓之危險。又氏在倫敦市商業家大會時。提出決議案。謂英爲海軍國。若依此宣言。則海軍之基礎已薄弱。且使商業上亦瀕於危險。時又有海軍將官一百名。提出抗議書。然英國之外務次官在下院演說。謂海外殖民地首相多贊成此事。且聞海軍部中人雖有反對者。惟有兩大將則甚表贊成之意云。

法國內閣之瓦解　法國內閣。因關於摩洛哥陸軍兵之慘殺問題。遭議會之反對。遂以二百二十四票。對二百三十八票之差數。失國民之信任。於陽歷去月二十五日辭職。論者謂法內閣此次辭職。雖利用陸軍最高指揮權問題。然其實則因關於比例投票法。致來反對者之掊擊。此爲失敗之眞因。若夫三鞭酒稅問題。及飛行機遭難事件。則亦未嘗無影響焉。

**墺國內閣之危險** 墺大利內閣。近亦搖動。而其原因。一則由於陽歷去月十四日之總選舉時。基督教社會黨。忽來意外之敗北。其一則因地方之紛雜問題。蓋墺國各州。本握有最大之地方自治權。中央議會之權。由憲法所規定。不過審議小部分之共同事項。而人種之關係。又爲左右內閣存亡之動機。墺國之人種。除日耳曼之外。尚有九種。其中最有勢力者。爲日耳曼及治匿克之二種族。日耳曼種與波蘭種合。治匿克則與斯拉夫種合。互爭勢力。各不相讓。而治匿克種所屬之波比美亞。面積廣大。物產豐饒。人民勤勉。稅金所入之大部分。實由波比美亞人之擔負。直可稱爲墺國之富源。其勢力不容易輕侮。至於基督教社會主義黨者。從來議會。本占最大之勢力。此次該黨議員中。有爲商務大臣者。近亦因被打擊而致辭職。觀此則墺國內閣之動搖。想不出於此二者。

**德國派艦至摩洛哥** 德國現因摩洛哥事件。有碍己國僑寓人民。特派遣軍艦至摩洛哥。聞其半官報宣言云。德人此次舉動。實因摩國問題。已變大局。已入於紛亂地位。摩皇失去主權。爲德人權利計。不得已而派艦。實不欲有所侵佔。又非藉以制法西兩國。如秩序平復。卽行退兵。法國報界對此。亦謂德人此舉。不過欲於摩洛哥開談判時。得佔優勝地位。至於英報界。則尚未畧示狀態。然大抵皆表同情於法國者。惟德國一方面之英報。則謂此舉出於維持商務之意少。而欲佔據一港。以通大西洋之意實多云。

**日本償還國債之物議** 明治四十四年。所決定之國債償還額。一億二千二百萬元內。有第三回國庫償券全部五千九百四萬七千八百二十五元。又煙草專賣國庫債券。全部六百八十五萬五百五十元。合計六千五百八十九萬八千三百七十五元。當第一次償還之始。財務當局者。皆謂國庫豐饒。准備金經已存貯。國人信其言。以爲六千五百餘萬元之國債。可以立行頒發。不謂政府忽於國債償還開始之日。發行大藏省証券二千萬元。近又續發行該証券二千萬元。前後四千萬元。皆吸收民間之資金。是國庫窮乏之証據也。國民預期金融界本充裕。至是而頓覺緊迫。償還國債之舉。全失其意義。是皆當局之欺國民云云。

**禁捕海獺會議之結果**　美國華盛頓開萬國禁止捕獲海獺大會議。已將關於此事之條約蓋印。其大畧謂俄美兩國所捕得獺類以三成歸英日均分。日本捕得數亦以三成歸美俄英三國均分。英領太平洋所獲得之數亦以三成分派美日俄。美國則預借英日兩國以二十萬美金。由該兩國應得之獺皮項下扣除。其故係因美國全行禁絕。不得不以借欵爲抵押地步。約中並載明禁止深海捕捉海虎。海面由各國自行巡査。如捕獲他國偸捕者。交其政府嚴辦。

**英國水手罷工之結果**　英國水手罷工風潮。現已敉平。陽歷七月初三日。利物浦與好爾兩處汽船公司。已與水手商妥。悉照水手要求各節讓步。其他各處亦多照辦者。

**日本之大水災**　日本自陽歷六月二十七日以後。連日大雨。川河汜濫。各處田園皆被水淹。至二十九日。汎雖稍止。雨仍不絕。東京亦被水。山陽道受害最甚。被水者約五千家。鐵路則有一段不能通車者。天龍川大井川亦同時增水丈餘。其他如長野松本鹿兒島各地。亦洪水泛濫。地多陷裂。鐵路受損甚大。鹿兒島線有五百餘里。因地層陷落。難以修復者。

叢錄

# 春冰室野乘

春冰

汪梅村上胡文忠書

胡文忠撫湖北時。兵强財富。百廢具脩。殆幾於武鄉之相漢。景略之治秦。然讀汪梅村致文忠一書。乃箴其闕失甚備。書生之言。不無過激。然益以見文忠之休休有容矣。書云。一兎之豪無幾。其餘皆氄毳。而非全兎皆中筆材也。昆堅之虛。采玉者往焉。蓋嘗得夜光之璧矣。然謂其一沙一石皆玉焉。則不可。咸豐以來。戰皆楚勇。皆桀驁强健有力。非編入營伍。亦必揭竿斬木而爲亂。故能所向有功。然亦稍稍物故矣。今新集之兵。莠民之貪惰者爾。彼安將帥之持重。以肥其身。焉有先登致果之氣哉。今言兵者動曰楚勇。毋亦徇向之虛名。而未深既其實乎。帥兵者將也。非書生也。說禮樂敦詩書。今非其時矣。宋人喜言儒將。而宋之兵政爲最弱。嘗以爲得百韓范。不如得一韓岳。史冊所載

叢錄

二

文人戰績。如叕其實。非其師武臣之力。而誰之力耶。今以羅李之故。而統領必用文人。則未思聞世之英。卽其兄弟父子。有不能繼其軌者。而欲概求諸佔畢之士。不亦拘乎。重臨事而懼之人。而不取暴虎馮河之勇。豪傑之士。烏肯低首下心於詞章儒雅之前哉。烏烏鵲鵲。亦其一也。好謀而成者。美言之可市耳。今營務處之所謀如何。無亦以爲靜以待動。而老其師乎。此主以待客之言。顧今則我爲客也。無論自挫其銳。卽我之餉安能源源相繼乎。夫攻一城動踰二三年。而十餘城失于帀月。天下安有如是之年。如是之餉乎。且楚之餉何自來。毋亦錢糧釐金鹽課捐輸而已。天固嘗予我以屢豐年矣。商旅又嘗出于其塗矣。而日復一日。天時人事。安可常恃而無變哉。且北有捻匪。內地有敎匪。此皆觀衅而動。竢我之隙者也。兵貴神速。反主遲滯。師老餉匱。不且蹈江甯大營之覆轍乎。疑信者不兩立之勢也。不信人則莫若無受其降。既受其降。則推赤心以待之。使爲吾盡力而收其用。醫工之用烏附。非責以參苓之補也。烏之矢馬之勃。田夫孺子見之而不顧。及用之得宜。收效更速。無它。察病之機審也。良賈之楙遷。必擇市所寡有者。預儲之以博其利。雖不中度量。猶以備不時之需。而常易得者。則姑置之。今所乏者販繒屠狗之雄。而汗牛充棟者文人也。亦願急收剛決爪牙之用斯可矣。彼此者勢之可知者也。成敗者機之難決者也。我與賊不兩立。我能滅賊善矣。我不能滅賊。而又不能致之降。是驅使爲賊也。彼爲賊。能晏然置我度外。吾之戰能必勝乎。是皆不能。而虛逆揣其後日之叛。以樹目前之敵。是一蔽也。且從逆之黨羽。非有致死於我之心也。貪虜掠之富爾。旣償其願。亦欲懷寶歸鄉里。爲富家翁矣。而赦脅從者。未聞赦其挾貲以返。則其徒烏能散哉。賞罰者鼓厲英雄之具。而非樹私之具也。戰國時秦俗上首功。始立武功爵。故士奮于外。犯鋒鏑而不顧。今兵弁力而戰于陳。文士坐而享其福。水晶孔翠者以千計。前史都督職方之誚。不是過也。是啓不肖者徼幸之心。隳武夫殺敵之志也。是使名器苟賤。而志士羞與爲伍也。是以愛憎爲賞罰。而非循乎大公也。是使得者不知榮。而夤緣請託者日衆也。是必且濫加于僕隸輿皁。而同縉紳于厮役下賤也。是使人不奮于節義。而惟求寵于節下也。是使朝廷所以奔走賢才者。而吾得以苟私所愛也。此皆不可之甚者也。今楚北之員。率以敝車羸服之大營。而華鮮怒馬以見他帥。或貌爲質樸無文。而心實狡黠。或託于寬大市恩。而無所節制。攘奪吾君。掊克吾民。以飽其僮僕。或視爲承平之區。而復蹈往時泄沓之習。一加濫保。其欲無厭。州縣而道府。道府而兩司。兩司而開府。少不如意。則怨懟悱憤。不可終日。才得志。則自以爲簡在帝心。恣睢妄誕。不反而噬人。即幸矣。尾大者不掉。花繁者實稀。此亦乞於豆羹簞食中。徼祭其齷齪之衷者也。皮之不存。毛將安傅。外間紛傳稅及閒架烟竈。未知然否。如果有之。豈不以餉絀而始出此乎。夫民力只有此數。割其皮毛以養兵可也。剜其脂膏以養兵。兵且未有已時。民心甘乎。脫有奸民假名滋事。又將何以待之。錢糧正供也。釐金。朘商旅耳。捐輸。朘富戶爾。若是則富貴貧賤。皆不免矣。能無亂乎。言利者不務進戰而唯言剝民。有司假以掊克。家丁胥吏。上下其手。得以中飽。所獲者微。所損者巨。參之肉其足食乎。誹謗之木。敢諫之鼓。古人往事也。今自京員以至文士布衣。庇宇下者以數百計。度皆有見聞計議。而非徒以容悅爲事者也。若使人進其說。以待采擇。未必無芻蕘之一得。而乃月需奉錢。手鉗口結。或只效斗筲之勞。吏役之事。求賢之心。果如是乎。羣居晏談。不及公事。苟且媮惰。積成風俗。人心之痼。曾不計及。所入雖微。然罔楚民之膏血耶。此清談廢務之流亞耳。賢者而果若是。即謂之不賢也可。官司者效用之實事。而非徇情之具也。循善者平時之良吏。而非撥亂之用也。如以爲不才去之可也。重則罪之可也。若知其不可而又姑試之於事。是愛國家之事。不如其私人矣。去戰而言從軍。士偶能之。去戰而言謀畧。士偶尤能之。去戰守而言保民。士偶能之。治恣睢而言保民。士偶且樂之矣。狂瞽之言。惟明公擇焉。今按書中惟論招降一節。謂當聽降賊各挾各虜獲以歸鄉里。最爲紕繆。其他言戰事吏治財政。皆深中當時積敝。言人所不敢言。當時文人詞客。方爭頌中興之績。侈崧高韓奕之詞。誰復肯進逆耳之言。以拂帥臣之意者乎。梅村不媿古之遺直矣。

## 蔣荆門遺事

胡文忠之撫鄂也。以閻文介總理糧臺。而以荆門知州甘泉蔣照佐之。蔣故文忠典試江南所得士也。咸豐七年。武漢初復。安徽江西賊勢猶盛。而餉忽告詘。文忠憂之甚。時楚軍月餉。例以錢二緡當銀一兩。蔣乃言於文忠曰。湘楚各營月餉需銀二十四萬。而所入地丁漕折關稅及新設釐金牙帖。才十四萬。其不足者。耑倚秦晉巴蜀協濟。然三省力難兼顧。是必豫思自强之法。今牙釐鹽局。月可得錢十八萬緡。倘比例市價。易銀可得十二萬兩。以較發給各營僅抵銀九萬者。多寡殊絕。歲計可贏三十六萬。惟製造火藥蓬帳器械船艦。須錢三萬緡。其前敵各營月放制錢已久者。咸宜於拊循之中。畧寓限制之意。湘營月給錢二萬緡。水師萬五千。撫標一萬。都將軍及湘後三營五千。計月放錢八萬緡。此外後路各營一律發銀。則歲贏不啻十八九萬矣。是亦挹注之一術也。文忠從之。士無譁而餉以濟。

初楚軍之創立也。百人爲哨。哨有哨官。五哨爲營。營有營官。合諸營而帥之以一統領。軍官止此三級而已。咸豐九年。李忠武敗歿於三河。文忠墨絰視師。裁汰簡議新營制。蔣言於文忠曰。統領營官。階級懸絕。而營官與營官則權位醜夷。夫力均則相輕。分侔則易爭。一旦緩急。統領不能躬往。欲擇一營官將數營以往。則他營心不能平。權不能一。而令有所不能行。此三河既失。而桐城因以不守也。請簡營官之才具優氣魄大者。命爲營總。使轄數營。以觀其略。而受節制于大帥。則名分既有常尊。事權卽可畫一。偏裨有功名之奮。統領無尾大不掉之虞。所謂一舉而數善備者也。文忠從其議。於是營制爲之一變。而統領之權亦漸紲於曩昔矣。

吳三桂軼事

吳三桂巨耳隆準。而無須。瞻視非常。尊嚴若神。雞鳴卽起。夜分始就寢。終日無惰容。鼻上傷痕右高左低。中有黑紋如線。平時不見。怒時卽隱然深現。如與人語疾言則意無他。或心計中變。則閉唇微咳。聲出鼻中。以此測之。百不失一。所居平西府制擬王者千門萬戶。極土木之壯麗。于海中建一亭。名近華浦。又築一園于西郊。名曰安阜園。園內書室一所。名萬卷樓。自侈平蠻功。期垂永久。塑像于報國寺左廡布袋和尚之下。落成大享諸官。鹽道趙廷標者。好滑稽。三桂指金剛像使爲詩。廷標應聲曰。金剛本是一團泥。張拳努目把人欺。你說你是硬漢子。你敢同我洗澡去。三桂大笑。亦知其風已也。

三桂少年頗嫻文學。其討闖檄文。乃躬自屬艸者。略曰。李自成以幺麽小醜。蕩穢神京。日色無光。妖氛吐燄。豺狼突於城闕。犬豕踞於宮廷。弒我帝后。刑我士紳。戮我民庶。掠我財物。二祖列宗之怨恫。天壽淒風。元勛懿戚之誅鉏。鬼門泣血。又云。周命未改。漢德可思。誠志所孚。順能克逆。義兵所向。一以當萬。試思赤縣歸心。仍是朱家正統。

三桂旣喜異志。居常鬱鬱不樂。羽士某者。以相術爲滇中冠。嘗至省城。三桂使人召之。

不肯至。乃微服走詣之。某熟視良久曰。君相貴不可言。然頰下有紋。主後不昌。殆無嗣乎。三桂默然歸。即使人往殺之。則已行矣。又常多畜死士。有陳魁虎者。矯健絕倫。能縱跳空中手攫鳶鳥。一日侍三桂燕。酒酣大言曰。吾欲殺人者。直行所無事。專諸荆軻不能生刺秦皇。予以俠名。有媿色矣。三桂聞之。矍然動容。不旬日。忽傳陳深夜闖入府苑。圖姦宮女。執付所司。論棄市。臨刑。尚極口呼冤。蓋三桂懼其有異志。設計誘之入內。誣以圖姦而殺之也。然自是部下多解體矣。

三桂反謀既決。令所部秣馬厲兵。徐圖發難。妾弟某得罪慮誅。遂走京師告變。上不信。遣人覘之。使者至滇。宿逆旅中。時逆旅主人胥三桂心腹。有北來者。百計偵探。必得其情實以報。三桂知 上已見疑。恐官軍猝至。謀所以緩之者。直改歲。乃自書楹帖榜諸府門曰。帝力於我何有。臣清恐人不知。使者留滇月餘。竟無所得。僅以所見聯語歸述于 上。 上大笑曰。此老果不反。彼告者過也。未幾反書聞。 上方沐。擲冠於地曰。忤奴誑我。

三桂嘗挾十萬金游大梁。恣爲狹邪游。未幾金盡。大爲逆旅主人所窘。汴妓名桐花者。

奇其爲人。厚視之。留宿家中者币月。而三桂之材官。以金錢至矣。亟入市購大秦珠徑寸餘者。以酬桐花。直可萬二千金。而題詩店壁曰。走馬張弓二十年。歸藩無路且朝天。梧桐雨後芭蕉雨。注到陰符第幾篇。

三桂喜度曲。儉聲減字。不差累黍。自命爲有周公瑾之風。蓄歌童數十輩。自敎之。有六人技最精。稱六燕。蓋六人者。皆以燕名也。偶微服游江淮間。與六燕俱。廣陵賈人某亦嗜聲伎。值家宴演劇。三桂投剌謁之。賈欣然延入。納之上座。樂作則脫板乖腔。百無一當。主人與諸客極口褒奬。三桂第默坐瞑目搖首而已。主人憤甚。反脣稽曰。若村老亦諳此耶。三桂曰。不敢云精。然嗜此三十餘年矣。主人愈不悅。客有黠者。請三桂奏技。否則將折辱之。三桂欲自炫。不復辭謝。欣然爲演惠明寄柬一齣。座客皆相顧愕眙。少焉樂闋。一笑而去。主客竟不知爲何許人也。三桂每與人道及。謂爲生平第一快事。

三桂作書頗劣。而最喜臨池。府苑中花木清幽。有列翠軒者。廳事五間。窗外隙地數丈。悉栽短艸。艸盡則層巒疊嶂。高淩天際。春秋佳日。三桂輒於軒內作擘窠大字。侍姬數十輩。環列於側。鬢影釵光。與光山水色。互相輝映。厠身其中。謂不復知有人間世也。

三桂雄猜陰很。舉動時出人意表。或發其隱。輒銜之次骨。撤藩詔下。三桂召幕府諸人商權行止。衆不知三桂反志已決。爭獻策。然絕無當意者。有少年胡生者。山陰名士也。獨隅坐微笑。默無一言。翌日三桂設燕。徧召諸人小飲。酒數巡。胡生忽腹痛欲裂。起如厠立斃。衆莫測所以。猶以爲暴疾也。

## 九洑洲戰功異聞

洪秀全之據金陵也。屯兵九洑洲。以爲金陵犄角。其守甚固。故官軍圍城累年。迄未能困賊。迨九洑洲既下。城賊始失勢。遂成大功。九洑洲之克。官軍書悉歸功於曾軍之力戰。顧以余所聞。則賊尚有降人陰洩其機。故我軍得知賊中虛實。避堅擣瑕。盪平逆壘。否則尚未易奏功也。初洪逆踞金陵。嘗兩次開科取士。其第二次所取一甲第三人。爲卜應期。江西吉安人也。應期體貌壯偉。眉目頎秀。有陳平之譽。方廷試時。秀全妹宣嬌竊從幃中窺見悅之。授意秀全。賜以探花。及第後入僞宮謝恩。秀全謂之曰。汝須更謝天妹。立命內侍引入。跽宣嬌側。宣嬌引手挽之曰。吾當授卿內職。庶可得時時相見耳。不數日即選爲內廷供奉。應期既入直內廷。遂獲通於宣嬌。宣嬌之夫李紹深者。騃而懦。噤不敢聲。任所爲而已。同時女官有楊秀清之女丞相傅善祥者。故儒家女也。通書史。工文詞。美豔渦宣嬌。亦瞯應期美而悅之。時時召應期入府議事。又强逼焉。事爲宣嬌所知。不能平。然兩家勢力匹敵。莫敢先發。應期遂幷擁雙美。其後賊勢日蹙。應期知必亡。伺閒逸去。謀西歸鄉里。會爲蕭孚泗軍所獲。訊之則曰。有祕謀相告。孚泗召入帳屛人問之。對曰。賊之接濟。全恃九洑洲一路。故能數年與官軍相持。不得九洑洲。金陵終不可克。然某已獲其地圖。具知此中虛實。某處守甚密。必不可攻。某處則頗疎。倘出賊不意。從此路進兵。九洑洲唾手可得也。從其言。九洑洲果下。賊之餉道以絕。而坐困阱中矣。金陵既平。應期亦以功保至副將。有詆之者。猶呼爲兩朝文武也。

## 紀熊倔事

熊倔者。粵中布衣。字屈人。抱經世才。生平落落難合。嘗以策干洪秀全。秀全奇之。而不能用。僞翼王石達開與語。大悅。乘閒言於秀全曰。熊屈人人中虎也。竊以賓師之禮。天下不足定。脫不用。則亟殺之。勿留以資敵國。秀全唯唯。而不能決。石出歎曰。昔項羽得亞父而不能用。卒受制於劉季。今洪氏之於熊屈人。亦猶項王之不用亞父也。大事自茲去矣。未幾楊秀清被殺。熊已去金陵。寓書于石。促其速遁。石從之。遂棄洪氏而去。石之去金陵也。以囊篋滿貯珠玉珍貴諸物。是時盜賊滿天下。篝火狐鳴。所在皆是。未嘗悉受正朔於洪氏也。石度江北行。昏夜馳馬行豐碭間。爲流賊所得。縛獻主帥。石自意無復全理。及入寨見主帥踞廳事•秉燭坐。遙望見石。卽跳而出迎。握手道辛苦。如平生歡。石驚視之。乃熊屈人也。熊語石曰。洪氏敗徵已見。吾懼禍及。故不辭而先遁。且爲公營菟裘于茲。相待久矣。公來何莫也。因置酒痛飲。與石連牀計恢復事。數夜不成寐。石以熊所據局促一隅。不足圖大舉。遂無留志。數日後。辭去。且邀熊與俱。熊太息曰。某豈無志天下。所以遁跡山谷中。知前途決不可爲。雖殺身湛族無益也。且於公獨抱知己感。故須臾忍之死。謀所以報公者。公棄此去。我亦從茲逝矣。公努力而已。石既去。熊遂散其衆而祝髮僧寺。後竟不知所終。

國初諸老對策之伉直

融和滿漢一事。乾嘉間幾成厲禁。杭大宗以此瀕罹重辟。而國初諸儒乃能於殿試制策中極言之。轉以此獲擢上第。馬世俊之策曰。唐貞觀時天子問關中山東之同異。而其大臣曰。王者以天下爲家。不宜示同異於天下。裴度既平蔡。即用蔡人爲牙兵。曰蔡人即吾人也。今天下遐邇傾心。車書同軌。而猶分滿人漢人之名。恐非全盛之世所宜。誠能盡捐滿漢之形迹。莫不精白乃心。以成至治。贊贊者皆禹臯之選。桓桓者皆方召之儔。將見江南靜橫海之戈。而冀北息桃林之乘。於以躋唐虞三代之盛。有何難乎。儲方慶之策。尤爲切至。其詞曰。陛下誠有意于得天下之眞才。則不當更分滿漢之界。今自三公九卿爲　陛下之疑丞輔弼者。莫不並列滿漢之名。督撫大臣。則多寄之滿人。而漢人十無二三焉。其意不過謂　國家受命之地。其人皆與國休戚。非若漢人強附以取功名者。故信漢人之心。常不如其信滿人。不知帝王初興。皆有一時從龍諸臣。相與戮力以承天命。故其貴顯爲侯王者。亦非異地所能比。至于數傳以後。天下已定。人主擇人而任。特視其才能何如耳。固不必限以開剏數州之地也。　陛下爲天下之主。即當收天下之才。供天下之用。一有偏重于其間。臣恐漢人有所顧忌而不敢盡忠于朝廷。滿人又有所憑藉而無以取信于天下矣。今何不略去滿漢之名。唯擇其才之優者以爲用。則下之人。不敢有所挾以干人主之爵祿。而激厲羣臣之術。未必不出乎此。

至於滿漢之外。復有漢軍一途。其仕之尊顯者。亦列于公孤之選。然位雖尊于天家。而名仍隸于私室。方其在位之時。非不赫然貴顯。一遇其主。則俛首帖耳。執役之不暇。舉人世可卑可賤之事。恒視爲職分所固然。而不敢少有所牴牾。夫公孤之尊。天子且改容禮之。然猶不免爲人奴隸。則所以養其廉耻者何在。爲人臣而廉耻之不恤。則立功立名之念。皆不足入其胸中。唯有貪位固寵。希合上旨。取旦夕榮耀而已。安望其爲國任事。卓然不苟耶。陛下何不斥去此弊。以養臣子之節。其有關國體。非淺鮮也。馬爲順治辛丑狀元。儲爲康熙丁未進士。馬溧陽人。官至侍讀。所箸有匡庵集。儲宜興人。官清源知縣。所箸有遯庵集。兩策皆選入御定皇清文穎。

## 文苑

### 洛陽至新安示子言　觚齋

我從洛陽來。坦途無百里。峨峨見城闕。崤陵列屏几。車馬亂流渡。隱隱如浮螘。莫弔古戰場。中原事未已。風起遠天黃。落日淡如水。況爲行路人。茫茫誰遣此。須臾日西匿。回光射成紫。幻影逐明生。飢鳥投暗止。此是古今情。悠悠吾與子。

### 經醴泉訪宋芝洞侍御留贈　前人

黨論漸寬公亦老。相逢百感到平生。河山已分成孤注。孔墨何嘗有定評。元祐聲名終聖世。西京文獻在荒城。尋碑莫上昭陵望。翻憶明良涕泗橫。

### 閿鄉旅舍呈觚齋先生　尊瓠

昔聞黃河流。今宿黃河側。百錢膾河鯉。主客浮大白。是邦昔昏墊。厥產久貧瘠。屹然峙金堤。萍梗得安宅。（閿鄉縣城濱河頻遭水患光緒中始築隄捍之）

### 三月三十日華陰道中送春　前人

## 文苑　二

河流已東潼關隘。雲影遙遮嶽帝祠。婀娜東風數株柳。華陰道上送春時。

### 四月三日宿驪山下浴溫泉　前人

疲騾西走長安道。日日流塵污錦韉。忽覩華清舊時月。驪山濯影有溫泉。

### 題宋芝洞侍御藻覺亭　前人

昔罷五湖釣。一振天山轡。歸來事園圃。夙尙得孤寄。危亭倚虛郭。花木亦蔥蔚。幽禽時一鳴。引觴還獨醉。蘧然成一覺。南華旨可味。窗竹戛風清。池荷漾月碎。九嵏山名青若髮。渭河遠縈帶。從公池上酌。談往互晞唱。爲歌隴頭吟。馱鈴促遐邁。余時有度隴之行公以所著西轅瑣記見贈永識雞黍惠。懸榻媿徐穉。

### 永壽遇雨呈觚齋先生　前人

朝發乾州城。四月甫及半。袷衣怯微寒。荒雞儆時晏。陰陽既乖候。雲霧倏瀰漫。懸車入深谷。陂陀勢渙散。回望乾陵碑。峨峨涉天漢。乾陵距乾州北門外數里遙望三峯隆起旁二尖峯如旗竿式乃唐時積土而成者陵前有豐碑高而無字飛雨時驟至。水深泥沒骭。襦履各沾濡。車馬頓淩亂。迫暮及永壽。投宿得客館。煮酒慰艱辛。聽雨復達旦。借問邠州路。客言水澎湃。谿澗不可涉。爲歌白石爛。公懔垂堂誡。中

命止驛傳。清晝誠寂寥。哦詩瀹茗椀。初晴出孤塔。嵐光照庭院。（行館外有山山巔巋然一塔）

## 山行雜詩

堯生

芳洲一水淨無塵。何處桃花不是春。滿地夕陽歸路盡。此中宜有避秦人。

萬道楊林水一渠。勝峰橋接廣成居。野人不識天皇事。一卷農桑是道書。

山上蘇亭望轉遙。市聲濃處雨痕消。碧瀾寸寸皆秋浦。何處青林是板橋。

石徑穿雲見佛關。蒲公採藥幾時還。經年不斷樹根雨。說有蒼龍在石間。

三藏東歸立此堂。渺無人處夜泉香。老僧愛客呼新汲。明月隨人度石梁。

波上漁商集晚汀。人傳地道接南溟。山鐘夜火淩雲寺。九子煙中一點青。

一角青山似玉壺。半崖臨樹好僧居。客來爲揭西庵字。句曲仙人此著書。

鳥尤雨過水鱗鱗。紅葉無風只似春。晝出襄陽歸意冷。一船山影坐詩人。

果師卓錫留經院。小座烹茶石氣濃。夜久不知明月上。萬杉泉韻下中峰。

錢郎好客還多病。手卷吟花日閉門。憔悴一官風味好。數株紅樹古鄉村。

漢嘉城角妙清秋。紅樹三杈畫一樓。向晚自尋江上望。依稀山色似榮州。

文苑

欒池山淥草萋萋漸罷香痕翠鳥啼一去藐姑人不見海棠紅徧寺門西

四

自分再見。難期不意昨宵重會。竟出吾人意外。晏陀釐知此語可以乘機遞到本題。乃急答曰。此誠意外事。吾亦昨日始至華都氏娘子之居耳。剛騰曰。吾固知之。姌娜曾告我矣。彼謂子在園外盼望。故招子入室。以詢其用意所在。子之自解。亦殊坦白。而用意亦極忠厚。曰。然則娘子殆已告公。謂吾愛慕其女耶。曰。然。姌娜告吾。謂子惟待彼之允諾。彼苟願之。則子將娶其女。曰。吾更有多言告娘子。今能一一爲君述之。曰。吾已深知子之愛慕德理斯矣。凡人當子之年華。固最易困於情愛中者。是無足異。惟所云娶彼爲妻。吾尙欲請問。子曾否思之爛熟。而後爲此決計者耶。曰。然。無論事變若何。吾心志當無更易。華都氏娘子。固未深知我之爲人。然彼已許吾再得登門。吾終必有以博得其惠愛之心。今更推心語公。吾實倚重公之爲吾道地。以吾之性行。吾之境況。公固深知之者也。曰。誠然。吾之知子。當更勝於子之知德理斯。然正爲此之故。吾不能不戒子毋太造次行事。身爲伊爾溫子爵。其訂婚不當如此輕易。必須細察所欲娶之婦。詳審其家門身世。非可輕妄者。曰。吾已知華都氏小娘。生長於中人之家。家世端正。其母告我如是。而此等門庭之女子。吾願亦已足也。剛騰復進一觴。以冀稍一搆思。俾得善其辭令。蓋其所言。不能不有碍於娉娜一面。此心殊難安也。然到此亦更不能自抑。乃遽應之曰。然只此固猶未足也。其第一要着。凡人果欲爲婚姻之訪查。固不當徑問諸其女子之母。至於訂婚之約。更當有百端計較。其人之性情何如。其人之祖若父何如。其內外親眷之爲人又何如。凡諸種種。皆所當關心者。而貲財多寡之較量。尚無論也。曰。娘子之家道。固淡薄者。彼並不自隱諱。而吾聞此亦甚慰於懷。蓋吾家本不富。誠不欲以娶妻之故。致召譏評。使人謂其賣婚求富也。故德理斯小娘倘爲廣有嫁貲之女。則吾必不肯向之求婚。今吾欲更審其眞情。則能爲我細告者。當無踰於君。以君之識華都氏娘子。已歷有年所也。剛騰有愧色。自知作法自斃。晏陀鰲此語。已足令其無可躱閃。乃轉應之曰。誠然。然吾於其女之事。殊未有所知。吾昨日始得見其人耳。晏陀鰲曰。君於彼幼小時。已曾見之。亦不得謂自昨日始者。雖然。君縱不知其女。而華都氏娘子之爲人。君必知之。盍有以告我耶。曰。娉娜爲可意之婦人。子當已知之。其他日爲人婦姑。當無有不克盡厥道者。彼甚能撫愛其女。爲其女計將來。不惜獻種種絕大之犧牲以求之。苟能有利於其女。雖若何自苦。皆非所憚。彼母女二人。固相依爲命。然使其女之夫壻。必須彼母女相離。乃肯爲婚。彼亦願爲之也。吾所以爲子告者盡於是。然吾終欲再三告子。勸子行事毋太造次。晏陀鼈愕然瞠目視剛騰良久。乃兢兢問曰。指揮恕吾開罪。君之言似與昨宵不類。當在華都氏家中時。君言明朝與吾會食。更商量再到彼家之期。若欲與吾偕往者。今乃勸吾審慎行事毋造次。又似不欲吾與渠親近者。前言近於勸。後言近於阻。何不類若是之甚。曰吾亦非閒子毋到彼家中者。設華都氏娘子邀子再往登堂。吾亦樂於彼家中遇子。曰公幸恕我。吾敢堅謂公言之不類。公何故恐吾所事之太驟。吾亦不敢窮問公。然吾之行事。終不肯對公有所隱諱。實告公。自昨日始。吾已與德理斯小娘有婚姻之約矣。剛騰驚曰。婚約耶。吾所愛之晏陀鼈子言何謂也。曰當公與華都娘子縱談時。吾已自白於德理斯小娘之前。謂吾愛慕彼矣。曰吾亦料子已有是言。德理斯於此當必有以答子。曰彼謂自承吾挺身救護之後。卽已鍾愛於吾。曰女子之心。大都如是。經最初一着非常之舉。卽足以傾動其終身之心。晏陀鼈於此復莊肅其容。然後更語剛騰曰。吾於是問彼願否婚吾。彼謂更不肯論婚於他人。惟願爲吾婦。吾乃堅確許之。兩人已誓爲夫婦。吾今當守信矣。曰吾所愛之人子兩人趁絃歌之際。已互通如許情愫耶。歌聲數闋之中。遂定子兩人之婚約至於終身耶。晏陀釐更不顧慮。直應之曰。然。吾人終身定於此時矣。曰。子兩人不過僅邂逅之相得。便傾倒若斯耶。其他種種之性情嗜好。果能相得否。更不須計較之耶。有老母在。亦不須商榷之耶。此外尙有無限世俗之趨向。若何而諧俗。若何而戾俗。亦皆不復顧慮耶。曰。吾兩人彼此相愛。只此已足。他復何礙。曰。子之心果眞如是耶。此可謂怪異矣。子聞德理斯之言。遂大感之耶。設以吾爲子。則吾聞其語。當不能有動於中。彼年止十有九。其識見固猶未充者。安審輕重。惟子則不然。子已成人矣。丈夫矣。固當知此爲未必由衷之言。不過爲一時之情感所驅使者耳。曰。吾但知人生斯世。其鍾情之處。固可一而不可再者。曰。然則子未嘗眷戀一情婦者耶。曰。無之。吾永不肯用情於他之婦人。但愛吾將來之妻室已矣。剛騰聞此。瞠視久之。如觀野蕃。如賞奇鳥。目不轉瞬。久之。始呼而語之曰。吾所愛之晏陀釐。子之言。洵可謂謬妄。吾勸子更無與他人言之。不然。人將笑子。吾不過與子爲友耳。使吾爲子之父。吾將曰。晏陀釐我兒。汝初世爲人。當稍增其閱歷。然後可定其所守以終身也。汝他日得遇所鍾愛之婦女。由一而二而三以至於五六。屢用其愛。然後習知婦人之利弊。庶幾免患。吾爲此語。蓋謂毋或忙時訂婚。以至閒時悔之也。晏陀釐不禁艴然曰。公此語得毋隱謂吾今所傾心之人爲不足恃者耶。曰。否。吾非謂德理斯不堪配子。彼實堪之。吾之意蓋謂子之擇婦。倘不細審其爲人。則無論所娶爲何人。子終將有悔之無及一日而已。曰。吾極感公之良言。然吾猶望公措詞愈加爽朗。不然。公知華都氏母女之事。而或以爲有不便告我者。吾亦末由知公心事之果否如斯。曰。吾子之責望於我者苛矣。吾不過勸子審慎。此自是上流人士之論婚所應有事。子乃必强吾多言何耶。吾非執柯人。又非欲阻人婚事。惟不欲於此中肩負責任已矣。曰。公之不肯答吾問。吾不能不論斷之如下。其論斷之言。大非所以敬禮華都娘子者。然事實不可掩。無如何也。今就公之情景而推之。公之緘默不言。殆恐道着娘子之短處者。剛騰不覺蹙頞。殆不可耐矣。然一轉念又復自制。乃謂之曰。吾子之論斷錯矣。吾今無如子何。則且略教子行事。以期有以償子之責望於吾者。子其聽之。子再到華都氏家中時。宜以吾兩人今次之所談。具告之姌娜。然後問彼之意見。以爲奚若。而子因吾詞旨之晦昧。遂至心境之懸懸。其不安貼之情狀。亦愼毋强自掩飾。惟當令彼知之。然後直以子之所疑。求彼一一解說。如此則子當能自有主張。而事之變局若何。吾亦可以更無疚心。惟此刻吾願子且置茲事。毋更多談。但當念吾始終爲子之摯友。並無貳心者。斯可矣。今更有一事告子。吾昨宵所遭遇。頗多奇事。子欲聞之乎。曰其然耶。盍以告我。曰吾至俱樂部中。爲蒱博大喪其貲。後乃作夜飲。得遇歡樂隊裡之人數輩。殊可娛情。子倘身與其列。將得奇聞。且與子事。不無佐証。而此中之風俗習尙。爲子所未經見者。亦當得一領略之也。曰此等事吾不欲與知之。曰子之爲計大左矣。此中情事。倘未與知之。則子之學問當不能完具。且其中更有我輩中人二。其一爲迪詩頓氏。最善控馬之術。能與子說到馬之神髓。教子心折。又其一爲綸提氏男爵麼理梭島之富室。此其人。子將當遇之於姌娜之家中也。曰彼爲娘子之親友乎。曰否。吾欲介紹之於彼耳。此事吾固別有用意者。姌娜曾否告子。謂彼歹人再來耶。曰何處歹人也。曰即在植物園中突犯其女之人也。曰彼尙敢爾耶。曰姌娜家中人曾屢見之。謂其人每於暮夜之間。窺伺室外。昨宵吾辭出之後。果與之相遭。曰君必已捕獲之。曰否。吾以爲不如尾隨之。曰此何意也。君於世間事固無所恐懼者。乃不敢下手於此奸人耶。

剛膽不能忍。急應曰。子之論事太孟浪。吾審愼耳。非畏懼也。倘誠如子之用心。將必徑執其人。則吾之爲計乃大左矣。曰。何以故。請言之。曰。子何不悟。旣執其人。則須付之警吏。而吾須明說其根由。則必牽及德理斯與其母也。曰。此何妨者。是不過圖竊未成之公案耳。曰。不然也。此奸人之用意。固欲謀害人者。曰。彼曾明以告君耶。曰。否。惟吾深信其如是耳。吾之斷定如是。固別有其論據。而未便徑以告子者。子如欲知之。可自問諸姌娜。至於吾。則但能告子。謂姌娜有一不可告人之仇敵而已。吾昨宵之追躡其人。實欲驗彼是否卽姌娜之仇。抑爲其仇之爪牙心腹。而欲藉此以窮其底蘊。然終不可得。吾固未肯遂鬆懈。將更圖之。而逆知綸提氏之爲人。必能於吾事大有裨益。故欲介紹之於德坤斯之母。子當不復訝之也。晏陀聲作不平色曰。君以吾爲不能捍衛德理斯小娘者耶。吾又安從知尊意之如是哉。曰。惡。子毋然。吾知子甚勇敢。又甚愛德理斯者。惟恐子不能小心謹愼。且少閱歷耳。況此爲姌娜之切身大事。其能信賴子與否。亦須待彼自決之。吾何能爲子言。子見姌娜時。可自窺其意之所向。其能否明告子。爾時當可決定也。吾所。親吾今已具告子矣。吾言多不免含蓄。吾自知之。惟子毋責吾。吾之地位有不得不爾者。子後此當自有水落石出時耳。吾今須與子爲別。今日須往拜一人。其所居去此甚遠。遲恐不之遇。將空勞往返。故不敢久延也。曰吾令公殊有防礙於行事。心滋不安。吾今卽當告別。今日午後。亦欲往訪華都氏娘子也。剛騰頗驚異於斯言。然復一存想。復另作計較。乃應之曰此言誠是。合當早到彼家一行。蓋茲事終以早作決斷爲佳。彼今日在家。子往。當必遇之。吾與子行道頗相同。吾有車馬在此。可與子同載而往。子毋想吾今日不到姌娜家。決不至妨礙子事。子自至彼。必當承其禮遇。吾惟望子等今日之會晤。得有極滿意之結果。斯可慰矣。晏陀鼇謝之。尚欲有言。剛騰復曰。吾所親。子其留意。倘却吾同載之請。吾將謂子終不免有銜於吾矣。曰誠如此。不敢不從君命。然吾請與君約。途間毋更提華都娘子事也。曰甚善。吾於此事。已不啻言之不足。又長言之。固當樂與子更語他項事耳。遂相與共去酒樓。至衢中。御人福奈已升車以待。剛騰私幸己脫離此難處之境。自問未嘗打一誑語。既不至敗露姌娜之陰事。又不至欺罔晏陀鼇。深自欣幸。今而後不論事體之成敗若何。均無須代人任咎。姌娜被逼不已。惟有自向晏陀鼇明告其生平已矣。觀晏陀鼇之硜硜自好如是。必不願稍玷

辛亥改良 東方雜誌 第八卷第三號 目次

月出一冊每冊三角 第一號售大洋一角 預定半年大洋一元六角 全年三元郵費每冊六分



插圖



（附告）環游談薈本期不及登載當於次期續刊

## 三希堂化度寺碑

定價大洋八角

歐書諸碑以化度寺最爲難得此碑原爲唐搨卷首有　高宗御題**墨苑至寶**四字又於卷末題曰蘭亭行書二百二十八字耳此碑楷書己備三百字深得**鍾王妙諦**　其推重可謂至矣而夾行之中每字之下題識尚多至可寶貴原本今藏盛宮保家聞庚子亂後以重金購得者茲從友人處借得影本用珂羅版影印與原本不差毫髮誠臨池家之雄寶也用作學堂習字帖尤爲第一善本

**寄售處上海廣智書局**

## 大日本 島津製作所告白

營業概目

理化學器械及藥品
一般測定用精密機械
電氣其他實用諸機械
蓄電池及電線工事
機械及土木學用模型
博物學標本及模型
紙製生理學用模型
地理歷史教授用標本
博物採集及實驗用器械材料

敝所創業以來已三十有七年在日本教育用器械標本製造廠中爲最老而最大者也

販賣品目錄有數種如欲取閱請詳書姓名住址寄下當卽郵送

島津製作所

本店 大日本京都市木屋町二條南
長電話四八八 振替貯金口座大阪六四〇〇
標本部用電話三八〇六 工塲用電話四〇九〇
納品係用電話二五六七甲 倉庫用電話二五六七乙

東京支所 大日本東京市神田區錦町一丁目十八番地
長電話本局一一四一 振替貯金口座東京二二二七

九州發售舖 大日本福岡市天神町九十五番地
長電話三二〇 振替貯金口座福岡二二六一

---

## 王右軍書聖教序

此帖原本爲北宋搨之至精者覺羅崇恩氏題曰天下法書名碑第一吾家宋搨墨寶第一其價値可知矣今用石影印與原本不差毫髮誠臨池家之至寶也每部

大洋八角

寄售處上海廣智書局

# 二十世紀大著作名家童君愛樓實驗自來血保証書

明州童君愛樓著作等身生平擅長詩文書畫小說戲曲等一切撰作大江南北久噪文名歷在本埠各譯局各報館秉筆多年海內文學界中莫不知有此君其爲文
莊諧並作獨闢町畦實爲近今二十世紀著作家中有數人物因其朝夜著作操勞過甚以致心血大衰精神困憊
時患喘咳百藥無功今讀其來書能知其服本藥房自來血後其病如失精神倍增仍能深宵著述不知勞倦深讚本
藥房自來血有起衰扶弱之功今特將其惠書照登於下藉見自來血大有功於人之以思慮致疾云云〇五洲大藥房主人雅鑒今啓者鄙人向以筆墨餬口歷
在廣學會山西大學堂譯書院萬國商業月報館字林滬報娛閒日報文娛報鶴鳴報春申諸報處辦事多年自顧不文著書至數
百萬言一人精神有限終日埋頭窗下竟成了肺喘之症近更書寫稍久神志易昏不能如舊時深宵著述莫知苦辛鄙人亦稍諳醫理念小恙之來多由心
血暗耗致陽氣飛越成神衰咳喘痰多內熱之症服多方均不見效後自去秋八月間服貴藥房自來血後不覺喘平痰少仍得
耐勞蓋由補血而得能若此也心感之餘爲作此書聯伸謝悃幷告學界諸君之抱有同病者即頌財安
厲本埠大馬路德仁里六弄志强學堂內童隱頓
海內諸公如蒙惠購請認明全球老牌商標每瓶內加附五彩認眞券一張值洋一角
保證書一本方不致誤小瓶一元二角每打十二元大瓶式元每打二十元託局函購原班回件
總發行所上海四馬路老巡捕房對面五洲大葯房抄
登

辦理船政支應處委員五品銜福建候補知縣賴永福大令服自來血

# 得補腦筋兼治遺精之實效

五洲大藥房總發行所主人鑒鄙人前在船政文案兼發審差次患痔甚劇兼有遺精之症四肢乏力平日行動不便坐臥不安如是經年幾有支持不得之勢醫者皆稱爲先天不足或思慮過傷所致鄙人雖信其言無如百方調治服補不下數十劑毫不見効深知勞神若不早圖卸肩得以靜息一時於賤軀實有關礙去歲春正欲稟請委代忽蒙 松鶴帥調辦支應處第以奉諭諄諄不得不仰體 憲意竭力從公惟該處出入欵目頗鉅而往來公牘又繁鄙人責有專司凡事無巨細靡不悉心經理以致精神日益疲敝不特舊症未除而左鼻孔每日子午兩時常流濃水臭不可當人皆稱之爲鼻淵實由腦筋過傷之故其時約在客秋九月也得症以後夜不能眠飲食頓減雖曾購服各國馳名補品時而稍愈時而復發心甚憂之幸於本年春間閱報始悉 貴藥房存心濟世所售人造自來血服者口碑載道其功効無比遂即專差晉省赴南街詹斗山紙坊由 貴號分局購得兩小瓶服之果驗精神較健於前嗣後復由敝友程光明太尊處讓來半打服未完而諸症業從消除迄無復發噫此種妙品謂之全球第一靈驗丹誠不愧奈此功此德實皆出自 貴藥房之所賜也謹具數行聊以誌謝並乞登報是禱專此順頌 財安

自來血價目 大瓶二元 每打二十元 小瓶一元二角 每打十二元 託局函購原班回件凡各界諸君如蒙惠顧 須認明全球老牌商標每瓶附有值洋一角之認眞劵一張五彩保證書一本方是翼的

●總發行所上海四馬路老巡捕房對門五洲大藥房抄登

韋廉士大醫生紅色補丸

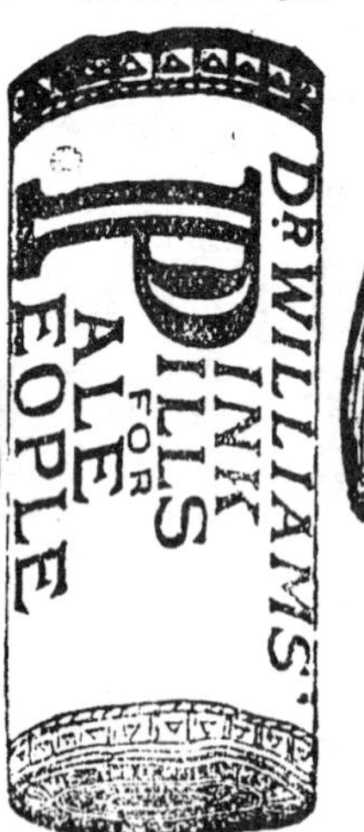


中國各處藥局凡經售西藥者均有出售如疑假冒可直向上海四川路八十四號韋廉士大醫生藥局中國總發行函購或向重慶白象街一分行函購亦可價銀每一瓶大洋一元五角每六瓶八元遠近郵費在內

此係甘肅常備步隊第一標第三營軍官世襲恩騎尉李倬如君漢之玉照也右幅乃表明李君患胃病甚劇及四肢風濕時之情形左幅乃表明李君服韋廉士大醫生紅色補丸後胃病風濕皆得全愈身體康強時之氣象焉

# KOUK FONG PO

**No. 14**

**Issued on Tri-monthly**

大清郵政局特准掛號認為新聞紙類

日本明治四十三年二月十三日第三種郵便物認可

風

每月三期逢壹日發行

宣統三年五月念一日

第貳年第拾肆期

**Annual Subscription $650 each copy 25 cents.**

Published by Hor Kwok Ching

**585 Foochow Road**

SHANGHAI, CHINA.

# 愛理士紅衣補丸

有協助戒烟之能力與戒後調養虛弱之神功承
嚴君靄庭惠來証書玉照

敬啓者僕爲煙癖所困已二十一年矣平時體質已非壯旺及上癮後更形瘦弱庚子年夏曾戒一次未幾因病吸回乃直至去春幸遇振華戒烟會伯偉君以新法戒烟始克將吾老癮戒脫然是時煙癮雖斷而筋骨與脊背之酸及心亂神疲甚如大病匪獨行動乏力且坐臥亦不甯連進參朮補劑終無大效適見時報登貴廠之愛理士紅衣補丸有調補血氣之功培養精神之力乃購到兩瓶試服數天竟神氣日漸其爽而骨酸心亂亦見減輕且眠食亦頗舒暢於是再購六瓶續服月餘竟將僕以前所苦者一律斷除且筋骨雄健大異往時是誠靈丹也夫洋烟最易削磨人身精血故久吸者必致形容枯槁神氣頹喪若不於戒前先事調補則戒後於身體更爲受虧矣僕親沾實驗感激焉敢不言爲此草泐寸函並賤照一張望登於諸報以揚仁風而告同患者焉專此奉候並請台安庽英界長畊里天泰成報關行嚴靄庭頓首

各埠藥房商店均有發售倘內地無從購買請函至上海四川路一百十七號震寰藥廠購辦卽日回件郵費不加

# 中國合衆人壽保險公司兼辦婚姻百歲會廣告

本公司自乙巳年開辦迄今已有七年賠款之迅速已彰彰在人耳目無庸多贅矣前年又仿泰西保人壽辦法意雖良善保費未免太昂如保一千之數至少每年亦須供費百餘金非多數之人力所能逮今本公司爲普助同胞起見仿照粵東現在所辦婚姻百歲會章程畧爲變通創辦於滬上其辦法先投資數元如遇夭年可領銀至一千元無論男女老幼富貴貧賤身體强弱皆可投保並不用醫生驗視以省煩瑣如有意投保者請到本公司取閱詳細章程可也　茲將大畧章程列左

一保數以一千元爲限　一保費首次五元以後五角　一保額有限　一代供如半途無力供者公司有代供一法

一凡入此會者由少而壯則可有室家由壯而老則可有倚靠平時僅省去烟酒遊戲之資則一生有的實可靠之款　一家有老人爲子姪者爲之代保則祭葬之費可無慮矣　一家有兒女爲家長者爲之代保則婚嫁之費可無慮矣　一本人自保則身後可無慮矣

本公司在上海英界泗涇路第二號洋樓

# 國風報第二年第十四號目錄

宣統三年五月念一日出版

編輯兼發行者 何國楨

發行所 上海福州路 國風報館

印刷所 上海福州路 廣智書局

| 定價表 | 報費先惠閏月停刊 | | |
|---|---|---|---|
| 項目 | 全年三十四冊 | 半年十七冊 | 零售每冊 |
| 報資 | 六元五角 | 三元五角 | 二角五分 |
| 郵費 | 全年一元 | 半年五角 | 每冊三分 |
| | 歐美每冊七分 | 日本每冊一分 | |

| 廣告價目表 | |
|---|---|
| 一面 | 十元 |
| 半面 | 六元 |

巫峡一

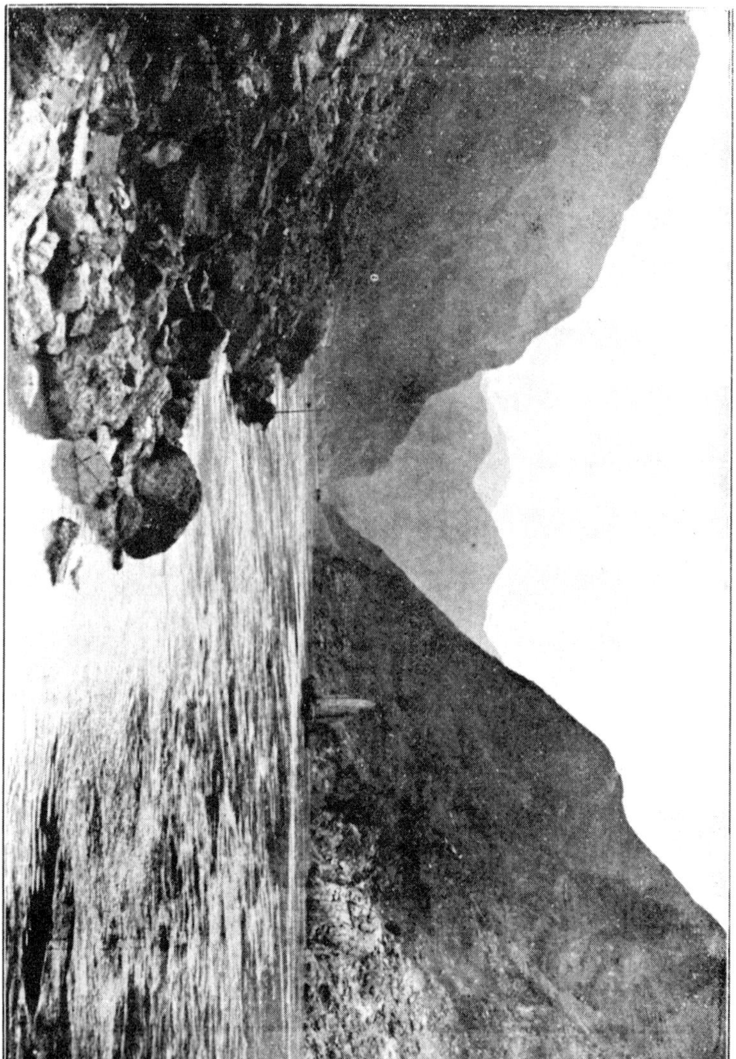

巫峡 二

# 諭旨

四月十五日內閣奉　上諭欽差大臣東三省總督趙爾巽直隸總督兼北洋大臣陳夔龍均著賞給一等第三寶星欽此

同日內閣奉　上諭前據張鳴岐等電奏兼署廣州將軍副都統孚琦因公被戕當經諭令將兇犯溫生才嚴訊懲辦並令查明該署將軍被害情形具奏旋據電奏溫生才業經訊明正法茲據該督等查奏該署將軍被害詳細情形並代遞遺摺懇恩賜卹等語署廣州將軍副都統孚琦由筆帖式充軍機章京洊擢卿貳歷任侍郎簡放廣州副都統兩署將軍服官中外克勤厥職此次因公倉卒被害深堪憫惻著加恩予謚照將軍陣亡例從優議卹任內一切處分悉予開復應得卹典該衙門查例具奏靈柩回旗時沿途地方官妥為照料准其入城治喪伊子禮部候補主事嵩堃著以員外郎補用欽此

同日內閣奉　上諭沈瑜慶著調補河南布政使貴州布政使著王乃徵調補欽此

同日內閣奉　上諭全興著調補安徽巡警道著王履康調補欽此

同日內奉閣 上諭本日引見之明保廣西儘先補用知府志琮著仍以知府發往廣東儘先補用欽此

十九日內閣奉 上諭資政院奏據議員等呈請開臨時會請旨遵行一摺朕披覽呈詞似於預算借款兩事不無疑慮茲特明白宣示本年試辦預算案度支部兩次奏請維持均經嚴飭京外各衙門遵辦自本年起試辦全國預算亦由該部籌有切實辦法奏准施行朝廷主持於上部臣復稽核於下此預算之無可疑慮者也至特借兩欵前已降旨申明專備改定幣制振興實業以及推廣鐵路之用並諭令該管衙門竭力慎節不得移作別用即係爲預防危險起見此借款又無可疑慮者也以上兩事雖屬重要尙非緊急自可於開常年會時從容詳議者度支部將內外各衙門應造全國預算及借款用法各項表冊分別嚴催尅期辦妥一俟九月開常年會卽交該院議決毋稍延誤所請開臨時會之處著毋庸議欽此

二十日內閣奉 上諭端方著以侍郎候補充督辦粵漢川漢鐵路大臣迅速前往會同湖廣兩廣四川各總督湖南巡撫恪遵前旨妥籌辦理欽此

同日內閣奉　上諭本日裁缺內閣侍讀學士延昌具奏摺一件專摺奏事定制綦嚴況當創立內閣官員陳奏事件尤不得漫無限制嗣後凡裁缺候補人員均不准具摺奏事欽此

同日軍諮府奉　上諭本年秋季調集禁衛軍及近畿各鎮陸軍在永平府地面舉行大操著派馮國璋充東軍總統官舒清阿充西軍總統官即著禁衛軍訓練大臣及陸軍部按照欽頒訓令編成東西兩軍限本年六月內通報軍諮府餘均遵照方畧訓令分別妥愼辦理欽此

二十一日內閣奉　上諭恭親王溥偉奏因病懇請開去要差一摺恭親王溥偉著開去總理禁煙事務大臣差使欽此

同日內閣奉　上諭著派順承郡王訥勒赫充總理禁煙事務大臣欽此

二十三日內閣奉　上諭龐鴻書著開缺另候簡用貴州巡撫著沈瑜慶補授欽此

二十四日內閣奉　上諭前經降旨鐵路幹路收歸國有並派端方以候補侍郞充督辦粤漢川漢鐵路大臣飭令迅速前往妥籌辦理朝廷所以毅然行之者固以統一路

權亦藉以稍紓民困當川路創辦之初該省官紳遂定有按租抽股之議名爲商辦仍係巧取諸民至今數年之久該路迄未告成上年且有倒虧鉅款之事其中弊竇不一而足是貽累於閭閻者不少而裨益於路政者無多嗣湘省又復踵行租股該省地方瘠苦更非川省可比際茲新政繁興小民之擔負已重倘不諒加體恤將此項無益於民之舉早日革除農田歲獲能有幾何取求之而未有已時其將何以堪此現既將鐵路改歸官辦著自降旨之日起所有川湘兩省租股一律停止其宣統三年四月以前已收之款著郵傳部督辦鐵路大臣會同該省督撫詳細查明妥擬辦法奏聞總不使有絲毫虧損以致失信吾民倘地方官有隱匿不報者一經發覺立予嚴懲不貸此外如有另立各項名目捐作修路之款一併查明請旨辦理著該督撫迅即刊刻謄黃徧行曉諭以示朝廷體念民艱之至意欽此

同日內閣奉　上諭正紅旗蒙古都統總管內務府大臣繼祿現在百日孝滿著改爲署任照常當差欽此

同日內閣奉　上諭河南布政使著俞鍾穎補授欽此

同日內閣奉　上諭廣東提法使著王秉恩補授欽此

同日內閣奉　上諭本日引見之辦學期滿翰林院庶吉士稽岑孫著授職編修欽此

二十五日內閣奉　上諭禮部奏恭進　冊　寶請旨遵行等語宣統三年五月十九日巳時恭進　孝欽顯皇后尊謚玉　冊玉　寶暨加上　孝靜成皇后　孝德顯皇后　孝貞顯皇后　穆宗毅皇帝　孝哲毅皇后尊謚玉　冊玉　寶又　列聖　列后玉　冊補製玉　寶補製同日恭進

太廟尊藏由監國攝政王代詣行禮欽此

同日內閣奉　上諭楊文鼎奏提學使因病呈請開缺一摺湖南提學使吳慶坻著准其開缺欽此

同日內閣奉　上諭湖南提學使著黃以霖署理欽此

同日內閣奉　上諭廣東瓊崖道員缺緊要著該督於通省道員內揀員調補所遺員缺著松茂補授欽此

二十六日內閣奉　上諭四川順慶府知府員缺著廣興補授欽此

二十七日內閣奉　旨載振現在出差鑲紅旗蒙古都統著阿穆爾靈圭兼署欽此

二十八日內閣奉　上諭此次引見之覆帶京察一等未經記名人員陸嘉晉等共七十三員著於五月初三日起按照名次先後每日五員呈遞膳牌伺候召見如是日未經召見仍於次日預備其餘各員以次遞推每遇星期亦遞推一日欽此

同日內閣奉　上諭堃岫奏大員因病呈請開缺一摺塔爾巴哈台領隊大臣榮昌著准其開缺欽此

同日內閣奉　旨文琦著賞給副都統銜作爲塔爾巴哈台領隊大臣照例馳驛前往欽此

論說壹

# 政黨與政治上之信條

滄江

何謂政治上之信條。謂國人對於政治上所公共信仰之條件也。人之相集而爲羣也。則必有其一羣所公認爲不可不循之理法。無以名之。名之曰信條。是故有宗教上之信條。有道德上之信條。有學問文藝上之信條。有社會交際上之信條。其他莫不有之。不能縷舉。而此信條者。隨地而異。隨時而異。甲國之信條。非可以喻諸乙國也。卽在同一國中。甲時代之信條。非可以喻諸乙時代也。例如埃及希臘人之崇祀物魅崇祀人鬼。以語佛教耶教之國民。莫之喻也。而佛教耶教國民之所信。以語彼等。亦莫之喻也。例如斯巴達人以竊盜爲美德。以語他國人。莫之喻也。例如古代諸國多分人類爲若干階級。不許通婚姻。以語尊平等愛自由之國民。莫之喻也。例如今世歐美人以婦女當社會交際之樞主。婦謝客則羣訝爲無禮。以語東方人。莫之喻也。例如本朝考據家

論說 二

之治經學引書必求其朔家法必宗於一以語元明人莫之喻也是故凡一信條之存於社會也則全社會之人凜乎莫敢或犯自能於冥冥無形之中宰制羣衆心理其有犯焉者則相率駭而譁之必使其人不能自存於本社會而後已是故凡活動者則活動於信條之下而已凡競爭者則競爭於信條之下而已其信條異者則其活動競爭之方式亦從而異以甲國甲時代之方式移諸乙國乙時代莫能適用也豈惟宗教上道德上學問文藝上社會交際上爲然耳即政治上亦有然

諺有之『秀才遇着兵』此言夫以思想懸絕之兩人相交涉勢必窮於因應也是故無論爲一人與一人之交涉爲國內一團體與一團體之交涉爲一國與一國之交涉要必先有彼此心目中所共守之信條然後可據以爲規律之鵠而言動之秩序於是生矣例如有兩學派於此皆宗法孔子甲派引孔子之義理以難乙派則可以使乙派帖服使乙派而本不悅服孔子者則甲派雖偏徵六經無當也例如有兩國於此同認國際法乙國若違反國際法則甲國可據法例以折之使乙國而並不知國際法爲何物則甲國雖廣引先例無當也夫政治上國民與政府之交涉也則亦有然專制國自有

其上下所共守之信條立憲國又別自有其上下所共守之信條苟立憲政治之信條未能深入人心而共視爲神聖不可犯而欲遽效立憲國民活動競爭之方式未有能奏功者也

然則立憲政治之信條何自生乎**其一由於憲法其二由於政治上之習慣**憲法則有形之信條也政治上習慣則無形之信條也是故凡立憲國民之活動於政界也其第一義須確認憲法共信憲法爲神聖不可侵犯雖君主猶不敢爲違憲之舉動國中無論何人其有違憲者盡人得而誅之也其第二義則或憲法未嘗有明文規定者或雖有規定而中含疑義可容解釋之餘地者或雖無疑義而當其行使此權利有可容伸縮之餘地者（例如君主對於議院議決之議案。有不裁可權。然君主不行用此權。不爲違憲也。又如人民有選舉權。然人民不行用此權。不爲違憲也。此所謂容伸縮之餘地也。）凡此則皆由政治上之習慣積累而醞釀之醞釀既熟則亦深入人心而莫之敢犯試舉他例以明之如朝會必具衣冠此有形之信條也稠坐不宜袒裼此無形之信條也居喪必當衰服此有形之信條也喪中不宜宴樂此無形之信條也兩者之効力相等而無形者之宰制人心時或視有形者爲更甚以立憲政治之信條論之則憲法與政治習慣迭相生而迭相成兩者和合自產出種種條件而畫然以示異於非立憲之政凡立憲國臣民之活動於政界者莫不明遵之而默認之無或敢悍然與此信條抗其有抗者則立卽爲全國政界所譁而頓失其活動之力立憲政治之所以勿壞皆賴是也試舉其目

一 凡加束縛於人民公私權者或新課人民以負擔者皆須以法律定之

二 凡法律必須提出於議會經多數可決而始成立否則不能施行

三 凡命令不能侵法律範圍不能以命令變更法律

四 凡豫算非經議會可決不能施行豫算外不能擅行支銷預算各項不得挪用

五 凡議會必須每年召集

六 凡議會閉會中政府雖得發緊急勅令以代法律雖得爲豫算外之緊急支出然必須於次會期提出於議會求事後承諾不承諾則須將前案撤銷

七 凡議會議決之法案君主照例裁可公布之

八 凡君主對於政治上之行爲或不行爲（行爲如發勅諭之類。不行爲如不裁可法律之類。）一切皆由國務

大臣負其責任

九　凡政府與議會衝突則或政府辭職或解散議會二者必居其一

十　凡國務大臣必須常赴議會演說政見答辨質問

其他信條尚多不能備舉此特其最著者耳而凡在號稱立憲之國則此諸條者其朝野政客皆視之若日月經天江河行地凜乎莫敢或犯脫有犯之則必爲全國人所集矢不能一日安於其地位**夫如是然後政黨之勢力得以發生**人民前此有不慊於君主者非革命不能易之今則無須爾也君主在法不能爲惡但責問大臣足矣前此大臣不愜輿望者非暗殺不能去之今則無須爾也所提出之法律案預算案不予通過緊急勅令緊急支出不予承諾更甚則或爲不信任投票或上奏彈劾則大臣無所容其戀棧矣是故在野之俊秀懷抱政見而欲實行之者但使能結集爲一大黨占多數於議院則政府固不得不唯唯聽命而怙權之政府勢亦不得不植大黨以自固即不爾亦須與一二黨提携採用其政見務使得多助於議院然後卽安故曰非有政黨不能運用立憲政治蓋謂是也是故在英美等國其政府員必須從

政黨出者固無論矣即如德日等國其政府員雖亦常以超然不黨自號於衆然語其實際則苟非擇一二黨與之交驩則安能一日尸其位質而言之則凡在立憲國未有失議會多數後援之內閣而猶能存續者立憲所以異於專制者全在此政黨所以能爲立憲政體之中堅者亦全在此是故雖有狡猾頑強之內閣不過弄陰謀以操縱議會之政黨而已不過解散議會干涉選舉而已彼曷爲而操縱曷爲而干涉凡欲以得多助於議會也彼確知非得多助於議會則法律豫算不能得通過勅令不能得承諾而被彈劾以辭職終不能免也故合以上諸信條尤可以一總信條括之曰凡立憲國內閣必須設法求得多助於議會是也若並此信條而不肯公認則更不能名之曰立憲政體而政黨之爲物又斷未有能發揚光大於其間者也

今之政府全不識立憲政體爲何物以上諸信條未嘗有一焉懸其心目中者法律與命令之區別及其範圍漫不省也一切用上諭之舊形式頒布之而已故有種種事項在各立憲國例須以法律規定者而始終不以提出於資政院或資政院否決之法案不轉瞬而發上諭施行之其可決之法案動輒留中不發也雖前此早經裁可公布之法律政府公然違反之恬不爲怪也預算案雖經提出議定視之若無物也不識事後承諾爲維持憲政之一大義故舉凡一切重要政務悉瞯資政院閉會後開會前而擅自行之若鼠之晝伏夜動自謂此遂足以逃責也不知君主無責任一語作何解釋故凡百舉措自審爲輿論所不容者輒假詔旨爲護符動以違制入人罪而其得失若於副署大臣無與也大臣悍然不到院凡百詰質充耳不聞也視院如仇而始終不肯解散惟閣置其議案使悉歸無效也質而言之**則自始未嘗肯認民意機關爲一法定有効之機關**而對於此機關之言論視之與尋常報館之言論與尋常集會演說之言論相等聽其喧呶目笑存之蓋立憲政治公共之信條彼一無所喻一無所恤也而人民舉立憲國通行之成例以責望之此如索文繡於裸國

希詔響於聾俗云胡可致苟循此不變則雖有極大之政黨終不能得絲毫之勢力以左右政治政府則非惟不必聯絡政黨並不必操縱政黨遏抑政黨聽其自生自滅而已久而久之人心厭倦人才益去政黨而他適政黨之命脉日漸澌絕立憲徒存虛名而國命遂將永斬矣吾每念此未嘗不汗流浹背也

夫立憲政治之信條其養成之雖非一日而助長之亦非無道 **則今年資政院之舉動所關最鉅矣** 竊謂開院伊始宜將無關重輕之議案暫行閣置惟注全力督促政府使承諾立憲政治之諸大原則略舉其要者如下

**一 嚴定法律命令之範圍及其效力等差**

**二 分別 詔旨種類勿以政治責任瀆 君上**

**三 確定事後承諾之作用杜政府之取巧**

**四 議案之留中者須大臣說明理由以防不裁可權**

之濫用

五　強迫大臣臨院毋許規避

六　閣院衝突則辭職解散務行其一

此數義若能辦到則憲政之形式精神庶幾略具而政黨之作用始漸可覩矣

論說

十

論說弍

# 利用外資與消費外資之辨

滄江

自利用外資之說興。政府以數旬之間。驟借二萬萬之款。人民有非之者。政府則曰。吾固利用外資也。此各國行之有效而我乃踵其轍也。夫使果能利用外資。則亦吾黨所亟贊。吾於是對於利用外資之定義不能不置一言。

生產之要素三。曰土地。曰勞力。曰資本。我國土地勞力皆居優勝。惟苦乏資本。故外國人最喜投資本於我國以利用我之土地勞力而爲我國計。旣據有此優勝之土地勞力。亦最宜利用他國過賸之資本。故利用外資誠爲中國今日生計政策之最妙法門。稍有識者所同認也。雖然。若何而始足稱爲利用外資。此我國民所不可不熟察也。欲明此義。則先當於資本成立消滅之狀態求之。

夫資本曷爲而成立乎。凡人用其勞力以加諸土地。則必有收入。於收入之中。除去種種勞費之所需而猶有贏餘名之曰「所得」常將此「所得」者貯蓄其一部分則名曰資本此最初資本之所由發生也既有資本而役之以運用土地勞力則次度之「所得」加增而復貯蓄之則資本亦加增如是相引積而彌厚則私人之富也舉國多數人皆循此道以行則國之富也抑資本又曷爲而消滅乎隨有「所得」隨消費之終不能有所貯蓄則是取將來可以爲資本者而消滅之也企業失敗所收入不足以償其勞費則是取原有資本而消滅之也奢侈過度非惟不能貯蓄其「所得」而所消費者更軼出於「所得」之範圍外以侵入資本之範圍是亦取原有資本而消滅之也如是遞蝕以至於盡則私人之貧也舉國如是則國之貧也

由此言之資本之源泉亦曰土地與勞力而已我國之土地勞力既優勝於萬國在理則資本宜日增者也今非惟不日增而反日減以致不得不仰給於外資其故可思矣夫資本必由貯蓄「所得」而始成立者也而「所得」又恒必爲勤勞穫實之結果也今吾國全國中分利之人其數遠過於生利者國人過半數只解爲消費行爲而不解爲生產行爲則一國之「所得」更從何來此資本所以日涸之原因一矣今世新

企業之組織吾國人曾不解所以運用之之道每試輒敗敗則喪其資本此資本所以日涸之原因二矣以未慣運用而敗猶可言也苟實心任事則懲前毖後未慣者固可以即於慣我國所有新企業無論官辦商辦皆以供司理人舞弊之資故他國生產事業恒得增加資本之結果我國生產事業則恒得銷蝕資本之結果此資本所以日涸之原因三矣夫勤愿之民其能忠於一業而歲有所得者豈曰無人然或以家累太重或緣外界種種牽累恒至舉其「所得」之全部而消費之終不能有所貯蓄以成爲資本此資本所以日涸之原因四矣即偶貯蓄得一二而無金融機關以資運轉置諸手次輒易消費以盡此資本所以日涸之原因五矣善理財者其取租稅於民也則取諸其所得中之藉供享樂之一部分而已不侵及其資本之範圍也（民一歲營業所贏餘。名曰「所得。」而「所得」中大約可分爲三層。第一層爲維持其本身及家族之必要費。第二層爲資本。第三層爲享樂費。例如有人於此。每年必須得二百金乃足充仰事俯畜之用。使其「所得」而僅有二百金。則雖有貯蓄一文以爲資本而不可得也。使其「所得」而爲三百金。則可以將彼一百金貯一部分爲資本。其他一部分則以供享樂。此兩部分所占孰多。存乎其人。而國家之取租稅。則恒取之於其享樂之一部分耳。若並其擬貯爲資本之一部分而取之。則國民之新資本遂無從發生。若更進而取及其必要費之一部分。則人民萬不得已。只有移其舊資本以充必要費而已。如是則舊資本遂以消蝕。資本愈絀。所得亦愈絀。不數年則並舊資而銷盡矣。租稅制度之影響於國民生計者如此。）我國不然租稅制度拙劣於其應多取者而寡取之於其應寡取者而多取之故國中最能生利之民政府常驅之於死地彼雖欲增殖其資本以爲國富之中堅而不可得也此資本所以日涸之原因六矣國家收租稅以治民事或直接以增加團體之資本（如國有鐵路及各種官業之資本。爲國家之所有。卽無異全國人民所公有也。）或間接以保護獎厲私人之資本（如軍隊警察衛生教育等。或藉以保護私人資本。或以養私人使具有增加資本之能力。）我國一切反之官業以侵吞資本爲究竟而私業復不得保護往往使企業者陷於危險以喪其資此資本所以日涸之原因七矣國家盡吸收人民之資本以豢養官吏而官吏者則爲蠹以蠹木者也爲鼠以盜米者也別成一游手無業之階級人數衆多而握一國之最高權習爲奢侈以盬全國資本之精髓此資本所以涸竭之原因八矣是故中國非本無資本也以此種種原因故原有之資本滔滔然盡洩諸尾閭而無復餘以吾所推測則國中所消耗之資本每年平均恒在數萬萬元苟能塞此尾閭斯可以語於利用外資而不然者則雖借得數萬萬元之外資亦如投燥薪於洪爐

**不旋踵而燼耳此實一至嚴之界說言利用外資者不可不常目在之也**

今之言利用外資者動則曰不生產的外債其不可借者也生產的外債其可借者也此實至當之學理雖有辯舌不能致難者也雖然生產的云者不惟其名也而惟其實有人於此向人稱貸以開一商店謂之非生產的事業焉不可得也然使司店者非才緣辦理失宜之故不轉瞬而虧蝕以盡則等於不生產焉矣甚則店員通同舞弊以盡蝕股東之資則益等於不生產焉矣更甚則股東擅調取其資以充聲色玩好之費商店有名而無實則愈益等於不生產焉矣**夫今日我國政府之假利用外資之名以號於衆者正類是也**即如今茲所借數萬萬元問其用途則曰整理幣制也推廣鐵路也振興實業也苟惟名而已則誰復能訾其非者雖然謂政府得此欵而果專以用諸此途疇能信之即曰專用矣而謂其遂足以舉生產之實又疇能信之是故言整理幣制則幣制局造幣廠增許多差缺增許多支銷名目

己耳言推廣鐵路則郵傳部堂屬欣欣向榮督辦總辦諸大臣紛紛並起而無量數之失職冗員延頸以待澤己耳若夫振興實業之名號廣泛尤便舞弊者更無論矣就令辦幣制辦鐵路辦實業諸衙署其員缺絕無浮濫其任事者皆赤誠奉公然猶當視其學識才器之能否勝任苟其不能則亦必將所借之資不期月而消費以盡其結果與投諸不生產之途等而況乎今之當局自始本未嘗有辦幣制辦鐵路辦實業之心而惟假此以爲名者哉夫以國中原有之資本而每年能耗其數萬萬者今益以一二萬萬亦不過九牛一毛祇以供少數盜臣須臾槃樂之用而國富民富曷嘗絲毫增加焉豈惟無增加而已所借之債遞年須給息也他日且必須還本也而原欵則既轉瞬消耗以盡矣他日償還本息之負擔仍不得不取諸吾民愈益以租稅蝕資本之

**範圍而原有資本之涸竭亦愈益甚是惟恐國民破產之不速而更從而促之也嗚呼吾亦安知其所終極哉**

今日之中國有形之瓜分不足畏也所可畏者乃在外國資本家漸握我生計界之特權全吸我精髓以爲其利贏使吾民悉陷於勞動者之地位而永刼不復尤可畏者則乘我財政紊亂之隙協商以監督我財政此二者皆立足以召亡**而爲之導線者其必在現政府之借債政策矣**準此以談則政府果利用外資耶抑爲外資所利用耶願我國民熟思之夫我國民以身家性命託諸現政府之下其險狀固不可悉數而茲事又其貽患最博而受禍最速者也願我國民熟思而有以處之

時評

# 國民破產之噩兆

滄江

嗚呼吾甚不欲以不祥之言攖我國民淸聽而使久經沮喪之民氣益加沮喪也雖然諱疾忌醫徒以速死見兎顧犬或猶及時吾又安敢徒以吉語佞我國民坐視其瀕於至危而不思所以爲救哉昔堯舜禹之相誥誡咸惴惴於四海困窮天祿永終以今語迻譯之則所謂國民破產者是也徵諸我國前代則宋元明之季當之徵諸歐洲近世則西班牙葡萄牙之所以衰埃及之所以亡皆坐是也夫所謂國民破產者舉一國所資以爲生產之資本歲朘月削至無復餘人民終歲勤動而所得曾不足以自贍於是弱者轉於溝壑悍者鋌而走險人人不樂其生而全社會之秩序破中外古今之亡國者未有不循斯道也嗚呼今日中國之現象近之矣吾故列舉近五年來生計界之噩兆窮其因而推其果俾我國民共思所以挽救焉

時評

## 近五年來中國恐慌表

| 事件 | 發生地 | 波及地 | 發生年月 | 恐慌之原因 | 救濟之方法 |
|---|---|---|---|---|---|
| 東盛和事件 | 營口 | 波及於鐵嶺奉天長春上海天津等處 | 起於光緒三十三年十月越八個月清理完結 | 日俄戰役後。滿洲一帶對外貿易驟興盛。以營口爲其中樞。投機業（即買空賣空）漸行。市場日趨險象。適有東盛和者。以銀爐及油房爲業。濫用過爐銀。爲穀豆等投機買賣。負債五百餘萬。遂破產。營口之恐慌大起 | 由奉天官憲及大清銀行支出救濟銀。暫時維持營口市面之秩序。 |
| 天津定貨事件 | 天津 | 波及北方各省 | 起於光緒三十四年春間至宣統二年正月交涉暫妥 | 日俄戰後。外貨之輸入天津者驟增。皆定以先期交貨。兩個月後結帳。然其所定之貨。遠過於內地需要額。以致滯銷。各商在洋行所定之貨。不能結數者。前後接踵。市內大恐慌起。合計所欠一千四百餘萬兩。 | 恐慌初起時。內外官民。無一謀救濟之者。各商僅恃悍不還債。遷延時日。遂屢次受外人責言。幾經交涉。年卒減債務爲六百萬兩。限二十五年分還。息五釐。 |
| 人和永 | | 其影響初僅在上海一 | 自光緒三 | 外則受美國恐慌之影響。內則受滿洲天津恐慌之影響。上海市面。銀根日緊。人心洶洶。適上海有吳祥麟吳玉麟兄弟。共開一棉花行。曰人和永、祥麟本爲禪臣洋行買辦。因得在南 | 上海道與商務總會謀。由大清銀行借入一百九十萬兩。交通銀行六十萬兩。四明銀行五十萬兩。共三百 |

二

| | | | | | |
|---|---|---|---|---|---|
| 事件 | 上海 | 市。後乃展轉波及長江沿岸各埠。 | 十四年九月迄十一月 | 北市各錢莊及外國銀行通融借貸。生意頗盛。昨年來因經理失宜。虧累不少。因投機買倫敦喜零票。益招損失。兄弟相率逃亡。負債五十萬兩。外國各銀行。乃收回前所貸與各錢莊之銀。恐慌遂起。 | 萬兩。然皆無現銀、乃以相當之財產作抵。更向匯豐銀行借二百三十萬兩。向江蘇藩庫借七十萬兩。交與錢業會館。充救濟之資。僅得無事。 |
| 三怡錢莊事件 | 漢口 | 湖北湖南江西各省及長江沿岸 | 自光緒三十四年十月起雖暫彌縫一時而餘波至今未平 | 怡和興怡和永怡和生三錢莊者。江西人黃某之所營也。黃家資號稱一二百萬兩。漢口三莊外。復設多數小錢莊於江西各地。湖北官欵。多半經其手。陸續挪用不少。昨年來因市面不好。其資金擱壓而不能收回者頗多。屢乞外國銀行通融。不見信。值彼在上海所素來往之錢莊有破產者。底子盡露。遂歇業。負債銀二百四十萬兩。內官欵一百萬兩。 | 三莊破產事發。鄂中官場。狼狽萬狀。急向各處查抄黃氏家產。無一人顧及市面情形者。故恐慌越鬧越大。及半月後。始由湖北藩庫官錢局各支出五十萬兩。交給大清交通兩銀行。使擇商民有確實擔保品者貸給之。又乞外國銀行之援。僅能彌縫一時。 |
| 信義銀行事件 | 上海 | 鎮江漢口各處起小波 | 宣統元年五月 | 信義銀行者。鎮江人尹克昌所立之儲蓄銀行也。政府並許以發行鈔幣之權。濫用其信用。當昨年恐慌之時。已瀕於危。尹氏更在鎮江開一製紙公司。濫借用銀行資本。該公司虧本。 | 無 |

| | | | | | |
|---|---|---|---|---|---|
| | | | | 遂累及銀行。持有該行鈔票者。紛紛來索兌換。遂以三十萬元之負債而破產。 | |
| 收回臺伏事件 | 福州 | 本市 | 宣統元年八月 | 福州之錢莊。發行一種鈔票。名曰臺伏。其業此者五十餘家。及大清銀行開支店於福州。命以定期收回之。恐慌遂起。 | 無 |
| 福隆店事件 | 宿遷 | 本市 | 宣統元年臘月 | 宿遷有福隆布店者。於本業之外。復發行錢票。每年出入號稱一百萬兩。偶因與邑紳有隙。該紳相率集其所發之票迫兌換。遂破產。其他發行錢票者亦受波累。紛紛求兌。相繼破產。市面恐慌大起。 | 無 |
| 鎮江恐慌 | 鎮江 | 本市 | 宣統二年三月 | 銅元之由長江上游各省流入者太多。物價驟騰。銀根緊迫。商業日衰。遇有乾和棧破產事件。恐慌遂起。 | 無 |
| 重慶恐慌 | 重慶 | 本市 | 宣統二年二月 | 緣濫發銅元而起。 | 由商務總會向藩庫借入一百萬兩。暫行救濟。 |
| 源成隆 | 漢口 | 本市 | 宣統二年 | 湖北承三怡錢莊事件創痍之後。重以去年之水災。本年之凶歉。漢口商業益彫敝。有萬小堂者。開一錢莊。名曰源成隆。濫用錢莊資金以營商業。總數逾二 | 商務總會申請鄂督。及湖北官錢局借撥三十萬兩。 |

| | | | | | |
|---|---|---|---|---|---|
| 事件 | | | 三月 | 十萬兩。其店員亦效之。挪用十萬兩。而錢莊之營業。亦以投機爲主。總計虧空九十萬兩。遂破産。恐慌延及全市。 | 大清銀行借撥二十萬兩。暫充救濟之資。 |
| 杭州恐慌 | 杭州 | 本市 | 宣統二年四月 | 杭州絲業。日就衰頹。市面風聲不好。偶因慶餘銀號濫發錢票。紛紛索兌。遂破産。市內恐慌起。 | 浙撫由藩庫及大清銀行借款暫行救濟 |
| 營口恐慌 | 營口 | 本市 | 宣統二年四月 | 營口向來緣濫用過爐銀之信用。屢起小恐慌。而大清銀行與交通銀行及山西票號。其買賣曰爐銀。利害衝突。自本年三月以來。屢事唔門。人心皇皇。值有西義順者。兼營銀爐油房兩業。因濫發豆油期票。無實欵可支。謠言四起。過爐銀之信用墜地。時價驟落。恐慌遂起。 | 無 |
| 揚州恐慌 | 揚州 | 本市 | 宣統二年六月 | 益大乾順兩錢莊。緣濫發錢票破産。恐慌遂起。 | 無 |
| 陳逸卿 | | 波及於漢口天津營口 | 起自宣統二年六月 | 自去年以來。橡皮投機業。驟行於各國。波瀾屢起。本年春間。此風披靡上海。各官商競向錢莊及外國銀行調用欵項。投機若狂。虧累總數。至一千萬兩以上。有 | 上海各錢莊。求援於商務總會。該會乞上海道與外國銀行交涉。借得三百五十萬兩。復撥官欵一百五十萬兩。 |

時評

| 事件 | 上海 | 及長江沿岸各埠 | 上旬經一來復後稍鎮靜 | 陳逸卿者。爲新旗昌洋行買辦。自開一慶餘洋貨鋪及正元錢莊。復得兆康謙餘兩莊之後援。調運多款。悉以投機。而累失敗以失敗。各莊相繼倒閉。牽動全市。生極大之恐慌。 | 十萬兩。由商務總會經手。令各錢莊運合擔保。貸與諸錢莊中之稍有信用者。僅得彌縫一時 |
|---|---|---|---|---|---|
| 源豐潤事件 | 上海 | 波及於甯波杭州蘇州廈門汕頭香港廣東南京天津北京等處殆徧全國 | 宣統二年九月發生越兩旬後暫得小康 | 陳逸卿事件發生時。各官商之虧空。實在一千萬兩以上。僅有救濟資金五百萬兩。本未足以彌其變。而上海道蔡乃煌。本亦緣投機虧空官款。被議革職押追。蔡大窘。遂將官款之存於各錢莊者。拚命收回。市面大亂。各家之存銀於錢莊者。皆倉卒取回。外國銀行亦不肯貸出。銀根益驟緊。源豐潤者。南方有名之票號也。有支店十七家。分布全國。向存官款極多。遂被擱淺。全國蒙其影響。 | 當時約計所需救濟金。謂當在一千六百萬兩內外。後此由大清交通兩銀行合撥二百萬兩。由匯豐銀行撥二百萬兩。復發公債三百萬兩。向外國銀行募集。合計七百萬兩。經商會之手。交給錢莊。暫行救濟。禍根正未艾也。 |
| 北京恐慌 | 北京 | 本京 | 宣統三年正月 | 和豐等六錢莊。因濫發錢票倒閉。京內小恐慌。 | 無 |
| | | 波及於 | | 義善源票號者。合肥李氏一族所開也。李經楚爲總司理。有支店二十七家。徧布全國。其來往之錢莊關 | |

六

| | | | | | |
|---|---|---|---|---|---|
| 義善源事件 | 南京 | 上海北京濟南及長江一帶餘波及於閩廣 | 起自宣統三年二月。至今結算未完。人心皇皇 | 係密切者三十六家。受源豐潤破產之影響。資金運轉。不能如意。李經楚方爲交通銀行總辦。常向該行通融款項。藉以支持。及盛宣懷任郵尙。欲攬交通銀行之權。迫義善源交回借欵。無以應。遂以一千四百萬兩之負債而破產。 | 救濟方法。各處不同。然別無善法。惟押追義善源之財產而已。 |
| 長蘆鹽務處事件 | 天津 | 現方起於本市影響漸及於全省 | 起於宣統三年四月初旬現尙未了 | 長蘆鹽務處者。直隸鹽商九十六名之聯合團體也。前此鹽商。資本豐而獲利多。常左右直隸之生計界。憑藉勢力。與督撫運使等朋比。延欠國課。兩年前澤公爲鹽政大臣。徹究欠課。運使張某代各商擔保。向外國銀行借七百萬兩以塞責。今無以爲償遂致破裂。 | 度支部擬由大清銀行撥七百萬代還外債。而收回鹽引歸官辦。然津民反對頗力。結果未可料也。 |
| 廣東恐慌 | 廣州 | 未詳 | 起宣統三年五月中旬現尙未了 | 粤人因反對收回粤漢鐵路歸國有。相議抵制大清銀行鈔票。紛紛持票迫兌換。恐慌遂起。 | 聞粤督擬向臺灣銀行借五百萬。現已定約者一百萬。欲以敷衍一時。尙未得確耗。 |
| 恒隆廣事件 | 北京 | 未詳 | 宣統三年五月下旬 | 票莊恒隆廣者。本店在北京。天津山西庫倫張家口烏里雅蘇台等處皆有支店忽焉倒閉。各處恐慌起。其損失額未詳。 | 未詳 |

右表所列。僅舉其大者耳。其他各處之小波瀾。尚未及計。而五年之間已二十件。以年分計之。則光緒三十三年一件。三十四年三件。宣統元年三件。二年八件。今年僅閱五月而已有五件。其救濟用之欵。約三千餘萬兩。而閣而不理者尚多。坐是之故。而新負外國銀行之債二千六百餘萬兩。（據吾所知者如此實則恐不止此數）其借大清交通兩銀行及各省官錢局之名義以暫行維持者。亦千餘萬兩。而兩銀行及官錢局者。又並非能有實力也。不過假一空名而已。而私人所受虧累倒閉。其數實不知幾何。而恢復之憑藉。杳然無可指冀。嗚呼。此果何等景象耶。處此社會之下。其尚能一日卽安耶。

市場恐慌之慘。過於兵燹。治生計學者。慨乎其言之矣。在信用制度發達之國。茲事或爲勢所不免。故歐美各國近五十年來。大抵每十年必起一次大恐慌。然則中國之有恐慌。似亦不過事勢之常。遽指爲國民破産之噩兆。毋乃太過。雖然。歐美之恐慌。必閱十年內外始偶起一次。非如吾國之連年頻見。且年起數次或十數次也。夫以去年一年而起八次。今年僅閱五箇月而起五次。準此推之。則來日大難。甯堪設想。其不至終歲常在恐慌之中焉而不止也。此其不同者一也。歐美恐慌。恆爲資本過溢生産過溢之。結。果。我國。則。爲。資本。涸。竭。生。產。式。微。之。結。果。其不同二也。歐美。經。恐。慌。之。後。其。債。權。債。務。之。轇。轕。仍。在。本。國。我。國。則。此。關。係。移。於。外。國。其不同三也。歐美。恐。慌。多。由。一。時。擱。淺。其。恢。復。之。實。力。仍。存。故。一。二。年。後。反。動。力。起。而。繁。榮。常。逾。於。前。我。國。恐。慌。則。由。彫。敝。既。極。而。生。每。下。愈。況。相。續。無。已。其。所。謂。救。濟。者。不。過。彌。縫。一。時。而。債。累。日。重。竭。蹶。日。告。其不同四也。由此觀之。中國近數年來此等恐慌之現象。甯得付諸氣數之偶然。而不思所以爲根本救治哉。若其原因所自與救治之法。吾將於次號更論之。

# 國民與國會之關係（續第十三號）

著譯　柳隅

## 第四篇　國會議員之資格及選舉之腐敗

### 第一節　國會議員之資格

一國開創之初。其社會之景象。常呈簡古之狀態。故人民之階級。欲辨別而分析之。極容易之業也。英國當撒遜時代。國王與貴族之間。貴族與自由民之間。自由民與奴隸之間。階級森嚴。易以辨別。降及諸曼朝。國家之組織。雖以封建爲基礎。而人民階級之區別。依然如上世之簡單也。迨於近世。忽有人造的階級。而古代之階級。大半歸於消滅。斯亦可以覘社會之變態也。蓋今日州邑之人。當參列於公會時。未聞有論人財產上之資格者。批評貧民與富民之議論。未聞有謂富者必優而貧者必拙者。凡丁年之男子。苟具自由之資格。則無論貧富。皆有得被選爲議員之權利也。

其在上世對於政治上之資格有三即男女性、年齡、身分、是也而性別身分二者古代一般之人皆認爲天經地義即女子及奴隸社會不許其參與政權而爲女子奴隸者亦各安其於分不敢有參與政權之思想也**至於年齡之一資格其在上世社會常不重視之**故往往有未及弱冠之青年已得占議院之議席距今二百五十年前戈克氏之所謂默許之白面少年者尙常得爲國會之議員而其反對論之萌芽亦起於是時焉及十七世紀之末忽有限制年齡之新法即未達於丁年者不得爲國會之議員**是爲年齡限制法之嚆矢**然當時之人尙多不遵守此法蓋距今數十年前猶常有違背此規則者彼伏克士、李巴布拉寨耳、侯諸賢未及二十一歲已爲國會議員是其例也

當十四世紀之末國會議員之資格惟限於性別年齡身分三者爲州舉之國會議員者限於占顯著地位之州士及富於資產而與州士有相當地位之紳士及亨利第六時制定一新法州舉之國會議員限於有六百磅之不動產者又州之選舉權限於歲有四十辨士純益之自由借地主**是爲以財產爲政治上資格之濫**

**觴**而以州舉國會議員之資格**律邑舉之國會議員者則猶經三世紀後始有此制也**蓋至女王安之時邑舉之國會議員與州舉之國會議員同皆不可不有不動產之資格而州舉之國會議員限於有六百磅不動產者邑舉之國會議員則當其半額也。

自斯以降議員資格之條件雖有若干款而財產之一項則占極重要之地位也雖然財產之資格僅限於地主殊失公平故至十九世紀一般之議論皆謂財產之資格不宜僅限於不動產而宜並及於動產以不動產不過屬財產之一部分也及維多利亞女王即位時遂別制新法**無論動產與不動產皆得爲議員資格之條件**雖然此等改革尚未足以滿極端改革黨之意也蓋極端改革黨之所主張謂議員之資格斷不能帶財產之臭味故未幾改革黨遂別提出改革案六條**廢止財產之資格即其一項也**迨於近時財產之資格竟歸於廢止改革之所主張者至斯遂達其目的矣。

### 第二節　議員得信敎自由之由來

前此議員之資格。其不公平之處。不獨其財產上之資格。限於不動產己也。然又有一奇怪不可思議之條件焉。**即宗教上之資格是也**。當十七世紀之末。國王忌人民之傾心於羅馬敎。又以羅馬敎徒。分散各地。懼其能爲梗也。故忌之益甚。於是遂制定一法律焉。凡爲國會議員者。第一必誓忠於國王。第二必認國王有宗敎上政治上之最高統治權。第三必誓專奉耶穌而不信他敎。由此法律。故自一八二九年以前。羅馬敎徒。無得爲議員者。雖然此法律之目的。本在於排斥羅馬敎徒。不幸施行之結果。即戈加敎徒。亦爲其所排斥焉。彼戈加敎中之佐治阿底氏。素繫國民之望。由此法律。竟剝奪其爲議員之資格。此當時之士所共惋惜也。然戈加敎徒。多屬溫和柔順之人民。故雖剝奪其被選舉權。亦不生反抗。爾後百三十五年間。戈加敎徒。遂無一得爲國會議員者。但在國會常爲之代鳴不平。故終發布回復戈加敎徒參政權之法律。及一八三三年。英蘭北方之豪族畢斯氏。遂以戈加徒之信徒。被舉爲議員也。畢氏舉爲議員之前四年。羅馬敎徒孔拿氏。亦由愛耳蘭某州舉之爲議員。**是爲**。

**羅馬教徒回復參政權之始。**而在國會。亦知前此之法律。實不公平也。故卒議決回復羅馬教徒之參政權。爲羅馬教徒者。其就議員之職時。不爲前此法律上規定之宣誓。而別爲新式之宣誓。爾後英國之臣民。無論生於本國與生於外國。但使其父母皆爲英人。而又有財產上之資格。則達成年時。皆得舉爲議員也。

抑一八二九年以前。爲羅馬教徒者。常因就議員之職時。不肯宣誓承認國王有宗教上政治上之最高統治權。因被剝奪其爲議員之資格。而猶太教徒亦然。故此後羅馬教徒之實回復參政權。殆經三十年之紛擾。而猶太教徒之回復參政權。其紛擾時期之長。亦猶是也。一八三二年以後。羅馬猶太兩教徒。常提出完全回復參政權之議案於國會。下院雖通過。而上院常反對之。雖然。社會之趨勢。終承認。信教之自由。當一八二八年。倫敦府會。先議決予猶太教徒以府民之權利。及一八三二年之末。猶太教徒。卒被召集於國會。而一八三六年。猶太教徒。有被舉爲耶穌救濟院之院長者。一八三七年之倫敦市長。其先後在任者。亦皆猶太教徒也。

信教自由之例。其極力提倡者。實在倫敦府也。一八二八年。克拉州民。見孔拿氏之被選爲議員。於是關於議員之資格。亦大提倡信教之自由。及一八四七年。倫敦府舉猶太教徒巴倫。以爲國會之議員而克林威忌亦倣之。於一八五一年。舉猶太教徒梭羅門。以爲國會議員焉。然此二人者因就職宣誓之際。畧去以耶穌教爲眞宗之語。被命退職。惟議會中尙未敢註銷其席位。然倫敦府之議員一名。固七年間空其席位也。然在倫敦府。堅執信教自由之主義。期於求達其目的。當一八四七年、一八五二年、一八五七年三次之總選舉。巴倫皆被舉爲議員。及一八五八年。上院知倫敦府所守之主義。不能拒絕也。其時有保守黨之議員一人。提出一調和之策。謂無論上下院議員當就職宣誓時。許畧去有傷猶太教徒之語。而國會採用此策。巴倫遂就國會議員之職焉。爾後數會期間。猶太教徒之爲議員。其宣誓皆依此例。及一八六六年。上院知從來之宣誓式。實屬無意識之拙計。遂舉耶教與猶太教間含有敵意之誓詞。悉廢棄之。而別定新誓辭。於是兩教間之葛藤。遂斷絕矣。

### 第三節　議會之排斥官吏及受恩賜者

其在往時。議員之資格。旣以財產及宣誓爲條件。而官吏及受國王恩賜者。其被剝奪議員之資格。亦垂二百年。而此等法例。**蓋始於威廉第三之世**。當時百年七千頒布之王位繼承法中。有關於議員資格之規定。謂奉國王之官職及受國王之恩賜者。不得爲下院之議員。然實行之際。常感困難。蓋非使爲大臣者得爲議員。以助國會之勢力。則國會之權力。不能左右行政部也。故由此法律之結果。內閣人員。固被排斥於下院之外。而下院亦失監督內閣之權也。及一七〇六年。此法律稍加修正。卽奉政府官職之議員。一時暫使退去議席。而奉一七〇五年以後新設官職之議員。則無再被選之資格。但有爲議員資格官職之數。尙有所增加。又政府之官吏。當由某官職轉他官職時。則失再被選之資格。抑其時之國王。旣無濫設受恩賜者之權。故禁其參列國會之法律。亦因之而廢止。且政府之退老官吏。其所受之年金。非國王之恩典。而屬於國會之恩典。故亦無剝奪其爲議員之資格之理由也。

王位繼承法中。對於官吏及受國王恩賜者。雖剝奪其爲議員之權。然以當時之腐敗時代。欲恃此以拊制腐敗大臣之奸策。亦不能奏功也。蓋當時一般佞臣。尙多有受帝室賚及不經國會認可秘密費之年金者。而一七〇六年之王位繼承保全法。又規定內閣大臣。得爲下院之議員。且居同年以前創設之官職者。亦使之得爲議員。此政治所以腐敗也。及一七四三年。有稍加匡正之之法。官吏之被剝奪議員之資格者。其數頗多。然尙不足以止腐敗政治之流毒也。當佐治第三時。一七六〇年即位因國會屢逆其意。乃播弄奸計。嘗以二貴族之爵位。買二議員之票權。蓋欲求通過其腐敗之議案。故與議員結此等之契約。其後國會懲其流弊。乃議決排斥此等之契約。亦以當時之國王。常好用不正之手段也。

## 第四節　收稅官之被剝奪選舉權

距今前二世紀間。下院之議員。有二種變動之現象。即一則排斥貧人及異教徒爲議員之惡法。漸歸於廢止。一則拒絕官吏寵臣爲議員之壁壘。日見其森嚴。蓋一則其法前。長而後。消。一則其法前。消而後。長也。抑選舉權及被選舉權之變更。既詳於前篇矣。今試再揭其要點。則前篇所述者。一爲州之選舉權及被選舉權設財產資格之源委。二爲羅馬教徒被剝奪選舉權與被選舉權。及其回復之原因。而回復羅馬教徒選舉權及被選舉權之處置。及擴張邑之選舉權於各戶主。而廢止議員之財產資格。則皆

十九世紀後半之事也由是觀之對於選舉權及被選權變更之立法常爲並行線之運動而其範圍皆日以開拓也

選舉權及被選舉權之開拓雖爲並行線之運動然於此有一例外焉即與國王結協贊之契約（即上所述以二貴族之爵位置二議員之投票權事）既於一七八二年爲國會所排斥而收稅官之選舉權同時亦被剝奪也雖距今數年前收稅官之選舉權嘗有一時之回復而與國王結協贊之契約者則永不得列席於議會也抑一七八二年以後凡十年間下院議員之大多數實由不滿二百五十名選舉權之選舉區所舉出而此選舉區之最多數又皆不滿一百名之選舉權故使收稅官而有選舉權則選舉之際彼常占有莫大之勢力當時之戈爾尼斯邑其有選舉者僅有十一名而十名爲國王之收稅官則其選舉權之全歸收稅官之掌握從可知矣故巴克氏之謀剝奪劣等官吏之選舉權與洛金翰內閣之實行此政策蓋實監於戈爾尼斯邑之流弊也

### 第五節　選舉上之賄賂

著譯 十

十八世紀之末國會對於國王費幾多之爭議始得剝奪收稅官之選舉權斯亦國會之一大事業也及十九世紀之後半選舉權之認可失之寬大遂啓國王以得行干涉之機會斯又政治上一危險之事也抑自十八世紀以降剝奪劣等官吏之選舉權固欲以防其流毒於國會而國會之腐敗又未能免蓋自斯以後之國會又別呈出一腐敗之景象焉**即十八世紀之議員喜受人之賄賂而十九世紀之議員又喜賄賂人也**蓋當時之社會其行政治上之欺騙與行私事上之欺騙直無所異相習成風恬不爲怪即輿論有所非議亦但責呑餌者而不責投餌者即但責受賄者而不責行賄者是所謂罔民之道豈得爲健全之輿論乎

國會之腐敗實自十八世紀養成至近時而其弊益加甚蓋一八三二年之國會改革後其腐敗之趨勢日以蔓延斯實使人可驚也當一八三二年以前選舉人無受賄賂者抑希望中選之人亦無賄賂選舉人之必要也彼在加子通屬門遜侯管下之人民在諾克屬紐加斯塔公之借地人在哈威基之收稅官皆迎合其主人之意旨以投票蓋當時之小選舉區其選舉人極無勢力惟倚賴於權勢家唯命是聽並可受賄賂之

資格而無之故尙得保其淸白之名也雖然推論腐敗流毒所由來終不得不溯源於古代蓋此等之弊由國王而傳之貴族由貴族而傳之國民政治上之勢力逐日下移而此等腐敗之流毒亦逐日下移也當國王之勢力强盛時懷靑雲之望者皆貢金於王以博官職故當時之國王以鬻爵爲歲入之一財源其後邑主之勢力强盛亦以鬻賣投票權爲一種之收入及最後國民之勢力日熾於是賄賂之弊又一變其面目不投之一二人而投之數千百人其腐敗之圈線比前古而大擴張斯亦可以觀世變也

### 第六節　議員之買賣及隨件於選舉之應酬

國會腐敗之流毒固由國王而傳之貴族由貴族而傳之國民然在古代一般之人尙未有購買議員之思想蓋由其不以議員之職爲珍重之特權而以爲繁苦之責任也其時州邑之民必與議員以俸給卽欲鬻賣其議員之額亦誰樂與受之也及條特爾

朝之時代。（自一四八四年至一六〇三年）富於資財之議員。多喜集於倫敦。蓋當耶里撒伯斯女王之時。國會之議員。頗增聲價。是於社會之心理大變。不以議員之職爲繁苦之責任。而以爲珍重之特權。故一般紳士渴望議員之職。不惟不要求俸給而已。且轉欲以貲購得之。於是議員之俸給。漸歸於廢止。**而賄賂選舉人之風則自茲而起**。當一五七一年。有倫克氏者。因希望中選。以金四磅贈威士特巴里之市長。則當時之議員。已有四磅之價值。及十七十八兩世紀間。社會之富力發達。**於是議員之價值亦因之而增進**。當佐治第三在位之初。有塞爾文者。因爲洛惹謝耳、補充二議員之故。得九千磅之餽遺。蓋當其時。若有雙方之競爭。則爲補充二名之議員。雖欲博金一萬磅。亦非難致之事。則其時議員價值之增進。蓋可知也。

議員名額轉賣之風。自一八〇九年以前。盛行於全國。及一八〇九年。有新法之制定。以議員之買賣。爲違背法律。然此新法。尚不足以救其弊。以其不適用於所謂『巴喀治宅紐』（蓋在往時借地人與地主結契約或歲納租金或以勞力代租金此等關係謂之巴喀治宅紐）之買賣。又不禁止投票復命官之密約。故此新法。不惟不能防政府不正之舉動。亦不能防個人不正之舉動也。

惟其時之邑主。尙多不肯鬻賣議員之名額。蓋欲收攬政友。以張自己之勢力。固不可不保持其議員之額數也。然各邑之邑主。時或迎合大臣之意。以本邑議員之額給與他人者。則或因爲求貴族之爵位。與任外國之公使。或爲其婦求年金。與爲其子求官職。有所利而交換。尙非爲人所愚也。而當時之政府。其操術亦極巧。彼見國會中占有勢力之議員。即與以政界中一位置。加以有要結邑主之法。故下院議員多爲其所操縱也。

當時各邑選舉之情形。如出一轍。選舉人之投票。皆舉有力者所指名之人。其所以然者。以有選舉權之人。亦與議員及鬻賣議員名額之邑主。同點染腐敗之空氣。惟利是視也。一八三一年。拉塞耳侯嘗在下院宣言曰。里巴布之選舉。竟有公然受金錢之投贈者。而威耳巴和所著之書亦有云。當時富路之選舉。單一投票者。則可博一吉尼。貨幣名。累積投票者。則可博四吉尼。而運動當選者。其奔走之旅費。大約往來倫敦一次。其費十磅。然此等之賄賂。初未嘗至於犯法。何也。彼其賄賂。非至選舉告終。未嘗給與之也。康曾伯侯所著之書中。亦嘗言斯楊華、選舉之弊。謂其時單一投票者。可以得利七磅。累積投票者。可以得利十四磅。但限於選舉了結十一月以內。始償還其金。又戈克蘭侯之被舉爲議員。嘗公然傭僱都府之傳令使巡行邑中。語各選舉人。謂一票當酬以十磅十辨士。由其銀行支給。而一八三五年。據市區委員所報告。謂里紗斯達邑當一八二六年之選舉。同邑之政黨。其選舉運動費。共費金一萬磅。蓋當時之選舉運動費。於賄賂之外。其用之酒食晏飲者。尙所費不貲。其在人口繁殖之選舉區。其費於酒食徵逐之光陰。常亘二週間以上。而勃克斯頓氏。亦嘗記一八二六年威茅斯選舉之景象。謂其開會讌客。沉湎至投票後六日。而又再繼續六日。其時之選舉運動。一日之費用。幾達一千五百磅。余有一友人。因選舉運動之故。費金一萬磅。蓋由當時日開讌客之場。不問男女至者。皆使之不醉無歸。彼蓋欲使全府之人民。皆爲醉鄉侯。其濶綽之舉動。亦可驚也。

### 第七節　選舉訴訟之裁判權

當時選舉運動之弊。其罪不得不歸之國會。以當時之下院。對於此等之事。陽雖非議之。陰實贊助之也。當佐治第三未卽位以前。（千七百六十年卽位）議員選舉訴訟之裁判。爲下院議員全體所專司。爾後亦爲下院選舉委員所專司。而當時之下院。對於此問題。專以政略視之。至於懲戒其腐敗行爲之事。則不爲措意。至於十九世紀。下院之固守裁判選舉訴訟之特權。其執拗之景象。又使人可驚也。當一四〇六年以前。監督選舉與傳達議員召集狀之權。屬於州長。而選舉訴訟之裁判權。則屬於國王。及一四一〇年。此等之裁判權。委之地方高等審判廳之法官。而此等法官。由國王隨意所任免。故整理選舉之事。尚在國王所監督官吏之手也。迨一五八六年。**下院主張自有裁判此等之事之權利。故選舉訴訟之裁判權。卒移歸於下院。**然及的脣斯第一時。下院此等之權。復歸消失。抑下院之所以爭此等之裁判權者。謂將脫國王之束縛。而鞏固自己之自由云爾。然及哈諾巴朝之時代。此種權利之性質。以視從前。全然一變。蓋當時之國王。既無使官吏裁判選舉訴訟之權力。於是此等之權利。向爲國王與下院之所爭者。今變爲自由黨與保守黨之所爭。兩黨之間當裁判選舉訴訟之際。關於決議之投票。皆袒護本黨。故時或惹起大波瀾。而使內閣

之辭職則此制之不良亦可見矣

一七七〇年以前選舉訴訟之裁判一循此制及一七七〇年克令比氏唱議改革此權不委之全體議員而移之委員會此等委員以匿名投票選舉之而與訴訟有關之兩黨其有選任爲委員者則除去若干名而以其餘之當選者任裁判之責然此等委員又時爲偏倚之裁判也惟與前此有異者**則以全院議員裁判此事卒偏於黨派而以委員會裁判此事則左右於多數之政論即全院裁判法訴訟上常起黨派之競爭而委員會裁判法則委員選擇上常生黨派之競爭也**

及一八三二年選舉之時期限於二日蓋懲於前此長期紛擾之弊抑亦企以是減少選舉之訴訟也迨一八三九年下院又議決選舉委員之選擇委之選擇委員至一八四四年選舉委員僅限五名而關於裁判選舉訴訟之事至十九世紀之下半委之法官一名旋又委之高等法院之法官二名此選舉訴訟裁判權之沿革也

## 第八節　恐嚇選舉及秘密投票

選舉訴訟之裁判。委之法官。比委之下院委員會。固爲彼善於此。雖然。欲革選舉上之弊。不惟當有以防行賄賂者。即選舉人之一方面。亦不可不爲注意也。夫選舉人之賣其票權。徵獨受賄已也。又常受地主或傭主之恐嚇而不得不承其意旨。此又曩時所數見不鮮之事也。昔紐確謝爾公嘗放逐其反對己意而投票之佃民。故後此國會之改革。常以此爲口實。**抑恐嚇之事隨選舉權之普及而其弊益甚。於是保護投票者之問題遂發生**。故國會改革之際。起草者嘗唱匿名投票說。而史學家格羅氏亦大贊成此說也。且匿名投票者。實當時改革黨所提出議案六條中之一也。而此問題。費三十五載之光陰。尚未能解決。當時反對者之論。謂選舉議員。乃國家之大事。其舉動宜光明而不宜曖昧。故選舉之事。當於公衆之前行之。而記名以負責任。亦安用秘密爲。致類於齷齪之態也。當一八六八年。猶未用匿名之投票。然僅閱一年之經驗。國民之心理竟大變。知無勢力之選舉人不可不講求保護其投票權之方法。且由匿名投票而生之弊。比由記名投票而生之弊。其害較

小於是兩利相權取其重兩害相權取其輕卒廢公然投票之法而用秘密投票之法此一八六七年之改革也

秘密投票之効力特能防恐嚇之弊而已尚未足以防賄賂之弊也蓋當時之行賄賂者其結果能奏效與否不具論要之賄賂之風實依然盛行也不見乎一八八〇年之總選舉凡大小之都府皆猶呈賄賂之穢迹乎彼冶茅士、查斯達渥斯、華克倫塞士他、馬克列士華、等都府其腥聞之穢事實最多也社會之醉於金錢無異醉於旨酒潔身自愛之士所以鄙薄國會之議員而羞與爲伍也夫賄賂之弊既已如此而事情暴露之際當裁判之責者又多以一笑置之不加嚴究如是而欲遏絕賄賂之弊斷無幸也要之遏絕賄賂之法不在匿名投票不在刑法惟在國民道德之進步而已

（未完）

## 法令

# 內閣會奏酌擬內閣屬官官制暨內閣法制院官制摺併單

奏爲酌擬內閣屬官官制暨內閣法制院官制繕單具奏恭摺仰祈　聖鑒事竊臣等前於遵擬內閣官制摺內聲明內閣屬官官制已由臣館草擬就緒俟妥酌後即行照章會同奏明請　旨辦理在案現在內閣業經設立亟應將屬官官制詳爲擬訂以資贊佐而便遵守查東西各國內閣制度不同有專設官署者有不設官署者且有僅設秘書官一二人者惟日本自書記官長而外設有法制統計賞勳印刷各局規制特詳中國漢晉宰相及三公等府官屬多至百數十人分曹且逾十數唐宋三省如吏兵等房舍人及左右司郎中之類屬官亦多元代又有參議中書省事等官蓋由機務殷繁必得官盛任使始足以裨庶政現以舊設內閣及軍機處會議政務處併於新設

內閣而憲政編查館與吏部亦當爲內閣職掌所賅舉凡應辦諸務事體重大頭緒繁多斷非設立專署不可擬卽參酌日本內閣屬官辦法折衷現在情形分別釐定計設承宣廳一制誥局叙官局統計局印鑄局各一設閣丞以總各廳局之事設廳長局長以下各官分治各廳局之事別設法制院釐定法制設院使以下各官專治院事各司其職以重責成所有參議僉事以下各官額缺擬由內閣總理大臣妥愼擬定另案奏明辦理現議釐定官制凡官品官等各項尙擬參酌古今另訂合宜辦法此次擬設各官均暫令以原品治事俟官品官等辦法奏請　欽定後再行遵照施行謹將酌擬內閣屬官官制暨內閣法制院官制繕具清單恭呈　御覽至內閣各廳局及法制院設立後憲政編查館及吏部自應一律候　旨裁撤惟吏部原管事件甚爲繁冗擬請　旨派員督率清理歸併以期簡捷至中書科衙門職掌無多已規定於制誥印鑄兩局之內應與事項最簡之稽察欽奉　上諭事件處批本處一併請裁并將禮部鑄印局及各衙門應行劃歸事項併入辦理其舊設內閣之撰擬繕寫關於祀典及無關於行政各事宜應劃歸翰林院及典禮衙門分別管理舊隸於軍機大臣之繙

書房所管事項以譯繕翰林院撰擬事件爲最多擬請改隸於翰林院庶足昭整齊劃一之規而免權限參差之弊再內閣辦事暫行章程既設有協理大臣則此項官制內凡稱總理大臣各條總理大臣皆得適用俾免窒礙其官俸章程未訂以前各項屬官均須暫定公費應由內閣總協理大臣另行奏定藉資辦公所有酌擬內閣屬官官制暨內閣法制院官制繕單具奏各緣由謹恭摺會陳伏乞 皇上聖鑒訓示謹 奏

宣統三年五月二十七日奉 上諭錄前

謹擬內閣屬官官制

第一條 內閣屬官如左 一 閣丞 簡任 二 廳長 簡任 三 局長 簡任 四 副廳長 簡任 五 副局長 簡任 六 僉事 奏任 七 印鑄局藝師 奏任 八 印鑄局藝士 委任 九 錄事 委任

第二條 閣丞承內閣總理大臣之命管理閣務監督指揮各廳局並進退本閣委任各官 閣丞有事故時由承宣廳廳長代理

第三條 廳長承內閣總理大臣之命掌機要文件管理承宣廳事務並監督指揮本

廳各官

第四條 副廳長佐廳長之職務廳長有事故時由副廳長代理

第五條 局長承內閣總理大臣之命管理局務並監督指揮本局各官

第六條 副局長佐局長之職務局長有事故時由副局長代理

第七條 承宣廳掌事務如左 一 頒發 諭旨及法律命令 二 典守
諭旨及法律命令 三 收發呈遞摺奏事件 四 閣議事件 五 請用
御寶 六 收掌閣印 七 本閣公牘文件 八 本閣會計庶務 九 編纂
本閣檔案 十 管理本閣圖籍

第八條 制誥局掌事務如左 一 進擬 徽號及 尊諡 廟號
二 恭進尊藏 實錄 三 進擬 制詔誥敕 四 進呈賀表賀本
五 勳封藩封世爵世職之封賞承襲事件 六 恩賞封贈卹廕諡號勇號事
件 七 頒賞勳章寶星事件 八 外國勳章寶星受領佩帶事件 九 庸勳
會議事件

第九條　敍官局掌事務如左　一　內外簡任奏任各官履歷稽核存儲事件　二　內外簡任各官開單請簡事件　三　內外奏任各官資格審查事件其條目如左(一)關於任用事項(二)關於升轉事項(三)關於俸給事項(四)關於品級事項　四　內外委任各官册報及履歷存儲事件　五　關於文官考試事件　六　關於文官處分事件

第十條　統計局掌事務如左　一　統一各部統計事件　二　辦理不屬各部統計事件　三　刊行統計年鑑及報告事件　四　交換各國統計表事件　五　統計會議事件

第十一條　印鑄局掌事務如左　一　官報及法令全書職官錄之編輯發行事件　二　官報等及其他官文書印刷事件　三　册寶印信關防圖記等鑄造頒發事件

第十二條　僉事承閣丞及廳長局長之命分任各廳局事務

第十三條　藝師承局長之命辦理印鑄事務

第十四條　藝士承上官之命辦理印鑄事務

第十五條　錄事承上官之命繕寫文件辦理庶務

謹擬內閣法制院官制

第一條　法制院直隸內閣總理大臣掌事務如左　一　法律命令案撰擬事件　二法律命令增删改廢事件　三　各部所擬法律命令案審查覆核事件　四　現行法律命令解釋事件　五　各項法規編纂整理事件　六　其餘關於法制統一事件

第二條　法制院設官如左　一　院使　簡任　二　副使　簡任　三　參議　簡任　四　參事　奏任　五　僉事　奏任　六　錄事　委任

第三條　院使承內閣總理大臣之命管理院務並監督指揮本院各官

第四條　本院奏任官以上之進退由院使具狀陳由內閣總理大臣辦理委任官之進退院使專行之

第五條　副使佐院使之職務院使有事故時由副使代理

第六條　參議及參事承院使及副使之命掌第一條所列事件

第七條　僉事承院使及副使之命掌文牘會計及一應庶務

第八條　錄事承上官之命繕寫文件辦理庶務

附則

第九條　憲法未頒以前按照籌備清單關於憲政編查館承辦事件一律歸併內閣法制院辦理

文牘

# 諮議局聯合會宣告全國書

（本會委任起草員張國溶提出）

敬啓者。議員等學識淺薄。謬以故鄉父老選與議席。比年以來。代抒言論。靡補大局。內慚滋深。邇者時局瀕危。國會未開。海內喁喁望治孔亟。各省議局遠慮深憂。本年四月開議局聯合會於北京。兼以全國人民議定救亡之大計。僉以爲欲救國亡。先定政策。欲定政策。先定政體。君主立憲國之所以有內閣者。爲執行政策之總機關。對於國會代君主負責任者也。中國而不爲君主立憲則已。如定君主立憲政體。必有責任內閣。內閣而不負責任則已。如負責任。則不宜有皇族內閣。蓋專制政體以一人負全國之責。故政治上所生之影響。其美惡常及於君主一人之身。而立憲國之君主。則以不可侵犯。不負責任爲原則。君主處於神聖不可侵犯之地位。則密隸君主之皇族。亦即立於特別不可動搖之地位。君主退處於不負責任之地。而以責任負之內閣。則內閣實處於完全負責之地位。而不可以內閣之動搖。侵及於君主之神聖。內閣立於君主之下。以受國會之監督。有政策之衝突。即有推倒之事實。內閣而爲皇族。萬一皇族將因其地位特別之故。自認爲不可動搖。則良美之政治。或不可常期。若任其推倒。則一般人民之怨望。因內閣而及於皇族。因忘皇族之尊嚴。而於君主之神聖。將有不能永保之慮。影響所暨。將與君主立憲政體之原則相背馳。而國家一切良美之政治。幾無有完全成立之希望。此固吾父老之所爲杞憂。而各議局之所共慮也。議員等重膺各議局之推任。甫入都門。適值內閣官制發表。試辦之初。即開一皇族內閣先例。誠如諸君子所慮及邇者政策發表又不足以定國是而饜人心。屢開會議。懼負諸君子之期望。思維凡百政治。必有一完全自出之地。根本之解決未定。則枝節之補救徒勞。故議以完全內閣爲第一議題。以爲內閣組織完全。則不患無完全之政策。謹於□月□日呈由都察院代　奏。皇族不能充當內閣總理。另簡大臣組織內閣。附上增練備補兵一摺。復於□月□日呈由都察院代　奏請飭閣臣宣布政策。附上請廢禁烟條件一摺。先後摺奏。俱[illegible]留中。報紙交譏。自維無狀。謹於□月□日又呈請都察院代奏。伏　闕待罪。迄至今日。仍未明降 綸音。議員等自媿懇誠未至。不能見信 君父。惟爲我父老作喉舌。緜力所及。祇如此數。辜負望治之深心。又無呼籲之餘地。不得不以諸父老之所言者。返而報告於諸父老。冀垂 察焉。 議員等竊以爲諸父老所希望者。欲得良善政治。以救國家危亡。本此心理。以生希望新內閣成立。新政策發生。則轉危爲安。轉亡爲存。可以翹首俟也。乃觀於近日之新政策。則適與所希望者相左。謹舉其犖犖大者。 (一)借債政策。 主張借債政策者。謂不借外債。則中國必亡。反對者則曰借債必速亡。夫東西各國。其國富强者。其國債亦必多。借債固非亡國政策也。但以借債救國亡。必先視其國財政之現狀如何。又必視借債之合乎公例與否。今中國財政現狀困難之原因。實生於紊亂。稅法無統系。機關未完全。則整紊亂洵爲先決問題。乃不謀清理紊亂之辦法。而欲借巨欵之輸入。以蘇目前之困難。輸入愈多。紊亂愈甚。興業無期。償還失恃。欲不爲埃及波斯之續。殆不可得也。借債公例。本無担保之必要。中國信用久失。借債必有抵押。今不求所以致信用之途。而仍以任便指押。爲借債之劵。不計償還之力。是否足以相應。今日歲出超超充額。一旦驟增。他日羅掘之方。苦無所措。

目前之抵押物。欲免將來之斷送品。蓋不可得也。在主張借債政策者。必曰英美德法四國銀行一千萬磅。將以抵制日俄之攫我遠東。然何以自解於日本橫濱銀行一千萬元。且己國之財政曾無解理紊亂之方。而以借債爲抵制他國之計。前拒狼而後揖虎。雖至愚魯。必不出此下策。又況川粵漢鐵路借欵。則又力拒民款以輸入外債。四國之於東南主權。亦將如日俄之於遠東。又何以自解於抵制他國之計畫也。兩次合同。根本損失。而主張借債者。又另議幣制顧問之要約。以巧避監督之名。藉聘四國以外之工程師。以廻護其賣路之實。司馬心迹。路人皆知。而謂借債以救國。亡其復誰信。然則今日借債政策。較之未有新內閣以前之政策。爲何如也。

(二)改定幣制政策。主張此項政策者。以借債爲計畫。然此項借債。將爲購買幣材之用耶。按國中人口之比例。需鑄實幣若干。需用幣材若干。流通於國中之生銀若干。銀圓若干。各有詳細調查比較。當采用自由鑄造之法。以實値換實値。吸收國中之銀貨。而以外債補其不足。今於法制則不采自由鑄造。而以外債爲基本。此何說也。將爲大淸銀行準備金之用耶。大淸銀行之組織。純反乎銀行之原則。邇年以來。敗相畢露。改革實爲先決之問題。

而所謂準備金者。亦必有一定成數。今將以外債爲準備金。而未見銀行改良之方。并未確定準備之數。又何理也。將以收回舊幣之用耶。國中舊幣之惡孽。無逾於銅元之充物。非不加貼補。儘數收回。必終至亂幣制之統系。而蹙國民之生計。籌擬舊幣辦法大旨。不外暫准照市價行用。按年限制。隨時設法收回。最後之解決。歸於體察事情。斟酌辦理。准此辦法。能保幷行不害於主幣。收回不累及國民乎。則例須行一載。施行瞬將屆期。而於幣制根本問題。曾未見有詳晰之解決。而第定一借債改定之政策。然則今日改定幣制政策。與未有新內閣以前之政策。爲何如也。

（一）興業政策。 主張興業政策。以東三省工業爲計畫。而借外債以施行。夫生產之借債。與不生產之借債。其利害自迥不相同。然而政策者。係全國之政策。實業政策者。係全國農工商之政策。中國實業之凋凌日甚一日。種種輔助之機關。如公司。如銀行。旋起旋滅。既無法律之保障。而執法者又不適用法律。今欲振興實業。先必解決根本問題。第一先確定完全之法律。應如何保護。如何補助。準他國之法理。按中國之情形。從速釐訂頒布。第二先定完全之政策。統計全國實業。何者應爲國家專利。何者應聽國民經營。國有實業。應從何處何業著手。民間營業。應如何監督救濟。非統籌全局成竹在胸。則生產之率。不能相當。今內地實業主權。半抵押操於外人之手。曾不一為顧慮。懸一振興實業之名。而實祇及於東省。東三省之生計。種種在外人掌握之中。曾不一為顧慮。懸一振興實業之名。而實祇言及東省工業。工業之範圍亦廣。辦法亦夥。資本幾何。先營何業。曾無詳晰之表示。而第一抄借債抵制之政策。近日且聞有主張鑛產國有政策。以議續舉鉅債之實者。國法不問。國權不問。國民不問。然則今日興業政策。較之未有新內閣以前之政策為何如也。　（二）鐵路國有政策　主張此項政策者。亦不外借入外債。收回商辦之計畫。其借債也。不外乎抵押。其收回也。不外壓制。夫欲定鐵路國有政策。第一必有完全之區劃。通一國內應辦之鐵路。幹路幾何。枝路幾何。何者為政事上鐵路。何者為商事上鐵路。幹路是否一律禁止民辦。政事鐵路。是否不應民辦。民辦鐵路。是否妨礙國家行政主權。已歸國有之鐵路。是否辦有成績。種種根本問題不能決。則不能區劃。第二必有精密之布置。德相謀交通之統一。歷八年始議買收。比則先畫官設幹線。歷十七年而始定。日本之買收國內鐵路也。隱令商民以收回之股金。為南滿振殖之事業。是以他政策爲主目的。而以鐵路國有政策濟之也。與國始則獎勵私設。繼日補助子金。後且以國有鐵路。取半費賣與人民。是因國有政策不及民有也。各國之先例具在。按之中國內情。應如何妥爲佈置。第三必有收回之能力。今縱無區劃。無佈置。而國家財政整理之後。實有餘力以爲收回之資本。而尅期收回。亦不得謂非政策。乃商民奉旨經年。咸曉然於交通要政之必需。鐵路營業之利益。羣策羣力。冀覩商辦之成功。或已開車。或待趕築。或按年輸股。是商力雖緜薄。尙以自己之資本。爲鐵路之主人。今驟反 成命。改歸國有。退還民股。而國有之主人翁。乃乞借於他之四國。棄自己之實力。引外人以抵制百姓。不問全國鐵路之計畫。不採各國國有之辦法。率然請命。以遂其私。甚且以守商辦成命者爲違制。援用格殺勿論之條。誣一切攤股爲派捐。博休養民力之譽。夫前之商辦。今之國有。 朝廷反汗。實以借債爲前提。小民保全營業。係遵前 旨。非作奸犯科可比。擬以格殺勿論。與草菅人命者。有以異乎。立憲公例。人民以負担爲原則。爲增進幸福計。原不應沾煦煦孑孑之仁義。即謂民力竭蹷。則國內之濫捐苛稅。庶指難終。何不取其甚者而亟除之。今奪民生業。而文之曰體念民艱。是一方面以惡稅收吸人民之脂膏。一方面又絕其生活之路也。立憲國人民權利義務。固應爾乎。新內閣負全國之責而有輕率之暴動。然則鐵路國有政策。較之未有新內閣以前之政策爲何如也。（一）禁烟政策。　主張禁烟政策者。以從速禁革。提前辦理爲前提。似此項政策。不爲無見。然而資政院去年議決案。非以今年十二月爲各省一律禁絕之期乎。新刑律明年施行。非列舉種烟運烟吃烟各罪乎。外務部詎未之知耶。今觀其與英使續訂禁烟條件。則仍以七年爲原則。仍以每年減運五千一百箱爲原則。其於禁運也。則一以絕種爲斷。一以土藥禁運爲準。雖有分省辦理之名。而歸結於考查認可。顯有確據。若故使中國種絕運絕之後。尙留此猶豫期間。以爲印藥暢銷之地者。且禁種不禁運。則來源不絕。而禁吸無功。禁運土藥。不能同時禁運印藥。則印藥居奇。而禁運禁種。將致於無效。此必至之數也。其烟稅也。則以每百斤箱加至三百五十稅爲率。而以消除印藥大宗貿易之於各項限制。徵收各項稅捐。破除各口岸留難之事。若故予中國以贊助禁烟之名。而收自由貿易之實者。非惟我國民不認此條。卽彼國民亦不直之。卽第三國民力爭之。而新內閣第一政策乃有此廢弛烟禁之反動。然則禁烟政策。較之未有新內閣以前之政策爲何如也。 (一)外交政策。主張外交政策者。不外延宕與退讓兩途。近如片馬交涉。喧傳海內。滇督爭持於上。紳民呼籲於下。國內人士。咸憤不平。外部迄未提出嚴重抗議與英交涉。乃者交由閣議說帖。仍不外延宕退讓之法。夫今日片馬交涉。實由延宕所致。滇緬續約。本有查明情形。再定界綫等語。乘機不決。遂有革道石鴻詔與英領事烈敦會勘之語。外部既知石道之誤。而自光緒三十一年。至今不援石道與烈敦誤議之圖說。速事另勘。釀成此辱。以延宕敗於前者。乃欲以延宕持之於後。此何心理也。至若退讓。則必仍照烈敦原議高麗貢山將不保。英人從此溝通川藏。直踞長江上游。英人得利。法人繼起。自餘各國。亦必欲有以逞其所欲。何地非片馬。何國非英人。大陸茫茫。瓜分在目。興言及此。實可痛心。而外部至以就範不易爲詞。而閣議亦迄未見有如何之辦法。且也北京各國使館駐兵。大反各國公理。該項條約。以今年七月爲期。如三月以前不通知。則承認接續之事實。外部諸人。亦無有議及此者。種種失敗。筆不堪書。過此以往。猶如纍日。然則今日外交政策。較之未有新內閣以前之政策爲何如也。 縱觀以上各政策。與我人民所希望轉危爲安。轉亡爲存者。適成一相反之比例。我人民希望立憲。至於今日。國會之開。尚待後年。內外官制。迄未定議。方以爲立憲尚不可期。乃君主立憲國之最重要最高級之機關。竟巍然出現于四千年來專制政體之中國。內閣官制十九條。姑無論其完全與否。而第二條有國務大臣輔弼　皇帝担負責任之規定。第三條有內閣總理大臣定政治之方針。保持行政之統一之規定。是中國竟立憲矣。是政府竟負責矣。而新內閣新政策之發生。乃如此。人民希望憲政之心日益高。政府所持之政策。乃日見其不可恃。昔日政府不可恃。獨以不負責任爲巧避攻擊之地。今日之內閣規定其責任矣。而政策仍不可恃。嗚呼。吾人民欲得良美政治。以救國亡。幸而睹新內閣。而新內閣若此。吾人民之希望絕矣。議員等一再呼號請　命而不得。而救亡之策窮矣。中國前途。旦暮不保。閣制既定。責有收歸。今日之新內閣。而果實行担負責任也。則議員等以爲吾人民希望內閣之心。正有加而無已也。而或者謂此數政策。有發於內閣官制未頒以前者。有發於內閣總協理大臣辭職之際者。內閣將持此以爲不負責任之地。不知四月初六日借款上諭。署者爲軍機名大臣奕劻毓朗那桐徐世昌。十一日鐵路借款上諭。署名者爲奕劻那桐徐世昌載澤假盛宣懷。除毓盛外。後之內閣總協理大臣。卽前之軍機大臣。事屬相承。策本一貫。是第一次借債政策。卽新內閣之政策也。總協理大臣。雖經辭職。而已遵旨到閣辦事。照章署名。不得以總理再辭職。協理未謝恩。而以十一日所發禁烟鐵路國有鐵路借款各政策。爲總協理卸其責。且各部尙書。均爲內閣國務大臣。既各照章署名。實有聯帶責任。更不得藉此爲不負責任地也。

或者又謂閣制幷未實行。今日內閣不過爲暫行辦事之內閣。恐無完全負責之希望。不知內閣爲一國行政之總機關。斷不可以一日暫行。使全國行政計畫。出於姑且嘗試之舉。暫行章程。在理宜速取消也。且暫行章程。雖有變通之處。而內閣第三第四各條之規定。固無以易之。不得以其暫行而取消閣制規定之責任。然則今日新內閣欲不負責而不能矣。　今日新內閣。既據閣制而應負完全之責任。今日內閣之政策。猶是以前政府之政策。甚且推翻以前政府之政策。昔日政府不可恃。今日內閣果可恃乎。去年資政院彈劾軍機。猶可以不負責任爲詞。今日閣制既明定担負責任。資政院常會時。內閣尙能以不負責任對付資政院乎。今日之內閣。雖一新其名稱。而組織內閣之人。則猶是昔日之軍機。以素不負責任之人。一易其名。即能變而完全負責任乎。今日內閣已發表之政策如此。未發表之政策。不可卜知。迨至資政院開院時。能保無去年彈劾之事乎。彈劾軍機。去年已無效。以預備議會之資政院。而彈劾內閣。能否收法律上之效果乎。如仍無效。將解散資政院乎。則今日之內閣。實爲皇族內閣。保無因資政院之解散。而一般人民之怨望。因內閣而及於皇族。因皇族而侵及於神聖之君主乎。如彈劾而有效也。則必重新組織內閣。內閣可推倒。皇族可以推倒乎。推倒皇族內閣。仍爲皇族內閣。萬一不幸。又有推倒之事。皇族特別不可動搖之地位安在乎。皇族特別不可動搖之地位。既不能確定。而皇族實密隸於君主。君主神聖不可侵犯之原則。尚能保其永防無碍乎。是故欲救中國之亡。必得良美之政治。欲得良美政治。必得完全內閣。欲得完全內閣。必求不反乎責任內閣之原則。君主立憲國。皇族不能充當內閣。我國閣制。本無內閣。必用皇族之規定。誠以內閣者。全國行政之所匯歸。而人民希望之所集的也。內閣而有其不可動搖。則政策之進步不可期。內閣而爲皇族。則內閣幾有不可動搖之質。如是則名爲內閣。實則軍機。名爲立憲。實則爲專制矣。是故內閣者。可以動搖者也。皇族者。不可動搖者也。皇族組織內閣。則內閣不得動搖。是無內閣也。內閣仍可動搖。是無皇族也。無皇族則君主危。無內閣則國家危。疆埸多故。時不再來。我故鄉父老望治之深心。議員等愧無以報命。謹就救亡根本大計。具陳一二。望我父老恕議員等能力之薄弱。引天下爲己任。希望之心。永無斷絕。則中國庶有豸乎。

## 湖南諮議局協議劃分國家稅地方稅呈文

爲呈請事。查修正逐年籌備事宜清單內開宣統三年釐定國家地方稅各項章程。憲政編查館度支部各省督撫同辦等語。竊惟中國地大民衆。分省而治。一省之內。復包有府廳州縣暨城鎮鄉兩級。皆各爲地方一自治團體。是地方行政之範圍。固較他國爲尤廣。則地方行政之經費。亦不能較國家爲縮少。地方行政分擔之事務。有由國家所委任者。有爲地方所固有者。地方行政支出之經費。有須得國家之補助者。有原係地方之收入者。其中關係複雜。胥從歷史上所發生。世界各國情形不同。亦不能一概論斷。然就已成之事實。準諸一定之學理。國家與地方團體之間。經費之收入及支出。

必有正當之分配。而後能洪纖畢舉。可免偏畸不行。及浪費無節之弊。中國國家財政。與地方財政。向不分明。今欲一旦劃清。良極困難。然此時若爽其權衡。則異日徒苦其支絀。憲政前途。障礙不淺。現値釐定國家稅與地方稅之時。謹將湘省豫算冊內。分列收入各款。晰指其或宜屬於國家。或宜屬於地方者。爲撫院大畧陳之。查豫算冊內第三類。田賦爲課稅物件之確定而少移動者。德國現已劃爲地方稅。然第一款地丁。中國向恃此爲歲入大宗。非此則不足以給國用。第二款漕糧亦係維正之供。此皆宜屬於國家稅矣。惟第三款租課。本係一區域內之財源。則以劃歸地方稅爲宜。第四類鹽茶課稅。第一款鹽課稅釐。皆非產鹽省分所抽取。而由銷鹽省分所負擔。細分之爲課釐加價口捐羨餘雜捐五項。名目繁多。未易疏理。食鹽爲民生日用所必需。固非如煙酒之確爲消費稅者。第就其支出之用途觀之。如湘境粵漢鐵路學堂善堂備荒各經費。其應屬於地方稅。固毫無疑義。又如軍需練餉江防各事項。則屬於國家行政範圍內。其因此事項而籌收之經費。似宜屬之國家歲入。然此即度支部頒發劃分國家稅地方稅程式。所謂向充國家經費之歲入中。含有地方稅之性質者。悉宜舉而劃歸地方稅。而於地方稅收入中劃其一部分與國家。以爲分擔金而已。此如地丁款內有存留一項。卽爲國家稅之補助地方經費者。不能以其或解司或坐支與起運一項有異。遂指地丁亦爲地方稅也。第二款茶課稅釐。第一項茶引稅宜屬國家稅。第二項茶釐則宜屬地方稅。第五類關稅宜屬國家稅。第六類正雜各稅。第一款契稅。係行爲稅之一種。宜屬國家稅。定章九分。祗以六分解部。則其餘三分又爲地方經費之補助金矣。第二款當稅。第三款牙稅。皆屬營業稅之類。須得受國家委任之地方行政官廳所免許者。自宜劃歸地方稅。第四款印花稅。現在尙不能確定數目。人民帖用印花之習慣。必須以漸養成。未可操切。惟在釐正租稅系統後。固爲國家稅之最良者。第五款煙酒稅。係對於個人消費而賦課之者。宜劃歸國家稅。第六款雜稅。惟土藥稅一項與煙酒稅同。宜歸國家。其商稅牛驢稅井稅三項。則宜爲地方稅。第七類釐捐。其性質與鹽課稅釐畧同。支出之用途又多。有分擔國家行政經費者。當創始徵收時。命令中重本係國家萬不得已。而權爲此臨時之收入。然現在固不能驟行裁撤。其財源固出於一地方之區域內。而課稅物品。又非如煙酒之純屬消費者可比。此宜悉舉而劃歸地方稅。

固不待贅辯而自明矣。第八類官業收入。與私人的經濟無異。蓋一省地方自治團體術。謂之法人。法人者機關完備而具有治產營利之能力。與自然人同一可爲權利主體。此類各款、其爲湘省所向有者。皆宜劃歸地方稅。第九類雜收入。惟減成減平兩欵。與所得稅性質畧相似。尚可劃歸國家。其餘各欵。或爲地方行政官廳之規費。或與地方公益事業有關繫。皆宜劃歸地方稅。此就湘省豫算冊內各入欵。劃分國家地方兩稅之大略也。要之中國行省之制。其分權固不如德意志聯邦之重。其行政又實較日本府縣爲繁。境域之遼廓。人民之殷衆。不惟遠過於日本之一府一縣。卽德意志聯邦各國。亦且不逮。介於國家與府廳州縣及城鎭鄕之間。而爲之樞紐。必使財務足以相稱。然後措施敏活。上有以承宣國家之威澤。下可以保障地方之治安。本局議決撫院交議預算地方行政經費案。總數共二百三十餘萬。今若如上所區劃。則地方稅應占全省歲入額三分之二。或有以支配不均爲疑者。不知中國財政向未分釐。此次預算。本係試辦。查撫院發交參考國家行政經費冊。除解款及協款外。其支出之用途。殆無一不屬於地方者。雖設官吏以宣文治。置防軍以振武衞。本屬國家行政之範圍。似應以國家經費支充之。然俸給及餉糈。則就地方之所收入而俾之分擔。亦係地方應負之義務。此中酌盈濟虛。胥禀承於國家統一之大權。抑何庸過慮其有失衡平。且一省地方之大。直接國家。而其內又分為府廳州縣。及城鎮鄉兩級。現在之所謂地方稅者。係對於國家而概括全省言之。中國財政。混淆已久。即如上所區劃地方稅中若者為全省地方稅。若者為府廳州縣地方稅。若者為城鎮鄉地方稅。尚待細析。則地方稅之必多於國家稅也。又事理之所當然。已現在府廳州縣地方自治城鎮鄉地方自治。尚未能一律成立。然開辦不容稍緩。則經費尤宜預備。雖各應就地籌款。如原有公款公產及公益捐之類。然其財力究不免薄弱。其於應辦事件之經費。必有須得全省機關之補助者。設令劃分地方稅。僅以交議地方行政經費之數為標準。則地方收入祇有此數。地方政務。籌辦方新。欲增加負擔。則徒益小民之疾苦。地方一切應辦事件。將有萎靡不振之憂。而中央集收經費之過於膨脹。蠹蝕虛靡。其流弊更有不可勝言者。此不能不長顧郤慮而斟酌多寡損益之宜者也。又查解部欵約二百五十萬。賠欵一項。已逾半數。此為國民奇恥至痛之事。雖繼續不止數年。而期間究非無限。憲政成立。

國權恢張。異日騰出此款。以舉辦國家應辦之事業。則國家歲入之經費。蓋亦不嫌於過少矣。所有協議劃分國家稅地方稅緣由。理合備文呈請撫院裁奪。轉咨憲政編查館度支部。並飭清理財政局查照施行。須至呈者。

## 蘇屬自治籌辦處爲整理壤地插花斗入布告文

宣統元年十二月。憲政編查館奏地方自治區劃與地方行政區劃。本屬一體。現在兩級自治章程。俱已釐訂。籌辦之初。應先從分劃區域入手。查邊遠地方如貴州等省。往往有府廳州縣轄境。壤地插花。不便行政者。若非及時整理。嗣後舉辦一切。殊多窒礙。請飭各督撫將區劃不便之處。酌量更正。奏交部議施行。得　旨如所請。下民政部通行各省。一體欽遵辦理。本處奉文後。行四府一州各廳縣查明區劃不便之處。先後具報。有壤地插花者。有壤地斗入者。皆不便行政。當予更正。本處以壤地斗入與壤地插花不同。插花乃甲縣之地。孤懸於乙縣域內。該地四面均與所屬縣境毫不相接。斗入乃甲縣之地。錯入乙縣境內。雖三面與隣境相錯。而一面尚與所屬縣界毗連。應否援插花之例。同時辦理。抑俟全國改正區域時。再行分劃。呈請撫院示遵。院批咨部請示。

旋得部復。自治區域。亟應整齊畫一。以免參差。所有斗入之地。自應照插花地辦法。一幷分劃。宣統三年　月行飭遵辦。是本處通飭各廳州縣整理挿花地斗入地。均係遵奉部行。其緣起如此。謹按周官形方氏掌制邦國之地域。而正其封疆無有華離之地。鄭注云。正之使不𠆳邪離絕。段玉裁云。𠆳邪謂地偏長。則去國遠。離絕謂若間以他國之地。逾竟而治之。皆爲邦國之不便。蓋華或作䔢。訓爲𠆳邪。非即今之斗入乎。離亦作雜。訓爲離絕。非即今之挿花乎。然則釐正行政區域。其義古矣。夫旣因其不便而釐正。則釐正之後。其視昔爲便也必矣。旣視昔爲便。則居其地者。咸所樂從也又必矣。乃今因釐正之故而紛紛擾擾。相持于其間。何爲者也。審其所持之理由。殆皆似是而非者也。不爲之辨其疑似。明其是非。則擾擾者將何時已也。夫所謂似是而非者。一曰以改隸爲恥也。夫珠厓棄郡之自拔。爲其改隸異國也。若於彼於此同爲　帝國版圖。則何恥焉。葛藟河滸之哀怨。爲其由王朝而改隸侯國也。若於彼於此同一受治於天子之命吏。又何恥焉。古來名人因地域之變更而變更其爵里。往往見於傳狀碑誌。曰某某縣人。某年析置某縣。遂爲某縣人。大書特書。未聞有以爲恥而諱之者。矧今自治選舉。純用任民主義。曩之科舉籍貫。視同郡望。循舊題識。誰得非議。此更無所出入者也。今之自治職。非若漢之令長。唐之赤緊。有品秩之軒輊。故雖京師之城自治職。與僻縣之鎭鄉自治職。無以異也。乃或以舊隸首郡邑。不願改隸他郡邑。筍爭滕薛。細已甚矣。可勿具論。一曰慮田賦之增也。假如原隸賦則本輕之邑。改隸賦則較重之邑。若改隸之邑。必求科則一律。則新隸之地賦額增加。業戶受損。此誠不可不慮。然無是事也。即如地丁蘆課。每銀一兩。隨正征耗。蘇松太五分。常鎭七分。甯藩屬則一律一錢。乃甯藩屬海門廳境內。於一律一錢之中。獨有征耗五分之一小部分。蓋此一小部分。原由太屬之崇明縣境改隸者也。隨征耗銀。且不因區域變更而改。而況正銀科則乎。分隸於兩藩司者。猶且留此特異之點。存原隸之舊。而況同隸於一藩司者乎。而況幷或同隸於一道或一府州者乎。歷來變更區域。其田賦科則。從不隨之而改。此斷斷不必疑慮者。所貴乎士大夫者。非獨以其所學所見之高出於齊民已也。且將賴以開通齊民之錮蔽。矯正其失。又從而倡導之也。齊民狃於故常。憚於變更。故曰可與樂成。難於謀始。又曰非常之原。黎民所懼。其惶惑相持。誠無足怪。若士大夫者亦從而和之。曰吾以順輿情。所順者果正當之輿情乎。又或依違其間曰。吾無如衆人。何則所謂賢愚之相去。其間不能以寸。又何取焉。本處對於此事議定宗旨。凡改正與否。以有無不便爲斷。揷花之不便。無可疑者。斗入則審其不便者而改正之。所謂不便。或爲兩邑所共。或爲一邑所獨。共者固可協謀。獨者亦宜相顧。夫己所不便而憚改。不可謂智。人所不便而靳改。不可謂仁。齊民習焉不察。在賢士大夫啓發之耳。爰布所懷。並略徵故實。供勸導資料。凡任遒鐸之徇者。或有取焉。

# 中國紀事

## 收回郵政之有名無實

收回郵政一事。郵部與外部。爭持甚烈。郵部所持之理由。則謂此事關於主權。外部所持之理由。則謂此事關於事實。當創辦郵政之時。法公使曾於總署要求。將來郵政不歸稅司兼管之時。應由中國聘請法人辦理。總署曾經應諾。此次既議收回。法使即要求政府。保持郵政總辦法人帛黎地位。外部以此商郵部。郵部有無覆文。不得而知。惟仍用法人帛黎爲總辦。而以李侍郎經方爲局長。將郵政司劃分四司。聞法文所繙譯之局長。則仍局長二字意義。惟繙譯之總辦。則與郵政大臣無少異。又帛黎於未收之先。將洋員薪水。概加十之五。而華員則絲毫未增。似此有名無實。與由總稅司兼管之時。何以異。然外部之意。則又另有隱情者。據郵部中人云。外部於稅司報銷中。每年得有辦公經費。若郵政與稅司劃分。將來此款必裁減。而外部之經費。遂加一重困難。其所謂有碍事實者。皆假公以濟私之藉口也。嗚呼。大厦將傾。而處堂之燕雀。猶爭啄餘粟。斯眞無肺肝之尤者也。

**後四國借款之大波折** 日俄兩國。對於後四國借款之事。極爲憤激。聞日本駐英公使。已提出向英廷抗議。俄國駐法公使。又提出向法廷抗議。其所持之理由。謂借約中第十六條。約文所載。將來中國政府。如因借款所經營之事業。倘再需資金。須先向四國銀行商借。又借款內有關於開發滿洲實業者。將來所需資金。亦照此辦理。是四國隱然得有優先權。與機會均等主義。大相矛盾。且有屏日俄於滿洲利益之外之意。自此抗議發生後。於是第二次交款。又遭一頓挫。據四國來文意義。謂度支部所提出之幣制案。多有疑義。第二期交款。恐不能照付。又聞駐京法使。嘗對東督云。該條約內東三省項下之借款。目前不能再給。因頗受俄人抗議。須回巴黎後。查明俄人抗議情形。然後再交。政府亦知此事糾葛。近已通告四國各財政團。謂前所賞賜之雙龍徽章。作爲借款酬庸之具者。請領賞之人。暫勿佩帶。自表面上觀之。則謂幣制案多有疑義。自實際上觀之。則實由日俄抗議也。至於日俄對付四國借款之政策。據日本東亞同文會會長。在東京演說。謂此事有積極消極二辦法。積極云者。日本在東省之勢力。當擴張於鐵路沿線以外。消極云者。四國借約。既稱所有興辦東省實業之用途。應先開示於債權者。日本政府。亦宜要求中國。一併開示與日本。俟日本決定。與其勢力無碍。乃得興辦。今以此語。証之日俄在英法所爭之第十六條。殆先取消極之手段者乎。然俄人近方從各方面陸續增兵。則又似兼採積極手段者。言念東陲。眞不禁有無窮之杞憂也。

**政府照會各公使撤退駐華兵隊** 庚子亂後。美英德日法俄意奧諸國。各以相當之軍隊。駐紮北京天津山海關大沽秦皇島等十二處。當時條約內載明駐紮期限。以本年七月爲止。惟須候中國之警察。及軍隊之能力。足以維持安寧秩序之時。方可盡行撤退。現在各處之駐紮軍隊。計有三千二三百人。前月憲友會開會時。曾以撤兵事。提作議案。呈請政府核辦。政府乃照會駐京各國公使。要求撤退。各公使答稱。須先詢明日本政府之意見如何。再定可否。故政府現已行文該國外務部。轉咨陸軍部及參謀本部。請問意向。此問題之解決。視日本之意而定。區區三島。竟操東亞發言權。吾國對之。能不愧死。

**川漢路綫改築問題** 鐵路國有。湘粵蜀各省。均爭之甚力。惟湖北寂然無聞。雖有少數。人因此事已定爲政策。亦不敢別有希冀。但聞川漢鄂境路線有更改消息。因具有意見書。遞呈漢口商務總會。求其挽回其所持之理由。畧謂頃閱各報。載川漢路僅建築宜昌至廣水一段。舍宜昌至漢陽一綫於不顧。查宜漢一線。經路局測定。計長二百英里零。合華里長六百餘里。即改荆門至漢陽。亦不過二百四十餘英里。合華里長七百二十餘里。距離短而成功易。經費省而運賃廉。既便運輸。亦可奪外人航路之利權。利國利民。莫善於此。至宜廣一線。計長二百八十餘英里。合華里長八百四十餘里。廣水至漢口。計長九十餘英里。合華里二百七十餘里。統計路長一千一百餘里。川漢輸出輸入之貨。宜昌以上無論。宜昌以下。陸運則路遠而運費鉅。反不若水運之爲便。以爲漢口西北往來之貨物。無須取道於漢口。設襄陽至南陽北接鄭州路線一通。西北之貨物。亦無須取道於襄廣。是該幹綫對於漢口。不能使宜昌以下之輸運。對於廣襄。不能收汴陝西北之利源。於交通上經濟上。殊難達完全之目的云云。當經瑞制軍以事關重大。除批示俟督辦鐵路大臣溢鄂測勘後。再行定奪外。一面將情形轉咨郵傳部備查矣。

**浦口開作商埠問題**　外務部前准英使朱爾典照稱。津浦全路明年。可望告成。似已屆設法籌備浦口。開設通商口岸之時。惟據駐南京領事述云。日前與江督面談。江督答以此時幷無此意。竊謂如此。則津浦鐵路。難望獲利。是以諄勸貴政府。速將開浦口爲通商口岸之意。早日宣佈。外部准此。當即咨行江督。屬爲核辦。江督旋於前月具奏。略言浦口地方。綰轂中原。其關係於商事者猶小。關係於軍事者至重且大。該地距南岸下關。僅隔一衣帶水。下關尚未十分興盛。今若再將浦口開放。論商業則碍及下關。論公帑則無從設法。而國防之關係。主權之損失。患更有伏於無形者。當飭由江蘇交涉司金陵關道會商江甯士紳。僉謂與其開闢商埠。不如就已有之浦口市塲局。擴充推廣。酌擬辦法四端。一請興辦市塲公債。浦口全埠經營。至少非有二百萬資本不辦。擬請官爲募集公債。將來由浦口市塲分期償還。一請清查業戶租地。浦口市塲所有公共財產。亟待抵押公債之用。應請趕爲切實清查。一請規定官紳權限。

浦口市塲。爲抵制外人保守主權起見。雖仿地方自治辦法。而於行政一方面不可不請官爲監督。一請規定市塲地段。市塲地畝。既經清查。自應按照從前規畫商埠成案。按冊列原數。指定地段與市場。聯成一片。以便經營。司道等復以市場局創辦輪渡。已有成績。其修造駁岸。塡築土基。亦在節節進行。現議放手擴充。募集公債。尤爲入手不易辦法。該處地畝。抵借債款。足昭信用。一二年內規模粗備。洋商載客運貨。可援續議內港行輪修改章程附件所載。租賃碼頭棧房之例辦理。無取多開口岸云云。

**黑龍江寶藏之富** 東省礦產饒富。奉吉之礦。均已顯著。至於江省鑛產。未顯者尚多。蓋江省爲邊外貧瘠之區。省內山岳紛糾。河川鬱結。大山巨浸。蜿蜒逶迤。交流屈注。然往往精光寶氣。瑰材巨質。不擇地而出。若漠河、若桑乾河、庫瑪爾河、部魯河、吉拉林河、觀音山、九峯山、平山、及苹子山、托羅山、景星山、金牛山、懷歡洞、胡陽坡、馬鞍山、大摺子、張天桂窩棚等處。概係五金礦、煤礦、水晶翡翠等。五色之屬。無所不有。而其內金鑛爲尤多。著名金礦。以吉拉林河金礦。庫瑪爾河金礦爲最。試彙錄如下。吉拉林河金礦。在江省西境之呼倫貝爾界內。曾爲俄人私採。光緒丙午。始收回官辦。其質爲金沙甚厚。都魯河金礦。在呼蘭屬之湯源縣治。此礦光緒戊戌之交。由江省將軍派員查核。後爲俄人佔有。三十一年。經程雪帥索回。此礦礦積深至七八尺或一丈餘。金沙由一二尺。

至三四尺之厚。然因僅用土法開採。而又限于資本。故未獲利。雖抱擁金量最多。將來實有不可限量之勢也。庫瑪爾河金礦。在璦琿屬內地。最僻陋。山重水複。附近處處有金。惟礦苗微淺。砂點零星。採撥極難。故非精巧機器。一時難收佳果也。甘河煤礦。在墨爾根屬。九峰山一帶。出煤地方。有七百方里之廣。質白力厚。無臭。實屬無烟炭。程雪帥於光緒丙午時。派員調查。產煤最爲豐富。現由甘河煤窰處。至博爾汽江北岸之一百五十里間。修築運煤輕便鐵路。以便運往。如將來交通機關設備。該礦發達。有厚望焉。由此觀之。三省富源豐饒。如集有資本。竭力經營。數年之間。富强可以立致也。

**東三省支配兵隊之計畫**　趙督對於三省。擬實行調查戶口。採用徵兵制度。據最近詳細調查。其將來計畫。擬於南滿洲鐵道沿路。從錦州至哈爾賓附近。駐紮一混成協。間島之西面。及滿洲朝鮮國境間。分置一鎮。奉天新民府附近。分配一混成協。長春及吉林附近。各分配一混成協。甯古塔附近。駐步兵二隊。長春以南。滿洲鐵道沿線。駐步兵三十大隊。騎兵四十中隊。工兵十中隊。輜重兵十三中隊。砲百五十門。統觀全軍布置之狀態。其全力注重者。長春以南之南滿洲鐵道沿線。及間島與滿洲朝鮮之國境各方面。其長春以北之哈爾賓方面。則未甚注意。

# 世界紀事

**英日同盟條約改訂原文**　日本政府。及英國政府。以自一千九百零五年八月十二日。締結日英協約以來事勢大有變遷均以爲宜改訂協約。以應事勢。而保全局之安寗。用特規定左記條款。以代前次協約。其宗旨在確保東亞印度地域全局之平和。保存中國之獨立及領土。又確實維持列國在中國境內。商工業機會均等主義。保持列國在中國境內之共同利益。並又保護東亞及印度地域兩締盟國之領土權。防護兩締盟國在該地域之特種利益。　**第一條**日本國與英國。均認本協約前文所記之權利及利益中。如有瀕於危險之時。兩國政府當互相詳細通告。且當共同商酌。謀可以執行之處置。擁護其被侵害之權利或利益。　**第二條**兩締盟國之一面。非由己國挑撥。而受一國與數國之攻擊。或受一國與數國侵略的行動。該締盟國爲防護本協約前文所記之領土權。與特種利益起見。倘至交戰時。不論攻擊與侵畧之行動。發生於何地。締盟國之一面。應即援助其同盟國。與之共同戰鬥。至媾和時。亦應同盟國雙方合意後始爲之。第三條兩締盟國約定後。如未經協議。他一面不得與他國締結有害本協約前文所記目的之條約。第四條締盟國之一面如曾與第三國締結總括的公判條約本協約即不能使其負前文所記同盟國與第三國交戰之義務須至該公判條約期滿時爲止。第五條兩締盟國之一面遇本協約中規定之狀態。與他一面兵力援助之條件。由兩締盟國陸海軍之當局者協定之。又兩締盟國陸海軍之當局者。關於兩國相互利害問題。隨時應以誠意協議。第六條本協約由簽押之日起實行。以十年爲有效期。又此協約宜於十年期滿前之十二個月內通告廢棄與否。如兩締盟皆不通告。則以後應由兩締盟之一面表示廢棄意思之日起算。滿至一年止。此一年內。均爲繼續有效之期。倘已至終了之期。兩締國之一面方在交戰中。則繼續至媾和成立時止。

附記　按此新協約。比之舊協約。署有異同。舊協約原訂於一千九百零五年。滿期在一千九百十五年。去此不過四年耳。今忽議改。要亦有深意存焉。此約第一二兩欵照舊。而將原約之第三四六欵删去。第五款改作第三款。第七款併入第五款。第四款關於公判條約係新增之款第八款改作第六款。除減去指定之件外。並無更動之處。自此約發表後。英日各報皆非常滿足。日報有謂其延長至一千九百二十一年。適合英美公判條約之期者。有謂日英新協約能確保美日永遠之平和事實上無異於英日美三國同盟者。英報則論此約係屬地大會之好結果者。（緣日前英國各屬地殖民大臣、皆至倫敦會議故云）有謂此約所以安排英美公判條約之途徑。並爲公判主義之推展地云云。

**東京電車鐵路買歸市有之問題**　陽歷六月廿七日。日本政府忽頒發東京鐵道買歸京市有之命令條件。此事曾經尾崎市長與鐵道會社之當事者。屢次討論迄未得一雙方之合意。於是日政府居中調停決定以六千四百十六萬元買收。今爲追溯此事之由來。則發端於明治四十年。至四十一年正月初旬。東京市與鐵道會社擬定草約。呈請政府認可。當時民間之反對者極多。政府不敢遽允。於七月初三日。却其請願書。其不承認之理由。雖未公表於世。然據當時所傳聞者則有二。一恐市募集外債。二恐市營之後。增加車票。金至四十二年之秋。此問題再起。股票由五十元。漲至七十元。當時桂藏相與後藤遞相平田內相等協議。於十月十六日。召尾崎市長至遞信省交以一覺書。該覺書云。一不許增加市民之負擔。與減損市民交通之便利。一爲買收及建設未成線所起之公債。以鐵道之收益金而償還元利。一市有後之組織。及一切經營。宜提出具體的草案。自此覺書發表後。東京市參事會。遂決定具體的市有草案。與該會社交涉。是月十八日。該會社會議。謂由市所定之價格。不能承認。於是此事又中擱。不謂此次僅一星期內。而政府會社與市之三方面。竟能意見一致。不可謂非意外事也。聞此次買收之所以如此迅速者。實由日政府所慂慫而成。且又遇該會社之財政困難。欲建設未成線。則苦於無貲。欲改良線路及車輛等事。又苦於無力。實有陷於不得不買收之窮境。故此議遂得於咄嗟之間而成事。然自此議發生後。東京市民紛紛反對。陽歷七月初七日。在東京神田錦輝館。開市民大會。到者二千五百餘人。其決議之結果。謂東京市之當局者。以迅雷不及掩耳之計。買收電車。欲使市民於急遽之間。不能爲可否之運動。實可謂橫暴狡猾之至。吾等市民。不能信任尾崎市長及贊成此事之市會各議員。特提出此意。徵其反省。等語。次又舉定運動反對委員若干名。翌日又在日比谷公園開市民大會。以爲示威運動之計。此事今尚不知如何決果。然亦可見日政府專制之餘燄。與吾國鐵路國有之事。正相恍彿也。

叢錄

# 春冰室野乘

春冰

## 張歷友詩事

董小宛入宮事。梅村詩微露端倪。余嘗疑漁洋秋柳。亦咏是事。偶讀張歷友先生篤慶昆侖山房集。有數詩。亦似爲此事而作。歷友淄川人。與漁洋同里閈。交莫逆。諸詩詞意。亦酷類秋柳。然則鄙見所疑。殆不虛耶。爰彙錄于此。以爲讀清涼山讚佛詩之助。秋葉云。搖落懷人萬木丹。何堪青女怨凋殘。碧梧院落銀床靜。紅柏橋頭玉露寒。南浦半林隨逝水。西風一夜滿長安。漢宮莫聽哀蟬曲。陣陣清霜下井闌。碧城云。王母西來曉露濃。碧城隱隱月溶溶。雲中瑤圃三千里。天畔瓊樓十二重。手種桃花多歲月。自尋瑤草飼鸞龍。雙成已到人間否。海水枯時定不逢。憶舊云。廣寒宮裏盼飛仙。月色溶溶玉有烟。半臂偏憐宋學士。曉風爭唱柳屯田。落花無語歸春水。弱絮多情上酒船。聽罷筵前羅貢曲。不須更憶怨夫憐。然歷友又有一絕。題爲青溪張麗華小詞。詩云。淒涼三閣鳳臺空。誰向長城問舊公。千古青溪溪上月。人間無復景陽鐘。此則決非指董小宛者。疑南都之亡。弘光嬪御。必有入宮被幸者。宮掖事秘。在當時已疑以傳疑。二百年後。遂不復知爲何語矣。

## 戊午科場大獄軼聞

戊午科場之獄。柏相葰實未與知。先是科場法弛。賄買關節。自道光季年已來。久已視爲故常。是科有旗生平齡者。故世家子。家中落。習與游蕩者伍。平姿容秀美。工唱青衫。往往傳脂粉爲女妝。登臺演劇。都人所謂票上者。某小說徑謂其爲伶人。則非也。至是以重貲交通柏僕靳祥。售得關節。中第七名舉人。刑部主事羅鴻繹。粵之富室也。甫新婚。納貲得官。挈婦入京都。因中表編脩李鶴齡。納賄於編脩浦安。安更以囑祥。羅本不通文。闈藝亦倩人代作者。卷本中副榜。靳祥竊取他中卷易之。事甚秘。無知之者。及磨勘羅卷。訛字至三百餘。磨勘官懼不敢發。私以語所親。事漸流播。爲御史孟傳金所知。擬具摺叅奏。疏未上。一日微服飲煤市街之致美齋。平齡適在隔座。平初登科。氣驕甚。

是日挈二優人同飲酒。酣。語之曰。昔人視我與爾曹等耳。孰意我居然忝高第耶。俟下屆科場時。我當以貲爲爾曹購關節兩紙。爾曹亦與我同爲名孝廉矣。傅金隔座聞之。因僞爲江南監生下第者。殷勤就平展訊邦族。且叩進身之術。平被酒不疑有他。具以所謀告之。傅金歸。卽具疏入奏　上立遣內侍至禮部。取羅卷閱之。震怒。因召羅至南書房覆試。文題不亦說乎。詩題鸚鵡前頭不敢言。命端華肅順監試。陳孚恩閱卷。文極謬劣。卽斥革羅舉人。而覆勘諸中卷。下刑部窮治。靳祥自殺。平齡瘐死。而柏葰、浦安、鶴齡、鴻纆及副考官程庭桂之子丙釆皆論大辟。戍邊者十餘人。故事大臣當死。臨刑諸臣合詞乞恩。往往得宥。及是衆邀肅順領銜會奏。肅陽諾之。實已面奏諭旨監刑。卽驅車而去。柏至刑所。猶自謂當遣戍。語其子曰。吾今日當借厲天寧寺。汝速部署行裝。恐不得久滯也。有頃肅已至。尙笑語曰。七哥來何早耶。下車卽升座。促行刑。柏官京朝久。屢典文衡。門生故吏甚多。皆畏肅勢無敢送者。獨阜甯裴蔭森白衣冠往生祭之。肅亦未嘗過問也。獄事初起。陳孚恩以兵部尙書派會審大臣。及審出其子亦有經手過復事。卽引嫌廻避。讞旣定。孚恩子亦褫職戍邊。端肅故與孚恩稱死黨。然亦不能爲論救也。

同治初。某御史奏劾侍郎劉崑黨附肅順。崑坐免官。崑實不識肅順。數年前御史父尙書某招飲。始共杯酒。尙書故以附肅。得至正卿。御史不知也。他日相遇于某酒樓。崑發憤詈御史。且訐尙書前事。御史懟噤欲引去。崑奮起擊之。碗拂其耳。羹酒汚衣袂。衆環救乃解。久之事頗上聞。　皇太后察崑實無他。乃復起用。時人戲爲之聯曰。許御史爲國忘親。指歸黨籍。劉侍郎因禍得福。打復原官。

## 紀劉宗漢事

端肅既敗。孚恩亦謫戍伊犂。劉宗漢者。陝西長安諸生也。家貧授徒自給。而俠信聞鄉里。孚恩之西行也。盡室以從。至西安。聞宗漢名。延課其幼子。宗漢欣然從行。居伊犂數年。甚相得也。未幾回亂四起。伊犂孤城久困。無外援。將軍某素重孚恩才。至是貽以資。使它往。孚恩曰。某雖戍卒無官守。然故爲朝廷大臣。肯竄伏草閒求活乎。乃以幼子屬宗漢。而盡焚帑賄。與將軍共籌守禦。城陷。將軍與孚恩俱死焉。宗漢携陳子東行百餘里。遇亂兵相失。宗漢伏道旁。覘陳子被掠而西。乃復還伊犂。往來蹤跡。數月始得之某回堡中已被賣爲奴矣。於是俄羅斯兵已定伊犁。宗漢乃詣俄將營。涕泣哀籲三日始得通。俄將哀其誠。命校取陳子至。既見其秀慧。欲妻以女。陳子亦願留。宗漢力爭之。不聽。一日俄將方宴客。陳子上坐。宗漢直前數之曰。背父命棄鄉里爲異國人。公子安則爲之。某受人之託。而不能終其事。何面目立人世。因出刃袖中。將自剄。左右急抱持之。血噴涌暝。不知人矣。陳子亦大慟。伏地自投。俄將笑曰。癡漢胡至是。今還汝公子矣。急命敷珍藥。置密室。護養之。月餘始瘥。俄將乃資遣陳子及宗漢。且給牒以通道路。二人既行抵蒙古界。復遇盜。喪其資斧。於是徒步行乞。由蒙古入雁門。取道山西河南以歸江西。（字恩江西新城人）道中或日止一食。或間日一食。夜宿厓谷。或大樹下。宗漢常手洋槍坐陳子側。倦極始少寐。聞風聲鳥啼。輒起視。無所見。乃復還坐。歲餘始抵江西。陳氏見子歸。則大喜。無少長皆出拜劉先生。館之上舍。酒食服御。惟力所能致。鄉里亦爭具酒肴迎犒。月餘不絕。宗漢厭其擾。堅請西歸。陳氏酬以三千金。衣服玩好又稱是。宗漢一無所受。惟取其五十金。買舟而歸。

錢東平事異聞

叢錄

雷侍郞以誠與錢東平江隙末事。諸書多有紀載。頃讀皋蘭朱香孫克敬所撰暝庵雜識。紀此事。乃獨異。亟錄之以質諸世之諳習國故者。洪秀全之據金陵也。江集義兵數千人以拒之。屯揚州。軍儲甚豐。然未有所屬。雷以誠者素貪詐。雖官二品。同朝皆不齒。告歸里居。聞錢氏軍强且富。心豔之。遣使卑禮厚幣與之交。且願爲副。錢亦欲倚以誠以自達於朝。因至鄂。往見之。以誠聞江至。郊迎曲跽。執禮甚恭。邀館其家中。盛供張至僕御酒饌皆豐腆無比。酒行以誠奉觴爲壽。呼妻妾出拜。指示之曰。此天下忠義錢將軍者也。江謝曰。草野細民。救死自衞而已。何敢當長者言。今兵糧具足。而未有所屬。不得自通於朝廷。得長者提挈之。幸爲國家效尺寸。於願足矣。以誠曰。將軍人傑也。老夫得備記室之選。足矣。必以馬齒班爵相推者。虛名可耳。他非所敢當也。江大喜。因與要約。軍事悉由江處分。而奏報則以誠主之。以誠敬諾。江卽日資裝入都。偏游公卿閒。爲以誠延譽。頃之有　詔起以誠爲團練大臣。督兵揚州。江遂以所部屬之。維揚俗侈靡。甲江淮。舊多名妓。無錫惠山尼。故以豔慧聞天下。至是悉流徙廣陵。以誠日挾尼妓酣飲。湎褻無度。江驟諫。弗聽。一日以誠又自妓院中醉歸。江適至。因涕泣曰。所以戴公者。

六

爲保全民命報國家耳。今公乃若此。非徒負國。亦負錢江癡心。且民怒如水火矣。萬一怨叛。公能終樂此乎。以誠陽謝之。夜即遣小校張某刺殺江。而以不遵調遣。惑亂軍心。就地正法上聞。幷籍江家。盡毀所箸書。全軍憤怒。欲共殺以誠。江客劉達善固止之曰。彼奉　天子命而來。殺之是叛朝廷也。諸君不欲屬仇讐者。散歸可耳。乃皆痛哭散去。未幾以誠以無功罷歸。途遇盜刼。家益落。又老無子。年八十餘。至沿門乞食。人多惡之。無肯與以錢粟者。至湖南長沙。善化兩學諸生。榜狀其惡。將共逐之。始倉皇遁去。卒以窮餓死。人謂其大類嚴分宜云。按諸書皆謂江負才恃氣。本有取死之道。其所爲亦不盡純正。若此書所紀。則江固粹然君子。而侍郎之負恩反噬。在未起用時。已蓄殺江之心矣。又諸書謂侍郎晚年漫游江淮間。常淸齋禮佛。似懺悔昔年之誤。然則其晚境固自優裕。今此書乃謂其窮餓乞食。亦與諸書大異。或不無恩怨之私。粉飾其間。而未盡可信爲實錄耶。然又嘗讀張海門侍讀金鏞詩集中。有後感興詩十章。其九章實詠此事。詩云。佛貍祠下雨蕭騷。五色儀鍠亂節旄。眉蹙鴟鷄紘上語。心傷鸕鷀席前刀。六軍鬪虎心原壯。兩騎盤龍氣自豪。虛說遼東戍亭伯。瓊花開盡獨游遨。則侍郎之冶游縱博。不恤軍事。因非傳聞之虛詞矣。

## 邵給諫之敢言

孝貞顯皇后陵工。大臣奏派司員監脩。其前列重要諸差。皆樞要貴人子姪。給事中邵積誠上疏論之。畧云。六部司員。例定學習三年。始行奏留。所以重郎曹之選。別人才而嚴去取也。近年各部司員。學習期滿。一體奏留。從未咨回一人。已足見堂官之奉行故事。然猶未有不俟奏留而即派要差者。工部郎中王慶鈞。以軍機大臣王文韶之子。光緒五年始由捐納到部。於今甫及兩年。此次　孝貞顯皇后大事。輙派充帮總辦差使。帮總辦名目。雖次于總辦。而將來保奬之優。與總辦同。自奏派之後。時論譁然。夫大臣任子爲郎。原冀練習漸深。以儲任使。若初登仕籍。即倚聲藉勢。不次干進。覬取優保。則寒畯之士。積勞積資。皆將短氣。此風一開。臣恐各部院員司。莫不以交通聲氣爲捷徑。而反以學習部務爲具文也。臣雖未識王慶鈞之爲人。然聞其在部。常依倚門蔭。侈然自盈。是其器識之浮淺。仍不離少年紈綺之所爲。縱使敏給過人。亦當量爲裁抑。以資造就。今學習未久。遽畀要差。豈一部百數十人中。竟無一二如王慶鈞之才者。曹司擁滯若斯。而破格超遷。乃常在貴近之子弟。無怪人言之嘖嘖也。近來大臣彼此徇庇。已成積習。牢不可破。此次工部所派各總辦。尙有竇鋆之子景澧。景廉之姪素麟在內。但其資格較深。臣亦不復過事吹求。如王慶鈞之到部未久。尤爲衆口所訾謷。王文韶在樞臣中。從政甚新。時事多艱。宜思所以副深恩而饜衆望。伊子既招物議。豈竟毫無見聞。請飭下工部堂官。將王慶鈞撤去差使。俾專心學習部務。以抑躁進而示大公。此亦保全王文韶之道也。

## 卿憐曲

卿憐者。姑蘇民家女也。明慧婉麗。色藝冠一時。年及笄。爲某宦購去。以獻浙江巡撫王亶望。寵之專房。居諸秘室。懸一楹聯曰。色卽是空空是色。卿須憐我我憐卿。後亶望以墨敗。人謂爲讖語云。卿憐無所歸。爲人載之京師。獻諸和珅。初以衆人視之。和姬妾百餘。後有某姬失寵。謀置鴆飮食中以進。卿憐發之。遂大得寵幸。逾時又爲同輩所譖。寵復衰。退居別室。數年和亦敗。卿憐復歸姑蘇。萍跡依然。而秋娘已老矣。卿憐故工詩詞。嘗賦七絕數章。備言兩家盛衰事。哀感頑豔。吳下一時傳誦。或時彈四絃。自訴身世。尤淒絕動人。當時勝流。多有仿梅村圓圓曲。以賦其事。而孔荃溪方伯昭雯、李青墅嵯使燧兩詩爲最工。孔詩云。闔閭城下風波惡。美人遲莫傷漂泊。暗惜年華逐水流。生憎風雨催花落。花落花開幾斷腸。雲泥茵溷兩茫茫。十年鴻雪留痕在。三尺烏絲寄恨長。當年生小横塘住。阿母嬌憐鄰女妒。愛惜原同掌上珠。漂零竟作風前絮。單衫二月豔春陽。恰遇瑯琊大道王。十斛量珠輕買笑。一宵倚玉便專房。此生自分藏金屋。地久天長歡未足。緊爪春調太喜箏。折花夜按秋娘曲。按曲調箏枉斷魂。教成歌舞爲他人。無端驚破文鴛夢。緹騎飛來已到門。喬松吹墮罡風刦。女蘿花早隨飛蝶。又向誰家舞柘枝。翻憐當日迎桃葉。權門有客慕程松。買得名花進相公。移柱別彈中婦瑟。挂帆高趁大江風。江風浩浩江潮濶。咫尺烟波別燕越。從此天涯一片雲。回頭望斷江南月。相公家世擅奢豪。司隸威嚴戚里驕。門外弓刀傳赤幘。屏前環佩列紅綃。朝囘日日耽歡讌。曲房行樂無人見。五夜分薰侍女香。三春頻起催花宴。新妝各自媚春華。誰是平原第一花。自笑立羣混雞鶴。敢嫌失路鳳隨鴉。那堪謠諑娥眉巧。有人妒煞紅顏好。夢裏蘼蕪憶故夫。篋中團扇悲房老。秋雨秋風冷畫樓。螢飛獨夜黯生愁。爭知失寵翻爲福。莫向空房歎白頭。炙手熏天勢如此。處堂燕雀安知死。內室金錢積似山。私門車馬喧如市。不信冰山一旦傾。連宵貫索耀台星。中書密敕收元載。御史交章劾竇嬰。九卿執法難原免。八議殊恩從末減。絕命哀吟枉費辭。氂纓盤水猶寬典。蕭條第宅鏁蒿萊。零落殘妝金縷衣。幸免收孥輸織室。又搖雙槳渡江歸。歸舟重過西陵渡。記得當時歌舞處。燕子都非舊日梁。桃花莫問經秋樹。匆匆歲月苦消磨。回首平生恨若何。鸞鳳換巢雙宿少。琵琶別抱斷絃多。玉啼香怨傷心重。然脂自寫平生夢。樂府雙聲唱懊儂。妝臺獨曲翻羅貢。荷珠風盪不成圓。蘭炷香濃枉自煎。兩度悲歡盡陳迹。卿憐畢竟倩誰憐。苦樂從來相倚伏。傾城況少柔鄉福。紅拂何由出戟門。綠珠枉自埋金谷。虹橋雲水日悠悠。多少紅妝罨畫樓。一種春江花月夜。珠歌翠舞不知愁。李詩云。韶光明媚嬌羅綺。楊花搖蕩因風起。化作浮萍亦有情。三生舊恨隨流水。漂泊紅顏暗自傷。廿年兩度閱滄桑。侯門歲月渾如夢。回首春風枉斷腸。姑蘇臺畔如花女。初嫁王昌年十五。夜月教吹碧玉簫。舞腰輕鬥黃金縷。黃金作屋玉爲鈿。憐卿轉自倩卿憐。那知轉瞬成塵刼。金屋凋零玉化烟。傾城誰把珍珠換。通侯年少人爭羨。芳信遙通鳩鳥媒。粉痕初拭何郎面。綺閣連雲夾道斜。武安甲第逞豪華。拚將壯歲調羹手。妝點中朝宰相家。風光到眼渾如故。雕闌錦障重重護。翠佩光搖明月珠。玉堦穩稱蓮花步。瑤臺合住許飛瓊。疎箔玲瓏映水精。樓上花枝矜綽約。鏡中鸞影照分明。仙姿易惹羣芳妒。閒愁脉脉憑誰訴。吹殘風信太匆匆。開煞碧桃花一樹。相公才思孰能儔。領袖鵷班第一流。歌扇舞裙爭獻媚。銅山金穴鎮持籌。錦屏十二雲鬟簇。華筵夜夜燒高燭。擬把良宵有限歡。盡消人世無窮福。身世何曾自忖量。後車那管前車覆。一聲驚落玉搖頭。卿憐詩句舉室倉皇泣楚囚。離魂舊冷烏衣巷。斜日新關燕子樓。封侯頓醒黃粱夢。也知負罪邱山重。執法寧嫌瓜蔓抄。嗚咽爭賀朝陽鳳。西曹咫尺路迢遙。零亂殘魂不可招。那許癡情分賣履。枉拋心力積胡椒。可憐寂寞春宵永。猶認薰衣侍早朝。人生富貴如朝露。阿儂苦被繁華誤。早識冰山一樣消。何如生小蓬門住。鳳泊鸞漂感不禁。鄉關回望更傷心。纏綿絮語愁中句。款乃輕舟夢裏音。天上人間疑隔世。閱來興廢都成例。蒼狗雲衣一霎空。紅綃剩有傷情淚。金谷園中事渺茫。白雲亭畔月蒼蒼。呢喃却羨營巢燕。猶宿朱門舊畫梁。二詩恨不令今之王亶望和珅讀之。

# 文苑

## 辛亥三月廿三日弢盦閣學招游積水潭

太夷

弢庵被徵晚入朝。海內相賀仰名德。日下特開禮學館。大事先援天下溺。中古以降家天下。三綱五常有誤釋。紛紛聚訟見已小。去聖萬里猶面壁。叔孫自謂知時變。兩生抱古吾益惑。周監二代尚博採。墨守一孔豈爲得。諸儒讀書亦云廣。所患淑世乏高識。夷之墨者欲見孟。道有不同孰能直。先生用意酌宇宙。軟語當使衆喙息。却憐結習終未除。長避路塵親水石。西涯一角眞冷地。澤畔行吟暫閒適。與游不必盡朝士。眷眷遂至夕陽匿。袁絲籍福今俱老。安能隨俗矜枉尺。

## 送瘦唐侍御出京

前人

逐流。病未能行道。嗟有命。踟躕不忍去。始見君子性。讀君七別詩。烈意出澹定。浩然孰能止。尹士惡知孟。諸賢抱餘惜。累餞若未稱。去留志雖異。微箕各爲正。緊余久自放。情直行頗徑。驅車偶過闕。心不善朝政。挽之旣甚難。誰敢問究竟。酒壚共取醉。聊以助歸

文苑二

興剛腸儻猶熱未免顧破甑江湖不寂寞或者天可勝

四月廿四日渡海　前人

泱泱渤澥意如何騰碧翻金眼底過出世祇應親日月浮生從此藐山河南歸不用懷吾土東去誰能挽逝波愛煞滔天露孤島乘船聊欲上嵯峨

四月九日堯生招集法源寺　前人

相從追餘春別近願數見復此雙栝下談詠接諸彥與君知漸深片語輒稱善未來孰能料拭眼待千變吾謀適不用堅壁勿浪戰酒行言又發何異弦上箭

趙香宋同年約同游法源寺看丁香　盩公

游心難再羈迫此青陽暮投鞭事初地把臂獲良晤沈沈大雄殿丁香覆兩廡峭蒨文字香潤及巾屨連簷竟晻靄久坐宛清曙始知佛日長稍覺天倪露平生趙御史補闕匡王度似爾風霆手正要玉雪句入世有生老隨緣無迎拒長年眇歡悰及春理芳緒餘花今未歇陳迹昔既屢初非兩眸計似深一宿悟達生幸能託淨義若可樹春芳罔外物且任騰騰去

堯公招集法源寺　癭公

小坐春風啜茗譚長安花事數精藍眼前景物丁香占劫後風光老衲諳似水年華過
浴佛故鄉桑柘正眠蠶時危那更知來日且可勤來共一龕

題楊昀谷西樵吟卷　前人

我家羅浮鄉不蹋羅浮翠西樵已兩到吟卷今在笥楊子愛羅浮一官如可棄如何嶺
外行只到白雲寺今從西樵歸示我西樵記題詩滿梁畫歷歷聽泉地計君屐所經在
山祇一二我本山中人乃無一椽寄凶年會多寇歸計何時遂君家朱霞峯近有結鄰
議儻成種樹書為我長鑱備移文在方寸此語君當識君無妄我言西樵知此意

病中別廣州　昀谷

嶺海是并州人生信夢游去鄉仍墮劫多病轉禁愁天意窮思議時艱畏去留春風桑
下戀第一負羅浮

以梁杭雪巴峽春帆圖贈鐵華民部時鐵華新自蜀歸也　前人

錦水桃花色春程下峽船綠波江驛暖紅雨海棠妍舊畫堪尋夢新詩當紀年一帆吾

文苑 四

亦倦思子蜀山邊

再至京師訪香宋　前人

重來日下眞如夢小別經冬復遇春詩到蘇黃元未盡老談山水倍相親銷愁縱酒妨多病伏闕陳書莫愛身聞道全家居不易一官宛轉待何人

張子和部郎將以秋中歸蜀因以梁禮部巴峽秋帆圖貽之　前人

季鷹歸計卜涼秋行色梁生筆底收燕市好將明月去蜀山無恙布帆游透迤峽路驚黃葉浩蕩春程付白鷗天外蛾眉能好客故應李郭約同舟

宿泰山頂　檗菴

萬古登封此廢臺蒼茫懷抱若爲開浮雲海岱仍千里多難登臨更幾回浴日亭荒曾駐輦如澠酒近且銜杯憑高擬向蒼蒼問喬嶽而今合降才

清名。苟聞娩娜自剖之詞。必當却步以退。則此婚事當必無可望。惟有預為綸提氏地。早晚當介紹之於娩娜已矣。此際之晏陀鼇既聞剛騰所語。亦復無限憂惶。惟當剛騰之前。不便更露其心事。遂亦强自抑制。剛騰指福奈謂晏陀鼇曰。子見吾之御人否。當吾駐軍摩必恆時。彼曾為吾屬下之役兵。吾有年者。子當日亦必曾見之。晏陀鼇曰。然。吾今認識矣。福奈亦曰。吾一見伊爾溫子爵。便已識之也。時正當競馬之佳日。道上車馬紛紛。剛騰謂其御人曰。子殆以為吾人將往觀競馬耶。非也。今當驅車至聖惹曼康衢去。乃招晏陀鼇登車共坐。車遂發。剛騰復自念曰。娩娜昔至摩必恆。福奈常為之服役。深知娩娜之為何許人。晏陀鼇但問諸福奈。已足以知之矣。雖然。吾當戒福奈毋俾多言。頃之。車已到聖惹曼。須與晏陀鼇分道行。乃謂之曰。吾所親今者吾二人須分道。吾不能無需於此車。故仍乘之以往。子其恕吾。蓋吾今日不但往見一人。更須走徧巴黎到處也。晏陀鼇曰。君毋爾意大利康衢去此不遠。吾儘可徒步以往。且吾亦喜步行也。曰。子步行亦自佳。吾知子須沿途審思其事。然後到彼門庭也。子往見之後。其事若何。明朝幸為我言之可也。晏陀鼇遂下車作別。彼以為剛騰不欲人知其去向也。遂經去不復返顧。途間念剛騰所言閃爍。心殊迷惑。沿路思維。不覺已至意大利康衢。先經植物園念此爲己身與德理斯相逢之地。不可不鄭重之。遂先入其中一游。行此日爲來復日。游人雜沓。其中之虎豹獅象與夫熊羆獮猴等圈。皆多人聚觀之。或擲餅餌與食。晏陀鼇固無此興趣。惟欲一見德理斯與其保姆所常坐立之處。逆料其母今日在家。彼必不來。初非冀望與之相遇於此。不過一親其地。此心終覺快慰已矣。沿道行來。到處皆育兒之保姆。列坐椅上。或事談話。或事縫紉。而諸兒童則紛紛馳逐於樹陰之間。或持游戲之具。相與嬉於道上。歡笑之聲。喧然競作。晏陀鼇掉臂其中。進行未遠。忽見德理斯之保姆正坐於當前。相去匪遙。彼方手作女紅。全神悉注行道之人。漫不復措意。而獨不見德理斯。不知彼何以獨坐於此。晏陀鼇已曾領略此老婦之性行。不敢復卽之。且住足而覷。見其身畔復有一坐位。有來坐者。彼堅不肯與。則知其必有一人同來。非德理斯而誰乎。然德理斯又安在耶。彼固厭喧囂者。諸游人麕聚之處。彼未必往。念園中有一徑道。境最幽僻。其處爲喜繁華者所罕至。或玉人在斯。亦勢所恆有。乃向此徑覓之。

第十回　防詐局膩友請同行　露眞情秋娘陳歷史

迨至其中。德理斯果在焉。則見其手劈餅餌。靜對諸麋鹿。一一分布之。其神情惘惘。似有戚容。晏陀鼇逡巡近前。直至身畔。彼始覺。急轉顧。顏赬然曰。君何時至此耶。晏陀鼇曰。吾誠不料又幸遇子於此也。德理斯曰。吾亦非有意來此者。心中若豫知君今日當來。遂於無意中。偶隨倔突兒至此也。曰。吾之來本欲蒞子家中者。曰。然則君亦於無意中偶來此一游者。得毋亦冀吾與保姆同來此耶。君今已見吾保姆否。曰。然。吾已見之。曰。君殆未與言耶。曰。吾復何敢。彼尙未識吾也。曰。不然。彼已知君矣。阿母今晨已舉昨宵事告之。彼殊懊惱也。曰。何故。曰。彼自恨調護我之未週。使我得與君纏綿耳。君幸未與之言。不然。必遭呵責。更不相饒。彼今朝當阿母前。更不作好面目。卽見我亦不肯交一語也。曰。而母肯爲吾兩人回護否耶。曰。阿母殆亦不直彼。謂其無識見。又謂君乃純然君子人。其用意本守禮自重者。並爲彼告。謂君之友答坡氏。自能知君爲人。而倔突兒猶不少回心。狺狺然怒終不休。吾不當記恨之。然亦覺忍無可忍矣。吾兩目今尙赤。吾自知之。蓋吾曾哭泣也。曰。何爲者。子竟至於啼哭耶。曰。並不爲君之事。吾之哭固別有其故者。君豈不知阿母今日當在家耶。然君倘直至吾家。當不能見阿母也。阿母早膳方畢。匆匆便去。此後又不知何日方歸。吾故悲耳。彼奉職勤勞。鮮有歸休之暇。吾甫得母子團聚。又復分離。此商肆主人。眞欲令吾恨煞。蓋彼又付一紙書來。召母速去。故吾母更不敢勾留。君倘見彼寄書人。當亦與吾同心。而不能不痛恨於彼商肆主人之無道也。曰其然。彼寄書人有何可異處耶。曰其狀頗類歹人。然阿母於此更不暇致詳。急索衣服着之。吾方在廳中援琴。欲追摹昨夕之不列丹尼曲。母出見吾。狀頗張皇。爲我畧言其故。復吻親吾。遂去。吾竊疑阿母託詞以慰我。其中必有他故。不欲我知之者。吾以此言告君。或有不當。然吾實不能已於疑。不克自掩也。吾見吾母如此。欲隨之去。母又不許。謂至今夕當有書來。吾心有若懸旌。非得母書。審知其無恙。終未得解憂也。曰。吾爲子往彼商肆問之可乎。曰。苟可如君言者。吾已早自爲之矣。阿母厲禁。吾不肯聽吾一至彼中。一若此肆主人。嚴峻異常。絕不許受雇諸人。或有親友詣肆者。曰。此誠不可解矣。曰。彼肆主人之行事如此。誠爲荒謬無理之尤。吾絕惡之。吾惟切盼阿母早日辭退。去此羈絆。看彼更有何法拘制人也。母已爲我告。今後將不復受雇。彼歷年辛苦己薄有蓄積。差足自給。今而後吾母女殆將常相斷乎。而君既許吾。則吾人之生活。君亦當一例休戚相關也。曰。深感子。顧念吾兩人之成約。倘能偕華都娘子歸吾鄉土。以共度此淡泊之時光。斯固吾所至願者也。曰。阿母必願偕行。方且謂如適樂土耳。彼受僱於商肆中。已不知幾何年。日惟登記核算。昕夕無休暇。旬日之中。歸家不過三兩度。亦不遑寧處。他處更不克一游覽。歌舞之塲游樂之地。亦終歲不一至。豈尚謂巴黎可戀。而猶不肯他適哉。母之奉職商肆。直不啻爲人作牛馬。非待奉身退休之後。終不能自由往來。任便娛樂也。德理斯之言。使迪詩頓氏聞之。將不知若何齒冷。以陸麗娘子。巴黎之名妓。繁華富麗。爲歡樂塲中有數人物。而此女乃謂如許郊寒島瘦。能勿笑煞人耶。至若使剛騰聞之。則不惟不致笑。更生無限哀憫。念此淸白之少女。爲其母之敗行所累。不知伊於胡底。而其心尚茫無所知。方以爲乃母果眞守分安命之人。而不知其一向生涯。實大爲貞良之婦女所羞道者也。彼晏陀釐少年忠厚。生長於賢父母之手。世途之險惡。亦了不相諳。而巴黎之風俗人情。尤非所熟悉。漫無疑慮。而惟知相受。幾謂人世初無奸詐之事者。德理斯復曰。吾讀紀載。而知巴黎爲游樂名都。然吾之所見惟室中琴書花鳥與倔突兒一人之伴侶而已。阿母受雇之商肆在碧士路。人謂此爲巴黎最繁華之地。吾亦未嘗一到其中。吾所交往。更無他人。最初結識者。即爲足下。次則答坡氏長者而已。昨宵得與君相見。吾欣喜至於不能成寐。今而後吾將無時不歡悅。以吾人將永得聚首故也。晏陀鼇感動至於涕零。卽應之曰。誠然。吾人將畢生聚首。但恐吾鄉風味不能致子愉樂。蓋吾宅頗舊廢。且岑寂也。曰。吾終能悅樂之。無論若何。究勝於此間也。吾倘忘告君。他日吾人往君家。願並挈倔突兒與俱。彼雖性情滯冷。而心地實佳。且最忠於吾母子。赴湯蹈火。皆所不辭。其他日待君。亦當如是也。君此刻殆當一見之。以先結其歡心。曰。敬如小娘敎。但吾今與小娘稱語。彼得勿又見罪耶。曰。吾已得阿母允許。自當有與君長話之權。彼若仍責其不當。吾自以一身承其咎可矣。二人方語。忽有一豎子逼近。逡巡而前。似欲有言而未敢遽言。而其狀貌頗覺詭異可憎。德理斯目之。豎忽囁嚅問曰。子其華都氏之小娘耶。德理斯大訝。急應之曰。然也。豎曰。有人教我將書來。今以相付。遂出一書。徑置德理斯手中。德理斯問曰。誰敎子寄將來者耶。豎曰。一婦人耳。晏陀鼇頗覺有異。徑前欲執之。豎遂奔逃。轉瞬已杳。德理斯視其簽封所書果爲己名。且注有緊急字樣。不覺憂懼無限。晏陀鼇曰。此事怪異。子能認此手筆耶。曰不能。曰不特此。彼寄書人何以將書來此與子。豈眞知子適在此園中乎。曰。尤不止此。吾從未識此監者。彼何自知吾名氏耶。異哉。吾今不惜君見笑。私心竊恐阿母有不測。此書吾實憚於啓視矣。曰是殆不然。華都娘子去未久。豈遂有他故。且濡者事之賊。小娘盍速啓視之。德理斯無奈戰慄啓緘。甫一寓目。面色陡變如死人。晏陀鼇急問曰。何事也。德理斯惶然曰。吾母果遭意外事。傷殆靡輕也。遂以書示晏陀鼇。晏陀鼇亦驚甚。讀其書曰。

小娘鑒之。吾雇主倩吾致書爲子通告。子之老母因持帳至一顧客之家。突從扶梯墜下。已折其臂。勢頗劇。故醫人禁不令移動。今而母幸承彼顧客之家調護週妥。頗爵安適。惟切急見子。又不能自作書。乃求其雇主代爲傳呼。命子速往毋延。吾承雇主命。實欲自來召子。徒以肆中事繁。不克來。故但作書倩一肆中廝走致之。子得書。幸即往視。而母其宅院所在。及彼宅主人之名。代今詳載書後。依此尋問則而母自在此中矣。又此事可毋須告諸保姆。誠恐其驚惶。且而母亦欲獨與子相見。不願保姆同往也。而母更囑告子。不須以此書示諸保姆云。 碧士路第二十六家。圖黎爾君之商肆。女工長嘉徽爾氏之約瑟芬謹白。

德理斯聽畢。急曰。吾所慮果不幸而中。今更不可一瞬遲延。盍速助我雇車去也。晏陀鼇曰。子更不一告諸保姆耶。曰。母命吾勿告者。行矣。曰。小娘且聽之。此書恐萬一有詐。或係人故設此計以陷子。亦未可知。子不云不能認此手筆乎。曰。然。惟吾已知阿母實受雇於圖黎爾商肆。其處實爲碧士路。此豈僞託者所能爲。行矣哉。君倘不我助。吾亦能往河濱自覓一車也。曰。吾固極願爲小娘效命者。惟此一封書。吾實不能無疑。故欲小娘且一審愼耳。曰。既有可疑。君更當爲我助。或偕予前往。倘吾蹈危。君亦得救護之也。曰。然則子許吾侍從左右。直至見母而後已耶。曰。豈但許可。直欲煩君爲之。吾人已訂婚約。今便偕行。阿母亦當不禁也。遂先自尋途出園。晏陀鼇知不能阻。見彼心急如焚。不得已緊隨之。心知此行必有異。然自信力可捍衛。不如同往。以覘其究竟。二人趨至車驛。晏陀鼇自念與少女同載。不當有車幰障蔽。乃擇一無遮之車。德理斯先登。晏陀鼇卽以書中所載居址告御人。使知所往。亦隨之登。則見德理斯之憂惶。久乃益甚。

目光瞿瞿。不盡張皇之色。口中喃喃念誦。不知何語。晏陀釐靜坐其側。無可與語。惟默念此事。因自思曰。華都娘子果遭此意外。欲一見其女。自當付書直達家中。何得轉倩人送至植物園中耶。此其事當必有僞爲之者。爲此書者。必深知華都氏家事。故足惑人。憶剛騰曾相告。謂華都娘子有一不可告人之仇讐。將毋卽此仇人之詭計耶。雖然。事亦未可斷定。果爲彼仇人奸計。當不肯卽於吾前出書付德理斯。由此觀之。或此書又非爲僞者。亦未可料也。然無論其事眞僞。吾終當一見華都娘子。事多玄奇。使人莫可推測。非一窮其底蘊。未肯干休也。晏陀釐方思念其車。已沿河而進。將至怪惹曼衢路。見一精美之宅院。門外有車馬駐焉。認爲剛騰之車。尙不之異。乃仰首一望。恰見剛騰立樓上窗間。手雪茄烟吸之。晏陀釐乃大懊悔。念頃間雇車。倘乘密蔽者。當不至爲剛騰所見。與德理斯同車共載。終恐爲彼所議也。夫以良家少婦之出門。既無女伴偕行。更與美少年同車。此在英美兩邦。容或有之。若法蘭西之習俗。固不之許。且爲人母者。於此等防閑。亦斷不敢疏懈者也。晏陀釐既覩剛騰。知不免爲其所見。卽復俯其首。車馳馬驟。瞬已過去。德理斯思念方深。殊未之見。晏陀釐乃告之曰。吾適纔見荅坡氏指揮也。德理斯若漫不經心者而問曰。在何處耶。曰。適於一宅院樓窗間見之。今已過去矣。德理斯亦不措意。惟漫應之。晏陀釐復曰。彼見吾二人同車。得毋驚訝乎。曰。何故。君未嘗告彼。謂吾二人已定婚約耶。曰。吾今晨告彼。但謂吾人已有婚嫁之願。惟吾未敢多言。待向而母求婚之後。乃敢傾筐倒篋也。曰。彼曾否爲子言。謂子來求婚。吾母必不拒耶。彼與吾母昨宵談至深夜。吾母之意。彼必已知之也。曰。彼今晨與我言。其語氣殊不如是也。奈之何哉。曰。何謂也。彼得毋勸子勿與吾訂婚乎。曰。否。安有是。彼於子殊多讚揚。但謂子之知我猶未深切。想子之意未堅。彼謂少年女子。其意向每有變遷。不能自決。且謂吾之心意亦恐不能歷久不渝。如斯而已。曰。此語何能爲吾兩人道耶。吾人非必藉彼之力者。曰。固然。惟彼爲而母故交。其言殆有可以轉移而母心志者。萬一彼果不滿於吾人之意計。獨不慮其向而母進言。致誤吾儕大事耶。曰。否。吾料彼絕不如是。彼其人一片高誼。何至破壞我曹之安樂期望。就令事出意外。彼果欲阻撓。亦不過徒費心力耳。吾已明告阿母。謂倘不能與子爲偶。吾更不另婚他人。彼雖有意阻撓。吾母亦必不肯聽從也。德理斯之言。推心致腹如是。晏陀釐更可無多窮問。然聽剛騰

本年三月初七日法部奏　准法官養成所章程第七條課目表已定用本書授課此外法政學堂等向來以外國法授課者亦當一律改用此本是書照法律館奏進本精印內附理由案語凡所用之主義均有說明刑事訴訟律六編都五百十五條民事訴訟律四編都八百條附以新刑律八十八條（甲種）最便講習（乙種）尤便携帶凡持此券向上海棋盤街廣益書局或各省（分售處）現洋購書者均減收半價甲種洋二元乙種洋一元郵費甲種三角乙種二角內地各加五分此券以本年　月底爲限遠省展限一月過期無效

修訂法律館奏進本影印

## 大清新刑律刑事訴訟律民事訴訟律合刻廉價券

（甲種）大本訂十八冊二函價洋四元

（乙種）小本訂十八冊一函價洋二元

宣統辛亥六月贈　購者住址（　）　月　日

謹贈

本書正編四十二冊纂自光緒二十七年内分憲政等十二部發行以來頗爲政學界所稱許莫不以内容完善價目低廉爲譽此編續至宣統二年十二月爲止所有新頒法令各項規程悉行刊列當兹預備

政界希望陞官之資料

# 大清法規大全續編廉價券

二十四冊
定價四元
半價二元

國民組織新政之導師

立憲時代地方官紳國民皆當人手一編也外埠另加郵資四角凡持此券者或向上海本局或就近向代售處訂購均可無券仍照定價發售

總發行所　上海棋盤街廣益書局

# 廣智書局書目

| | |
|---|---|
| 飲冰室政治論集第一輯 | 五角 |
| 飲冰室理財論集第一輯 | 五角 |
| 孫仲益內簡尺牘 | 六角 |
| 山谷老人刀筆 一名山谷尺牘 | 六角 |
| 王丹麓今世說 | 三角五分 |
| 王夢樓快雨堂題跋 | 四角 |
| 張黑女碑 | 七角五分 |
| 王右軍聖教序北宋榻本 | 八角 |
| 李璧碑 | 四角 |
| 梅聖俞宛陵集 | 六元 |
| 陳伯嚴散原精舍詩集 | 八角 |
| 吳趼人趼廛筆記 | 二角 |
| 偵探小說一百十三案 | 一元 |
| 偵探小說薛蕙霞 | 三角 |
| 科學小說尸光記 | 三角 |
| 影宋本花間集 | 一元 |
| 漱玉詞斷腸詞合刻 | 五角 |
| 影宋本陶淵明集 | 六角 |
| 夢窗詞 | 六角 |
| 草窗詞 | 五角 |
| 彊邨詞 | 四角 |
| 彊邨詞前別集 | 三角 |
| 冷紅詞 | 四角 |
| 比竹餘音 | 四角 |

# 三希堂化度寺碑

定價大洋八角

歐書諸碑以化度寺最爲難得此碑原爲唐搨卷首有　高宗御題墨苑至寶四字又於卷末題曰蘭亭行書二百二十八字耳此碑楷書已備三百字深得鍾王妙諦　其推重可謂至矣而夾行之中每字之下題識尚多至可寶貴原本今藏盛宮保家聞庚子亂後以重金購得者茲從友人處借得影本用珂羅版影印與原本不差毫髮誠臨池家之雄寶也用作學堂習字帖尤爲第一善本

寄售處上海廣智書局

人間第一精本

# 王右軍書聖教序

右軍書精本難得在有宋時已發此嘆人間流傳多是翻刻失眞於右軍面目何嘗得其絲毫近見坊間有北宋拓聖教序筆意生動少足當意惟筆畫過細恐仍非至善者此本爲崇語鈴中丞所藏題跋徧紙號以墨皇且稱爲天下法書名碑第一吾家宋搨墨寶第一又有何道州題詩舉以與所藏肥本黃庭並稱雙絕則其爲鴻寶可知拓影亦極精良臨池家所宜手置一編也

（每部定價八角）

# 初拓李璧碑

此碑最新出土神彩與張猛龍至爲酷肖眞魏碑中之尤物也有志書法者不可不家置一編　每冊定價四角

寄售處上海福州路廣智書局

# 二十世紀大著作名家童君愛樓實驗自來血保証書

明州童君愛樓著作等身生平擅長詩文書 / 畫小說戲曲等一切撰作大江南北久噪文名歷任本埠各譯局各報館秉筆多年 / 海內文學界中莫不知有此君其爲文莊諧並作 / 獨闢町畦實爲近今二十世紀著作家中有數人物因其朝夜著 / 作操勞過甚以致心血大衰精神困憊時患 / 喘咳百藥無功今讀其 / 來書能知其服本藥房自來血後其病如失精神倍增仍能深宵著 / 述不知勞倦讚本藥房自來血有起衰扶弱之功今特將其惠書照登於下藉見自來血大有功於人之以思慮致 / 疾云云〇五洲大藥房主人雅鑒今啓者鄙人向以筆墨餬口歷在廣學會山西大學堂譯書院萬國商業月報館字林滬報娛閒日報文娛報鶴鳴報春申諸 / 處辦事多年自顧不文著書至數百萬言一人精神有 / 限終日埋頭窗下竟成了肺喘之症近更書寫稍久神志易昏不能如舊時深 / 宵著述莫知苦辛鄙人亦稍諳醫理念小恙之來多由心血暗耗致陽氣飛越成神衰咳喘痰多內熱 / 之症服多方均不見效後自去秋八月間服貴藥房自來血後不覺喘平痰少仍 / 得耐 / 勞蓋由補血而得能若此也心感之餘爲作 / 此書聊伸謝悃并告學界諸君之抱有同病者即頌 / 財安

厲本埠大馬路德仁里六弄志强學堂內童隱頓

海內諸公如蒙惠購請認明全球老牌商標每瓶內加附五彩認眞券一張值洋一角

保證書一本方不致誤小瓶一元二角 / 大瓶弍元每打十二元 / 二十元託局函購原班回件

**總發行所上海四馬路老巡捕房對面五洲大藥房抄登**

辦理船政支應處委員五品銜福建候補知縣賴永福大令服自來血

得補腦筋兼治遺精之實效

五洲大藥房總發行所主人鑒鄙人前在船政文案兼發審差次患痔甚劇兼有遺精之症四肢乏力平日行動不便坐臥不安如是經年幾有支持不得之勢醫者皆稱爲先天不足或思慮過傷所致鄙人雖信其言無如百方調治服補不下數十劑毫不見効深知勞神若不早圖卸肩得以靜息一時於賤軀實有關礙去歲春正欲稟請委代忽蒙　松鶴帥調辦支應處第以奉諭諄諄不得不仰體　憲意竭力從公惟該處出入款目頗鉅而往來公牘又繁鄙人旨有專司凡事無巨細靡不悉心經理以致精神日益疲敝不特舊症未除而左鼻孔每日子午兩時常流濃水臭不可當人皆稱之爲鼻淵實由腦筋過傷之故其時約在客秋九月也得症以後夜不能眠飲食頓減雖曾購服各國馳名補品時而稍愈時而復發心甚憂之幸於本年春間閱報始悉　貴藥房存心濟世所售人造自來血服者口碑載道其功効無比遂即專差晉省赴南街詹斗山紙坊由　貴號分局購得兩小瓶服之果驗精神較健於前嗣後復由敝友程光明太尊處讓來半打服未完而諸症業從消除迄無復發嘻此種妙品謂之全球第一靈驗丹誠不愧矣此功此德實皆出自　貴藥房之所賜也謹具數行聊以誌謝並乞登報是禱專此順頌　財安

自來血價目　大瓶二元　每打二十元　小瓶一元二角　每打十二元　託局函購原班回件凡各界諸君如蒙惠顧　須認明全球老牌商標每瓶附有值洋一角之認眞劵一張五彩保證書一本方是翼的

●總發行所上海四馬路老巡捕房對門五洲大藥房抄登

韋廉士大醫生紅色補丸

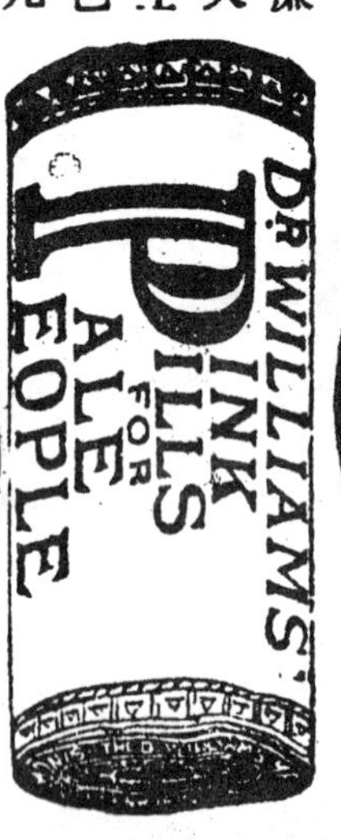


中國各處藥局凡經售西藥者均有出售如疑假冒可直向上海四川路八十四號韋廉士大醫生藥局中國總發行函購或向重慶白象街一分行函購亦可價銀每一瓶大洋一元五角每六瓶八元遠近郵費在內

此係甘肅常備步隊第一標第三營軍官世襲恩騎尉李倬如君漢之玉照也右幅乃表明李君患胃病甚劇及四肢風濕時之情形左幅乃表明李君服韋廉士大醫生紅色補丸後胃病風濕皆得全愈身體康強時之氣象焉

KOUK FONG PO
No. 15
Issued on Tri-monthly

大清郵政局特准掛號認爲新聞紙類
日本明治四十三年二月十三日第三種郵便物認可

# 國風報

每月三期逢壹日發行

宣統三年六月初一日

第貳年第拾伍期

Annual Subscription $6.50 each copy 25 cents.
Published by Hor Kwok Ching
585 Foochow Road
SHANGHAI, CHINA.

# 愛理士紅衣補丸

有協助戒烟之能力與戒後調養虛弱之神功承
嚴君靄庭惠來証書玉照

敬啓者僕爲煙癖所困已二十一年矣平時體質已弗壯旺及上癮後更形瘦弱庚子年夏曾戒一次未幾因病吸回乃直至去春幸遇振華戒烟會伯偉君以新法戒烟始克將吾老癮戒脫然是時煙癮雖斷而筋骨與脊背之酸及心亂神疲甚如大病匪獨行動乏力且坐臥亦不甯連進參朮補劑終無大效適見時報登貴廠之愛理士紅衣補丸有調補血氣之功培養精神之力乃購到兩瓶試服數天覺神氣日漸其爽而骨酸心亂亦見減輕且眠食亦頗舒暢於是再購六瓶續服月餘竟將僕以前所苦者一律斷除且筋骨雄健大異往時是誠靈丹也夫洋烟最易削磨人身精血故久吸者必致形容枯槁神氣頹喪若不於戒前先事調補則戒後於身體更爲受虧今僕親沾實驗感激焉敢不言爲此草泐寸函並賤照一張敬登於諸報以揚仁風而告同患者焉專此奉候並請台安廣英界長興里天樂成報關行嚴靄庭頓首

各埠藥房商店均有發售倘內地無從購買請函至上海四川路一百十七號韋廉士藥廠購辦即日回件郵費不加

# 國風報第二年第十五號目錄

宣統三年六月初一日出版

編輯兼發行者　何國楨

發行所　上海福州路國風報館

印刷所　上海福州路廣智書局

| 定價表 | 項目 | 報資 |
|---|---|---|
| 報費先惠閏月停刊 | 全年三十四冊 | 六元五角 |
| | 半年十七冊 | 三元五角 |
| | 零售每冊 | 二角五分 |

| 郵費 | | |
|---|---|---|
| 全年 | 一元 | 歐美每冊七分 |
| 半年 | 五角 | 日本每冊一分 |
| 每冊 | 三分 | |

| 廣告價目表 | |
|---|---|
| 一面 | 十元 |
| 半面 | 六元 |

灩澦堆

## 諭旨

四月二十九日內閣奉　上諭五月二十六日夏至大祀　地於　方澤遣豫親王懋林恭代行禮　四從壇派錫露榮璧錫明秀綸各分獻欽此

同日內閣奉　上諭本日引見北洋大學畢業生考列優等之朱焜郭養剛陳祖誨于震吳熾棻鄺英傑梁朝玉詹榮錫楊卓鈕翔青水崇遜均著賞給進士出身改爲翰林院庶吉士考列中等之周鎬川趙玉田鄭禮謙孫亦謙劉永嘉呂金藻黑樹銘陳朝棟水崇龐均著賞給進士出身以主事分部儘先補用其同日引見山西西學專齋考列優等之仇元壽成元治劉學聖考列中等之左儒武講郭元章孫晉祺趙魁元池莊李蔭鏞常克勳解雲輅曾紀春米佩棻侯德旺張景良葛尙功柴維梓孫鴻業均著賞給進士出身欽此

五月初一日內閣奉　上諭福建巡警道員缺著呂承瀚補授勸業道員缺著張星炳補授欽此

初二日內閣奉　上諭前據御史瑞賢奏藩司大員素行貪鄙當經諭令長庚確查茲

據查明覆奏新疆藩司王樹枏被參各節皆無實據惟素有吸煙之名用人亦間有未當之處新疆布政使王樹枏著開缺調京查驗調補山西河東道榮霈署新疆伊塔道迪化府知府潘震據稱煙癮確已斷淨著山西新疆巡撫隨時察看署迪化府准補莎車府知府劉文龍雖無行賄買缺確據惟聲名平常操守難信著即行革職借補迪化縣典史試用巡檢蔡世長承鑄金銀各幣顯有弊混且亦改名朦捐著革職永不敘用葉城縣知縣張應選屢膺要缺衆論未孚著開缺察看餘著照所議辦理該部知道欽此

同日內閣奉　上諭甘肅新疆布政使著陳際唐補授欽此

同日內閣奉　上諭甘肅新疆鎭迪道員缺著楊增新調補並加提法使銜欽此

同日內閣奉　上諭陸軍四十二協統領官蕭星垣著派充陸軍第二十一鎭統制官並賞給陸軍副都統銜欽此

同日內閣奉　上諭禁衛軍步標統帶官應龍翔著派充陸軍第二十九混成協統領官並賞給陸軍協都統銜欽此

初三日內閣奉　上諭署大理院少卿王世琪等奏湘路加抽各股請一律停止一摺前因鐵路幹路改歸國有曾經降旨停收川湘兩省租股並飭將此外另立名目捐作修路之款查明請旨辦理誠以閭閻困苦日甚一日鐵路既歸官辦凡因辦路累民之舉應即悉數蠲除俾得稍輕擔負茲據湖南京官聯名奏稱該省路股除田租外尚有米捐鹽捐房捐各名目似此層層剝削不惟取之富戶且至擾及貧民倘不一律停收仍不足以示體恤詳閱該員等所奏頗能仰體朝廷德意俯察民生疾苦著即將湖南所有因路抽收米捐鹽捐房捐各股與前項租股概行停止其已收之款仍著郵傳部督辦鐵路大臣湖南巡撫恪遵前旨一併詳細查明妥擬辦法奏聞不使有絲毫虧損並著該撫刊刻謄黃再行曉諭毋任隱匿遲延以廣仁施而紓民力欽此

同日內閣奉　上諭奉宸苑奏書正因病呈請開缺一摺奉宸苑卿書正著准其開缺欽此

初四日奉　旨奉宸苑卿著奎珍補授欽此

同日內閣奉　上諭楊文鼎奏湖南諮議局呈稱湘路力能自辦不甘借債據情代奏

一摺鐵路幹路收歸國有業經定爲政策明白宣示並飭將川湘兩省租股一律停止及將已收之股妥籌辦法係因商辦幹路徒增民累朝廷爲減輕小民擔負起見改定政策仍不使少有虧損在百姓當樂從之不暇豈有反抗之理該省諮議局不免誤會所呈各節語多失實迹近要挾楊文鼎身任地方息事安民是其專責既經明降諭旨果能仰體朝廷愛民之意曉以利害剴切開導羣疑當不難盡釋乃於甫經決定政策竟率行代爲瀆奏殊屬不合著傳旨嚴行申飭昨又降旨飭將湖南省因路抽收之米鹽房各捐概行停止朝廷體恤民艱無微不至仍著該撫懍遵迭次諭旨一面切實勸諭一面會同妥籌辦法如有匪徒暗中鼓動致生事端即著從嚴懲辦倘再措置失宜釀成重案定惟該撫是問欽此

初六日內閣奉　上諭王人文電奏據四川諮議局呈稱川省紳民自奉鐵路改爲國有之命紛紛函電請飭暫緩接收並請緩刋謄黃等語覽奏殊堪詫異鐵路改歸國有乃以商民集款艱難路工無告成之望川省較湘省爲尤甚且有虧倒鉅款情事朘削脂膏徒歸中飽殃民誤國人所共知朝廷是以毅然收爲國有並停收租股以恤民艱

既經定爲政策決無反汗之理該省諮議局不明此意輒肆要求並有緩刊謄黃之請是必所收路款侵蝕已多有不可告人之處一經宣布此中底蘊恐不能始終掩飾難保該局非受經手劣紳之請託希圖朦混爲延宕時期接續抽收之計不然前降諭旨指明停止租股並飭妥籌辦法何至誤爲捐欵強詞奪理情僞顯然該署督目擊情形一切弊竇應所深悉乃竟率行代奏殊屬不合王人文著傳旨嚴行申飭仍著迅速刊刻謄黃徧行曉諭並隨時剴切開導俾衆周知至已收租股並著趕卽查明度支部郵傳部督辦鐵路大臣會同該督妥籌切實辦法請旨辦理欽此

同日內閣奉　上諭張英麟等奏山東南境州縣被災甚劇重以江皖飢民紛擾懇恩頒發帑項舉辦速賑一摺山東連歲歉收物力困敝今春雨雪彌月農田被淹尤以兗沂曹三府濟寗州各屬爲最重小民流離困苦殊深憫惻除前經孫寶琦籌銀五萬兩並電飭江皖籌賑大臣盛宣懷等撥銀二萬兩分投賑濟外著再賞銀三萬兩由度支部給發該撫迅卽派委妥員切實查明散放以惠災黎欽此

同日內閣奉　旨庫倫辦事大臣著三多補授欽此

初七日內閣奉 上諭陳名侃奏因病續假並請派員署缺一摺陳名侃著再賞假一個月都察院副都御史著朱益藩兼署欽此

十一日內閣奉 旨李士鉁著轉補翰林院侍讀學士翰林院侍講學士著薛寶辰補授欽此

同日內閣奉 上諭度支部奏請簡安徽清理財政正監理官一摺趙從蕃著開去廣西勸業道缺賞加四品卿銜充安徽清理財政正監理官欽此

同日內閣奉 上諭江西吉安府知府員缺著恒廉補授欽此

論說壹

# 學與術

滄江

吾國向以學術二字相連屬爲一名辭。禮記鄉飲酒義云。古之學術道者。莊子天下篇云。天下之治方術者多矣。又云。古之所謂道術者惡乎在。凡此所謂術者即學也。惟漢書霍光傳贊稱光不學無術學與術對舉始此近世泰西學問大盛學者始將學與術之分野釐然畫出各勤厥職以前民用試語其概要則學也者觀察事物而發明其眞理者也術也者取所發明之眞理而致諸用者也例如以石投水則沈投以木則浮觀察此事實以證明水之有浮力此物理學也應用此眞理以駕駛船舶則航海術也研究人體之組織辨別各器官之機能此生理學也應用此眞理以療治疾病則醫術也學與術之區分及其相關係凡百皆準此善夫生計學大家倭兒格之言也曰『科學（英Sciauce 德 Wisseveschaft）也者以研索事物原因結果之關係爲職志者也事物之是非良否非所問彼其所務者則就一結果以探索其所由來就一原因以推斷其所究極而已術（英Uot 德Unnst）則反是或有所欲焉者而欲致之或有所惡焉者而欲避之乃研究致之避之之策以何爲適當而利用科學上所發明之原理原則以施之於實際者也由此言之學者術之體術者學之用二者如輔車相依而不可離學而不足以應用於術者無益之學也術而不以科學上之眞理爲基礎者欺世誤人之術也」

倭氏之言如此讀此而中外得失之林可以見矣我國之敝其一則學與術相混其二則學與術相離學混於術則往往爲一時私見所蔽不能忠實以考求原理原則術混於學則往往因一事偶然之成敗而膠柱以用諸他事離術言學故有如考據帖括之學白首矻矻而絲豪不能爲世用也離學言術故有如今之言新政者徒襲取他人之名稱朝頒一章程暮設一局所曾不知其所應用者爲何原則徒治絲而棼之也知我國之受敝在是則所以救敝者其必有道矣

近十餘年來不悅學之風中於全國並前此所謂無用之學者今且絕響吾無取更爲糾正矣而當世名士之好談時務者往往輕視學問見人有援據學理者動斥爲書生

之見此大不可也夫學者之職本在發明原理原則以待人用耳而用之與否與夫某項原則宜適用於某時某事此則存乎操術之人必責治學者以兼之甚無理也然而操術者視學為不足輕重則其不智亦甚矣今世各科學中每科莫不各有其至精至確之原則若干條而此種原則大率皆經若干人之試驗累若干次之失敗然後有心人乃參伍錯綜以求其原因結果之關係苦思力索而乃得之者也故遵之者則必安榮犯之者則必彫悴蓋有放諸四海而皆準俟諸百世而不惑者試舉其一二例如言貨幣者有所謂格里森原則謂惡貨幣與良貨幣並行則良者必為惡者所驅逐此一定之理凡稍治生計學者皆能知之而各國之規定幣制者蓋莫敢犯之也而我國當局徒以乏此學識乃至濫鑄銅元以痡毒至今矣例如銀行不能發無準備金之紙幣不能發無存款之空票放款與人最忌以不動產為抵押此亦稍習銀行學者所能知而莫敢犯也而我國以上下皆乏此學識故大清銀行及各私立銀行紛紛不支矣例如租稅以負擔公平為原則苟稅目選擇不謹或稅率輕重失宜則必涸竭全國稅源而國與民交受其敝此亦凡稍治財政學者所能知而莫敢犯也而我國當局徒以乏

此學識乃至雜稅煩苛民不聊生而國庫亦終不能得相當之收入矣凡此不過略舉數端而其他措施罔不例是夫當局苟實心任事則誤之於始者雖未嘗不可以補救之於終然及其經驗失敗而始謀補救則中間之所損失不已多乎而況乎其一敗塗地未從補救者又往往而有也又況乎其補救之策亦未必遂得當而或且累失敗以失敗也實則此種失敗之跡他國前史固已屢見曾經無量數達人哲士考求其因果關係知現在造某因者將來必產某果爲事萬無可逃見現在有某果知其必爲前此某因所演成而欲補救之則亦惟循一定之塗軌絲毫不容假借凡此者在前人經幾許之歲月耗幾許之精力供幾許之犧牲乃始發明之以著爲實論後人則以極短之晷刻讀其書受其說而按諸本國時勢求用其所宜而避其所忌則舉而措之裕如矣此以視冥行躑躅再勞試驗再累挫敗然後悟其得失者豈止事半功倍之比例而已哉夫空談學理者猶飽讀兵書而不臨陣死守醫書而不臨症其不足恃固也然坐是而謂兵書醫書之可廢得乎故吾甚望中年以上之士大夫現正立於社會上而擔任各要職者稍分其繁忙之晷刻以從事乎與職務有關係之學科吾豈欲勸人作博士哉以爲非是則體用不備而不學無術之譏懼終不能免耳

論說弍

# 政治家之德操

柳隅

中國今日。時勢所相需最殷者。則政治家是已。雖然。今日盈廷袞袞諸公。誰足以語政治家者。蓋政界人才之缺乏。莫甚於今日矣。顧國家之生存發達。其所以維持之者。全恃有政治家。在朝即無其人。我將期之於在野。今日即無其人。我將期之於他日。逢疾風則思勁草。遇板蕩則思忠臣。以今日之時勢。苟稍有思想者。安有不俎豆馨香以祝政治家之出現也。然則如何而可謂之政治家。是蓋有其必備之要件焉。苟不備此要件。則不成爲政治家。夫爲政治家之要件不一端。而德操則其最要者也。中國今日之官吏。寡廉鮮恥。久不知德操爲何物。然苟缺此美德。無論其才如何。皆不足以當政治家之目。且欲建大業成大功。非是亦莫之能舉也。吾希望中國之有政治家出現也。故敢一說政治家之德操。

## 第一為政治家者必有貫徹其主義之精神

今世立憲國凡爲政治家者。一朝執政。必發表其主義。以示其施政之方針。所以明其胸有懷抱。非漫然從事也。雖然時勢者。變動不居者也。今日所標榜之主義。雖適合於時勢。行之可以利國利民。往往曾不幾時。而形勢一變。昔所見爲利者。今則見爲不利焉。於斯時也。苟非改變其主義而重定政綱。則必不能利國利民。而反至於誤國誤民。雖然以平素所標榜之主義。一旦食言而肥。棄擲之而別取他政策。甚或新標榜之主義。大反舊日之主義。今昔自相矛盾。尤予反對黨以攻擊之材料。使由是行之。不特見輕於國民。而於個人品格上。亦有不恆其德之羞矣。故爲大政治家者。毋甯引身而退。讓反對黨以上新舞臺。而徐圖機會於他日。此所以保其政治上之節操也。日本當明治四十年之議會。西園寺內閣所發表之政綱。擬擴張政務。而大增租稅。其時之增稅案。在野黨雖盛唱反對。然得議會中多數之贊成。卒以通過。未幾怨謗之聲。遍於全國。所謂三惡稅者。幾成爲一般人日用之常語。蓋其政策實有不合於時勢之處也。然其時之西園寺內閣。議會中有多數黨人。其地位固莫之能動也。使其欲收回已失之人心。則棄舊政策。

而別取新政策亦固惟所欲爲也然西園寺侯顧不出此乃合全內閣提出辭表（時明治四十一年、議會閉會後數月，）翩然下野而讓桂太郎以組織新內閣彼蓋爲保全其政治上之德操不欲以戀位者招人謗亦不欲以變節者損貞德也今中國之新內閣擬收幹線鐵道爲國有是亦其政策之一矣前此之政府無政策而今茲之政府有政策亦覺慰情聊勝於無雖然鄙人對於鐵道國有主義固極表同情而觀政府所定收回之辦法則不能不反對第一則歸還商民之資本不爲之籌善後也夫在湘蜀等省其鐵路股本實集零碎之資本而成然合之則集腋成裘可以舉一事業分之則小民各持數金現未有營業之途一酒食之費卽可以用盡夫浪費數金在個人固無大關係然苟人人如是在國民經濟上則失去一部分之資本矣日本數年前既定鐵道爲國有同時卽設立南滿鐵道會社勸人民以其所領回之資本移投之滿洲蓋防其成游資而無所用或多歸消費也今政府所擬先償還股東之資本全不爲之開投資之途此其失當者一也第二則他國之收鐵道爲國有所償還於人民者比元本率多一倍或二倍今政府所許還廣東之路股僅償六成人民受虧損如此安能服從此其失當者二也第三則人民依商律成立之公司一旦取消之是不徒侵犯人民之權利抑亦變更國家之法律也變更國家之法律而不付諸資政院之議決是剝奪資政院之職權矣此其失當者三也緣此諸因故人民起激烈之反抗而使全國成棿杌不安之現象故將來此政策或不能實行亦未可知也即使能實行而以現在之官吏無奉公之道德與營業之智識其結果必弊餘於利亦意中事也夫使今之政府果有政治上之德操則將來此政策或難實行或行之而弊餘於利則必如日本前此之西園寺內閣全體辭職讓他人別施適宜之政策如是其政治上之德操乃始無虧而今之政府何有焉吾見乎將來幹路國有之主義雖或難實行而政府必仍戀棧不去必不以難貫徹其主義而翩然遠引也又就令幹路果得收為國有而實施之結果弊餘於利政府亦必仍戀棧不去必不以其主義難達國利民福之目的而掛冠以讓賢路也蓋以今之當道者之人格其所施之政策雖如何失宜彼固無引咎自責之意也又使有道焉可以保持祿位則雖屢變易其主義彼固不以反覆為可羞也此今之當道者所以無德操之可言而不足稱為政治家也夫施政而無一定之方針此為立憲國所不許然不能貫徹其所

持之政策又於德操上有虧故當政局者苟揭櫫一主義必以首尾一貫之精神行之此政治家所必具者一也

## 第二爲政治家者必去沽名釣譽之劣根性

日人德富蘇峯

有言爲政治家者固不可求媚於君主亦不可求媚於衆民諒哉斯言爲政治家者實不可不具此德操也蓋在民氣伸張之國輿論之勢力足以左右一切故彼思博民望以邀名固位者遇一問題發生常不顧其實際之利害何如而惟以迎合民心爲主此東西各國所習見不鮮之事也雖然輿論之價値蓋在於可憑不可憑之間尋常一般之事輿論所主張者固不能不謂其無可採擇若夫疑難之際非常之事則輿論之所主張其違反乎眞理者蓋十而七八矣不甯惟是人民當激於感情之際常失其辨理心大害之事而故認爲利大利之事而故認爲害者又往往而有也爲政治家者遇此等之時機苟不敢力持正論而枉其所信一意求迎合人民之意向則其始也雖可博多數人之歡心及乎災害既至人民恍然醒悟知向之言莫余違者不過爲沽名釣譽之計而非有謀國利民福之心也則惡聲隨之矣故不問事情之是非專以求博人民

論說

之歡心者終必至反招人民之惡感蓋希世求榮之徒未有不歸於敗者也若大政治家則異是昔孔子執政之始有麛裘之謗子產執政之始有孰殺之歌使脂韋者當此必爲之奪其氣矣然孔子子產毅然行其所信而無所顧慮遲徊則德操之堅定也又豈特孔子子產而已凡爲政治家者苟無殉眞理而排衆論之氣概則必不足以成事此無論古今中外莫不皆然求之近世若李文忠則庶幾其人也而求之外國若英國之格蘭斯敦則其人也若德國之畢士麥亦其人也且夫反抗乎不健全之輿論使始敗而終必勝有一定之理焉則稍有思想之士類敢爲之然而古往今來其行其所信而戰敗於不健全之輿論者則固往往有焉矣日本當維新之初其幕府持通商之政策而在野黨則持攘夷之政策以世界大勢論之萬國皆通豈容一國獨塞則幕府黨所持之政策爲是而在野黨所持之政策爲非也然而幕府黨卒歸於一敗塗地而在野黨則成大功享大名焉則以眞理而戰敗於非眞理也在野黨之成功、雖尚有他原因、然其攘夷論能風動全國、卒至於覆幕府、則不能不謂其戰勝也、故夫堅持其主義以反抗於輿論之最高潮將來之成敗得失非可逆料也亦惟行其所信而已然此惟公忠愛國者能爲之而非計較利害者所能爲也夫是以謂之德操今試問舉國士夫當輿論激於狂熱時有敢與爲抵抗者誰乎吾見乎風潮劇烈之際一般之士雖心知其非皆禁若寒蟬也試觀一年來之輿論如拒債論也借債論也中美同盟論也當其萬口同聲氣勢炎炎時敢一揭其不當者曾有幾人乎夫是等諸議論其主持之者甯得謂其無理由雖然天下之事常伏有利害兩方面雖極利之事其中常不免有多少缺點惟能容反對論之指摘乃可以匡正其弊而輿論當熱度沸騰時實不予人以匡正之地步有敢攖其鋒者則衆矢集之矣故工於趨避者必不敢攖其鋒愛惜身名者亦不敢攖其鋒也夫明知輿論之謬誤而不敢爲匡正之言則直鄉愿而已國家何貴有是人故眞以愛國自命者必不可無排羣議以伸正義之毅力此政治家所必具者二也

## 第三爲政治家者必有守正不阿之氣概

爲政治家者必以國利民福爲目的故其待人接物關於私事上之行動則對親暱者必有所私對仇怨者必有所懟此亦猶夫常人之情也若夫關於公事上之行動則其能以國利民福爲目的者雖仇讐必加贊同其不能以國利民福爲目的者雖親暱不敢袒護彼惟知有

論說

正義而已固不阿其所好也昔晉之祁奚外舉不隱仇內舉不隱子君子謂其不黨諸葛亮與馬謖爲友以街亭一役之違節制收而斬之而自臨祭自古偉人爲國家執行公事固不以私怨私恩而有所偏徇也夫古代之事勿復道矣今者憲政之成在於旦暮夫立憲之國必有政黨之發生此必然之理也人或謂政黨政治之國爲政治家者凡事多私於其黨人而不能準據乎正義是殊不然吾以爲苟非政治家則已若政治家乎彼其組織政黨乃以公義結合而非以私利結合安有違公義以私其黨人也苟公義與私交二者不能相容則彼對於其黨人有割愛而已矣必不枉其所守也不見乎英國之格蘭斯敦乎彼其一生之生涯固政黨之生涯也然格氏立身之始實爲保守黨員及其思想變遷覺保守黨之主義與彼胸中所懷抱實不能相容也乃決然盡棄其故舊孤身以投自由黨彼豈獨無故交之情哉乃以愛惜其主義故不復能眷戀其故交也其後爲愛爾蘭自治案不惟與反對黨奮鬥而已乃至同黨中生分裂舉生平親愛之人半翻然引去而別樹一幟以與之爲敵天下可傷心之事孰有過是而彼屹然不動初不以故交之繫戀枉其操持彼其心中目中惟知有國家而已知有行其

主義而已而此外固無有也然而天下惟能守公義者乃能無私怨故格氏生時雖蒙世俗之大謗及其死也國會兩院開大會以議葬格氏其在下院中首由保守黨首領巴爾華提議謂當以國葬之禮行之而愛爾蘭黨狄倫氏亦深表同情狄倫者亦格氏之政敵也國葬之禮由敵黨提議而同黨贊成卒以全院一致議決之此下院待格氏之盛意也而在上院中則由格氏畢生之政敵鎖里斯伯黎侯起而述格氏道德之純全理想之高尙自由黨巴列伯則起而致頌功德之詞德奔斯公則代表紐阿尼斯黨起而述該黨與格氏分離之不得已卒亦全院一致決議以國葬禮葬格氏此上院對格氏之盛意也當其舉行葬禮也一國顯名之十大人物惹日公、陵特爾公、羅斯伯里公、哈克耳氏金巴伯公、拉頓脫公、鎖里斯伯黎侯、及皇太子皇太孫、皆追隨於其棺之左右而送之以入於威士特滅斯他寺飾終之禮榮亦甚矣夫當其生也雖同黨無所私及其死也雖敵黨無所怨以至公待天下而天下亦以至公待之大丈夫不當如是耶而能如是乃始可以擔當天下事矣此政治家所必具者三也

夫爲政治家者其必具之才蓋有種種然德操實其根本也使無德操則遇禍福利害

之當前常易喪其所守而事業即因而失敗蓋立德立功胥於是乎賴也今天下喁喁焉望政治家之出現矣使無政治家之發生也則吾勿復言若有政治家乎則以今日時局之危固將望其旋乾轉坤拔中國於九淵而躋之九天者也顧非有如上所言之德操其何能舉此盛業蓋欲擔當天下事有堅定之節操而後其才乃能用於正焉海內政客其以大政治家自命者亦曾以此自勵乎

時評壹

# 將來百論（續第五號）

滄江

## （十七）中國政黨之將來

立憲政治。惟有政黨爲能運用之。今中國固儼然號稱立憲。且國會之開。距今不過兩年。則政黨之發生。在今日已相需甚殷。更遲焉益恐不及事。今國中先覺之士。汲汲焉從事於此。誠知務也。自去冬以來。其以政黨之名義報部存案者。亦既三四。其將來影響如何。此治國聞者所亟欲知也。

立憲政體固非藉政黨不能運用然政黨尤必在立憲政體之下乃能發育是故政黨所標之政綱必以不搖動政事基礎爲界線蓋凡行立憲政體之國必有政治上種種共通之原則爲舉國君民上下所公認而凡活動於政界者皆遵此原則而莫敢犯故學者或稱憲法爲政黨之交戰條規洵不誣也若政府於此種原則漫無所知或雖知

之而敢於悍然犯之則雖託名立憲而實與專制無異既在專制政體之下則人民所當有事者其第一着惟在改革政體而改革政體決非堂堂正正之政黨所能奏功也故政黨之爲用恒遠不逮秘密結社今中國之國民實生息於專制政體之下而非生息於立憲政體之下者也此政黨之所以難成立其原因一也

復次政黨之所以發生必賴國中有多數人具政治上之智識感政治上之興味其人皆視國事如私事確見夫一政策之得失其利害實切於我躬故其對於一切政治現象恒留心觀察絲毫不肯放過聞先覺之士與之剖說政策利病則聽之津津有味而自己復畧具判斷力能聽言而擇所從達夫如是然後結集政見相同之人以爲一黨故摶而不易散也我國人政治思想太不廣被能領略政治興味之人舉國中殆稀如星鳳此政黨所以難成立其原因二也

復次政黨之所以發生必由多數人欲達一公共之目的而各自感其力量之不足乃皇皇然求友求助彼此皆有是心則相倚以爲重故當其旣以公共之大目的相結集也則私人之小目的不攙雜乎其間故常有私交極乖暌而同盡瘁於一黨者亦常有

私交極濃密而各投異黨以相爲政敵者苟非有此精神則强固之政黨決不可得見矣今我國政客其眞能認實一公共大目的死生以之者雖不敢謂無其人然其欲借政治活動爲達私人目的之一手段者亦所在皆是故陰險傾軋之風所在皆是而永久持續之團體殆無可望此政黨所以難成立其原因三也

復次政黨之結集其最要之條件在得領袖一黨之人物而凡能領袖一黨者其人必須具有若干之資格若德量也學識也才氣也地位也名譽也皆其不可缺者也今國中能具備以上之資格者在朝在野皆無一人卽或有人能具其一二而其人又不肯投身於政黨欲求如美國之遮化臣哈彌爾頓如日本之大隈重信板垣近助其人者杳然不可得故欲組織政黨者以失其中心點而未由吸集分子此政黨所以難成立其原因三也

準此以談則欲我國政黨之成立欲政黨能爲重於國家其前途亦遼乎遠哉願國中言政黨者先措意於此諸點而思所以排除其魔障也

時評 弍

# 內閣協理大臣與副署

柳寅

頃者新內閣成立。有協理大臣二員。其爲法理之所不可通。與各國制度之所無。姑未遑深論。顧吾先有不能解者。則協。理。大。臣。之。副。署。不。知。何。所。取。義。也。謂其循前此軍機處署名之例。不負有政治上之責任耶。如去歲之軍機大臣。固嘗以無責任之言。覆資政院議員之質問矣。然今者新內閣官制。固有擔負責任之明文。凡副署 上諭者。實負有政治上之責任者也。且自新內閣成立後。關於普通政事之 諭旨。皆由總協理大臣副署。惟涉及一部之事者。始由總協理大臣與該部大臣連署。是協。理。大。臣。之。位。置。雖。下。於。總。理。大。臣。而。其。責。任。則。重。於。各。部。大。臣。也。夫協理大臣。既負如此之責任。則其在內閣中。實占重要之地位。蓋顯然無疑矣。而稽之內閣官制。其第一條云。內閣以國務大臣組織之。第二條云。國務大臣。以內閣總理大臣及左列各部之大臣爲之。即外務大臣、民政大臣、度支大臣、學務大臣、陸軍大臣、海軍大臣、司法大臣、農工商大臣、郵傳大臣、理藩大臣是也。執是以觀。則所謂國務大臣者。惟總理大臣及各部大臣而已。若夫協理大臣。雖爲內閣人員。實非國務大臣也。雖內閣官制中又有所謂特任國務大臣者。然屬臨時任命。不在常設之列。且其入對具奏署名均以臨時事件爲限。與現今之協理大臣屬常設之官。且對於一般政務。皆得副署。其性質蓋截然不同也。**然則協理大臣其非國務大臣蓋彰彰明矣**。夫今世立憲國。**凡得副署諭旨者。惟限於國務大臣。此萬國之通例也**。今中國之協理大臣。**以非國務大臣而得副署**上諭。在草此官制者。固奇想天開。思獨出創例。獨不知衡之於義。果何所取。謂其副署爲負有國務上之責任耶。則何不列之爲國務大臣。謂其副署不負有國務上之責任耶。則何必添此贅旒。以虛費筆墨。昔宋錢惟演自樞密使爲使相。恨不得爲眞宰相。居常歎曰。使我得於黃紙盡處押一箇名足矣。今之協理大臣。豈其慕押名黃紙盡處之虛榮。故爲此副署耶然今之協理大臣即前此之軍機大臣其押名於黃紙盡處者屢矣何事復慕此虛榮者且今之新內閣負一國政治之責任國家命脈將爾繫焉薄海人民具爾瞻焉副署之事即閣臣表示負責任之明徵豈容苟且爲之耶而乃以非國務大臣者同副署　上諭苟其以兒戲視之則非所敢知矣若云有理由在也則吾實索解而不可得也

且吾又有不能解者國家設官命職凡一命以上皆必載之官制中此不惟中國之舊制抑亦萬國之通義也今之協理大臣佐總理大臣整理內閣一切之事而對於一般諭旨皆得副署其地位如此之高其責任如此之重而內閣官制中顧不見其名獨於內閣辦事章程中乃始出現夫奉公人員不必列之官制中而僅規定於辦事章程中必也非官職而爲吏胥皂隸而後可也舉例以言之如鹵簿已耳長隨已耳曾不謂以赫赫之協理大臣而稽其由來乃等於長隨鹵簿吾安得不爲協理大臣羞也嗚乎協理大臣乎謂公等爲長隨鹵簿乎則公等固官至一品也謂公等爲達官顯職乎則內閣官制中固無其名也夫身非職官而有左右國務之權者其在前古則得君寵

時評 四

之官寺耳。而不意丁此豫備立憲之時代。乃復有所謂協理大臣者出焉。以與官寺爭輝。斯眞新時代之新產物也。嗚乎。協理大臣乎。吾欲擬之國務大臣。而國務大臣非其類。欲擬之其他官吏。而其他官吏無其類。欲擬之官寺。擬之鹵簿長隨。而亦悉非其類。則直四不像已耳。嗚乎。內閣之中。而有四不像在焉。亦適成爲中國之內閣而已矣。

嗚乎。自新內閣成立。人皆欣欣然望其有新氣象矣。乃視其在職之人。則舊而非新也。核其所辦之事。亦舊而非新也。所新者惟有此協理大臣之名目耳。中國政府之維新。其技倆止此。此其所以成今日積弱之局也夫。

# 國民與國會之關係(續第十四號)

柳隅　著譯

## 第五篇　國王之特權及國會之特權

### 第一節　國王之特權

當研究國王與國會關係之際。有二應注意之事焉。即國王之特權與國會之特權是也。

國王與國會之關係。本甚明瞭。即國王有召集國會及命其停會與解散之之權是也。其在上世。由人民要求國王每歲必召集國會一次。若有必要之事時。則得再召集臨時會。及查里斯第二時。(一六六〇年即位)別定法律。前國會閉會後。限於三年內召集新國會。然此等法律實際上歸於廢棄者。殆垂二百年。以國會不與國王以協贊。常至不能施政也。蓋議決租稅之權。在於國會。苟國會不開。則國家之經費無從出。微特海陸軍歸於解散。即政府之機關。亦歸於停止也。夫國王關於國會之召集。固有定開會之時期與場所之權。然國會召集之際。國王必有命其審議事件之詔勅。而此等詔勅。將由國王親授與之乎。大率歷來之慣例。由國王所命之委員以傳達之也。雖然國會之所注意者。非僅在國王所交出之議案也。其在往昔。國會與國王生爭議時。上下兩院常未審議國王提出之議案。而先宣讀議員提出之議案也。

如上所述。國王不惟有召集國會之權。又有命其停會與解散之權。當停會及解散之塲合。假定爲一會期之終了。而議塲議爭之例在同一會期中。廢棄之議案。不能再提出。於是國會爲欲提出廢棄議案之目的。常爲暫時之停會。以爲過此則成新會期。而前議案即可提出也。抑國王命國會停會之期限。不得超八十日。特期限已屆。得仍以勅令延期之而已。又國會將解散之時。常先命其停會。此通例也。然一六八一年查理斯第二。直解散國會。未嘗先命其停會也。一八一八年。其時之攝政官。亦直解散國會。未嘗先命其停會也。至於近時。其普通之手續。則於命其停會之際。並以將解散之旨先通知之。然後下詔勅以解散之也。

解散國會之時。**國王不可不於三十五日以內。報告召集新國會之時期。又使國會閉會之際。不可不於十四日以內。宣示新會期。**此二者皆近時之所設定也。夫新國會召集之初。爲議員者。率未能著手於議事。蓋在下院。必先選舉議長。而上下兩院之議員。又須行宣誓式。既而下院又須依上院之召喚。以受國王之詔勅。於是乃始着手於議事。若夫議員未嘗被解散。則新會期之開。下院直接而受國王之詔勅。卽着手於議事也。

如上所述。實尋常之手續也。若夫遇君主崩御之際。則國會無須待召集而可自行開會。又一七八九年及一八一一年。因佐治第三之狂疾。國會亦自行集會。依大法官蓋用國璽之勅書。以舉行開會式。然此乃一時之例外。非定制也。上院之開會也。以大法官爲議長。而下院所舉之議長。又必請國王之認可。夫上院之議長。既由國王所任命。而下院之議長。亦必經國王之認可。斯又爲國王對於國會一種之特權矣。雖今日認可下院議長之事。特具文而已。然採立法之初意。亦可見國王對於國會汲汲謀所以監督其舉動也。

## 第二節　下院議長之選舉

上院之議長其權力不著。若下院之議長則有施行命令之大權。其地位非上院議長之比也。抑下院之議長世雖附以『斯比加』（討議者之意義）之名。然實反於其本來之意義。蓋下院之議長總理全院之事務而未嘗從事於討論。故與其謂之爲討議者。無甯謂之爲代言者猶爲適當也。當一三七六年始就議長之職者爲美爾。其時稱之爲下院首事。謂開會之初議長爲下院之代言者也。今制議長當選之後。對於王之使臣述由衆所選舉而請國王認可之意。爲欽使之大法官。乃呼議長之名而宣言國王認可其當選。而議長得國王認可後。再以下院自古傳來之權利及特權請求於欽使。欽使復呼議長之名。謂皇帝命小臣傳旨。自祖宗以來所賦與下院之權利及特權。朕實心認可。特以此意諭知議長。此今世舉定議定之手續也。

## 第三節　下院之四特權

下院所要求之權利及特權。上院亦有之。顧今當論下院之際。故欲先述下院之職權也。夫下院所要求之特權。一為討論中演說之自由。二為自己及從者不能受逮捕。三為有必要之時當謁見國王。四為得設便於下院議事經過之制度。而此等要求。殆閱四世紀間。沿用同一之語也。此等特權中。其在今日有有名無實者。有尙為下院所固守者。而自昔傳來之儀式及用語。當國會開會之初。猶然襲用之也。抑依下院所主張。又謂同院有高等之位置。雖在國王。不能否拒之。而以此種權利。再請願於國王也。由上觀之。下院所主張之權利及特權。固有歸於有名無實者。今姑不具論。夫吾今之所欲論者。則在其四項權利之範圍也。其謁見國王之權。上下兩院。蓋共有之。然在上院。則各議員皆得謁見於國王。在下院則此權乃在於全體。各議員無此權也。雖然。

**其謁見之權尙屬有名無實。蓋雖全體議決上奏之際。其奏案尙常托之出席於下院之樞密顧問官。而未嘗親謁見也。**

其在今日。有所請願於王。所謂便於下院經過之制度。亦屬有名無實也。蓋今日之下院。建議一事。議決之後。卽直上奏於國王。而不必先問國王意見之何如。下院中議案之經過。固易易也。往者佐治第四、與威廉第四。對於下院議案之經過。雖嘗與之以障礙。然下院曾逼佐治第四。使廢止禁羅馬敎徒不得爲議員之法律。而自由黨之內閣。亦嘗以此强逼威廉第四。則雖不利於王之議案。在下院固易經過也。然在中世。下院常汲汲於要求此種之特權。至今尙竭力保持。惟恐其失墜者。則亦有故。當千三百七十六年。下院之議長拉美爾。使議員哈奇士提出觸犯國王忌諱之議案。里查特二世遂下之於獄。而一四五三年下院議長杜爾普。爲約克公所逮捕。下院亦無能救護之。又一四五一年。議員永治提出使約克公爲儲君之議案。亦被繫獄。緣此之故。益使下院感便於議案經過之法之必要。且查里斯第二時。對於國會之提議權利法典之議案。不徒解散之而已。且捕議員中之巨擘數名。或直下於獄。或拘之法廷。又其時之下院中。有對於國王而發議論者。查里斯王亦直捕其領袖之議員五名。則當時議案經過之困難。亦可知矣。

國王之干涉下院之議事。其情形旣如此矣。故當時一般人之議論。以爲下院苟得不受逮捕之特權則可以免此災害然當時此等之特權惟得行於民事犯之場合而已。蓋國王以爲國會中議事之時間皆國王之時間以是爲干涉議場之口實此中世議案經過困難之情形也。

議員之有不受逮捕之權其起源蓋始於撒遜時代當時之法律規定國王召集人民於公會時苟有加害之者當科加害者以罰金是爲議員有身體自由權之始。當時之議員爲赴賢人議會往來途中不可不有以保護之故限會期之前後若干日與以豫防被害之保證。降及中世此特權又擴張其範圍蓋其時之慣例非携從者不能旅行於倫敦緣此之故議員保護身體之特權又擴張而及於其從者。然有此等之保障議員與其從者雖負重債時亦得免於逮捕不特此也其時議員之所有物亦加以法律上之保護故議員與其從者不受民事上之訴訟亦得免服爲陪審官之義務此其特權之範圍也。

其在中世國王與國會之紛爭極熾蓋在國會固守由十四世紀及十五世紀傳來之位置而國王時欲侵犯之此紛爭所以起也。爾後有革命之變下院雖得占高等之地位然其結果其所有之特權又有一部分歸於消滅蓋至千七百年議員之所有物遇國會之解散或停會時（雖十四日之停會亦然）不與以特別之保護其後再經七十年議員之從者其得免逮捕之權亦歸於廢止自斯以降爲議員者惟不受民事訴訟之逮捕而已若保護其品物與其從者之特權皆歸消滅也

千七百七十年之改革雖限制議員之特權然此後之濫用其特權以貽國會之羞者尚時有所聞也蓋在尋常之人苟負債不償法廷常得逮捕之而責以履行債務然使負債者得勢力家之援而得爲國會之議員則法廷遂不得逮捕之故當時一般之人**皆以國會爲最良之避債臺其思逋債而不償者皆望求就議員之職也**昔比孔士華侯於其所著稗史中嘗有批評下院之語謂欲脫監獄之苦以求占下院議席爲最善策此雖輕薄之言乎其奈事實上固已爾爾也侯又嘗記克零之一軼事蓋克零氏本爲下院之議員因負債不償將被繫獄乃謀謝棄國會之職務而逃之外國然其時之下院根據其所有之特權而議決免除克零之下獄夫此等特權其始本欲以保護議員身體之自由豈料議員即借此以爲營私

犯法之武器乃知天下果無無弊之法也

克零氏之譏事今世未嘗逢之者一則因負債繫獄之法今已廢止二則以往時藉勢力家以得國會位置之小邑今已剝奪其選舉權而今日之選舉權已擴張於下等社會則欲求得議員之職者又不能僅倚賴勢力家也抑今之下院議員當會期之際及開會前後適宜之時期中固尙有得免逮捕之特權然前此以國會爲避債臺之弊今則未之聞矣

國會之第一二三之特權既如上所述矣若其第四特權卽所謂演說之自由者其範圍又何如乎夫以自由之意義解之則演說之際當毫不受他人之束縛然在曩時常附以條件固非絕無限制也抑今之國會伴演說之自由而又生一種之結果焉卽國會報告國會表決簿國會文書亦因之而得以刊行也

演說之自由其在中世已爲國會之特權當亨利第八時有裁判官因他事之故請願於王因並語王曰今茲討議之事件其有演說之自由者當限於國會議員 **議員演說之自由殆導源於是**及十六世紀之末戈克氏對於下院之要求

特權嘗答之曰自由演說之特權今以與貴院然貴院當知此特權之爲何物夫駭人聽聞之事非可以演說也貴院之得自由發言者在諾與否之二語而已當時所謂演說之自由其範圍如此斯亦不自由中之自由已耳爾後經三十餘年議員惹耳浴梓氏因有觸忌諱之言致被繫獄其後竟死於獄中緣此之故國會益知演說自由之特權實不可少時向國王以要求**及權利法典之發布於是此種之特權乃以確定**即國會中之演說討議有完全之自由不受裁判所及其他機關之彈劾或責問而此種特權直至於今未之或改也

第四節　往時之議事報告不得自由之理由

其在今日留心國會事情者覩前夕議塲之討議取今日之新聞觀之其所記直無所異蓋今日議塲之記事已許人得以自由報告也**而在往時則國會之議事常不喜爲局外人之所知以恐妨其討議之自由也**當第二『斯宁瓦特』朝之時（查里斯第二之時）國會之議事以防爲暴君（指查里斯第二）之所知爲目的常守秘密之主義及長期國會開更制定條例禁議員之刊行其演說亦爲防查里斯

之。故。也。而。此。等。陳。腐。之。主。義。隨。查。里。斯。第。二。之。亡。一時。同。歸。於。消。滅。然。其。後。閱。百。餘。年。間。此。主。義。再。發。生。而。其。秘。密。之。目。的。則。與。前。此。異。**蓋。十。四。世。紀。之。國。會。其。議。事。之。守。秘。密。以。防。國。王。爲。目。的。而。十。八。世。紀。之。國。會。其。議。事。之。守。秘。密。則。以。防。人。民。爲。目。的。**當一六九四年。下院制定一法律。禁新聞雜誌。登載國會之演說及議事。蓋當時之新聞發達。其數大見增加。而其記載政治上之事。則多半失實。此國會之演說議事所以禁其記載也。及一七二八年。下。院。再。嚴。定。法。律。苟。新。聞。雜。誌。有。犯。其。法。律。記。載。國。會。之。演。說。記。事。者。則。處。以。嚴。罰。蓋。以。當。時。新。聞。之。記。事。與。事。實。太。相。違。故。其。制。定。此。法。律。蓋。亦。不。得。已。也。今試舉新聞記載失實之一例。千七百三十八年。有大臣某氏語人曰。

余嘗閱某種之新聞。見其記載下院之議事。不得不驚其失實之甚也。蓋一方之議論。其才識學力皆卓越。大博滿場之贊成。而他方之議論。則腐淺可笑。幾於一文之不値。等是一人之議論。而議場口中之言。與報章紙上之言。乃歧異如此。夫安得不使人震驚也。且據新聞之所一觀之。則表決之際。乃舍正大之議論。而取腐淺之陳言。使余非熟知其事實。必將評其時之國會。爲天下最劣等之國會也。夫十八世紀之新聞。其程度如此。故居今之世。欲依據是等之新聞。以指摘當時政治家之闕失。吾將爲之呼寃矣。何也。當時之新聞。其揑造人之語言與誤解人之眞意者。比比然也。

國會雖制定法律。禁新聞記載國會之記事。然其時新聞之記事。又別出巧計。以求逃其法網焉。則倫敦雜誌社有政黨俱樂部之記事。聖然斯克羅尼戈社有華胥國議員之議事日誌。仍託爾明雜誌社有想像島元老院之議事日誌。皆借假設之言。以記現在國會之事實。故國會對於報館。幾視若敵國。亦勢逼之使然也。及佐治第三時。爲專制政治中興之時代。朝廷見報館之譸張爲幻。不能安於默默也。對於印行國會之議事者。皆處以苛法。當時保守黨之議員溫士牟傳新聞之印刷人及編輯人於國會。而痛責以警戒之。斯舉實國會史上一最著名之議事也。然其時有巴克氏者。反對此議。與溫氏舌戰徹宵達旦。卒以贊成溫氏之議者占多數遂議決懲戒報館之法案。斯又爲國會戰勝報館之一事件也。然贊成此法案者。他日多萌悔恨。以其處分之法。失之苛酷。故至十八世紀之末。雖屬溫氏黨派之議員。亦不滿意於此法案也。

第五節　刊行議事得自由之理由

刊行議事之認可。實使院外報告之失實。得以大加改良。而推原此事之由來。蓋其時有老練之速記生。記述雄辯家之議論。一語無遺漏。國會招其入議場以記事。並許其報告於外人。而國會之勢力。依報告者之援助。一時竟大加增進。於是上下兩院。不惟不排斥院外之速記生而已。且曲意以招徠之。當一八三一年。上院即許可傍聽者之筆記。而在下院。因其議場爲一狹隘之禮拜堂。故未遭回祿之災以前。不能許院外人之傍聽。其後雖許速記生之旁聽。然議員之中。尙有以爲有傷國會之特權者。時請於院長謝絕院外人之傍聽。既而下院悟其爲非。乃持開放之主義。一任院外人之傍聽。然其時有議員一名。隨意報告議場之議事於院外。下院尙議禁止之。及十九世紀之後半。下院乃改良從前之條例。雖一名之議員。亦許其招入外人以傍聽。而非經全院之議決。則無論何人。不能謝絕院外人之傍聽也。

議事刊行之許可。所以使下院之勢力增進者。蓋議員演說之論旨。僅以一辨士之印刷費。遂得傳播於全國。於是為議員者益鼓舞其雄心。而選舉人之勢力亦於以大增進。蓋在選舉人依議事之印刷物。遂得以知其所舉出之議員果能盡職與否。彼伴食於議會。無一語之建白者。既辜望選舉人之期望。遂無望於他日之再中選也。抑隨議事錄之印行。而表決簿亦得以印行者。必然之勢也。於是為議員者。其常出席與否。及贊成何派之提議。雖至僻壤遐陬。亦得以知其事也。雖然。當時印行之表決簿。尚多有錯悞者。其有確實可信之表決簿。蓋始於五十年以前。當國會改革後。第一會期之下院。於刊行表決簿。尚不勝其躊躇。故自一八三六年以降。由下院之監督。始刊行有精確之表決簿也。

第六節　下院之文書發賣許可

表決簿之刊行也。又有一種之出板自由隨之而生焉。即關於下院之文書。同時亦許可其發賣也。蓋在前此。下院中所有之文書。其印行之也。專以供下院自身之用。彼無閱歷之議員得此可以增長其政治上之智識。然院外人則不能購得之也。及乎表決簿之得印刷自由。於是此等之文書亦不能仍守秘密之主義。蓋當時之新聞社百方以求得此等之文書。及一八三五年。下院遂發出此等之文書。以廉價售之。然發賣之際。法院與下院之間。嘗惹起大紛議。蓋此等文書之發行。當時著名之印刷所「斯託打」社。受其影響。營業上大感不利。於是控印刷下院文書之翰撒治社於法廷。法廷之判事長丁曼侯。謂印刷妨害他人利益之書籍。被控訴時。當赴法廷以答辯。然在下院。則謂印刷本院之報告文書。實爲國會基於憲法上應有之權利。而凡有關於國會權利之事件。使受法廷之裁判。實有傷國會之特權。彼此各據一面之理由。而未有調停之良策。故此爭議。殆亘三年間。而未能解決。其後下院卒議定保護印刷國會文書使用人之法律。此一八四〇年事也。

此法律發布後。於是嚮者法廷與下院之爭議。遂以解決。爾後在國會監督之下。刊行國會文書者之有特權。與議場中議員之有言語自由權。直無所異也。雖然同一之報告。苟不受國會之監督者。則不能得國會特權之保護。故國會中議員之演說。雖有自由權人不能以誹謗之罪治之。若不在國會監督之下之新聞。而登載議場之演說。苟他人認其有誹謗之處者。即得訴之於法廷也。譬之翰撒治社對於國會之文書。無論其內容如何。皆得以自由刊行之。苟泰晤士報社。而亦如此之自由印刷。則不能免誹謗之罰。以故泰晤士及波士特二報社。亦請願於國會。求依翰撒治社之例。與以自由刊行之權。然國會懼其有流弊也。而拒絕其請願。至於近時。因國會之恩典。與法官之寬大處分。國會之文書。乃許新聞社之印刷。司法大臣郜巴倫侯。曾宣言曰。新聞登載國會中確實之報告。斷不能受誹謗之訴訟也。於是登載國會之報告者。遂敢直書而不諱。而被傭之印刷人。亦無所容其疑懼也。

第七節　上下兩院處罰犯則者之權

如上所述兩種之自由權。皆導源於議場演說之自由權。蓋自安格魯諸曼之時代。國會之中。已常得自由演說。及條特爾朝之時。下院遂於法律上。獲有自由演說之特權。而由此特權而擴充之。遂使議事之刊行。又書之發賣。皆得以自由也。雖然論國會之特權。則於此等事件之外。上下兩院。尚有處罰犯則者之權。力斯又不可不知也。而此種權力不惟對於本院之議員得以行之卽對於院外之人亦得以行之。昔威爾克氏嘗目下院爲煽動家之巢穴遂被下院之處罰。又千八百十年巴德特氏因質問下院處罰約翰氏之權利偶有不當之語遂致繫獄。一八百三十八年又有阿孔拿氏者譏下院委員爲妨害公平之施政者亦被下院之譴責。由此觀之亦足以見下院處罰犯則者之權力不惟及於院內而又及於院外也。而下院根據此種之特權又時有逾越其範圍之舉動焉。當十七世紀間下院之濫用此種之特權而爲非法之處置者其事實數見不鮮也。千六百二十一年有法羅特其人者因有礙及外國貴賓與其夫人之行爲被國會處以殘酷之刑。又一七二一年有米士特其人者因發行惹戈密特之新聞被國會繫之於獄此等處罰本屬裁判所之權利而國會乃竟干涉之斯亦政治史上之一汚點也。但自米士特之事件以後國會悟其爲非不親處罰犯人而委之法廷。且其處罰犯則者之權亦限於直接或間接侵害同院之權利者而已。其在貴族院對於右等之犯則者僅處以罰金及禁獄而下院則自一六六六年以降對於犯則者但付諸差官之監禁大約拘留於紐客勅、或塔瓦監獄其常例也。但議長之職權隨會期之終歸於消滅。故停會之時。犯則者常得逃罰。至於近年。犯則之人。少有被處繫獄之罰者。大率喚之於議塲。由議長譴責之而已。而自十八世紀之中葉以前。其犯規則者。率傳之議塲責之。使跪。即以是爲處罰之方法。及一七五一年。有馬零者受譴責之際。不肯下跪。國會以其强項。不可不別以他法治之也。乃宣言曰。馬零以大不敬之舉動。侵犯本院之尊嚴及特權。本院欲加以禮儀上之處罰。不意乃爲院外人所不喜。是不可不別以其所喜之道治之也。於是遂處馬零以黥刑。而當時之人。皆以壯士稱馬零。夫憚於一屈膝。而寧願受黥刑。以云壯士。誠哉其爲壯士也。爾後閱數年間。下院遂拋棄屈膝懲罰之主義。其受譴責者。許之以起立。蓋鑒於馬零之已事。知其罰之不可以行也。而在上院。亦廢去屈膝之懲罰。其譴責之法。與下院同。但上院所登載於日誌之文。尚有跪踞之語。則遺蛻尚未化盡也。

## 第八節　自由主義之尊重

如上所述國會之特權。非自今日始有也。蓋實導源於往古。而由歷史上觀察之。則**國會當與國王競爭之際。其主張有此特權也。實對於**

**國王而言及國會與人民競爭之際其主張有此特權也則爲對於人民而言**及乎社會進步**國民之理由成爲下院之理由**於是議員得免逮捕之特權殆將不用今日之英王未有敢親臨國會要求逮捕議員者而在下院亦未有敢對於泰晤士報社宣告其有誹謗之言而擬懲罰其印刷人者夫近世之君主熟知時代之大勢固不敢侵犯國會致蹈查里斯第一之覆轍而近世之國會其知識發達亦不敢追踪佐治第三時之國會動與人民爲敵也當十七世紀之初國王常汲汲於擁護其獨具之權及寄於國會之權力殆十八世紀之末下院竟以其所獲得高等之權力公之於國民斯亦國王與貴族所對之而不勝其滄桑之感者也夫英國之歷史中其所稱爲神聖者則自由主義也而對於侵害自由主義之人有敢加以一擊者則史家所稱爲烈士者也昔雅典王喜巴紂日汲汲於謹身修行而其臣哈模柔則行誼不修其不德之事不可勝數然雅典人以哈氏能弑其君之故竟恕其不德之行若英王佐治第三其私德之美殆不讓喜巴紂王也

王之臣威爾基其私德之不修亦無異哈模柔也然威氏以爲保護自由之徤將揚大名於歷史上而佐治第三以紊亂國憲爲天下後世所唾罵彼加里士特氏其所著有名之琴歌大頌揚哈氏之功德而大詩人擺倫氏亦以最慷慨悲壯之詩描寫威氏之勳業而後人因此之故競以喜巴紂王佐治王爲可戒而以哈氏威氏爲可法則社會之所謂道德者從可知矣嗚乎以彼二君之美於私德而缺於公德世遂目之爲獨夫以哈氏威氏之缺於私德而勇於公德世遂稱之爲烈士然則政治上之所謂善人不善人者在能擁護國民之自由與否而已矣

（未完）

法令

# 資政院會奏遵　旨改訂資政院院章摺（併單）

奏爲遵　旨改訂資政院院章繕具清單恭摺會陳仰祈　聖鑒事宣統三年六月初一日欽奉　諭旨資政院院章前於光緒三十四年由資政院總裁會同軍機大臣具奏復於宣統元年經資政院會奏續擬院章並將前奏各章改訂頒布施行現在已閱兩年時勢又有不同核與新頒法令未盡脗合亟應將資政院院章修改以免窒礙而利推行著資政院總裁副總裁會同內閣總協理大臣悉心斟酌妥速改訂具奏候朕欽定頒行欽此由內閣鈔交到院臣等欽遵　諭旨悉心商酌竊查資政院院章疊經奏擬改訂所有組織之法議決之權皆最關緊要之端規定均尙妥洽自可無庸輕議更張其餘應行改訂者約分四類敬爲我　皇上縷晰陳之第一類因新定官制改從一律者如院章原文所稱軍機大臣等官現已裁撤軍機處改設內閣不

便仍沿舊名又現在資政院總裁副總裁各　簡一人與弼德院官制院長副院長各一人相同而原文所定各設二人應即改正又秘書廳請　簡請補各員按照現制應分別會同內閣辦理其各員品級亦應於另訂之官品章程統行規定不必著於院章此其應行改訂者一也第二類因法令歧異改從一律者如原文第二十四條核辦事件上年　欽定修正籌備清單按語業經申明改歸行政審判院辦理查行政審判院定於本年設立院章此條應即刪除以清權限又召集臨時會與召集常年會均屬　君上大權而原文第三十二條臨時會分別由臣下陳請與召集常年會辦法歧異宜加修正此其應行改訂者二也第三類因立法偶疏改歸完密者查外國議院規制不得向地方議會照會往復我國各省諮議局性質屬於地方議會則資政院除有所諮詢外不應行文該局茲於原文第二十二條之次酌加一項又諮議局與督撫異議事件有關於立法者亦有關於行政者若行政事件概由資政院核議恐於事情有所隔膜核議之後仍難施行反不足以收實效茲將原文第二十三條所規定畧加區別俾與原文第二十七條辦法一律又按外國議院開議大率以議員過半數或

三分之一以上到會爲限而原文第三十四條非有議員三分之二以上到會不得開議限制太嚴往往因人數不足不能開議茲將原文改爲議員過半數到會以免延擱又按外國議院決臨時改定議事日表須得政府之同意茲於原文第三十八條之次酌加一項此其應行改訂者三也第四類因易滋誤解詳爲申明者如原文第二十三條第二項及第三十九條所謂不得與議者均與所謂不列議決之數文義迥殊茲於原文各加於會議時退出議場一語似更明晰又原文第二十九條資政院於民刑訴訟事件概不受理則陳請事件自不得涉及訴訟茲酌加一項以示尊重司法之意此其應行改訂者四也此外原文第六十四條經費數目由資政院另行奏定現在豫算統由度支部辦理此條應即刪除又附條本章程施行日期亦應改訂以上各節臣等詳晰商確意見相同除資政院議事細則暨各省諮議局章程有應按照此次改訂院章改從一律者另行分別辦理外謹將改訂資政院院章繕具清單恭呈御覽伏候聖裁所有遵旨改訂院章緣由是否有當伏乞皇上聖鑒訓示再此摺係資政院主稿會同內閣總協理大臣辦理合併聲明謹奏

謹將改訂資政院院章繕具淸單恭呈 御覽

第一章 總綱 第一條 資政院欽遵 諭旨以取決公論預立上下議院基礎爲宗旨 第二條 資政院總裁一人總理全院事務以王公大臣著有勳勞通達治體者由 特旨簡充 第三條 資政院副總裁一人佐理全院事務以三品以上大員著有才望學識者由 特旨簡充 第四條 資政院議員以 欽選及互選之法定之 第五條 資政院議員於院中應有之權一律同等無所軒輊 第六條 資政院會議期分爲二種一常年會一臨時會常年會每年一次會期以三個月爲率臨時會無定次會期以一個月爲率 第七條 資政院開會閉會均明降諭旨刊布官報 第八條 資政院開會之日恭請 聖駕臨幸或由 特旨派遣親貴大臣恭代行開會禮宣讀開會 諭旨

第二章 議員 第九條 資政院議員由左列各項人員年滿三十歲以上者選充

一宗室王公世爵 一滿漢世爵 一外藩蒙藏回王公世爵 一宗室覺羅 一各部院衙門官四品以下七品以上者但審判官檢察官及巡警官不在其列 一碩學

通儒　一納稅多額者　一各省諮議局議員　第十條　資政院議員定額如左
一由宗室王公世爵充者以十六人爲定額　一由滿漢世爵充者以十二人爲定額
一由外藩王公世爵充者以十四人爲定額　一由宗室覺羅充者以六人爲定額
一由各部院衙門官充者以三十二人爲定額　一由碩學通儒充者以十人爲定
額　一由納稅多額充者以十人爲定額　一由各省諮議局議員充者以一百人爲
定額　第十一條　資政院議員　欽選互選之別如左　一宗室王公世爵滿漢
世爵外藩王公世爵宗室覺羅各部院衙門官碩學通儒及納稅多額者　欽選
一各省諮議員議局互選　互選後由該省督撫覆加選定咨送資政院　第十二條
資政院議員　欽選及互選詳細辦法照另定選舉章程辦理　第十三條　資
政院議員以三年爲任期任滿一律改選

第三章　職掌　第十四條　資政院應行議決事件如左　一國家歲出入豫算事
件　二國家歲出入決算事件　三稅法及公債事件　四法律及修改法律事件但
憲法不在此限　五其餘奉　特旨交議事件　第十五條　前條所列第一至第

四各款議案應由國務大臣擬定具奏請　旨於開會時交議但第三款及第四款所列事件資政院亦得自行草具議案　第十六條　資政院於第十四條所列事件議決後由總裁副總裁咨會國務大臣具奏請　旨裁奪

第四章　資政院與行政衙門之關繫　第十七條　資政院議決事件若國務大臣不以爲然得聲叙原委事由咨送資政院覆議　第十八條　資政院於國務大臣咨送覆議事件若仍執前議應由資政院總裁副總裁及國務大臣分別具奏各陳所見恭候　聖裁　第十九條　資政院會議時國務大臣得親臨會所或派員到會陳述所見但不列議決之數　第二十條　資政院於各行政衙門行政事件如有疑問得由總裁副總裁咨請答覆　若國務大臣認爲必當祕密者應將大致緣由聲明

第二十一條　國務大臣如有侵奪資政院權限或違背法律等事得由總裁副總裁據實奏陳請　旨裁奪　前項奏陳事件非有到會議員三分之二以上之同意不得議決

第五章　資政院與各省諮議局之關繫　第二十二條　資政院於各省政治得失

人民利病有所諮詢得由總裁副總裁劄行該省諮議局申覆　除前項諮詢事件外不得向各省諮議局行文　第二十三條　各省諮議局與督撫異議事件或此省與彼省之諮議局互相爭議事件除關於行政事宜咨送內閣核辦外其餘均由資政院核議議決後由總裁副總裁咨會國務大臣具奏請　旨裁奪　前項核議事件關涉某省者該省諮議局所選出之議員不得與議應於會議之時退出議場

第六章　資政院與人民之關繫　第二十四條　各省人民於關繫全國利害事件有所陳請得擬具說帖並取具同鄉議員保結呈送資政院核辦　第二十五條　前條陳請事件應先由議長交該管各股議員審查如無違例不敬之語方准收受　其經審查後批駁者在本會期內不得再行投遞或另向他處投遞　第二十六條　資政院於人民陳請事件若該管各股議員多數認為合例可採者得將該件提議作為議案其關於行政事宜者應咨送內閣核辦　第二十七條　資政院不得向人民發貼告示或傳喚人民　第二十八條　資政院於民刑訴訟事件概不受理　陳請事件如有涉及訴訟者不准收受

第七章　會議　第二十九條　資政院會議時以總裁爲議長副總裁爲副議長議長有事故時由副議長代理　第三十條　資政院常年會自九月初一日起至十二月初一日止其有必須接續會議之事得延長會期一個月以內　第三十一條資政院於常年會期以外遇有緊要事件由　特旨召集臨時會　第三十二條資政院議員於召集後應以抽籤法分爲若干股每股由議員互推一人爲股長　第三十三條　資政院會議非有議員過半數到會不得開議　第三十四條　資政院會議以到會議員過半數之所決爲準若可否同數則取決於議長　第三十五條資政院自行提議事件非有議員三十人以上之同意不得作爲議案　第三十六條　資政院於豫算法律及其餘重要議案應先由議長交該管各股議員調查明確方得開議　第三十七條　資政院會議應由總裁副總裁先期將議事日表通知各議員並咨送行政衙門查照　議事日表以　特旨及奏請交議事件列前其因緊急事件改定議事日表者由行政衙門同意行之　第三十八條　資政院議員於議案有關繫本身或其親屬及一切職官例應迴避者該員不得與議應於會議之時退出

議場　第三十九條　資政院議員如原有專摺奏事之權者於本院現行開議之事不得陳奏　第四十條　資政院議員除現行犯罪外於會期內非得本院承諾不得逮捕　第四十一條　資政院議員於本院議事範圍內所發言論不受院外之詰責其以所發言論在外自行刊布者如有違犯仍照各本律辦理　第四十二條　資政院會議不禁旁聽其有左列事由經議員公認者不在此限　一行政衙門咨請禁止者　二總裁副總裁同意禁止者　三議員三十人以上提議禁止者　第四十三條　資政院議事細則分股辦事細則及旁聽規則另行釐定

第八章　紀律　第四十四條　資政院議場內應分設守衛警官及巡官巡警聽候議長指揮其員額及守衛章程另行釐定　第四十五條　資政院議員於會議時有違背院章及議事規則者議長得止其發議違者得令退出旁聽人有不守規則者議長得令退出　其因而紊亂議場秩序致不能會議者議長得令暫時停議　第四十六條　資政院議員有屢違院章或語言行止謬妄者停止到會其情節重者除名　第四十七條　資政院議員無故不應召集或赴召集後無故不到會延至十日以上

者均除名　第四十八條　資政院議員有以本院之名義干預他事者停止到會其情節重者除名　第四十九條　資政院議員停止到會以十日爲限由總裁副總裁同意行之除名以到會議員三分之二以上決議行之　第五十條　資政院議員有應行除名者如係　欽選人員應由總裁副總裁奏明請　旨辦理　第五十一條　資政院有左列情事得由　特旨諭令停會　一議事踰越權限者　二所決事件違背法律者　三所議事件與行政衙門意見不合尙待協商者　四議員在議場有狂暴舉動議長不能處理者停會之期以十五日爲限　第五十二條　資政院有左列情事得由　特旨諭令解散重行選舉於五個月以內召集開會　一所決事件有輕蔑　朝廷情形者　二所決事件有妨害　國家治安者　三不遵停會之命令或屢經停會仍不悛改者　四議員多數不應召集屢經督促仍不到會者

第九章　祕書廳官制　第五十三條　資政院設祕書廳掌本院文牘會計記載議事錄及一切庶務　第五十四條　資政院祕書廳設祕書長一人由總裁副總裁遴保相當人員咨會內閣請　旨簡放　第五十五條　資政院祕書廳設一二三等

祕書官各四人由總裁副總裁遴員咨會內閣奏補　第五十六條　資政院祕書廳附設圖書室一所掌收藏一切書籍之事圖書室設管理員一人卽以祕書官兼充　第五十七條　祕書廳祕書長承總裁副總裁之命監督本廳一切事宜　第五十八條　祕書官承祕書長之命分掌各科事務　第五十九條　祕書廳分爲四科如左

一機要科　一議事科　一速記科　一庶務科　第六十條　祕書廳應設書記及速記生等員額由祕書長酌量事務繁簡稟承總裁副總裁酌定　第六十一條　祕書廳辦事細則由祕書長擬訂呈候總裁副總裁核定施行

第十章　經費　第六十二條　資政院經費其款目如左　一總裁副總裁公費二議員公費及旅費　三祕書廳經費及守衛經費　四雜費及預算費　第六十三條　資政院經費由度支部每年歸入預算按數支撥

附條　第一條　本章程以奏准奉　旨之日起爲施行之期　第二條　本章程未盡事宜由總裁副總裁會同內閣總理大臣奏明辦理

法介

十二

文牘

# 法部代奏會員考察各國司法制度報告書

法部謹 奏爲前派會員考察各國司法制度呈遞報告書謹據情代奏恭摺繕單仰祈

聖鑒事宣統二年十二月臣部代奏呈遞萬國監獄會報告書並陳明考察司法制度報告書俟擬呈再行具奏等因在案。茲據該會員京師高等檢察廳檢察長徐謙。臣部參議上行走奉天高等審判廳廳丞許世英呈稱。所有考察司法制度報告書。茲經分類編擬。加具按語。皆就考察所得。悉心參酌比較異同。要必取其足資我國採用者爲之準。計分五類。曰法部制度。曰審判制度。曰監獄制度曰感化院制度。曰司法警察制度。悉皆歐美各國講求已久。規模閎闊。誠非報告所能詳盡。謹略舉大綱。其餘規制。均有各國所贈書籍可譯。不難知其內容。抑謙英更有進者。方今世界法制。固已趨於大同。彼行之歐美各國無不宜者。或不致行之中國而不宜。況我國因條約之關係。於法權之行使。本多障礙。尤當亟亟改良。始望有修正條約之一日。報告書中所有法部制度。係憲政編查館所應籌畫。審判監獄各制度。係法部所應籌畫。感化院司法警察各制度。係民政部法部所應會同籌畫。合無懇請　飭下館臣部臣將各國制度。分別切實採用。務期裒集衆長。折衷至當。裨益司法前途。庶非淺鮮。等情呈請代奏前來。臣等竊維立憲政體。實以司法獨立爲初基。而獨立之精神。先自組織完全之司法制度始。我國法規。夙稱明備。而揆之現制。不無異同。比年以來。館部諸臣。博採各國學說。有所改作。無非因時制宜。蘄合於立憲國之司法完全制度。該檢察長廳丞等就考察所得。歸而報告。實足以資參考。謹繕具清單。恭呈　御覽。除屬臣部所應籌畫者。自當隨時切實採用外。應並請　旨飭交憲政編查館民政部分別酌采。以備引用而便進行。所有呈遞考察司法報告書緣由。理合恭摺代陳。伏乞　皇上聖鑒。謹奏。宣統三年四月十九日奉　旨依議、欽此、

謹將考查司法制度報告書繕具清單恭呈　御覽

計開

第一節　法部制度

近今世界文明國之法制。因謀司法獨立。乃於司法行政。與普通行政區而二之。蓋使司法機關。絕不受行政上之影響。而後能確然保其獨立之地位。是爲憲法上一大關鍵。然有因歷史上之沿革。至今仍相混合。而又另組織司法機關者。如英美二國是也。英美皆不設法部。祇設司法大臣一人。與各部大臣。均在內閣組織之中。其職在贊助君主司法行政上之計畫及處置。而於行政事務。無特設之衙署。是以制度單簡頗少實權。至若歐洲大陸各國。則莫不以法部統一司法行政。規模之濶大組織之完善。又當推俄德法比四國。以槪其餘。茲分舉大要如下。俄國法部設大臣一人。副大臣二人。下分二司一局。一總務司。司長一人。掌文牘及司法經費。二民刑司。司長二人。掌民事法令刑事法令。及任用司法官。三監獄局。局長一人。副局長一人。掌全國監獄。二司設於部中。監獄局設在部外。統歸法部大臣管轄。德國爲聯邦國。其國體旣異。故有帝國法部及聯邦法部之殊。帝國法部之作用。僅以理論統一全國法令。而有解釋法律之權。聯邦法部。則爲事實上之作用。如普魯士法部。即其一也。設大臣一人。副大臣一人。

丞二人。參事官二十一人。分設九司。第一司掌文牘及統計。第二司掌機要事項。第三司掌民事法令刑事法令。第四司掌司法經費。第五司掌任免司法官及律師。第六司掌全國監獄。第七司掌全國感化院。第八司掌全國登記事宜。第九司掌編存檔案。每司設司長一人。品秩與我國之丞埒。法國法部設大臣一人。副大臣一人。位列各部之首。下分三司。一考功兼會計司。司長一人。分三股。第一股掌地方裁判所以上司法官升遷懲戒。第二股掌治安裁判所。司法官升遷懲戒。第三股掌司法經費。二民事兼國璽司。司長一人。分三股。第一股掌民事法令。監督民事法庭及律師。第二股掌裁判所書記以下官吏之任命。第三股掌出籍入籍襲爵註冊各事。三刑事兼恩赦司。司長一人。分四股。第一股掌刑事法令。監督刑事法庭。第二股掌全國恩赦特赦各事。第三股掌司法統計。第四股掌檢查刑事上款目賬據。此外又設文書處及法律典籍館。文書處分二課。一文報課。二檔案課。法律典籍館分二課。一典籍課。專掌收儲書籍。二編纂課。專任編譯各國法令。比國法部設大臣一人。副大臣一人。下分五司。一宗教司。司長一人。掌關於宗教各事。二監獄司。司長一人。掌全國監獄及司法警察。三民刑司。司長二人。掌民事法令刑事法令。四慈恤司。司長一人。掌感化院及慈善事業。五庶務司。司長一人。掌司法經費、全部會計各項建築、以及恩赦各事。綜觀四國法部之組織。俄國最簡。與日本初改法部之制頗同。俄爲大陸國。幅員最廣。其簡略乃與日本相埒。是其法制未臻發達。固可想見。德於歐洲。最爲法令完備之國。故其法部之組織最繁。惟一國中而有多數之法部。於君主國體。自難相合。至此利時之法部。雖爲繁簡適中。然不足與大國相頡頏。若組織雖簡。分析甚詳。挈領提綱。有條不紊者。厥惟法蘭西。然國璽屬之法部。而監獄轉不與焉。或其歷史上之關係固如此也。他如荷蘭法部。附設國務大臣會議處。而司法大臣。於賞勳之舉。獨備君主之顧問。亦特異之一端也。

謹按我國預備立憲時代。實行司法獨立。一改數千年舊觀。采用各國文明之制。固宜審所從違。以爲將來之準。以我國地位言之。處東亞之大陸。國體則君主。政體則立憲。法制則成文。凡此諸大端。要當分采所長。不宜有所偏重。蓋司法獨立之精義。在以法律保障人民。法律以確定爲宗。而政治則貴敏活。此司法與行政之所以異其趣也。顧司法人員。亦國家官吏之一。而綱維相繫。要不能無行政之方。於斯而謀其統一。而又不使受他部行政之干涉。則不能不劃分司法行政。於普通行政之外。而以法部總其成。而爲之障。現値法部官制未定之時。除英美外。各國法部官制。皆足以資參攷。抑更有進者。官制未定之先。尤宜深明職掌。司法大臣。列於內閣。凡行政上之奏聞事件。除有特例外。要無不經過國務大臣者。故司法行政之上奏權。惟法部有之。凡死罪案件之施行。在歐美各國。無論有無法部。莫不由司法大臣具奏。其餘案件。則無庸具奏。即照判決施行。一以見人命之重。一以省文牘之繁。德國法部具奏死罪案件。須奉德皇批准。其式類於擬旨。德皇於旨上簽字。交法部。法部大臣遵旨命令施行。此與我國現制最合。惟是法部職掌。任官進退。悉依法律。即民刑監獄。各設司局。亦不過於法令上謀統一。初非有干涉審判輕重罪囚之權。是又司法行政維持司法獨立之要義也。今欲求司法行政之進步。其要點又有四。欲保護人民權利。則必規定登記法。欲減少罪犯來源。則必設立感化院。欲養成司法及監獄人材。則必設法律及監獄學堂。欲考求司法成績。則必從事統計報告。苟提倡而實行之。庶幾日起有功耳。

第二節　審判制度

憲法成立。英國最早。其精義在三權分立。而所以維持國內治安。則在司法獨立。世界法理。趨於大同。是以歐美列邦。無論君主民主。莫不同歸於立憲。而司法一權。則因法系不同。遂有大陸與英美二派。大陸法派。法國爲之祖。德國則以後起駕法而上之。奧地利其流亞也。英美法派。英國爲之祖。美國則去其貴族習慣。而專伸民權。其大較也。以是之故。審判制度。亦因之而異。法國則三級三審。一大理院。設於巴黎。法語謂之蓋塞興。譯言破壞。故又曰破壞裁判所。蓋對於下級裁判所之判決。有破壞之之權。因以命名也。院設刑事二庭。民事九庭。用五人合議制。審理全國民刑終審案件。是爲最高法院。二控訴院。用三人合議制。審理上訴案件。全國凡二十五所。巴黎控訴院。設重罪裁判所。審理重罪起訴案件。三地方裁判所。設於各縣。審理民事及輕罪始審案件。用獨任制。凡審判不論民刑。檢察官皆蒞庭。而重罪之始審案件。則用陪審制度。其審級凡民事及輕罪案件。由地方起訴者。得至大理院終審。是爲三級三審。重罪案件則自控訴院之重罪裁判所起訴。至大理院終審。是爲特例。此外各鄉又設治安裁判所。用獨任制。專審判民事案件。以不滿三百佛郞爲限。判決後如有不服。即由該裁判所送交地方裁判所另行起訴。又有工業商業兩裁判所。工業裁判。用六人合議制。定案以投票決之。分五部。一職工。二五金工。三化學工。四各項工業。五關於商務之工業。每部設總副理各一。五部陪審人員。凡百七十六。由工人選舉。商業裁判。用七人合議制。由商會選舉。凡工業商業案件。由該裁判所行仲裁裁判。判決後如有不服。亦送交地方裁判所起訴。此三種皆不隸司法審級。故法國純爲三級三審。德國則與法逈異。一帝國法院。謂之爲塞那特。不設於柏林。而設於撒遜首省萊普溪。審理全國各聯邦終審案件。設刑事五庭。民事七庭。用七人合議制。另一特別庭。凡國事犯於此審理之。用兩庭合議制。二聯邦高等裁判所。設於各都會。審理地方裁判所控訴案件。及初級裁判所上告案件。用五人合議制。三地方裁判所。審理不屬初級裁判所民刑事第一審案件。及初級裁判所控訴案件。用三人合議制。四初級裁判所。審理民刑事第一審案件。用獨任制。刑事檢察官涖庭。民事則否。重罪案件。兼設陪審官。凡案件由初級起訴。得至高等終審。由地方起訴。得至帝國法院終審。是爲四級三審。日本全採用之。與國審判分三級二審。一大理院。設於維也納。審理全國終審案件。是爲最高法院。二省裁判所。民事一千可崙以上。刑事監禁六月以上至死刑。皆歸其裁判。凡監禁五年以下之刑事案件。不設陪審官。五年以上之刑事及國事犯。則用陪審制。三初級裁判所。民事一千可崙以下。刑事監禁六月以下。皆歸其裁判。凡省裁判所初級裁判所上訴案件。皆直至大理院終審。是爲三級二審。凡刑事及重大民事。檢察官皆蒞庭。商事裁判。則附設地方裁判所內。不用檢察。不設陪審。檢察官職權甚大。凡上訴案件，經大理院判決後。檢察官以爲不平允。時得發交起訴衙門另行審理。是爲奧國特點。以上三國審判制度。皆出於大陸法系。而大理院判決之死罪案件。均由法部上奏。至英美制度。多與大陸法不同。首在審級不全。又因不重上訴。而檢察制度。遂多欠闕。英國審級雖似有四。其初實祇一審。至一千九百零八年。始設刑事控訴院。其最近審級如治安裁判所。爲最下級。謂之爲郡裁判所之支部。設於各郡之各處。其裁判委員司法大臣任命之。受理輕微刑事。如竊贓不滿二鎊。及口角揪扭酗酒滋事之類。其處罰以六月以下之工作爲限。並受理輕微之民事。用獨任制。如有不服。則送之郡裁判所。另行審判。此

文牘　九

與法之治安裁判所性質頗同。惟受理輕微刑事。爲其異點。郡裁判所四季開庭。故又曰季裁判所。本郡裁判委員。皆得列席。委員長一人。行裁判。受理民刑案件。刑事案件。設陪審在倫敦者。曰高等裁判所。民事刑事分爲二所。冠以中央之名。本所之承審官始謂之爲國君之裁判官。用獨任制。管理重大民刑案件。其案件在倫敦以外者。司法大臣於高等裁判所中。派出裁判官二員。巡行英格蘭之大城鎮而受理之。是爲巡迴裁判。其上設刑事控訴院。審理高等裁判所之刑事控訴案件。而民事則無之。該院用三人或五人合議制。以理論上言之。由控訴院上告案件。得至貴族院終審。而事實則無之。以上各裁判所。似爲四級。而實祇一審。惟重大刑事。始有二審。英國舊有檢察長三島各一。其下有檢察官。但不分配於各裁判所。其職務亦僅以起訴証明犯罪爲限。無上訴及執行等事。檢察長則備君主赦典上之顧問。蓋英國無上訴法。但以赦典爲裁判上之救助而已。美國倣效英國。惟無貴族限。裁判官不受議院之監督。又特設幼年裁判所。重在預防犯罪。其法尤善。至法律案雖經議會協贊。仍須得裁判官之同意。則英美之所同也。

謹按審判制度。最宜注意者。有數大端。一審級。我國舊制最繁。如縣府司院部凡五審。院部皆爲終審。原慮案有寃抑。故多設審級。以備平反。而出入處分太嚴。實足以遏抑上訴。又因交通之不便。吏胥之需索。文牘之煩苛。審理之遲滯。皆足爲上訴者障礙。近今歐美之制。多亦不過三審。更有二審一審者。蓋據理而言。至於三而已足。否則非惟人民蒙其不利。而國家之裁判。久不確定。亦立法者之所訾也。更以近世學理言之。於審級中又有二頭三審及一頭三審之別。如初級始審者。至高等終地方始審者。至大理院終。是爲二頭三審。行之者如德如日本及我國今制。若無論初級地方始審。皆至大理院。爲第三審。是爲一頭三審。今則無行之者。惟奧國爲一頭。而其審序。則僅有二。此外如義大利之三頭三審。則其審級有五。而審序亦祇有三。如由治安裁判所始審者。得至地方終審。由初級始審者。得至控訴院終審。由地方始審者。得至大理院終審。惟限定之重罪案件。則僅二審。是爲特例。學者謂終審在法律點。而大理院之設。專爲解釋法律。故宜用一頭制。是亦謀統一之一道也。一檢察及陪審制度。各國有幷用檢察及陪審官者。法德奧義俄是也。有專用陪審官者。

英美是也。有專用檢察官者。荷蘭日本及我國今制是也。陪審之制。以司法獨立法官之權過大。故裁判之事實點。必須陪審官斷定之。法官祇定其法律點而已。此制發源於英。而裁判絕無枉濫。因其効也。檢察之制。以國法在所必伸。代表之者。即爲檢察。故以發覺犯罪。實行公訴。執行判決等爲職務。其理論發明於後世。初制則原於法蘭西。蓋法當王政時代。有所謂國王之代理人者。即檢察官。故法之檢察官。因沿革上得有絕大之權限。他國繼踵倣行。均加限制。奧國乃予檢察官對於終審案件。有發回原審之權。荷蘭則無論民刑。均須檢察官莅審。未始非求保裁判公平之意。英不行檢察制度。而檢察長則備君主顧問。視之固亦甚重。我國採用檢察制度。亟宜使司法者確知檢察之爲用。要亦今之急務也。一律師制度。歐美雖法派不同。要使兩造各有律師。無力用律師者。法庭得助以國家之律師。蓋世界法理日精。訴訟法之手續尤繁。斷非常人所能周知。故以律師辯護。而後司法官不能以法律欺兩造之無知。或謂我國訟師刁健。法律所禁。不知律師受教育。與司法官同一畢業於法律。其伸辯時。凡業經證明事實。即不准妄爲矯辯。是有律師。則一切狡供及婦女廢疾之紊亂法庭秩序。在我國視爲難處者。彼皆無之。因律師之辯護。而司法官非有學術，及行公平之裁判。不足以資折服。是固有利無弊者也。一登記事項登記法。所以確定人民之權利。世界文明進步。人民法律思想愈發達。則登記事項愈繁。關於所有權。則有不動產之登記。關於家族。則有遺言登記。後見人登記。關於商事。則有營業登記。商標登記。凡所以證明其權利。而使他人罔敢與爭。甚至關於貴重保存之證券。亦且托之官署。其處理之法。以接近人民者爲宜。故德國登記事項。皆由民事區裁判所行之。文卷檔案。連房盈室。皆儲之以鐵櫃。以防不虞。然其對于查閱者。則異常敏捷。初不少形扞格。是所以淸民事之訟源。便裁判上之稽核。而司法經費。亦多取給於是。誠善法也。我國雖有稅契注冊及印花等項。然彼則使人民遵行於事先。此則聽人民自便於事後。其性質迥不相同。一則强迫。一則樂輸。固可幷行不悖也。一司法經費。各國司法經費。皆由法部預算。經議會認可後。卽徑由國庫發給。其司法上收入之款。則皆存之國庫。但收支兩不相涉。無論是否可資補助司法經費。要必取給於度支。此項經費。以司法官之俸給居多數。至法庭建築費。尤必寬籌。如比利時小國也。而布盧塞耳之法院建築費。乃四十兆佛郎。義大利貧國也。而羅馬之法院建築費。乃十五兆力拉。蓋國家不惜鉅欵。經營司法。所以繫人民之信仰。聳外人之觀聽。於國家法權。殊多裨益耳。我國審判制度。採用德制爲多。考其眞而愼其始。則非獨國內治安是賴。而國際上之聯合。亦不難修正條約於將來矣。

### 第三節　監獄制度

歐美監獄。初尙殘酷。十七世紀以來。英國首倡改良。浸至風行歐美。近四十年。美國發起萬國監獄會。觀型研究。遂臻大同。幾難有所軒輊。而要以德比荷三國監獄爲最完備。德普魯士監獄。凡一千一百二十七所。隸內部者五十二。餘歸法部管轄。各監獄上級官吏。或設典獄官。或設理事長。中級官吏。則有會計理事。庶務理事。工業理事。書記官。教誨師。醫師。下級官吏。則有看守長。授業傭員。設於柏林者。多取分房制。提格耳一監。兼用窩居制。地方監獄。分房雜居幷用。其必須收分房監者三種。一刑事被告人。二年在三十歲以下者。三年在三十歲以上。係初犯者。獄中工作分四類。一製造監獄所需之品。二製造軍隊郵便巡警以及衙署所需之品。三服役於國家及鎭鄉之公共事業。四許爲商家包作之品。飲食有定制。運動沐浴有定時。星期演講宗教。每月三見家族。刑期經過四分之三。許假出獄。獄設病院。瘋人則另居之。橫暴不守獄則。則有戒具。有戒室。戒具有窄衣手鐐二種。手鐐使兩臂恒伸而不能屈。窄衣則縛之令痛楚川之不得過數小時。戒室之用在奪光減食去寢榻示懲。惟入室者不得繼續至七日。以防卒患瘋疾。比利時監獄建築最精美。牆壁複道飾以文石。魯番一獄。尤爲全國模範。建築於千八百五十六年。用星光形。純取分房制。運動場十六處。形如半輪。中植花草。使囚徒隔別運動。全監容六百人。拘禁刑期自五年以上至終身。星期演講宗教。教室亦取分房制。一重其廉恥。一專其心志。出分房室。或遇外人參觀時。皆使蒙面。不令人知姓名。愧勵保全。兼而有之。瘋人監設備尤善。窗在房頂。以藍玻璃透光。四壁蒙膠皮。以防觸傷。不守獄則者。但用戒室而無戒具。他犯於室內准蓄小鳥以自娛。運動時并許吸紙煙。待遇最寬恕。接見家族。與德同。此外則有崗郡之大監獄。取晝雜居夜分房制。專收終身監禁之犯。蓋比國雖有死刑之名。然判決死刑之犯。君主皆改爲終身監禁。初皆入魯番監獄。滿十八年後。願入是監者。始還入之。否則仍留魯番監。蓋魯番爲分房制。取其嚴。是監爲雜居制。取其寬。凡入監十年。性馴不慮吏傳播罪惡。惟性喜獨居。則亦不之强也。荷蘭監獄。建築質樸。不事雕飾。與比利時大異。其海牙監獄。實爲全國模範。分三翼。翼凡六十六房。純取分房制。規律整肅。管理精密。四周皆官舍。外繚以園圃。典獄官吏及看守人宿焉。拘禁囚徒。以一日以上五年以下爲限。皆在分房內工作。每星期許一通信。須經獄官之檢查。日許三見家族。大致與德比同。此外則海蘭一獄。建築尤異。用圓形。上用圓頂。仿羅馬古監獄舊式。而畧變其製。分五層。純用分房制。能容四百人。管理尤便利。惟建築費較之星光形十字形三翼形均鉅。歐洲監獄。祇荷蘭有此特別形式。餘皆以星光形十字形爲主。大抵各國監獄。皆趨重分房。自東徂西。雜居之制漸少。將來之進步。必專用分房而廢雜居。在財政充裕之國。行之亦非甚難也。

謹按歐洲古代監獄。殘民以逞。如法蘭西之拔斯惕大監獄。羅馬之哀里納鬥獸監。或肆非刑。或投獅虎。雖暴秦無此虐政。今則無論歐美。翕然一致。羣趨於改良。然歐人亦有反對之說者。謂改良監獄。適足獎勵犯罪。不知自世界發明自由刑以來。肉刑之類。概從廢止。監獄乃專爲執行自由刑而設。自由刑以剝奪罪人之自由而止。

監獄不良。則刑罰不中。雖改良刑法。亦屬空文。蓋國家刑法主義。除生命刑外。皆所以矯正罪惡使復爲社會完人。其心至仁。其理至公。較然無可訾議者。或謂待遇囚徒。非嚴酷不足示威。不知民不畏死。奈何以死畏之。況一經受刑。終身不齒。犯罪者本由於生計艱難。今受刑之後。旣使復居人羣之中。又迫之於不能存活之地。危險情形。固屬易見。若徒以監獄外觀之碩大崇閎。謂囚徒樂居。或且欣羨入獄。是未嘗深察監獄內容也。各國最文明者爲分房監。然亦僅容一榻一案。晝便工作。夜安寢息而已。初非高房大廈以供囚人之愉快。況管理法最嚴重。凡人所享有之自由。悉剝奪之。於其言動飲食作息。無不干涉。然則謂人之樂於下獄。殆囈說也。各國改良監獄之効果。則在監獄之統計。昔之監獄再犯者多。今之監獄再犯者少。改良之理由。爲各國所公認者以此。方今司法制度。宜注重者厥惟三端。第一改良法律。第二改良審判。第三改良監獄。而外人觀察所在。尤在監獄。現自京師以及各省。皆設模範監獄。惟財政困難。不得不研究監獄辦法。蓋監獄作工。分機器作工人力作工兩種。學者謂機器作工。與人民爭利。且出監後仍難謀生。是以多屏不用。然俄京輕罪

附文 十八

監。初患經濟不足。今改用機器作工。歲入達十五萬盧布。遂無須仰給國庫。其製軍靴一機。每日可得靴五百雙。另設人工製靴室。俾機器人工兼學之。於出獄後謀生計甚便也。且所製軍裝。並非與民爭利。其法未嘗不善。至他國監獄作工。皆不用機器。蓋經費充足。可不藉監獄之收入。監獄之種類。大別爲已決未決兩種。未決監自由作工。已決監强迫作工。是爲各國所同。已決監又分男監女監。幼年監及輕罪監。重罪監數種。惟各國亦頗參錯。如羅馬一監。兼收男女已未決人犯。但男女各爲一監而已。決者自三日以上至三十年之監禁。皆在其內。是一監而各種俱備。此外有以一年以下之監禁爲一等者。如德之提格耳一監。法之弗雷洛一監。是有以五年以下之監禁爲一等者。如比之些耳息一監。荷之海蘭一監。是其女監及幼年監。或與男監同所。而分部或另爲一監。要皆各就所宜。初無定法。其建築形式。固多十字星光兩種。法之弗雷洛一監。爲一字形。荷之海蘭一監。爲圓形。惟無論何種形式。要必注意於光積氣積。德國定例。晝夜分房監。至少以能容二十二立方邁當之氣積爲限。其窗以能容一平方邁當之光積爲限。夜間分房者。及拘禁二星期以下之不作業者。至少以能容十一立方適當之氣積爲限。其窗以能容半平方適當之光積爲限。雜居工場每人應需氣積。不得下八立方適當。其餘各國大致相同。凡所以講求衛生者備至。一以保監犯之生命。使不至瘐斃獄中。一以達刑罰之目的。使不致廢於中道。此改良監獄之急務也。美總統有言。改良監獄。尤在看守得人。此言最扼要。蓋改良刑法之實際。在監獄。改良監獄之內容。則在管理法。實行管理法。則在管理及看守者之得人。是則不易之理也。

## 第四節　感化制度

感化院之制。所以預防犯罪。與其懲治於事後。不如防範於事先。蓋教育以正其本。刑罰僅齊其末。各國於幼年感化事業。講求尤力。組織完備者。以英德和三國爲最。英國感化院分兩種。一授產院。二矯正院。授產院專收十四歲以下。放縱遊蕩。或將流爲乞丐者。及十三歲以下。初犯禁錮。及其他之輕刑者。矯正院專收十六歲以下之犯罪少年。由裁判官判定後。得直接送矯正院。兩院皆以小學教育爲主。經費由地方會擔任。每人每星期由國家補助三先令六辨士。由感化生父母津貼五先令。兩院均國家監督。感化生出院後。多成良民。或至再犯者。平均計算。授產院男僅百分之五。女僅百分之一。矯正院男僅百分之六。女僅百分之四。故英國成績爲最優。德國感化院。除收容游蕩少年。及幼年犯外。兼收家庭教育不良之男女。及精神不健全者。以十八歲以下爲限。教授重德育。院以能容八十人至二百人爲率。行政官隨時監督之。經費三分之二出於內部。三分之一出於地方會。故其成立必須內務大臣認可。感化生出院後五年內之行動。仍由地方幼年保護會。隨時調查報告本院。和蘭感化院規模尤宏。組織與一村落無異。故擇地必遠城市。院有田園。有深林。有河。有畜牧。有工作。有家庭教育。量其資質分科教授。各國多倣傚之。至其收容年齡限度。及歸行政官廳監督。與英德無甚差異。他如義大利感化院。組織不如他國。教科除工藝美術外。羅馬一院。有教授電學氣機學者。誠以感化生資格非無穎異。若僅限於下等工藝。殊非因材教育。故羅馬感化院教授法。頗有特長。要之感化院性質與監獄迥殊。無論男女及是否經裁判入院者。概以學生資格待遇之。養其性天。重其廉恥。純然道德上之事。非刑罰上之事。此則各國所同也。

謹按成年犯罪者之矯正難。幼年犯罪者之感化易。自近世發明感化制度以來。歐美各國士夫。以及慈善宗教各家。無不竭力經營。國家又從而補助之。我國監獄雖已改良。而感化事業尚未興辦。曾於第八次萬國監獄會報告書中。請由法部或民政部先行創設感化院於京師。以爲之倡。一面通行各省。令地方官切實講演。多方勸導。以期培養人格。惟欲圖實行。當先定辦法。舉其要者如下。一種類宜分別也。幼年之應受感化教育者。大別爲三種。一棄兒及跡近遺棄者。如不知父母之姓氏。或知姓氏而不能引交。或父母俱亡。貧困不能自存。或因父母疾病。或失業。或犯罪入監。不能教養。或父母虐待。阻害其發育。或父母不能管教。流爲游蕩乞丐者之類。二有不良行爲者。如游蕩懶惰。及家庭學校不能矯正其惡習者之類。三有犯罪行爲者。卽有違犯刑法之行爲。因未達責任年齡。不爲罪者。凡此皆犯罪之種子。而爲社會未來之隱憂。所急宜教養者也。一法制宜規定也。英國於一千八百五十四年。設感化院時。規定十六歲未滿之犯罪者。施以感化教育。其後改正修補。至一千八百六十六年。發布感化院條例。於是裁判所對於處十日以上自由刑之幼年犯。得交感化院。期以二年至五年爲限。但經過十八箇月之後。核其情狀得令假出院。嗣以數十年來之經驗。覺處置犯罪兒童。宜易刑罰而爲感化。於一千八百九十九年規定。凡處自由刑之幼年犯。在十六歲以下者。盡送入感化院。不拘禁於監獄。其期定爲三年至五年。此外又有授產院。與感化院。同爲私家設立。國家監督之。而補助其費。其條例於一千八百六十六年發布。收容兒童。分爲四種。一十四歲未滿之兒童。有游蕩乞食等之行爲。或爲竊盜。或交接妓女。或居住妓女家宅者。二前項兒童。父母死亡。或被父母遺棄。或父母犯罪。受自由刑處分者。三前項之兒童。因父母或後見人之請求。且實有不能監督之明證。及因救貧官廳請求。在救貧院苦於制馭者。四十二歲以下。有犯禁錮刑以下之行爲者。在院期間二年至五年。由裁判所決定之。但經過十八箇月之後。亦得假出院。法國國立感化院。分普通感化院。特別感化院兩種。普通感化院。收容刑法第六十六條之不論罪者。及受六箇月以上二年以下之禁錮處分者。特別感化院。收容二年以上之禁錮處分。及普通感化院所認爲不良者。其他民法第三百七十五條規定。依父之請求。由裁判所決定。得以十六歲未滿者。於一箇月內。及十六歲以上者。於六箇月內。交感化院。又一千八百八十九年規定。於父母喪失親權時。得以其子交公私感化院或相當之家族。又一千八百九十八年規定。兒童犯輕重罪者。當審理中豫審判事認爲有保護之必要時。得送交公私感化院或相當之家族。德國先於一千八百七十年發布帝國刑法。規定感化教育。於第五十五條。及第六十條。一千八百七十六年又增補刑法第五十五條。創設國立感化院。嗣普魯士又於一千八百七十八年發布感化院法。規定六歲以上十二歲以下之有犯罪行爲者。得於一定限制之下。施以感化教育。一千九百年。又改正擴張之。共二十三條。而組織始備。英德法三國之制如此。立法之始。自宜博採衆長。以臻完密。一經費宜預算也。感化經費之預算。大致依人口爲比例。英國人口三萬九千六百九十六萬八千有奇。感化經費。每年平均約五十五萬鎊。由國庫支出者。約二十萬鎊。法國人口三千九百十一萬八千有奇。感化經費。每年由國庫支出者。計二百六十四萬八千五百三十三法郎。普國人口三千四百四十七萬二千有奇。感化經費。每年計五百萬至六百萬馬克。由國庫支出者。每年平均約二百萬至二百五十萬馬克。我國人口駕各國而上之。則預算亦應加多。亟應先事綢繆也。一管轄部宜商酌也。各國感化事業。屬於內部者居多。比國則專屬法部。蓋感化院於監獄有密切關係。分隸兩部。則用人行政經費加多。而命令雜出。權限混淆。必不能得統一之效。而改良阻力亦因之而生。觀於比利時監獄與感化院之整齊劃一。及聆普魯士法部參事德爾伯盧博士詳論分轄之弊。可見獄院管轄。宜一不宜二。宜合不宜分矣。以上四項。於感化規制畧備。尤貴提倡慈善家熱心毅力。普及全國。收效固可預期也。

## 第五節　司法警察制度

司法警察。以發覺犯罪。爲司法上輔助機關。因職權上關繫直接受檢察官指揮。以達有罪必發之目的。各國皆於普通警察中特設司法警察。以執行司法上之事務。德國柏林警察總署之組織分九部。其第四部即司法警察。下分三科。統轄柏林十三區。此部最要之事。爲識別犯人。蓋逃犯得以識別法式獲之。既捕得之犯。得因識別法而知其是否再犯。其法發明於法國之白耳梯龍。即法之司法警察部長也。部之組織部長一人。副部長一人。巡查一人。書記長一人。書記官四人。警察長一人。副警察長三人。司法警察四十六人。識別犯人分量體法識別法二種。量體器用各種米突尺。先量身。次量兩臂。次坐量其上半身。次量左中指。次量左中指尖至肬肘。次量左足。次量耳輪廣袤。次量頭頂橫直徑。次量額濶。乃相其目。次相其耳。次印十指模。終拍正側面兩照。一一識之於簿。因指紋異同。編列爲號。每拘一犯。如法識別之。然後檢查舊案。其識別同者。無論如何變易姓名及面貌。皆可決爲再犯。習其法者。附設一學堂。各國皆倣行之。德國則去其量法之繁重。英國則專用指模。蓋指模非必執手印之也。如賊盜破戶啓扉。攀援而入。及所偸竊等物。苟爲指之所觸。皆可取其模形。以照相器展大。從而識別之。英用其法最精。自謂得一已足。義大利司法警察學堂堂長。更發明一器。謂可推測人心狀態。其法置人手皮套內。通以皮帶。納於圓筒。筒有動機。以轉動一針。針在筒外。下置黑色紙。因人心之鼓動力。而皮帶內之空氣。因之張翕。激動筒內動機。而筒外之針。因之而動。其筒復自轉。此針遂於黑色紙上畫成白色痕紋線。法畧似醫家之候脈器。用之是否可信。及有無錯誤。未遑深考。惟理想甚奇。可見各國講求司法警察之學。

無微不至。宜其犯罪者無可倖免也。

謹按各國司法警察之制。固甚完備。而司法警察署。更與裁判所接近。呼應靈通。毫無間隔。檢察官遇有搜查證據逮捕人犯等事。無不指揮司法警察。近今世界科學日益發達。犯罪之術。亦愈出愈奇。苟非研練有素。不特無以收指臂之效。且無以保社會之公安。是以司法警察學。教授科目。除普通警察所學外。如刑法及訴訟法。法醫學偵探術。畫圖法。撮影法。識別法。以及其他藝術。皆所必講。其裨益司法。良非淺鮮。雖其規畫非本部之事。而其關係則甚密切。故附之調查司法事宜篇末。以備參考。

## 中國紀事

●粵●督●關●於●葡●人●違●章●濬●河●之●交●涉　粵省旅港勘界維持會。以澳門葡人違約。強濬灣仔海道。（在香山縣前山附近之西南）以爲佔海權之準備。聞已與香港麥端那公司訂立合同。西報所載。必非無因。查澳門原屬租界。向無領海。所有水道。祇能准其船舶來往。不能有管轄水界之權。是澳門海面疏濬之工。應屬我國。自無庸澳門政府越俎代庖。惟是葡人乘界務未定之際。任意動工。卽爲將來佔領之口實。若非今日實行阻止。恐日後劃界。難與力爭。因呈請諮議局代呈粵督。據約力爭。照會阻止。旋得張督劄覆。謂此事先據前山莊丞電稟。當經照會葡領澳督。暨派本署交涉委員前赴澳門。與澳督直接交涉。切實阻止。並一面分電外務部出使大臣劉。向葡外部嚴切駁論。現尚未能定議。本督院力所能至。斷不肯稍涉鬆勁。旋又聞張督有電致外部。其大致略謂澳門界務。久懸未結。葡人日事侵佔。致有此次濬河之舉。界務一日不清。葡患一日未息。值此民心浮動。萬一因之生出意外交涉。關係匪輕。應請速爲議決。將界務交粵就近劃議。以免枝節橫生云。

**川省爭路事件彙誌** 自幹路收歸國有之 諭旨頒布後。湘粵兩省。迭起風潮。鄂省亦以改線問題。要請當道照原議辦理。惟川省則自護督王人文代諮議局出奏後。寂然無聞。竊聞自此事發生後。川省京官有甘大璋等。聯名四十六名。呈請郵部。謂川路公司。願將收支虧存各款。一律劃歸國家路股。惟此呈是否得京中各同鄉之同意。且各鄉中是否得川中各股東之同意。不敢爲甘大璋等遽信。不謂自此呈發露後。有四川京官賀維翰等二十九人。攻其竊名朦禀。其所措詞。謂川路股本。爲四川千萬股東之財產。附股不附股。非他人可妄爲處分。至於全蜀會館。則屢接成都來電。均指斥甘大璋等狂囈。不能代表全體之語。而王護督又嚴詞奏參盛宣懷。指爲欺君誤國。且歷敘四川爭路之情形。謂人人皆憤盛宣懷。既無一語怨望朝廷。尤無一人稍形暴動。實不可繩之以法。其歸宿之處。則請治盛宣懷以欺君誤國之罪。然後申天下人民之請。提出修正合同之議。俾國權路權。有萬一之補救。觀此則川路之風潮。正未易遽弭也。

**大清銀行改革記** 大清銀行。自去歲被外人暨資政院質問後。其腐敗之情形久已暴露於世。於是當道大思改革。一面另委葉京卿景葵爲監督。一面咨行外部轉向各國聲明。謂該行實行國家銀行辦法。計分十科。曰庶務科。營業科。調查科。國幣科。出納科。文書科。稽查科。計算科。國庫科。証券科。十科之外。又設秘書官與顧問官各一缺。葉京卿自接事後。特爲宣布營業方針。謂本銀行應現今時會之要求。固中央銀行之基礎。以後專以維持幣制。活動金融。爲唯一之任務。謀股東永久之利益。而不顧目前紅利之高下。期全國金融之調和。而不計本行些須之損失。所有新營業方針。業經呈部立案。特廣告衆知。一凡普通銀行能辦之事項。本銀行竭力縮小其範圍。中央銀行應辦之事項。本銀行次第擴張其計畫。二凡商業外之個人及小商業家。本銀行絕不與之開來往帳。亦絕不與之作定期及不定期借放交易。三本銀行之借放專以便於售賣及價値確實之動産。或有價証券抵押爲主。四本銀行所發鈔票。必審察市面之情形。貯相當之準備金。並擬規定各直省統一流通之法。落落數條。是否合於國家銀行之辦法。及因時變通之處。願當世之究心是學者一研究之。

●●●●●滇省歲入數目　（國家歲入經常門）第一類田賦。共銀五十三萬八千八百八十二兩。第二類鹽課稅釐共銀一百一十五萬八千九百九十二兩。第三類釐金共銀三十八萬一千三百三十兩。第四類雜稅共銀二十九萬四千二百九十二兩。第五類正雜各捐共銀五百六十兩。第六類官業收入共銀四萬五千七百二十六兩。第七類雜收入共銀三十八萬九千九百七十七兩。（國家歲入臨時門）第一類雜收入共銀一萬六千九百三十四兩。以上共銀二百八十二萬六千二百九十六兩。（地方歲入經常門）第一類附加稅共銀五十二萬四千五百二十七兩。第二類雜稅共銀二千九十八兩。第三類雜捐共銀二十一萬六千四百三十六兩。第四類官業收入共銀九千五十五兩。第五類雜收入共銀二十萬二千九百八十四兩。以上共銀九十五萬五千一百兩。（地方歲入臨時門）第一類捐款。共銀六千九百二十四兩。第二類雜收入共銀一萬二千二百一十八兩。以上共銀一萬九千一百四十二兩。（協欵歲入）第一冊受協各餉共銀一百一十五萬五千兩。第二冊受協各款共銀三十九萬兩。以上共銀一百五十四萬五千兩。（海關歲入）第一冊蒙自海關歲入經常共銀二十二萬三百一十一兩。第一冊蒙自海關歲入臨時共銀四百兩。第一冊騰越海關歲入經常共銀四萬二百四十兩。第一冊騰越海關歲入臨時共銀百兩。第一冊思茅海關歲入經常共銀五千五百兩。第一冊思茅海關受協共銀六千二百三十七兩。以上共銀二十七萬二千八百八十八兩。（部撥欵專冊）第一冊郵部撥款共銀一萬三千八百九十九兩。統計雲南全省正專各冊歲入各銀五百六十三萬二千三百二十五兩。

**明安泰案始末記** 明安泰一案。前經大理院奏請將明安泰革職嚴訊。伊兄霍倫泰。以都統大員。亦解職歸案。實爲近今鉅獄。因節錄此案始末及院審情形於後。原告寇李氏。被其同族寇循禮。盜賣其獲鹿縣地方之商鋪一座。并及他處不動產。李氏憤甚。因來京投於明安泰。托爲運動。明遂與其兄霍倫泰。索取多貲。李氏悟其奸。因控霍倫泰得賄洋五百元。烟土三百兩。明安泰爲過付。而得賄之數。則甚於霍。此霍明被控之原因也。自此案申送大理院後。寇李氏已占勝著。其時忽有自稱寇李氏本夫者。具呈到院。惟寇李氏自到案以來。即攜本夫德彬與偕。何以又另有本夫。院中大異。因收呈傳訊。不意自稱寇李氏本夫者。即寇李氏所控之寇循禮也。院中益異。因單訊寇循禮。循禮於家事財產言之甚悉。檢察婚書。亦無異跡。傳李氏幷訊。則仍認德彬爲本夫。循禮爲族人。院中大窘。遂將李氏一幷看押。其德彬循禮之眞僞。祇得俟霍明定讞。再行酌奪。此李氏家族之奇聞也。李氏看押入所後。常請假外出。一日李氏外出。院派王某隨之。途中忽失李氏所在。念此係欽案人犯。恐獲重譴。遽情急自盡。及晚李氏忽歸。詰以何往。則云上文明茶園聽戲去。嗣後李氏外出。院中差役均不願跟隨。汪庭長亦諭交庭員。凡李氏外出。非有妥保。不能允准。而李氏外出之時遂鮮。此李氏在押之情形也。明安泰與霍倫泰。既解革歸案。明概自承認。以爲其兄開脫。而李氏歷陳當日交付情形。持之甚堅。明弗能答。即求汪庭長稍爲其兄留餘地。幷自請堂鎖（卽跪鎖之刑）跪至三次。李氏卒不易其詞。汪卽據以訊霍。霍至五月二十八。始招認畫供。當霍畫供時。李氏又請外出。詢以何往。則云爲姑掃墓。汪庭長以掃墓係常事。不允。而故問汝姑死幾年矣。死以何病。不意李氏即曰。吾姑之死。非以病。蓋以被逼於霍倫泰而死也。言己在堂上痛哭不已。汪大詫曰。此案吾費多日研求。始能將原控各欵節節爲爾訊明。今霍倫泰己畫供。而汝又節外生枝。殊難濫予伸理。遂不允其告假。此訊究霍明之結果也。明霍既畫供。此案已可定讞。而李氏忽又牽涉霍之子侄二人。為案中過付二人均官佐領。院中郎為傳訊其侄到案。現正研訊一切。其子在逃。亦派役緝捕。此牽涉明霍家族之情形也。現在汪庭長已將連日訊得情形。回明定鎮平正卿。並擬霍倫泰以革職軍台効力。明安泰情節較重。應再加等定擬。伊子伊侄。俟緝捕到案訊有確供。再行科以應得之罪。惟定鎮平正卿。以霍倫泰明安泰雖以職官受賄。不容稍有寬容。然已罪及全家。按之律例。似可稍事末減。大約霍明科罪。尚可從寬。一俟磋商就緒。即擬具摺覆奏。惟循禮德彬。不知誰為本夫。卒未得其獄結之所在。亦一怪獄也。

**皖南水災記** 今年長江流域。各處均報水災。如湘如鄂。經已疊紀前報。茲又聞安徽迤南各州縣。亦同被水患。今據各報所載。彙輯之如下。東流。縣濱臨揚子江南岸。地勢極低窪。素有水國之名。今歲黃梅久雨。助水為災。四顧東土。淹沒殆盡。城外居民。真有浮家泛宅之概。加之近日雨師風伯。齊奮厥威。以致居民房屋。倒塌大半。家用物件。順流而下。漂沒於無何有之鄉。是以居民多患餬口。無貲者。中等人家。均易飯為粥。藉免枵腹。拾草代薪。聊供炊爨。種種慘狀。言之惻然。惟東門城隍嶺荒山一片。地勢崇高。尚稱乾土。以故各鋪戶爭先恐後。搭蓋草舍。比戶而居。儼若市廛。城外居民。欲購食物者。均須往該處採辦。否則有錢無市。坐待餓斃而已。又該縣之八都湖新築堤埂。於五月十九夜被水冲缺數丈。全湖田廬。均被淹沒。雖該湖所屬新墾荒地未熟者甚多。而數載集股勤勞。一旦化爲烏有。兼之各戶蕩析離居。哀號之聲。有不忍聞聽之概。懷甯縣石牌鎮下六里之許家畈。近因霪雨連綿。狂風排浪。水漲丈餘。六月十六夜。同樂圩又冲潰。水勢甚大。頃刻之間。竟成澤國。傷哉凶年頻仍。民難堪命矣。桐城縣所屬各小圩。因潮水漱盪。破壞不可勝計。乃聞日前程家洲大圩。被潮水冲決。遂致一片汪洋。浸禾苗於水底。淹屋廬於澤中。數萬生靈。號泣旻天。莫知所措。當時情形。男婦老幼。奔避水災。惶迫萬分。或父恐失子。夫恐失妻。其慘惻情形。不可言狀。貴池縣屬揚子江之南岸。地勢低窪。每當江潮盛漲。輒遭淹沒。今年五月起。無日不大雨傾盆。山洪與江流匯合。故水勢日見增高。錢江口以下。瀕江數十里。洲地圩田之小麥菜子。正當收穫之際。猝遭水患。均付漂流。災民困苦難堪。猶望水勢漸退。補種早糧。以爲補牢之計。不意六月初十後。又復狂風暴雨。竟日不休。江水陡漲數尺。洲圩盡成澤國。卽有高崗之地。未遭水患。已受風災。難民蕩析流離。不堪言狀。近且城內亦水深數尺。低窪之處。竟可行舟。誠數十年未有之奇災也。南陵縣東北兩鄉。地勢低窪。日前霪雨連綿。山洪暴發。江潮倒灌。各圩。新築埂堤。極形危險。幸圩民挑土釘樁。不分晝夜。死力搶救。方無潰決之虞。惟圩水瀰漫。無從宣洩。淹沒田禾。十失其九。現仍一片汪洋。蓋已不能補種矣。蕪湖萬頃湖圩堤。近因大水。危險已極。該湖屯墾廠員稟報督辦關道憲。謂湖堤有兩處坍塌。業經督夫搶救等語。趙觀察聞之。親往該湖省勘。並諭該湖各公司總事。于兩日內。措墊銀元五百枚。送交該廠。以作購料防險之用款云。嗚呼。皖北去歲患旱。而皖南今歲又患水。何皖人不幸之至於此極也。

# 世界紀事

**英國保守黨之降服**　近日英國政黨。爲上院改革案一事。紛爭極烈。此案之起因由保守黨首領蘭斯鞱卿。於五月八日。提出於上院。至廿二日。第二讀會通過。該案之要點。謂英國上院之制。本由有爵者所組織而成。今欲廢之。定有爵者由互選而參列上院。由是勢不得不另據他之選舉法。及官選法而設一上院。方今英國上院中。有六百餘名之有爵者。若以互選而始得列席。且其互選額數。又限於百名。是無異剝奪貴族之權利。又百名之外。加入由官選與他之方法所選出之議員。則貴族之勢愈弱。此即該案之癥結也。此案既提出後。保守黨貴族中。有極力反對者。其意以爲向來英國上院。有世界最古之歷史。可以爲國家人民之保障。稱爲立法之府。今驟改革。又限制互選有爵之議員百名。是明明不認現今上院之組織。至其他各議員。由各選舉團體所選出。是又顯然輸入民主的分子於上院。不得不謂之爲承認自由黨攻擊上院之屈服條項。窺蘭斯鞱所以提出此案者。其意本欲對抗政府所提出之上院否認權限制案。（現英內閣爲自由黨）然挾此以爲戰術。一方面則愈以來自由黨之攻擊。易一方面。又不能回復保守黨之政畧。是其失策之尤者。何以故。以此改革案而欲對抗政府。既無何等之效力。徒以見上院之無能而已。近聞保守黨對於上院否認權案。經已降伏。政府大獲勝利。保守黨各機關報。除一二家外。業已盡舉降旗。則此後上院之否認權。將有所限制矣。（案否認權者、謂經下院議决後、而上院可以有否認之權、今既被限制、則上院之勢力愈弱、而大權遂獨集於下院、）

**法●領●事●被●捕●嫌●疑●之●解●釋●** 日前在摩洛哥西班牙之守備兵。在阿爾加梭城門。捕縛法國領事波阿些氏。沿途以銃相擬。使赴西班牙司令官之前。司令官見之。隨向領事道歉釋放。並由西班牙政府電謝法國領事。此事遂得以無事。

**德●國●之●對●法●要●求●** 據倫敦太晤士之推測。謂德國政府向法政府要求。讓與由阿非利加生握河至法領岡果國之內地。及海岸全部。又要求法國在岡果國之先買權。

**德●報●對●摩●之●言●論●** 德國殖民報宣言。摩洛哥交涉一事。德國並非反對法國暗償德人損失之議。不過法人此後之舉動。不得仍以領土視摩而已。至其管理權。則應由歐洲所公定。

英國對摩之預備　英國傳言摩洛哥事已漸見緊迫。且有德國正在徵集備兵四十萬之說。內閣在下議院開特別會議。法與兩使均往外務省。謁見外務大臣。欲探消息。

摩洛哥風雲之急迫　英人探聞法政府。乘法西兩國齟齬之際。暗發徵兵號令。大有備戰之勢。又調集海軍。分配各要塞。並分電各殖民地。令預備一切。聞德法磋商不協。係英人反對讓地與德國而起。現歐洲大陸各國甚震恐。汽船裝貨。咸保戰時受捕之險。市面亦極冷淡。據英國西方晨報所載。謂大西洋戰鬥艦巡洋艦第五隊。現已預備一切。至巡洋艦格魯馬底本應開赴那威。亦由海軍省調回。聞此舉動。實因摩洛哥問題發生而起。觀此則歐西戰雲。不久將紛集於北非海岸矣。

波斯前王之復起　波斯國前王。與少數從者。由裏海沿岸之阿斯特蘭栢上陸。達爾哥猛人。欲復立前王。因擁衛前王至爹希蘭。巴克查列兵者。忠於現政府者也。聞此消息。擬在爹希蘭與前王決一大戰。將以推其死灰復燃之勢云。

波斯政府征討前王　波斯國議會。對於此際。與政府以布告嚴重戒嚴令之全權。波斯誅伐隊。亦立刻出發。預備攻擊廢帝。該隊由五百名之巴克查列兵。及五百之新式騎兵隊。與他之若干義勇隊所組織而成。其進行之路。則對於前王之弟。所帶領軍隊之一方面而進發。

**阿爾巴尼阿之對抗土國**　門的內哥國。對於土耳其。雖有相互之契約。然至今尚以强橫之態度。援助阿爾巴尼阿。故目下阿爾巴尼阿人。對於土政府。若不容其獨立自治。則將舉國一致同叛土國。

**美加之互惠條約**　美國上院。特於陽歷七月廿二日。投票決議美加互惠條約。闔院議員對於該條約。並無何等修正之意見。業已一致通過矣。

**加拿大大火之慘狀**　加拿大北部翁達利阿州之新鑛山。現有極慘之火警。一時間爲疾風所煽。延燒至六十里。誠爲五十年所未有之慘害。無數之坑夫。逃出坑口避難。羣集於該州附近之荷甦班。因此之故。多溺於水中。聞溺死者有二百餘人。其他總計死數。則共約有四百人之譜。亦一時之鉅刼也。

叢錄

# 春冰室野乘

春冰

## 再紀李奉貞事

李五姑。字奉貞。豫之奇女子也。與李武愍公孟羣同鄉而非一家。前紀其事。謂爲武愍妹者誤也。咸豐丙辰春。武愍攻漢陽城。駐軍三山景。聞奉貞名。遣使奉厚幣往聘。以二月五日。偕兄恆本。率團勇百人至。居於仙姑山麓。武愍聞其至。偕副都統巴揚阿。與諸幕僚就其居。詢所學。奉貞男裝出見。軀甚瘠。面色微黃。而神采極清朗。論辨滔滔。皆易卦微言。武愍不諳易學。不能窮其說。幕客滇南方玉潤頗治陳邵二家言。令與極論。奉貞益罄所蘊。方謂其所學尙非陳邵正宗。殆仙道家所謂涵養祖炁之說耳。武愍急於克城。亟欲一試。奉貞辭以養未定。不可遽用。既而擇吉日。令軍士先攻城。而已則獨坐靜室中。謂能以法力庇護之。且戒軍中莫見紅黃色。見則術不應。十二日。武愍躬率大隊出。士卒數萬人。心目中莫不有一奇女子在。勇氣遂百倍。而死傷者愈衆。城終不能下。衆於是復譁然笑。以爲虛妄。奉貞聞之。媿且憤。令其兄請劍益兵。願自試。不效甘具軍令狀。次夜將半。月色昏黃。風霧慘澹。奉貞率所部。騎白馬。先衆而馳。武愍慮其輕敵致敗。尙令方君往止之。奉貞弗聽。竟抵漢陽西門橋下。且令卒牽戰馬還營。示無生還意。而後隊觀望不前。屢促終弗至。比黎明。賊見奉貞兵勢孤弱。且無後繼。突出數百人襲其後。奉貞直前格鬥。手刃數十賊。而左右已鳥獸散。唯其表姪牛呈祥一人在側。心知不免。遂揮劍自刎而死。呈祥奪其尸不得。乃遁歸。其兄大慟。武愍亦悔之。然無及矣。奉貞初至營。方君詢其所長。謂能布八卦陳。令入者不得出。而欲入者亦不得入。乃小試之。以石子爲陳。置鼠其中。以猫踞其外。鼠縱橫馳突。訖不得出。猫在外眈視環走。亦竟不能入也。其觀星象。測風雲。言休咎。亦無不奇中者。賊初犯武昌。奉貞家去鄂千里。謂城必陷。已而果然。人始異之。當時大帥。如楊慰農。霈綿亦泉口諸公。皆脩幣聘禮。均不肯就。以爲時尙未至。既忽幡然改曰。吾究待何時。始成功乎。卽以聘吾之時爲時可也。遂應武愍召。其妹七姑。亦有異術。與母共勸止。奉貞竟不聽。母乃戒曰。兒所學雖可救世究一弱女子耳。勿徒勇也。奉貞既死。或訪其遺學於恆本。恆本魯。莫能言所以。但云女生而墮地不哭。年十二三。即洞曉天文。不竢教也。嘗聽叔伯中通易理者爲誦其文。奉貞入耳卽會於心。由是因雲五色。配卦方位。亦自有驗。其他學術。率多類是。蓋夙慧非人力也。奉貞死時年三十一。猶未字云。

同時又有江夏某妓者。失其名。與鄂藩戚劉某有舊。咸豐壬子冬。賊圍武昌急。妓見劉。問守禦狀。劉具以告。妓頓足曰。若是危矣。劉請其故。妓曰。武昌主客諸軍。唯滇軍朴勇善戰。文昌門濱江。地最重要。當以滇軍守之。庶可禦賊。今置勁旅散地。而以省標羸卒。當此重任。士卒各有室家之念。而無殺敵致果之心。軍心已動。欲城之不危也得乎。妾志決矣。君將安出。曰。遁耳。妓默然良久。仰天歎曰。妾雖靑樓女。義不受黃巾赤眉辱。豈肯效爾曹無良男子。苟且偸生。爲天下後世笑耶。因慷慨流涕。爲自處計。越二日。城果陷。妓促劉遁。且詒以金。曰。去。諸妾將死。遲則恐無死處。且將爲君累也。劉倉皇走出。爲賊所得。竊意句欄中人。詎肯死難。不過徒作大言而已。數日後。賊防守少怠。乃乘閒潛詣妓處。則姊妹相對縊梁間矣。始大痛。

## 錢東平遺詩

前己載錢江與雷以誠事。今復得其遺詩十餘首。皆奡兀縱橫。奇氣坌涌。豪士之詩。非詩人詩也。其嶺南春日述懷八首云。篋有殘書未是貧。黃金揮盡見天眞。模糊歸夢渾疑醉。牢落閒愁忍對春。慘被妖氛悲故里。釀成刦運歎庸臣。旅居更有傷心事。麥飯曾無薦兩親。典盡寒衣又一回。無聊心緒强徘徊。絕糧幾日僕求去。痛飲連宵客自來。夜雨有聲隨枕至。小桃無主隔墻開。自憐傲骨偏淸瘦。遙憶孤山月下梅。幾番長揖入軍中。談虎聲低恨未窮。痛哭何人知賈誼。上書今日作陳東。養成正氣留河嶽。振起雄心問斗虹。只爲憂時終受謗。高懷空自憶精忠。軍書絡繹五羊城。風候炎方氣早更。地暖柳先舒媚眼。春寒蚊已作繁聲。虛堂淸磬聞禪語。寺古殘燈照佛情。讀聖賢書學何事。而今始識大光明。漂零嶺海又經年。一檄招尤志益堅。大義特明元日日。閒愁多付夕陽天。春因亂後花無色。詩到窮時句欲顚。積憤塡胸悲不語。五更雞唱淚潸然。獨倚靑萍陋杞憂。談兵紙上豈空謀。誰開關鑰延强敵。欲鑄神姦首故侯。機已失時惟扼腕。才無用處且埋頭。東風何事吹桃李。爭與梅花妒似仇。立步終須秉至誠。談何容易與人爭。璞經匠斲眞纔見。水遇灘夷色更淸。閒理殘書鍊奇氣。新偎爨玉避狂名。心田自有元丹在。不逐凡苗見雨生。靑史頻繙作鑒觀。小樓春雨入宵寒。文華東撫倭猶獗。諸葛南征蜀始安。臥榻豈容方是計。衣袽不戒實堪歎。君門何日籌韓岳。早爲蒼生築將壇。丁未秋日伊江雜感云。大荒落日旆悠悠。獨坐穹廬動九愁。一曲關山千里月。五更風雨萬家秋。窮邊羈旅悲蘇武。市井功名哭馬周。却憶故園金粉地。蒼茫荊棘滿南州。城南風景似江鄉。盡日臨流送晚涼。芳草有情依岸綠。夕陽無語對人黃。佳人路隔一衣水。遷客愁添兩鬢霜。極目平蕪感寒意。蒹葭露白已蒼蒼。伊人不見路迢迢。萬里雲迷葉漸凋。明月一庭蟲唧唧。悲風四野馬蕭蕭。羽儀空際翔黃鵠。皮貌人間重卓貂。檢點寒衣殘篋冷。淸宵半逐夢魂銷。鼓角聲嚴夜色闌。獨瞻星斗憶長安。似聞銀甲空中洗。猶任瓊樓高處寒。西顧何人招鼠竊。東憂當路竟蛇蟠。傷心多少悲秋興。付與漁翁一釣竿。伊犂河水繞孤城。直送黃流接帝京。天馬奇材呈御廐。胡笳新曲雜邊聲。九霄露泚團花帳。萬騎風高細柳營。寄語守邊諸將帥。承平武備要脩明。桑麻雞犬萬人家。誰識秋情惑歲華。夜氣冷藏三尺劍。邊愁寒入半籬花。雲開雁路天中見。木脫鴉聲日暮譁。幾度登樓王粲恨。依劉心事落清笳。秋風賓客信陵門。臨別侯生始贈言。搖落自傷枯樹賦。風流誰問浣花郵。身如孤鳥心偏壯。名藉流人品更尊。賴有庭前殘菊在。餉嘗霜露伴羈魂。餘生猶幸寄書庵。自顧深知七不堪。蘆雁歸音同塞北。蓴鱸鄉思到江南。雖無馬角三更夢。已有猪肝一片貪。且染秋豪濕濃露。手編野史作清談。辛亥閏八月秋中雜感云。一年兩度過中秋。月照天街色更幽。天象有星皆北拱。人情如水竟東流。賈生痛哭非無策。屈子行吟盡是憂。匏繫長安增馬齒。等閑又白少年頭。荊棘茫茫寄此身。生還萬里轉傷神。鄉關路隔家何在。兄弟音疏夢自親。捫蝨漫談天下事。臥龍誰是草廬人。西山爽氣秋高處。縱目蒼涼感路塵。山中黃葉已蕭森。招隱頻年負客心。北海酒樽誰款洽。南華經卷獨追尋。乾坤象緯時時見。江海波濤處處深。莫怪東鄰老杜甫。挑燈昨夜發哀吟。傳來羽檄太倉皇。五嶺烽烟接大荒。唐代將才思李郭。漢家循吏孰龔黃。似聞盜賊皆圍困。惟見官軍多死亡。歎息斷藤蠻峽固。陽明戡蹟付斜陽。瓠子歌成起暮哀。防秋驚報大堤開。龍蛇勢奪民田去。鴻鴈聲從澤國來。轉漕已迷分水路。司農難計有源財。堯廷憂戚知誰慰。懷古空思神禹才。草野猶懷報國忠。回思往事哭秋風。汪黃有意成和議。韓岳焉能立戰功。滄海風波沈草檄。關山霜雪轉飛蓬。匆匆過眼皆陳迹。黜陟今番見　聖聰。（按此指咸豐初穆彰阿罷相事、）交游貧賤日相疏。門外猶來長者車。韓信尙爲胯下客。蘇秦自檢篋中書。扶搖漫動風雲思。蕭洒何妨木石居。衣冷莫愁霜信近。會心不遠識盈虛。霜冷雲開起日華。九霄飄落桂林花。光陰迭代人如昨。節候循環歲不差。酒國但聞躭麴蘗。詩情空自落蒹葭。洗兵欲借天河水。重汎張騫八月查。東平初游幕嶺南。値鴉片戰事起。東平募勇力戰。頗有功。大府主和而君不從。因中以他事。戍伊犂。林文忠奇其才。賜環時乃與偕歸。故有伊江秋感諸詩。

## 隆中武侯祠題聯

楊慰農制軍霈之總制兩湖也。以陽湖張仲遠觀察曜孫爲營務處。軍敗。鐫職。僑居襄陽。嘗偕遊隆中武侯祠。各題一聯以見志。楊云。誰謂將畧非其所長。當時予智矜才。終遜此一生謹愼。可惜天心未曾厭亂。千古知人論世。豈徒傳兩表文章。張云。行藏以道。出處因時。使無三顧頻煩。亦與水鏡鹿門。甘心肥遯。成敗論人。古今同慨。似此全才難得。尙有子由承祚。刻意譏評。兩聯皆能各寓己意。

## 何文貞死事異聞

滇南何文貞公桂珍。以革職道員。被戕於李世忠之手。李次青先正事畧。敘其事甚詳。以爲大節炳然。無慚顏魯公之於李希烈。然余曾聞諸一皖人。當時目擊其事者。則謂文貞實有自取之道。非魯公之抗賊完節者可比也。方世忠之投誠也。衆知其詐。唯文貞不疑。開誠以待。既而世忠異志漸露。復欲除之。而未能決。乃商諸皖撫福濟。又機事不密。其函竟爲世忠所得。世忠卽設筵。招衆委員。飲于英山城外。而己則懷書挾刃入城。見文貞。厲聲詰責。文貞甫力辨。而身首已斷爲二矣。世忠既殺文貞。懸其首于樹。以銃箭轟擊。落水中。衆皆驚散。文貞爲唐確愼弟子。以道學名。而性頗迂執。非軍旅才。其跋學案小識後云。自姚江出而道乃大亂。其害不啻洪水猛獸。非得吾師以廓淸之。則人道幾乎熄矣。嘻、是何言歟。

# 文苑

## 癭公屬題花之寺吟卷

昀谷

七年不到花之寺，羅子無花有僧意。心識花朝花未開，僧房且共群賢醉。群賢與我久交期，稍恨康成識面遲。（太夷）此際應思海南客，相逢重讀卷中詩。詩人大抵窮相似，絕代南城能好士。一去空悲鵩詠荒，昔游轉念秦王地。（幼衡病山）亂後逢春不算春，世尊能說去來因。可憐九陌無佳思，惟有西山是故人。盡日西山應憶我，歲寒應買珠江舸。一笻我正上西樵，四印齋中留佛火。南北山光一樣青，老來禁得幾漂苓。夢中濺頂三秋月，刼外燉煌一卷經。燕市重來共杯酒，獨怪癭庵於我厚。椎髻蓬頭共隱淪，讀畫談詩數耆舊。桃源世外賸朱霞，古寺清泉稱一家。勸君且共彌陀宿，展卷愁看韋曲花。

## 胡漱唐侍御匡廬歸隱圖

前人

海南有客春未歸，胡君七別辭京師。我返京師與君左，癭庵畫滿廬山詩。雞聲夜半驚琨逖，起視寥天星歷歷。妄想澄清或有期，如君骯髒寧非激。骯髒如君自古人，直辭雄

文苑 二

畧動如神幼安北海疑無地孺子南州幸有鄰（君近建新昌三先生祠于東湖東岸）餞別春程班道左是時我正西樵臥飛卿有興恣登臨（毅夫）閱道重逢更窮餓（香宋）君去新昌荷芰開老親稚子共徘徊偶乘殘醉看棋局忍望長安話刼灰刼後漂苓眞不悔都中却喜殘書在可憐朝士漫相猜長愧山靈能久待朝暮何心問衆狙千生盟誓證毘盧年來喜得沅湘舊（予與楚南方叔章雷道衡有結鄰之約）天半朱霞好結廬朱霞大有匡廬意花藥石泉淨初地西山二隱有移文（明陳石莊欲刻施槃與陳嵩明詩爲西山二隱集）日夕期君抱書至

## 崇傚寺呈蟄公

瘦公

花遲春已歸人去長安遠（瘦唐山腴毅夫皆南歸）言尋湖民約寂寞棗花苑去年此送春京兆同繾綣酌酒牡丹前紅玉蔭珠憶茲來正蓓蕾一白丁香燦榮落各有時遲暮觴足歎無計挽鄭谷（太夷將行）翻喜花開晚杏松舊吟卷亂後杏難返悵憶康雍朝諸老留題滿昔我游盤山天成待僧飯循廊得君詩和韵壁急浣（中盤天成寺見蟄公題壁詩和韵題後）青溝存廢址朴師法乳斷茲刹師所營墨蹟今未損（聖祖幸青溝禪院命僧智朴書聯今懸寺壁）所惜來青閣蕪穢作馬圈阮亭所植樹誰更問枯苑（來青閣下阮亭手植丁香今存者恐非初植）西山遙送青落日歸轡緩還待國香酣芳尊期再款

天甯寺賦呈石遺叟　前人

春游半城西寺古是隋代。天甯以塔傳。鈴語合詩派。明爲內道場。天花散金界。老栝今。十尋。佛亦四丈殺。昨來牡丹下。妍蕚恣萬態。人事。胡可料。風起。紅妝退。頹垣臥蕪碑。字漸苔痕壞。石遺雖作達。不飲能無慨。客春。君主社。亦作。天甯會。還幽不厭數。夕靄。西山背。東京。夢華。錄。隨流。感。成。敗。明年。各。在京。出郭。游。可再。所嗟。鄭。監。別。一棹。吳淞。外。太夷南歸故人。如晨星。古刹。惟佛在。且歸。秀野堂。引滿。聊一快

僧房小酌　堯生

去年今日在成都。方伯池邊月上初。酒半各深衰白感。山川。還。拂。點。蒼圖。一春。如。夢。空。京。國。四海。何人。是酒徒。誰分故交謀此會。落花芳草話僧居。

人日約鐵華師重同楊太守胡侍御集江叔老宅郊遊　前人

古寺。春風。聽曉鶯。草堂。無雪記花晴。宦情。經歲。高常侍。詩思。歸人。薛道衡。久客。只。堪。延。野。趣。故園。今。已。賦。春耕。尋君共訪江家宅。人日騎驢出鳳城。

出平則門經西直門外　前人

文苑

四

北地春河未化冰。玉光晴照樹層層。聯車出郭人如雁。古殿無花客似僧。風起羣鴉飛。野陌村粧遊女市。春燈美人眉意濃于黛。遙喚西山睡欲醒。

之言。無限閃爍。此心終覺未安。思更一探其家事。乃婉曲其詞曰。吾知答坡氏亦甚贊成此事。不然。徒令子不安其生。彼豈能對其亡友。蓋彼與而家數十年往還。自必子亡父之友也。其不然乎。德理斯曰。吾亦不能知底蘊。不知果爲吾父故交否也。曰。倘非而父故交。又何能與而母親洽如是耶。曰。吾未念及此。故未常以此問阿母。吾亦昨宵始見答坡氏。前此未嘗聞其人也。曰。子向未嘗見答坡氏。固無足怪。以彼去國十餘年也。惟而母向未語及其人。此則殊可異者。曰。吾母或曾語及之。惟吾更無能細記其有無矣。曰。子之亡父何如。子當必能記其彷彿。其然乎。曰。否。吾年僅四歲。父已見背。惟依稀記有一上流人士。曾與吾曹共處。彼常吻親吾。其身量殊倜長。鬚髯修美。彷彿如子也。曰。彼時華都娘子。是否常在家中耶。曰。然。此宅固吾人所買者。吾生長於斯。未嘗他適。吾更有一英國乳母。後乃返其國。倔突兒則自吾父卒後。乃來與吾人共處。吾父既無遺貲。吾母乃不能不受雇於人。以自求生活。自是之後。吾乃獨與倔突兒處。承其調護。吾之薄有所知。皆彼所教導者也。曰。子之父當日亦營業於商塲中者耶。曰。吾不知。阿母未嘗告我也。君倘欲知之。吾母當能爲君告。晏陀釐更不能多問。且亦自悔多所窮詰。致此無知之女子。艱於對答。德理斯見晏陀蘿不復問。亦更不多語。其心惟切於見母。更不暇與晏陀蘿作長談也。久之。忽又謂晏陀蘿曰。吾覺此馬若不肯前者。晏陀蘿曰。今日不巧。適值來復之辰。車馬塞道。故不能疾馳。然亦不久可至矣。曰。彼宅院一何遙遠耶。曰。由植物園往巴黎繁鬧處故當道遠也。曰。可恨哉。此廣大之巴黎乎。恐吾母經若干年之往來。吾尚未覓得之也。爾後吾斷不肯須臾離吾母。倘醫者不許母離彼家。吾直隨伴之以待其痊可矣。曰。殆不須如此。而母縱折臂。亦不至於不能行步。一經外科醫者之調理。尚可移動。吾人到彼宅時。醫者之施行手術。當已事畢矣。曰。吁。請母語及手術。吾聞此語。已不寒而慄矣。於是更進行良久。則見車馬向斜坡而上。其間道路。爲晏陀蘿所未識者。至坡上。又爲長道。晏陀蘿審視路隅街衢名。知即來書所指之處。謂德理斯曰。今將至矣。數計家門之第次。知彼宅當不遠可到也。德理斯似不聞其語者。彼亦已見街衢名。知指顧可至。心之急迫愈甚。惟念其母。更不遑他顧。俄而車至一閈閎。遂止。晏陀蘿挽德理斯下車。則見閈閎之內。乃一窮巷夾巷。院宇類皆精巧。有倣瑞士式。而以木造之者。有效英吉利式。而以甎造之者。此外更有以石建築者。莫不門庭高敞。兼有閑廏。晏陀釐見果至其處。知來書之言非僞。更不懷疑。復手來書視之曰。其宅在右方。再歷數家即是也。曰。可也。請與我俱進。遂直入至一家門。晏陀釐振其呼鈴。則有一侍女出應。其人頗具精明乖覺氣象。晏陀釐語之曰。此小娘今來視華都氏娘子。乞傳語也。侍女熟視二人。憮然應曰。華都氏娘子耶。吾不知其人也。德理斯曰。彼今在此專望我來者。曰。是何言歟。實不在吾家。吾亦未聞鄰近中有是人。此間對宇第十家。庸或有之。盍一問之。晏陀釐不禁大訝。忽念來書之言。非謂尋問華都娘子。乃先問其宅之主婦。或者須先見其宅之主人。然後由彼引見華都娘子耶。遂復謂侍女曰。恕余冒昧。吾本當先請見此宅之主婦。今幸煩通告。曰。此宅固吾主婦所居。無待言者。是本吾主婦之物。然今方求售。君等得毋欲購之乎。曰。否。此小娘求見爾主婦。欲謝之耳。曰。吾家娘子罔不在室。謝之何爲。曰。以其加惠於華都氏娘子故耳。曰。請毋更道華都娘子。吾已相告。謂不識其人矣。曰。彼從碧士路圖黎爾君之商肆持帳來此宅中何云不識耶。曰。是非衣飾肆耶。吾家娘子從未與之交易。君等誤矣。且試一問第十家。彼家蕩婦。或有圖黎爾之帳目。亦不可知。而斷非此宅。吾家娘子。購物皆求現不賒。必無討帳者也。晏陀鼇不禁赧顏。此侍女不第措詞狎易。更於少女之前語及蕩婦。一何無禮可恨。至此更不能耐矣。乃謂之曰。吾等承他人函告。明指此宅。豈能有誤。其函謂華都娘子因持帳來。從扶梯下墜。已折其臂。彼既不能移動。固當仍在宅中。此書卽小娘適間收得者。子其視之。侍女略一睇視。急呼曰。咄咄怪哉。此必有以詭計愚弄子兩人者。吾家非留醫之病院。何從有人墜樓求醫。何處奸賊。妄用吾家娘子名字。以愚弄子等。吾欲究問之也。晏陀鼇覩其狀。知非故爲拒絕者。乃愈益驚疑。德理斯知來書之言非實。其母並未於宅此中險遘意外。心稍寧貼。然念此書既爲奸人詭計。其母究未知何似。恐此中更有陷阱。遂愈益懸念。乃謂侍女曰。此事倘果僞託。以愚弄吾人。可云太無人心。蓋吾卽華都娘子之女也。侍女似有所感動。應曰。小娘幸見恕。吾實不知子等爲人愚弄。不然。吾頃間之應對。尙不至如是也。今小娘必欲一見吾家娘子者。然吾頃間所言。亦自非虛。吾家今日並無意外事也。娘子昨赴鄉郊去。本謂明朝始歸。今偶得一書。別有事故。故先期而返。歸來蓋未久耳。晏陀鼇急曰。然則而主婦今在家矣。請爲通告。謂吾亟欲一見之可乎。侍女曰。恐亦無濟於事。娘子惟待其友來。他人皆不接見。吾早奉有命令。曰。彼必能加惠此小娘。勉賜一見。而主婦之名。旣爲奸人誣揑。彼亦當願究其事之根由。倘必不肯見。則請轉告而主翁。乞賜一見可乎。曰。此宅更無主翁。娘子固未嫁者也。侍女語此。眉眼間大有含蓄未伸之狀。晏陀釐始恍然知來書囑德理斯往訪之婦人。不過一汚賤之輩。以一良家好女子。而導之與敗行之婦人作緣。爲此書者。固絕不懷好意者也。於是決欲一究其底蘊。謂侍女曰。請以吾名刺致而主婦。並煩通告。謂彼今日倘不能相見。明日此時。吾當再來請見耳。侍女曰。吾自當如命。吾惟望娘子接見君等。以吾已知小娘懸憂甚也。吾家娘子倘能爲力。必願相助。彼固甚有慈悲之心者。即吾亦如是也。世間乃有如此僉人。妄告人家女兒。謂其母墜而折臂者。若以吾當此。必當搜得此寄書人。令彼荼毒盡嘗。庶足酬其勞勩也。晏陀釐更不暇聽此狎褻語。惟搜其日記以覓名刺。此宅門前爲花園。三人方立其中。上有露臺。向外伸出。中多奇花異卉。忽聞露臺上有傾倒瓶盂之聲。德理斯與侍女皆不覺仰首。侍女呼曰。此即吾主婦也。德理斯一見。驚喜交集。呼曰。阿母在彼。嘻。吾固知母必在此宅中也。母固未受損傷。吾何樂如之。語未竟。聞露臺上亦有驚惶之聲。其中之人。急轉身欲入。然德理斯已認識之。呼母之聲不絕。其人更無可退避。時晏陀鼇亦已見之。對之鞠躬作禮。顧謂侍女曰。子何相誑。吾人所欲尋覓之娘子。正在而主婦家中。何云無有耶。侍女驚曰。惡。是何言。此正吾家主婦也。彼必知有人來訪。而怪吾久不謝客使去。故出而覘之耳。曰。子其失心矣。曰。長者。吾非失心。君自病狂耳。今煩君惠我立即退出可乎。德理斯惟高呼曰。阿母。幸下樓來。彼不許吾人入室也。婀娜無法。顫聲呼曰。舍列底汝其啓戶。肅客入小廳事中。晏陀鼇至此已領會此中情實。不覺面若死灰。而德理斯則猶茫未有知。彼今次之見母。有如隔世重逢。驚喜至於發狂。耳目心思。悉注於其母之身。他人之語。皆若不聞者。侍女見此光景。又聞主婦命肅客入。亦大錯愕。熟視德理斯狀貌。似稍有解悟者。乃向客謝過。且延二人入廳事。晏陀鼇惟垂首喪氣而入。德理斯則欣喜無限也。既入室。見其中陳設器物。罔不精麗異常。幾非尋常小康家之所能及。侍女延客入座。便自退去。德理斯曰。此卽來書所云陸麗娘子之家。觀其室中盛麗如是。必甚殷富者。彼與阿母不過行道之人。而能優待之如是。吾實不知所謝。晏陀鼇殊難回答。惟模棱應曰。而母未嘗受傷也。德理斯漫不之省。復曰。阿母雖遘意外。幸未大損傷。猶可行動自如。而此室之主人。能聽阿母優游養息於其家。吾亦感其德也。嗟乎。德理斯之冥然罔覺。乃一至於是。夫事勢至此。已算打破悶葫蘆。即至頑鈍人。亦當知陸麗氏之妠娜。即彼華都氏之娘子。無如此深閨女子。未諳世故。且當狂喜之餘。惟念念阿母。遂至適纔侍女之言。明明指出。而亦聞如不聞。終無所覺。故仍謂室中別有主人。而其母來此。不過作客已也。晏陀釐則已瞭然於心。念妠娜之眞相實乃如此。今一旦見其底蘊。乃大憂苦。德理斯又曰。此家之主人。當必與阿母俱出見吾。吾將傾心謝之。此刻阿母必先往告彼。故許久猶未下樓來也。晏陀釐見其未悟。又不敢明告之。惟有默默。女又驚呼曰。噫嘻。阿母乃有肖像在此耶。晏陀釐視之。果見壁間有肖像一巨幅。畫中人所服爲舞蹈之麗服。頸項鬢髮與夫釵鐶。皆嵌金剛石爲飾。衣服亦然。雖王公命婦。無此炫麗。畫爲名師手筆。署有款誌。此雖十年前之畫像。而妠娜之爲人。固與世間一種婦人同。其顏色殊不易衰老者。以故一見可認。德理斯已趨前審視之。復曰。吾未嘗見阿母妝飾如許富麗。是殆假之商肆中者耶。雖然。陸麗娘子何爲留存之。阿母肖像。固當使我得保有之者也。晏陀釐悽然。惟漫應之曰。吾不知之。曰。吾無取乎苦事猜測此中玄奥。阿母將爲我解釋之。阿母今下樓。吾聞其步履聲矣。則見戶間障紗已啓。娉娜入至廳中。其女急起。手抱母項吻之至於無算。然後引其母至暖爐間坐焉。晏陀鼇亦坐。跼蹐如不自容。惟俯其首。德理斯曰。阿母面色何靑黃不定。得毋以墜樓之故耶。母必受驚甚矣。娉娜驚曰。墜樓耶。何謂也。曰。頃得圖黎爾商肆之女工長來書。謂阿母在陸麗娘子家。從梯上墜下。且謂母已折其臂也。娉娜駭然瞠目視晏陀鼇。晏陀鼇惟俯首垂視。娉娜顫聲謂之曰。君能以此事之根由見告否。吾切欲知之也。晏陀鼇亦欲此事明晰。乃應之曰。吾先乞娘子鑒原。吾之來此。實非預料之事。承娘子厚惠許吾再得登堂。故今日特往意大利康衢奉訪。而道經植物園。乃適與小娘相値焉。娉娜注視之曰。吾女獨在彼耶。德理斯急應曰。自母出後。倔突兒與吾同往植物園中。吾因母他往。鬱鬱不樂。故聽倔突兒獨坐操女紅。吾自往視圈中麑麌。方飼以餌。忽値晏陀鼇君來。吾正與之語。一廝僮突將書來與吾。謂是圖黎爾商肆之女工長所致者。娉娜復謂晏陀鼇曰。請君畢其詞。晏陀鼇曰。其書云娘子持帳至一顧客之家。忽罹危險。急欲與女公子一見。德理斯又接語曰。吾急欲見母。恐倔突兒多所阻難。遂不之告。惟乞

商務印書館發行

第三年

月出一冊
售洋一角

# 教育雜誌

全年一元郵
費每冊二分

本雜誌開辦已及三年辱承　教育界不棄銷數日增足徵吾國教育之進步今年改定體例力趨實際列目如下期副　閱者雅意於萬一

◉一圖畫　◉四實驗　◉七修養　◉十記事　◉十三答問

◉二言論　◉五教材　◉八調查　◉十一雜纂　◉十四名著

◉三學術　◉六史傳　◉九法令　◉十二文藝　◉十五附錄

## 今年本雜誌之特色

新添修養一門專述關於修德習學衛生立身等事一也▲側重實際二也▲張菊生參議環遊世界客臘返國允將關於教育之心得及各種圖片交本社刊行頗多吾人所未聞見者三也▲記事門分大事記及學事一束二部極便檢閱四也▲本年遇閏另出臨時增刊一冊名爲世界教育狀況（洋裝三百餘頁插圖十餘幅定價一元定閱本雜誌者減收五角郵費一角）足爲各省辦學者之指南五也

## 今年第六期之特色

▲（圖畫）甯波慈北農業學堂飼蠶室攝影○又蠶簇攝影○上海幼稚生大會攝影○長沙周氏女塾縫紉專科畢業攝影▲（言論）論校風○論今日之教育行政▲（實驗）暑假中家庭理科實驗▲（修養）暑假中教育家之修養▲（調查）英國之鄉村教育○法國高等教育會議制○法國高等教育會議之現制○意大利公共教育會議制○附兩江師範學堂辨正報告書▲（法令）學部奏設立中央教育會擬具章程摺○學部奏遵章酌擬中央教育會議規則摺▲（記事）大事記○學事一束▲（雜纂）教育學說談○拳藝沿革概要○理想的學校公園○參觀錦堂學校記述○暑假中家庭對於兒童之義務▲（文藝）教育小說埋石棄石記▲（答問）四則▲（附錄）各省教育總會聯合會議決案

辛亥改良 東方雜誌 第八卷第四號

# 目次

月出一冊每冊三角 第一號售大洋一角 預定半年大洋一元六角 全年三元郵費每冊六分



## 插圖

# 求闕齋日記類鈔

此編從曾文正**手書日記**分類鈔錄上卷曰問學曰省克曰治道曰軍謀曰倫理下卷曰文藝曰鑒賞曰品藻曰頤養曰遊覽凡分十類皆**讀書養氣閱歷有得**之言足以津逮後學學者手此一編如聽**名師**之講論大之爲**成德達材**之助小之爲**論文談藝**之資獲益誠不少也每部大洋五角

**上海福州路廣智書局印行**

# 廣智書局書目

| | |
|---|---|
| 飲冰室政治論集第一輯 | 五角 |
| 飲冰室理財論集第一輯 | 五角 |
| 孫仲益 內簡尺牘 | 六角 |
| 山谷老人刀筆 一名山谷尺牘 | 六角 |
| 王丹麓 今世說 | 三角五分 |
| 王夢樓 快雨堂題跋 | 四角 |
| 張黑女碑 | 七角五分 |
| 王右軍聖教序北宋搨本 | 八角 |
| 李璧碑 | 四角 |
| 梅聖俞宛陵集 | 六元 |
| 陳伯嚴散原精舍詩集 | 八角 |
| 吳趼人 趼廛筆記 | 二角 |
| 偵探小說 一百十三案 | 一元 |
| 偵探小說 薛蕙霞 | 三角 |
| 科學小說 尸光記 | 三角 |
| 影宋本花間集 | 一元 |
| 漱玉詞 斷腸詞 合刻 | 五角 |
| 影宋本陶淵明集 | 六角 |
| 夢窗詞 | 六角 |
| 草窗詞 | 五角 |
| 彊邨詞 | 四角 |
| 彊邨詞前別集 | 三角 |
| 冷紅詞 | 四角 |
| 比竹餘音 | 四角 |

# 三希堂化度寺碑

定價大洋八角

歐書諸碑以化度寺最爲難得此碑原爲唐搨卷首有　高宗御題**墨苑至寶**四字又於卷末題曰蘭亭行書二百二十八字耳此碑楷書己備三百字深得　**鍾王妙諦**　其推重可謂至矣而夾行之中每字之下題識尙多至可寶貴原本今藏盛宮保家聞庚子亂後以重金購得者茲從友人處借得影本用珂羅版影印與原本不差毫髮誠臨池家之雄寶也用作學堂習字帖尤爲第一善本

**寄售處上海廣智書局**

二十世紀大著作名家童君愛樓實驗自來血保証書

明州童君愛樓著作等身生平擅長詩文書畫小說戲曲等一切撰作大江南北久噪文名歷在本埠各譯局各報館秉筆多年海內文學界中莫不知有此君其爲文莊諧並作獨闢町畦實爲近今二十世紀著作家中有數人物因其朝夜著作操勞過甚以致心血大衰精神困憊時患喘咳百藥無功今讀其來書能知其服本藥房自來血後其病如失精神倍增仍能深宵著述不知勞倦深讚本藥房自來血有起衰扶弱之功今特將其惠書照登於下藉見自來血大有功於人之以思慮致疾云云〇五洲大藥房主人雅鑒今啓者鄙人向以筆墨餬口歷在廣學會山西大學堂譯書院萬國商業月報館字林滬報娛閒日報文娛報鶴鳴報春申諸處辦事多年自顧不文著書至數百萬言一人精神有限終日埋頭窗下覺成了肺喘之症近更書寫稍久神志易昏不能如舊時深宵著述莫知苦辛鄙人亦稍諳醫理念小恙之來多由心血暗耗致陽氣飛越成神衰咳喘痰多內熱之症服多方均不見效後自去秋八月間服貴藥房自來血後不覺喘平痰少仍得耐勞蓋由補血而得能若此也心感之餘爲作此書聊伸謝悃并告學界諸君之抱有同病者即頌財安 厲本埠大馬路德仁里六弄志强學堂內童隱頓

海內諸公如蒙惠購請認明全球老牌商標每瓶內加附五彩認眞券一張值洋一角保證書一本方不致誤 小瓶一元二角每打十二元 大瓶弍元每打二十元 託局函購原班回件

總發行所上海四馬路老巡捕房對面五洲大葯房抄登

辦理船政支應處委員五品銜福建候補知縣賴永福大令服自來血

# 得補腦筋兼治遺精之實效

五洲大藥房總發行所主人鑒鄙人前在船政文案兼發審差次患痔甚劇兼有遺精之症四肢乏力平日行動不便坐臥不安如是經年幾有支持不得之勢醫者皆稱爲先天不足或思慮過傷所致鄙人雖信其言無如百方調治服補不下數十劑毫不見効深知勞神若不早圖卸肩得以靜息一時於賤軀實有關礙去歲春正欲稟請委代忽蒙 松鶴帥調辦支應處箚以奉諭諄諄不得不仰體 憲意竭力從公惟該處出入款目頗鉅而往來公牘又繁鄙人責有專司凡事無巨細靡不悉心經理以致精神日益疲敝不特舊症未除而左鼻孔每日子午兩時常流濃水臭不可當人皆稱之爲鼻淵實由腦筋過傷之故其時約在客秋九月也得症以後夜不能眠飲食頓減雖曾購服各國馳名補品時而稍愈時而復發心甚憂之幸於本年春間閱報始悉 貴藥房存心濟世所售人造自來血服者口碑載道其功効無比遂即專差晉省赴南街豐斗山紙坊由 貴號分局購得兩小瓶服之果驗精神較健於前嗣後復由敝友程光明太尊處讓來半打服未完而諸症業從消除迄無復發噫此種妙品謂之全球第一靈驗丹誠不愧矣此功此德實皆出自 貴藥房之所賜也謹具數行聊以誌謝並乞登報是禱專此順頌 財安

自來血價目 大瓶二元 每打二十元 小瓶一元二角 每打十二元

託局函購原班回件凡各界諸君如蒙惠顧須認明全球老牌商標每瓶附有值洋一角之認眞券一張五彩保證書一本方是眞的

總發行所上海四馬路老巡捕房對門五洲大藥房抄登

韋廉士大醫生紅色補丸

中國各處藥局凡經售西藥者均有出售如疑假冒可逕向上海四川路八十四號韋廉士大醫生藥局中國總發行函購或向重慶白象街分行函購亦可價銀每一瓶大洋一元五角每六瓶八元遠近郵費在內

此係甘肅常備步隊第一標第三營軍官世襲恩騎尉李倬如君漢之玉照也右幅乃表明李君患胃病甚劇及四肢風濕時之情形左幅乃表明李君服韋廉士大醫生紅色補丸後胃病風濕皆得全愈身體康强時之氣象焉

KOUK FONG PO
No. 16
Issued on Tri-monthly

大清郵政局特准掛號認為新聞紙類
日本明治四十三年二月十三日第三種郵便物認可

# 國風報

每月三期逢壹日

宣統三年六月十一日

第貳年第拾陸期

Annual Subscription $ 6 50 each copy 25 cents.
Published by Hor Kwok Ching
385 Foochow Road
SHANGHAI, CHINA.

# 愛理士紅衣補丸

有協助戒烟之能力與戒後調養虛弱之神功承
嚴君靄庭惠來証書玉照

敬啓者僕爲煙癖所困已二十一年矣平時體質已非壯旺及上癮後更形瘦弱庚子年夏曾戒一次未幾因病吸回乃直至去春幸遇振華戒烟會伯偉君以新法戒烟始克將吾老癮戒脫然是時煙癮雖斷而筋骨與脊背之酸及心亂神疲甚如大病匪獨行動乏力且坐臥亦不甯連進參朮補劑終無大效適見時報登貴廠之愛理士紅衣補丸有調補血氣之功培養精神之力乃購到兩瓶試服數天竟神氣日漸其爽而骨酸心亂亦見減輕且眠食亦頗舒暢於是再購六瓶續服月餘迄將僕以前所苦者一律斷除且筋骨雄健大異往時是誠靈丹也夫洋烟最易削磨人身精血故久吸者必致形容枯槁神氣頹喪若不於戒前先事調補則戒後於身體更爲受虧矣僕親沾實驗感激焉敢不言爲此草泐寸函並賤照一張留登於諸報以揚仁風而告同患者焉專此奉候並請台安廣英界長畊里天泰成報關行嚴靄庭頓首

各埠藥房商店均有發售倘內地無從購買請函至上海四川路一百十七號韋廉士藥廠購辦即日回件郵費不加

# 國風報第二年第十六號目錄

宣統三年六月十一日出版

編輯兼發行者　何國楨

發行所　上海福州路　國風報館

印刷所　上海福州路　廣智書局

| 定價表 | | |
|---|---|---|
| 項目 | 報費 | |
| 全年三十四冊 | 六元五角 | 報費先惠閏月停刊 |
| 半年十七冊 | 三元五角 | |
| 零售每冊 | 二角五分 | |

| 郵費 | | | |
|---|---|---|---|
| 全年 | 一元 | 歐美每冊七分 | |
| 半年 | 五角 | | |
| 每冊 | 三分 | 日本每冊一分 | |

| 廣告價目表 | |
|---|---|
| 一面 | 十元 |
| 半面 | 六元 |

## 諭旨

五月十一日内閣奉　上諭此次引見之廷試游學畢業生進士江古懷何育杰鍾世銘劉冕執俞同奎高勝儒凌春鴻吳乃琛孫昌潤羅忠詒劉國珍刁作謙陳祖良梁賚奎陳訓昶董如奉林葆恒葉可樑朱天奎韓楷均著授職翰林院編修諸翔王蔚文謝培鎬季新益羅聽餘汪果孫多鈺薛宜琪崔潮吳鼎昌劉先驁沈王楨方擎劉慶綬趙世瑄廖炎楊壽桐均著授職翰林院檢討朱公釗張嘉森胡驤黃曾銘唐在賢鍾偉薛楷方時簡韓振華江順德屠密嚴恩棫彭炳張修敏楊德森朱葆勤黃瀛元席聘臣均著改爲翰林院庶吉士舉人周翰翁敬棠董元春汪爔芝郭寶慈張正坊彭清鵬張聯魁吳在章何長祺張廷霖余紹宋徐造鳳李宣諫范磊陳訓旭張大椿徐維震唐在章李瀓邵長光金竹澄梅詒穀汪行恕談荔孫蔣履曾金泰周錫經均著以主事按照所學科目分部補用廖世功孫慶澤曹位康張友棟朱顯邦汪廷襄方興楚萬嘉璧錢懋勛楊汝驤何壽彭林祖繩張明倫曾牖楊剛劉桐董榮光張曙郭登瀚余名銓楊熙光岑光麟錢均何埈業何陶李景鎬黃以仁秦銘博余煥東施霖葉昌壽程承邁祝長慶

武濬源楊彥清鄭桓韓榮昌王麟書嚴式超陳日平諸人龍杜慎媿張淑皋鄭蘄高巨瑗程鵬年陳文中張德憲馬英俊錢鴻鈞梁同愷周秉鈞許文光田煜璠李協中熊麟潘大道魏斯炅汪汝梅王毓芳袁鳳曦郭恩澤李士炯雷震孔紹堯榮陞王邦屏李維翰周達壽郁華范潤書屈爔楊同穰黃寶森黃公邁袁枬陳模吳錫忠陳英張競勇盧杜生朱文能陳襄廷陳受中鍾寶華陳希曾伍學澧鄒樹聲葉瑞棻韓殿琦李鍾濂鄭文易歐陽啟勳劉健蕭鴻烈張晃光徐元誥胡國臣陳煦周鴻熙林瑩余道愷龍靈張恩綬陳彥彬郭秀如陳履潔徐觀謝家鴻黃德馨李昀余和治胡善思高贊鼎曹楨晏才傑沈鴻杜雲程郭章鍪嚴端李廷斌胡懌鄺維楨唐士杰王鑄李鶴經倪紹雯鄒延棻洪榮圻楊耀卿劉炤吳灼昭薛光鍔何超李盛鐸程家穎姚潤仁許壽裳黃永孚袁家普張繼業均著以七品小京官按照所學科目分部俟三年俸滿作爲候補主事高國熿孫鏞黃翼顧時濟謝正權孫世偉沈秉錯成祚蹇先驄楊兆鵬李國珍蔣道南馬杜彭繼昌熊彥后大經李柯徐藻楹金其堡黃紹儁田汝翼鄧瑞槃李邦燦萬勗忠王鏞駪劉鏡清何焯時吳燮黃宗麟歐陽景東孫德震倪啓瑞李慶芳啓彬葉諄然邵箴

張萬田祝撰望周澤春馮斯欒方忠源駱繼漢楊拱丁鑑修邱開駿吳玉成沈復汪炳南鄔肇元張邦華夏嵩蔣羲明胡源鴻葉大榮黃鳳翔黃炳言夏國賓張炳星劉導沈秉誠陽光球滕驥陳翱蕭露華黃謇王邕周衡王曉東徐麟祥胡光曾吳秉成胡光晉關和鈞鄭際平張藎臣嚴慎修羅家衡石福錢馬光護馬有恒陳榮鏡孫壽恩玉潤周藎臣郭襄臣陳佑清王懋昭張競立羅仁博任秉璋蕭積齡陳國鏞竹彥李培鑾張福照蔡元康龍圖劉啓晴何蔚雷寶森吳懿徐炳成仇預黃甲馬右疇張振鏞嚴少陵黃如棟孫景賢陳藻錢崇固申鍾嶽黃行藻曹廣涵周英胡燕陳佐漢李涵眞周大鈞鄭憲武徐家瑞殷汝熊黃耀鳳徐金熊王靖先周寶鑾郝文燦胡樹楷鄭隆驤邵文鎔鄭汝璋姚履亨張金燦童顯漢宋仲佳巫德源冀鼎鉉劉大魁楊悌劉石蓀蘇壽松尹耕莘吳會英王澄清黃傳綸張清槐熊兆周楊蔭喬金元潤王海鑄唐文晉光晟盧尙同蕭增秀劉蕃朱其振黃際遇鄧更戴棣齡廖恩煦李培業漆運鈞張國棟岳秀華陳鴻慈薛良瞿翔鮑鑅王光鼎董森俞仁愈張家亨章家駿馮霈瞿祖熊均著以七品小京官按照所學科目分部補用劉安欽顧寶瑚周步瑛王道昌均著以知縣分省即用王

諭旨　四

英濰李惠人莊浩劉傑夫梁元輔段世垣袁本貴李世恩池文藻胡傳思張德潰邱冠棻潘光祖鍾銑黃中塏陳福民陸家鼐劉光笏張燿何宗瀚趙恒默均著以知縣分省試用分部郎中朱斯芾張鴻鼎孫嘉祿薛宜瑞蒯壽樞均著按照所學科目分部俟奏留後各以該部郎中卽用分部員外郞但燾蔣瑩英均著按照所學科目分部俟奏留後各以該部員外郞卽用農工商部學習主事趙從懿著以主事仍歸原衙門俟奏留後以主事卽用裁缺陸軍部主事李堯楷分部主事吳鐸李燿忠凌肇倫程愚均著按照所學科目分部俟奏留後各以該部主事卽用分省知府趙之騶著仍以知府分省補用指分山東補用同知江忠章著仍以同知歸原省補用同知直隸州用直隸補用知州祝毓瑛著仍以知州歸原省即用並留原保升階湖北補用知縣黃希仲著仍以知縣歸原省卽用補行廷試之舉人向瑞琨高彤墀沈祚延前因辦理南洋勸業會經張人駿奏請獎勵向瑞琨高彤墀均著以主事按照所學科目分部補用沈祚延著以知州分省試用欽此

十二日內閣奉　上諭廣西勸業道員缺著胡翙林補授欽此

十三日內閣奉　上諭載澤奏請裁撤督辦鹽政大臣一摺前因各省鹽務疲敝特命該大臣督辦鹽政以資整頓該大臣任事以來措施尚妥裨益良多現在財用支絀鹽務爲國家稅關係甚重仍著該大臣照常督辦以期日有起色所請裁撤督辦鹽政之處著毋庸議欽此

十五日內閣奉　上諭署大學士那桐現已服滿著仍授爲文淵閣大學士欽此

同日內閣奉　上諭直隸交涉使著王克敏補授欽此

十六日內閣奉　上諭睿親王魁斌奉恩鎭國公毓敏均派有恭奉　冊　寶之差臨期遽行請假實屬非是均著傳旨嚴行申飭魁斌毋庸賞假毓敏著於明日銷假屆期敬謹將事欽此

同日內閣奉　上諭黑龍江高等審判廳廳丞著汪守珍試署欽此

同日內閣奉　上諭湖北高等檢察廳檢察長著欒駿聲試署欽此

十七日內閣奉　旨載岳賡麟勝佑著加恩賞給二等侍衛松山壽徵延普定昌鳳啓純孚著加恩賞給三等侍衛訥奇先著加恩賞給藍翎侍衛均在大門上行走欽此

同日奉　旨甯夏副都統著常連補授欽此

同日內閣奉　上諭靈熙因病請開缺一摺正白旗蒙古副都統靈熙著准其開缺欽此

二十日內閣奉　旨正白旗蒙古副都統著那晉補授欽此

同日內閣奉　上諭奉天奉天府知府員缺著都林布調補欽此

同日內閣奉　上諭此次京察一等覆帶引見各員已經召見完竣所有圈出之吳炯何作猷李端棨林東郊尹慶舉鐵格孫筠經毓厚饒寶書恒文張鍇榮厚蔡中變如銓郭集琛謙棨王士傑王季烈晏孝儒崇耀劉嘉斌成允吉同鈞陳棣棠顧祖彭冒廣生榮凱裕芳文俊扎拉芬王金鎔惠銘樂善顧紹鈞春常樸奎均著記名以道府用欽此

二十一日內閣奉　上諭度支部會奏遵旨籌畫川粵漢幹路收回詳細辦法各摺片鐵路收歸國有固以維持路政實以體恤民艱前經降旨停收川湘等省各項股捐並累次諭令將已收之款妥籌辦法茲據奏稱請將粵川湘鄂四省所抽所招之公司股票盡數驗明收回由度支部郵傳部特出國家鐵路股票常年六釐給息嗣後如有餘

利按股分給倘願抽本五年後亦可分十五年抽本未到期者並准將此項股票向大清交通銀行照行規隨時抵押其不願換國家鐵路股票者均准分別辦理以昭平允粵路全係商股因路工遲滯糜費太甚票價不及五成現每股從優先行發還六成其餘虧耗之四成並准格外體恤發給國家無利股票路成獲利之日准在本路餘利項下分十年攤給湘路商股照本發還其餘米捐租股等款准其發給國家保利股票鄂路商股並准一律照本發還其因路動用賑糶捐款准照湖南米捐辦理川路宜昌實用工料之款四百數十萬兩准給國家保利股票其現存七百餘萬兩願否入股或歸本省興辦實業仍聽其便等語籌畫尙屬妥協著督辦粵漢川漢鐵路大臣迅速前往會同各該省督撫遵照所擬辦法將所有收款分別査明細數實力奉行朝廷於此事審愼周詳仁至義盡經此次規定後倘有不逞之徒仍藉路事爲名希圖煽惑滋生事端應由該督撫嚴拿首要盡法懲辦毋稍寬徇以保治安欽此

同日內閣奉　上諭丁寶銓奏假期又將屆滿病仍未痊籲懇開缺一摺山西巡撫丁寶銓著准其開缺欽此

同日內閣奉 旨正白旗蒙古副都統著松壽署理欽此

二十二日內閣奉 上諭山西巡撫著陳寶琛補授欽此

同日內閣奉 上諭黑龍江龍江府知府員缺著范守佑補授欽此

二十三日內閣奉 上諭沈雲沛奏假期屆滿病仍未痊懇請開缺一摺吏部右侍郎沈雲沛著准其開缺仍留幫辦津浦鐵路事務欽此

同日內閣奉 上諭吏部右侍郎著榮勳補授欽此

同日內閣奉 上諭陳寶琛現已補授山西巡撫著派侍郎于式枚總理禮學館事宜欽此

同日內閣奉 上諭趙濱彥著開缺來京另候簡用湖南布政使著鄭孝胥補授欽此

同日奉 旨陳寶琛未到任以前山西巡撫著王慶平暫行護理欽此

二十四日內閣奉 上諭陝西延榆綏道員缺著瑞清補授欽此

同日內閣奉 上諭陝西西安府知府員缺緊要著該撫於通省知府內揀員調補所遺員缺著陸增煒補授欽此

論說壹

# 中國憲法上君主之地位

柳隅

一年以來。政府每有失政違法之事。常假詔旨爲護符。人民有敢詰問者。動以屬於君上大權一語拒絕之。夫大權一語。在歐美諸立憲國。未有聞也。其始作俑者。實爲日本。蓋日本之君主。其在國法上之地位。實有以異於其他立憲國也。今政府當道者。動言大權。若以爲君主之權力。殆無所不賅。不知立憲國之君主。不過國家之一機關。雖此機關在憲法上之地位。各國不無差異。而要之其權力有一定之範圍。則彼此同也。今政府對於君主之地位。吾固不知其作何解釋。第觀前此憲政編查館奏遵擬憲法大綱。摺中有君主總攬統治權一語。推政府之意。必將以君主爲總攬統治權之機關而因有總攬二字。必以爲萬事皆可包括。故遇有懼招人民之反抗者。輒舉而納諸君上之權限內也。夫然而我欲論中國君主之地位。有應先研究者二事焉。第一君主總攬統治權一語。其界說若何。第二君主總攬統治權之說。果得適用於中國之憲法與否。是也。則試分而論之。

君主總攬統治權之說。始於日本。蓋日本之君主。不徒有行政權而已。若立法司法。尚以其天皇之名行之。此所以字之爲統治權之總攬者也。今試舉一事以與他國相較。日本之國會。雖有協贊立法之權。然法律効力之及於外部。單以君主之名行之。而國會無與焉。若英國則立法之權。殆全在於國會。雖國會議決之後。尚必得國王之裁可。然其法律効力之及於外部。非以王之名行之。實以「國會中之王」King in parliament之名行之。所以明王之權力。猶是國會之權力也。蓋英國國會之立法權。不惟能確定法律之內容而已。並能使法律之効力見於外部。若日本之國會。則其立法權。僅行於內部而不能行於外部。緣其國會權限之差異。故英國君主之勢力。實歸納於國會之中。而日本君主之地位。則超然於國會之上。此日本之君主所以得名之爲統治權之總攬者。而英國之君主。則不得名之爲統治權之總攬者也。雖然。日本之所謂君主總攬統治權者。特總攬其名已耳。語其實際。則其君主之權力。固有種種之限制。

也今試由立法言之日本之君主雖有發案及裁可之權然國會苟不予以議決則其議案應全歸消滅不甯惟是日本自立憲以來其君主未嘗不裁可國會議決之法律故由法理上論之日本之君主固有一部分之立法權而由事實上言之則其立法權殆全在於國會也又試由司法言之日本之君主雖有大赦特赦之權（然行之蓋甚罕）而無擅科人罪之權蓋適用法律以定罪案法廷實全處於獨立之地位君主固絲毫不得干涉也又再由行政言之日本憲法雖列舉其君主若干種之大權然關於政治上之詔旨國務大臣苟拒絕副署則悉歸無効也故總攬統治權云者不過其憲法上有此名詞非其君主實能攬有政治上全般之權也況乎其憲法第四條上一語言總攬統治權下一語即云依此憲法條規而行其權力爲各條規所限制又已明載之憲法也故中國之憲法就令欲效顰日本以君主爲總攬統治權之機關而日本之君主其所受憲法上法律上種種之限制中國亦不可不依之安得以其爲總攬統治權之機關而當道者遂可動借君上之名以踰越法律之範圍剝奪人民之權利也

不特此也君主總攬統治權之說果能適用於中國與否又一疑問也夫君主總攬統

論說 四

治權之名詞。僅見於日本憲法。見於其憲法第四條上既言之而泰西諸立憲國無有也。俄羅斯憲法亦有此語然俄之政治尚不脫專制狀態世尚未許列其於立憲國之林也日本學者。爲之說明其理由曰。國家不可無最高之機關。以爲政治總滙之所。而日本國家之最高機關。則君主也。故行政之權。雖分寄於政府。立法之權。雖分寄於國會。司法之權。雖分寄於裁判所。然必以君主統之。以其爲國家最高之機關。故當然爲統治權之總攬者也。此亦日本一部分學者之說反對此說者尚不乏人夫在日本。其君主誠爲統治權之總攬者矣。然謂凡立憲之國。必不可無總攬統治權之機關。則殊不然也。夫謂國家不可無總攬統治權之機關者。豈非根於主權唯一不可分之說。謂微此機關。國權將不能統一乎。夫主權之唯一不可分。其說誠無以易。然權力之發動。總攬於一機關。固可保主權之統一。即分寄於數機關。亦未始不可保主權之統一也。夫在專制之國。一切權力之發動。皆根於君主。故君主誠爲國家最高之機關。甚或謂君主即國家亦爲統治權之總攬者也。然今世一般之立憲國。其政治之組織。大率基於孟德斯鳩三權分立論之精神。凡行政立法司法之事。司其責者各異。其機關雖此等機關各有互相維繫之處。非能全然分離。而要之行政部最大之責任。在於行政。立法部最大之責任。在於立法。司法。部。最大之責任。在於司法。此則今世立憲之國。無不皆然。而此等諸機關。其所保有之職權。絲毫不許他機關之侵越。故雖非能全然獨立。然於或程度實保有獨立之地位。立憲之所以異於專制。實在於此也。雖今世各立憲國對於國家諸重要機關。有悉使之立於平等之地位者。亦有以其一為最高機關。以決定國家之意思者。然其有此等機關。特限於或種之國而已。非為凡立憲國之所必要也。德儒耶里匿克氏有言曰。「謂國家須有統一之意思。其理誠無間然。然謂此意思必出於唯一之機關。則實誤也。試觀彼共和國。其國權實綜括於合議體。故其國家統一之意思。乃集合幾多個人之意思而成。夫國家統一之意思。既能由若干獨立個人之意思而生。又何不能由若干獨立機關之意思而生乎。德意志之漢撒市府。固嘗以國權屬於元老院與國民院。明定之憲法。是即其顯著之一例也。夫在取兩院制之國。國會之意思。實合上下兩院之意思而成。是即以二機關之意思。構成一統一之意思也。然則謂君主與國會不能合同以構成一國家意思。又豈理之所可通乎。」耶氏此論。其足以破國家不可無唯一最高機關之說矣。夫今世一般之學者。多謂民主之國。以國會為國家之最高機關。

使國家之最高機關果唯一而不可有二也則凡民主國之國會宜皆取一院制而不可取二院制矣而美法瑞士諸國顧皆取二院制又何以稱焉則知國家之意思實不必僅由唯一之機關的意思而成而可集合二以上之機關的意思而成耶氏之論實無以易也日本美濃部達吉博士亦有言『國家之意思雖不可不統一然非必本於唯一機關之意思也雖以多數之機關總攬國權苟於合多數機關之意思以爲唯一之意思其方法誠備焉則固無妨於國權之統一也』由此觀之國家之意思不必決定於一機關即政治之組織不必有總攬統治權之機關明矣夫現今各君主立憲國惟日本憲法中規定君主爲統治權之總攬者而其他諸國皆無之吾上則既言之矣然日本自建國以來其君位未嘗易姓加以民族單純皇室與人民藹然有家人父子之親蓋其國家之性質猶帶有家族政治之臭味焉（參觀本報去年第三十五號中國憲法之根本問題篇）故其君主之地位必當使之握有最高權此實由於其有特別之國情非他國所可漫爲學步也若我中國數千年來君位屢易與日本之萬世一系者大異加以政治上之根本以尊重民意爲精神所謂民之所好好之民之所惡惡之者自非大無道之君未有敢力反

此義爲故國家之意思常本於人民之意思特以君主爲人民之代表（所謂得乎邱民爲天子也）而司執行之責耳夫昔也在專制政體之下無由人民組織之國家機關故人民之意思不能不藉君主以代表之今也既有民選之代議機關則代表民意者當在議會而不在君主而數千年政治之根本既以尊重民意爲精神則以理想而論當以議會爲國家最高之機關始能定立憲之局今即謂人民之程度不足以議會爲最高機關未必爲國家之利且如上所述國家亦無唯一最高機關之必要則議會與君主亦當使之保持有對等之地位若日本君主總攬統治權之說其不適合於我國之國情蓋彰彰明矣

然則中國之君主其在憲法上之地位當若何吾以爲中國憲法之精神當以國家爲主體凡君主與國會皆使之僅爲國家之一機關其所賦予之之權限各有一定而論其地位則君主爲國家直接之機關國會亦爲國家直接之機關兩相對立不能如瑞士之制使國會若爲統治權之統攬者亦不能如日本之制使君主得爲統治權之總攬者也此義定而後上下可以相安國勢可以大定矣

論說　弍

# 內閣與軍事之關係

柳隅

頃者內閣總理大臣。發表其政綱。（六月十五日演說於內閣政事堂）曾無一語及於軍事。據報章所傳。當時有以此詰之者。總理大臣答以有軍諮府在。內閣未便越俎代謀。以侵其權限。總理大臣果嘗以是答人之質問。報章之言。固未敢盡信。第觀數月來總協理大臣之舉動。其將不負軍事之責任。殆灼然無疑也。夫然。故吾欲一論內閣與軍事之關係。

新內閣官制第十四條云。關係軍機軍令事件。除特旨交閣議外。由陸軍大臣海軍大臣自行具奏。承旨辦理後。報告於內閣總理大臣。閣制如此規定。卽示關係軍機軍令事件。凡未交閣議者。總理大臣可不負其責任也。雖然。國家整軍飭武之事。非第有軍機軍令己也。軍機軍令之性質。就令可使不屬總理大臣之責任。然謂其他一切之軍事。皆可以是爲推。總理大臣不必負其責任。則國家其殆矣。夫處此萬國競爭。優勝劣敗。之。世。界。國。家。之。生。存。發。達。實。托。庇。於。軍。事。焉。而。內。閣。爲。一。國。政。治。所。出。之。源。總。理。大。臣。而。不。負。軍。事。之。責。任。則。一。國。之。軍。備。安。能。進。步。發。達。以。捍。外。患。而。揚。國。威。故。總。理。大。臣。之。負。軍。事。責。任。與。否。軍。備。之。良。惡。繫。之。即。國。家。之。安。危。亦。繫。之。蓋。軍。隊。爲。國。家。之。干。城。秉。國。家。之。大。政。者。萬。不。容。漠。視。之。也。試。觀。東。西。各。國。其。內。閣。一。歲。所。最。苦。心。經。營。者。孰。非。半。在。於。軍。事。況。中。國。之。軍。備。廢。墮。極。矣。今。後。國。家。所。應。整。頓。之。要。政。慮。無。有。過。於。是。者。若。謂。總。理。大。臣。可。不。負。軍。事。之。責。任。則。微。特。於。理。不。可。通。即。徵。之。各。國。亦。未。見。其。例。也。故。吾。以。爲。軍。事。上。之。要。政。必。使。內。閣。負。其。責。任。惟。夫。宜。於。秘。密。迅。速。及。非。文。官。所。嫻。者。（如閣制所謂軍機軍令）始。可。寄。其。責。於。他。機。關。故。今。日。劃。定。內。閣。負。軍。事。責。任。之。範。圍。實。一。要。務。也。吾欲論內閣負軍事責任之範圍也。則且一稽各國之制。

(1)**法國之制** 法國之大統領。有措置軍隊之權。而其所下於軍隊之命令。與其他國務上之命令。無所差別。必經國務大臣一人之副署。即關於陸軍之事。須陸軍大臣之副署。關於海軍之事。須海軍大臣之副署也。而陸海軍大臣之責任。不徒在軍政而已。即關於國防用兵之事。亦對國會而負責任。（全內閣亦聯帶負之法國內閣因國防用兵問題而倒者數見不鮮如一八八五年安南之役瞿黎內閣）

（之例即其一例也）蓋法國軍事上一切之職權。皆專屬於陸海軍大臣。即皆統屬於內閣。而陸海軍部之外。別無司軍務之獨立機關。（法國陸軍部之組織分爲軍政部與參謀部之二大部參謀部司國防用兵之事在日本謂之參謀本部乃離內閣而獨立之機關中國之軍諮府即此機關也）故法國之內閣無論軍機軍令與軍政皆兼有其職權而全負其責任也

(2)美國之制　美國之陸海軍。亦統率於大統領。而以陸海軍大臣管理之。彼蓋以軍事爲政治之一部分。不使其分離而獨立。故於陸海軍部之外。亦別無司軍務之獨立機關。故美國軍事上之責任。亦全在於內閣也（及大統領美國之大統領論其爲國家元首之地位則等於君主國之君主論其政治上所有之權力則等於君主國之內閣總理大臣也）

(3)英國之制　英國之內閣。其關於軍事上之權限。蓋經幾多之變遷。其在上世。兵馬統率之權。屬於君主。及佐治三世時。命格廉威爾（自由黨首領）組織內閣。格氏以軍隊不在國務大臣監督之下。有違立憲之原則。要求其移歸內閣統轄。至以辭職脅之。而佐治三世。以舍格氏外無能組織內閣者。不得已聽其請。於是軍事之權。遂全歸於內閣。然

其時內閣中管理軍事之機關。權限混淆。至有以民兵及義勇兵。隸屬於民政部者。以此招軍事之腐敗。及克里米亞戰爭後。悟其爲非。遂大行改革。以陸軍部管理軍政。而別置司令長官。以司軍令之事。然司令長官。不在陸軍大臣監督之下。陸軍大臣對於國會。難爲之代負責任。緣此問題。國會中又惹起爭議。及一八五八年以後。乃使司令長官受陸軍大臣之監督。爲陸軍部內之一局長。然此方法。太束縛軍隊之行動。於軍隊自身上。常蒙其害。其後乃再行改革。司令長官。雖尙爲陸軍部內之一局長。然其關於軍令之事。與政治豫算無關者。司令長官握有其全權。不受陸軍大臣之干涉。惟其與政治豫算有關之事。則必與陸軍大臣協商。若意見不協。則陸軍大臣有優越權。此外關於軍政一切之事。其權皆在陸軍大臣。然此猶屬平時之制也。至於戰時。則作戰之計畫。司令官之任命。皆另定於內閣。此其現行制度也。由是觀之。**英國之軍事權其不必聽命於內閣者僅在關於軍令之事然其司軍令之司令長官且爲陸軍部內之一局員而戰時**

之大計畫又另必定於內閣則軍事之責任內閣蓋負其十之八九也

(4)德國之制　德國皇帝爲帝國軍隊之大元帥其所下於軍隊之號令無須宰相之副署由此觀之似德國之內閣無軍事上之責任雖然德國爲聯邦國其性質與統一國不同（與美國亦不同美雖名聯邦國然乃集合各州而成其各州之知事一政務官而已非元首也若德國則集合各小國(及市)而成一帝國其各國之君主猶然保有元首之地位也英人格德那所著比較行政法曾論及此）故其軍事責任之分寄含有一種奇妙不可思議之制度焉是不可不深察也

蓋德國之陸軍實集合各邦之陸軍而成而依其憲法第六十三條以軍令之權屬之皇帝故在帝國則有司軍令之機關而無司軍政之機關（軍政與軍令之分別詳見下）在各邦則有司軍政之機關而無司軍令之機關（惟海軍則其初各邦皆無惟普魯士有之然普魯士全以之奉之帝國故軍政軍令之權皆在皇帝）然軍令之性質常有非可經內閣之討議者此帝國宰相所以不副署皇帝之軍事詔旨也故深察德國之制度則知其內閣所以不負軍事之責任者實緣於帝國但有軍令之權而無軍政之權然軍政之責任有

各邦之政府負之亦非能獨立於各邦內閣之外也

(5)日本之制　日本軍事上之職務可分爲三類一曰軍政二曰軍令三曰與軍令關聯之軍政軍政云者如豫算軍費辦理徵兵管轄軍隊等事是也軍令云者如籌畫戰略指揮陣勢編制艦隊等事是也若夫與軍令關聯之軍政則如賞罰將士計畫國防等事是也日本司軍政之機關爲陸軍省與海軍省若司軍令之機關則爲陸軍參謀本部海軍軍令部也至於與軍令關聯之軍政固不能與內閣無關係然不必屬於總理大臣之職權但時由君主示知之或陸海軍大臣通知之而已（若陸海軍大臣覺其事情之重大得奏請先開閣議經閣議之後則閣臣必同負其責任矣）由此觀之則日本之內閣所不任其責者軍令而已若軍政則全負其責任者也與軍令關聯之軍政其不經閣議者則由陸海軍大臣負責任其曾經閣議者則亦全內閣共負其責任也

綜觀以上各國之制度。其內閣未有不負軍事上之責任者。雖其所負責任之範圍。有廣狹之不同。要之其不能與軍事無關係則一也。今中國之內閣。欲規定其軍事上之職權。其將何所取法耶。平心而論。軍事之性質。與其他政務不同。其中實有若干部分。爲非可與軍人以外之人商量者。故如美法二國軍事上之職權。全統轄於內閣。實非良制。然彼屬民主國。慮武人之專制。恐至破壞其共和之國體。故以武權隸屬於文權之下。中國之國體。既與美法不同。則自不能採用其制也。英國之制。司令長官雖有自由處置軍令之全權。然其地位。尙統屬於陸軍部。而此外別無獨立之軍令機關。且戰爭之時。命將出師。又悉另定於內閣。軍隊之行動。太乏自由。故一八八五年阿非利加遠征之役。以曠世名將之戈登。竟遭大敗而死於加耳吞。則以軍隊受中央政府之遙制。於戰畧上常蒙不利也。故英國之制。亦非可採也。德國之制。軍令與軍政之權全分離。而獨立用兵之時。將帥無受制於文臣之患。是其所長。然其以軍令之權屬之帝國。以軍政之權屬之各邦。職權之分配。究有未善。顧彼因爲聯邦國。其勢有不得不然者。故德國之制。亦非可採也。惟日本之國體。乃君主國而非民主國。且屬統一國而非聯邦國與我之國體既相同而其軍事權限之分配亦能斟酌得宜一方面既能使內閣負經營軍備之責任一方面又不使文官束縛軍隊行動之自由故吾以為欲定我內閣軍事上之權限則日本之制眞可為他山之石也吾且依日本之例分軍事之職務為軍令軍政及關係軍令之軍政三者而分別論之以定我內閣軍事之權限焉

## (甲)軍令

軍令之權此必當離內閣而獨立者也請言其故第一軍令之事非有軍事上之學問者不足與謀而內閣各大臣文官占其大多數其掌軍備之職者惟陸海軍大臣而已而陸海軍大臣又不必悉由軍人出身也（中國前此常以文官任武職今後能全行廢止正未可知又不徒中國為然也法國自一八八九年布闌若將軍之煽亂後每任陸軍大臣皆以文官充之）故以軍令之事而謀諸內閣此無異問道於盲非徒無益而又害之也第二軍令之事常或急於星火有稍一稽遲而即貽噬臍之悔者苟必經閣議而始得施行安能力制機先金兵渡河而宋人議論未定軍事之敗於濡滯古有明鑒矣故為軍隊之行動計又不可使內閣之有此權也第三軍令之事又有須力守秘密非可示諸軍人以外之人者若商諸文官則難以軍紀取締之不能保無洩漏之虞故為秘守軍略計又不可使內閣之有此權也第四軍令之事其在平時已不可

使受文官之牽制矣若在戰時用兵萬里而令樞臣得以紙上之空談遙制軍中之行動其不至敗壞兵機者幾希矣武夫力而鬥諸原儒臣坐而謀諸室此豈徒於戰畧上不利抑亦使將士爲之短氣也故從種種方面觀察之軍令之權必不可屬諸內閣此不徒理論上然也徵諸歷史凡用兵於外軍中之失機常由於廷臣之掣肘有明末葉以熊廷弼孫承宗袁崇煥諸人皆大將才然其經營遼東悉以失敗終者其故皆由於樞府之遙制也而以武后之亂唐天下莫能如之何雖有徐敬業之起義師而旋即敗滅此無他故焉彼其用兵能以全權委諸將帥而罷去歷代監軍之制 武則天遣韋待價擊吐蕃韋方質奏請遣御史監軍武后不聽罷之監軍之制起於周代齊使莊賈將兵賈言願得君之寵臣以監軍是爲監軍之起源漢武帝時置監軍使者光武亦嘗以來歙監諸將隋末常以御史監軍事唐初亦然其由來蓋甚久也 使無所掣肘 彼自己且不欲遙制軍事廷臣更無論矣 此其所以能靖內亂而威外夷也 則天之世常命將出征四夷 司馬兵法曰將在軍君命有所不受六韜云軍中之事不聞君命夫閫外之戰畧雖在君主猶不許容喙而何論其他漢周亞夫率師禦匈奴文帝勞軍至細柳按轡徐行乃能入營而亞夫持兵揖曰介胄之士不拜請以軍禮見彼其所以拒君主之干涉軍事者非不臣也蓋非有專閫之權必不能制勝也金兀朮敗於朱仙欲棄汴而去有書生叩馬曰

論說 十

太子。毋走岳少保且退矣。自古未有權臣在內而大將能立功於外者。夫權臣在內所以使大將難於立功者。非必悉由於彼之妬賢嫉能也。蓋其好干涉軍中之兵機己足敗乃公事矣。故觀於歷史上成敗之跡。軍令之權。又萬不可屬諸內閣也。故吾以爲於陸海軍部之外。必不可無司軍令之獨立機關。今旣有軍諮府之設立。（他日海軍擴張或當如日本之例再設海軍軍令部）必當舉此權以專屬之。而毋庸內閣之干與也。

（乙）軍政　此等責任。必全以屬諸內閣者也。今試說明其理由。第一先從政治上言之　欲圖國家之發達。則一國之政治。必不可不統一。所謂統一云者含有二種之意義焉。卽機械的之統一。與有機的之統一是也。（說本德儒士逵因）何謂機械的之統一。卽調和行政各部。使不相衝突是也。例如度支部議增加租稅。其在工商業上一時必蒙其不利。則與農工商部所執之政策衝突也。陸軍部議實行徵兵。其於國民教育上一時必有所妨害。則與學部所執之政策衝突也。一國之財政。掌於度支部。然國家之資力有限。而應辦之事業無窮。使各部同時擴張行政。費在度支部。必窮於應付。則各部又與度支部衝突也。是以今世各文明國。必有內閣焉。以爲統一政治之機關。凡各部大臣出則為一部之長官入則為閣僚之一員凡事彼此會商交相讓步即可以避去衝突此所謂機械的之統一也今使軍政之事不列為內閣之職權則以今日財政之窘苟經營陸軍者以三十六鎮為未足忽欲驟增至七十二鎮經營海軍者亦銳意擴張忽欲驟闢若干之軍港增編若干之艦隊則軍事行政直接必與度支部大衝突間接亦與其他各部大衝突夫政治之各部門不相調和而相衝突則豈惟軍政一項難期進步其他各部之行政亦難期進步也故必以之列為內閣之職權由各部之協商量國家之資力以事經營斯乃可保政治上機械的之統一也何謂有機的之統一即相度國家各種事業之緩急先謀一部之發達以馴致全體之發達是也夫國家之資力有限而應辦之事業無窮夫既言之矣故為政治之全局計必當擇其需要最殷而利益最大者先舉辦之直接則使此種行政之進步間接則並可引起各種行政之進步例如經濟行政其目的固僅在謀一國經濟之發達然國富既增租稅之收入必加多則財政上蒙其利家給人足入學讀書者亦必加多則教育上又蒙其利其他各種之行政亦未有不直接間接共霑其利者此所謂由一部之發達以馴致全體之

發達也如人身然飲食之事固以療口腹之飢渴然營養既足不特體魄從而康强卽精神亦從而健旺則百體五官皆受其利矣所謂有機的之統一此之謂也今使軍政之權不屬於內閣則必不能與其他各種行政相應而爲有機的之發達蓋軍備不整無兵力以作外交之後盾則國際交涉上必蒙其不利海外商民無所保護則殖民事業上又蒙其不利國勢不振關稅定率不能變更則國際貿易上又蒙其不利內亂之事各省時聞而軍力太單不足以靖伏莽則各種行政上亦皆蒙其不利故軍政之事苟始終不發達則各種行政亦因之而妨害其發達也中國今日軍備之事固不能驟議大擴張然亦安可不量力隨時以謀進步顧非使內閣負此責任必不能使軍備之增加一方面能應乎時勢所需之程度一方面又能與其他各種行政相輔而行故欲保政治上有機的之統一軍政之權又萬不可不歸諸內閣也

**第二從財政上言之**國家一歲之財政計畫定之於內閣而專司其責者則爲度支大臣故閣員以外無論何種官吏皆無計畫財政之權也今使軍政之權不屬於內閣則於此途有二問題發生焉第一立憲國之豫算案唯一而不可分內閣既不有軍政之職權卽

不負籌軍費之責任然則軍費上之豫算將由何人計畫而又何所附麗乎第二內閣旣與軍政無關係亦卽與軍費無關係故司軍政者苟欲向度支部求支經費則度支大臣可以拒絕其要求以彼固無供給其軍費之義務也然舍內閣承認其經費外又有何種財源可作軍事之費乎要而論之立憲國之財政統一於內閣專管於度支部苟內閣不爲籌軍事之經費則軍費實無從出也故內閣苟不負軍政之責任則豈特將來之軍備無望擴張卽現在之軍隊亦難以維持也**第三再從對國會之關係上言之**立憲國之國會有監督政治及財政之權此天下之通義也而軍政也者其事務屬政治之一部門其經費亦占財政之一部分故軍政之事不惟不能與內閣無關係亦不能與國會無關係也然而與國會對待之機關實惟內閣使軍政之權離內閣而獨立假令其軍制紊亂軍紀腐敗雖曰陸軍之數練成若干鎭海軍之數編成若干隊而核其實無一兵可以戰無一艦可以用**國會欲詰問其政治上之責任**將對於何人而行之乎又假令陸軍之費歲支出數千萬

海軍之費亦歲支出數千萬而核其實其歸於將校之中飽者無數其歸於不當之濫費者亦無數**國會欲詰問其財政上之責任**又對於何人而行之乎夫立憲之國其負各種國務之責任而受國會之監督者惟限於內閣苟軍政之權歸於內閣以外之機關則國會實無從詰問其責任也而以軍政關係之重豈可無人以擔負責任者然則內閣而不負軍政之責任不特一國之軍事終歸於腐敗**而立憲政治之原則亦由之而破壞矣**夫從種種方面觀察之軍政之權皆不可不屬之內閣故吾以爲誠欲釐正政治之系統圖謀軍事之進步則軍政之責任萬不可不使內閣負之也

### (丙)關係軍令之軍政

此等事務欲規定其責任之應誰屬實最困難也例如計畫國防之事由軍略上觀之當力守秘密非可商諸文官然不謀諸閣臣則經費又無從出故此等事務之責任固非可全歸諸內閣然又不能與內閣無關係也夫新內閣官制中所謂關係軍機軍令事件者蓋卽關係軍令之軍政也(從大體言之軍機可納入於軍令之範圍日本

司軍機軍令者同屬一機關統謂之軍令機關（如參謀本部海軍軍令部是）而依其所規定。謂除特旨交閣議外。由陸軍大臣海軍大臣自行具奏承旨辦理後。報告於內閣總理大臣。閣制此條。吾固未知閣臣作何解釋以定責任之所在。雖然。我閣制此條。實全做日本之內閣官制也。日本閣制第七條云『事之關係軍機軍令者。奏上後。除依天皇之旨勅交內閣外。由陸軍大臣海軍大臣報告於總理大臣』日本此條文。與我閣制第十四條。大體相同。故吾但論日本之內閣。對於此等軍事之責任。斯即可以定我內閣之責任也。日本現制。凡關係國務之事。必經由內閣以上奏。（除國法揭特例者外）惟此等之事。陸海軍大臣。得直接上奏。而不必與總理大臣會商。此其內閣權限上之一變例也。於是其所以使負此等之事之責任者。有二途焉。第一。陸海軍大臣上奏之後。苟其天皇不交閣議。雖辦理之後。陸海軍大臣另必報告於總理大臣。然以總理大臣不參與其計畫。故此等責任。全歸諸陸海軍大臣。而總理大臣無與也。第二。陸海軍大臣上奏之後。苟其天皇以之勅交閣議。由閣員之全體商定而後施行。則其責任當由全內閣負之。而不惟陸海軍大臣已也。故關於此等之事。其責任應否分寄在陸海軍大臣。大有伸縮之權力焉。蓋使陸海軍大臣認其事爲必須迅速舉辦則可奏請勿交閣議而直承旨以施行縮小負擔責任者之範圍使全歸於一己此陸海軍大臣之權力所能爲也又使陸海軍大臣認其事有重大之關係難以獨斷決定則可奏請勅交閣議經會商而後施行伸張負擔責任者之範圍使公之全內閣亦陸海軍大臣之權力所能爲也夫日本閣臣其對於閣制之解釋如此其現行之慣例又如此而我閣制之第十四條與彼閣制之第七條實相脗合然則謂關係軍機軍令事件在內閣可全脫去其責任徵特於理不可通卽對於閣制此條亦難爲解釋也故依吾黨所見必依日本之例關係軍令之軍政其未經閣議者其責任在陸海軍大臣其已經閣議者其責任在內閣全體而其責任應專歸陸海軍大臣與應分之於內閣在陸海軍大臣得因時請旨而行之非內閣總理大臣所可豫言不負責任也

由此觀之軍令之事全非內閣之責任軍政之事全屬內閣之責任至於關係軍令之軍政其未經閣議者由陸海軍大臣負其責任其已經閣議者由內閣各大臣負其責任就大體而論其責任之分配亦極明晰矣雖然於此尚有二問題生焉 則軍令

**軍政之事件當如何區別始能使權限之分明軍令軍政之機關又當如何調和始能保重軍事之統一也**今試先就第一事論之夫軍令軍政云者一抽象的之名辭非一具體的之事件也凡軍務之事其可屬於軍令者千條萬殊其可屬於軍政者亦千條萬殊使無一定之標準以區別其孰爲軍令孰爲軍政則司軍令之機關與司軍政之機關遇一事件發生使持消極之主義則必互相推諉使持積極之主義又必互相侵奪也是故劃清軍令與軍政所屬事務之範圍實爲今日軍事上之一要義日本當明治十九年卽制定有所謂『省部權限大畧』（省卽指其海陸軍省部卽指其參謀本部按當時其海軍軍令部尙未成立故海軍軍令之權亦屬於參謀本部今此條例大體尙適用也）者所以劃清軍令與軍政機關之權限及軍令與軍政事務之範圍也今試述之如下

一省部雖共直隸於天皇然主要事務不能無差別卽依左分之

一人員黜陟及籌畫經費之事屬於省之主務而檢閱之事則與黜陟有關築造製造之事則與經費有關故皆省之主務也然任免將校職務之事在陸軍將校則由陸軍大臣決議後移之參謀本部長而上請勅裁在海軍將校則海軍大臣亦依此行之

屬於陸海軍以外者、無論何事、皆屬省之主務、徵兵恩給無論矣、即照會內閣及省院廳府縣等事、亦爲省之主務也、

依前條之理由、本部所欲施行者、雖屬於權限內之事項、苟涉及陸海軍外之事、如欲測量其地及沿岸等、或因行軍演習、艦隊運動、而將照會於府縣、皆必經省以行之、又由府縣照會本部之事項、亦必經省以代達、

一軍令之事、專歸參謀本部之措置、故軍隊艦隊之出張進止分遣、陸海路程之規則等、（但休暇兵之通行規則猶爲省之主務）皆屬本部之主務

一依右之理由・軍令之事、由本部長參畫決定之後、移之於省、以陸海軍主任大臣之名施行之、

一依右之理由、由陸軍各鎮臺海軍各鎮守府等之伺屆、必經由於省、其發令無論矣、即指令亦必經由陸海軍主任大臣、而移之參謀總長、由總長參畫決定後、以其令案移之大臣、大臣始頒之下屬以行之、

一軍令之事、本部長有創議之權、如定例之野營、艦隊之運動、其期日方法等、得豫備參畫、且施行之適當與合、與大臣議決之、又軍隊或艦隊之編制節度、本部長悉其利害、欲行改革、亦有創議之權、然新造改革之事、皆非經省部之合議、不能施行、故其特權唯限於創議、

日本此條例。其可採用與否。彼現亦有與事實不相應者又另定有他種條規顧因涉及秘密之事非軍人以外之人及外國人所能知也姑勿具論。要

之今日軍令與軍政事務之範圍萬不可無法令焉以詳細規之非然者**不特陸海軍部與軍諮府將常惹起權限上之爭議即內閣總理大臣與軍諮府亦將常惹起權限上之爭議也**（喜事則相侵奪畏事則相推諉）又再就第二事論之凡事苟職權不統一則實行上常生障礙此在他種之行政猶且有然而軍事則其甚焉者也夫軍事之職務雖可以軍令軍政區分之然彼此實有密切之關係使軍令機關與軍政機關全分離而獨立而無可以聯絡之途則因彼此之相扞格一國之軍事無望其進步矣然而聯絡之道非可強甲以就乙與強乙以就甲也夫軍令機關與軍政機關實處於平等之地位以二平等對立之機關欲屈一方之意思以就一方之意思此非可能之事也**必也有最高機關焉立於軍令機關與軍政機關之上以為其樞紐斯乃可保軍事之統一**如內閣然合各部大臣以組織內閣而內閣之地位則立於各部之

上以絜領提綱用能使各部之調和與保政治之統一也今試觀日本之制日本於軍令及軍政機關之上有所謂元帥府及軍事參議院者統稱爲天皇之帷幄此等機關其地位則爲軍事之顧問其性質則以謀軍令與軍政之聯絡也其元帥府之職權僅有二項一則得奉勅以檢閱陸海軍一則爲軍事上之最高顧問然元帥府與軍事參議院有相聯絡之一途焉則元帥府之元帥即兼爲軍事參議院之參議官也夫是以得合而稱爲天皇之帷幄而其軍事參議院則於謀軍令軍政之調和實最有力者也蓋其軍事參議院之參議官實以元帥陸海軍大臣、參謀總長、海軍軍令部長兼充之（又有特親補之參議官如內閣之有特任國務大臣）合司軍令之大臣與司軍政之大臣加入以構成軍事參議院如合各省（指日本言）之大臣以構成內閣有此等之機關以謀軍令軍政之調和夫是以能保軍事之統一也（其議事之制如單關於陸軍之事則由元帥與陸軍大臣參謀總長議定如單關於海軍之事則由元帥與海軍大臣海軍軍令部長議定之）中國今日尚缺此等之機關斯實軍事制度上之一缺點彼日本之元帥府其可倣設與否尚待商榷（彼其職權僅有二項、其奉勅檢閱陸海軍之事、此可臨時由君主派嫻於軍事之大臣行之、何須有此機關、若夫爲軍事顧問則有軍事參議院已足矣、何須再有此、故中國似不必倣設也、）若夫軍事參議院則微此機關無以保軍令與軍政之調和實亟當倣其制以設立者也而司

軍令之機關與陸海軍部能相調和即與內閣能相調和也以陸海軍大臣為組織內閣之分子而軍政又為內閣職權之一部分也

夫國家他種之政事欲定其責任之應誰屬皆不甚難獨至於軍事具有特別之性質其職權應如何分寄各國之政治家立法家皆嘗煞費思慮也今政府對於此問題尚未解決依吾說而斟酌行之其可以無大過乎

草此文竟閱報載軍諮府及陸海軍大臣以總理大臣言內閣不負軍事之責任心不能不擬提出質問案其所欲質問者(1)為內閣平時應否籌措陸海軍經費(2)為內閣是否確有擴充陸海軍之意思(3)為內閣對於陸海軍官之置任(4)為內閣對於陸海軍戰爭時之地位今試畧為批評之第(1)問題此應屬內閣之職權者也蓋籌措軍費屬於軍政之性質而軍政之權應歸內閣上既言之矣故此等責任內閣必當負之也第(2)問題此亦屬於內閣之職權也蓋擴充軍備之事亦在軍政之範圍此為內閣所必任其責者故不必問其有意思與無意思而但當問其有責任與無責任蓋遇不必擴充時何必有此意思而遇須當擴充時必

求見之事實又豈可徒有意思而已也第(3)問題可分兩節論之即對於奏任以上之官之進退與對於普通將校之進退是也以奏任以上之官言之新閣制第十二條既規定奏任以上各官之進退必經由閣議（日本勅任官之任免進退須經由閣議但軍人屬例外若英國則悉必經由閣議）自可遵守之而不必挾疑議若夫普通將校其在日本屬乎陸軍者由陸軍大臣與參謀總長共署名屬於海軍者由海軍大臣與軍令部長共署名竊意中國亦可採用其制也第(4)問題此最應細爲研究者也關於此點各國制度有二相反之主義焉一則注重責任問題以平時軍令之機關吸收於軍政之機關如英國是也一則注重軍略問題以平時軍政之機關吸收於軍令之機關如日本是也今試略言二國之制其在英國平時以司令長官爲掌軍令之機關雖司令長官之地位尚在陸軍大臣監督之下然關於軍令之事有措置之全權（其權限前已詳言之）及戰時而大變矣凡統師之司令官及其部隊之指揮官皆依內閣以任命之乃至所用之兵數作戰之計畫皆定於內閣而陸軍大臣秉承其議以施行而統師之司令官則經由陸軍大臣以受政府之命令故英國戰時之制實以軍令機關

吸收於內閣。由內閣全負軍事之負任也。其在日本。平時軍令與軍政機關。雖分離而獨立。及平戰時。則合陸海軍之軍令機關。組織成一大本營。以參謀總長海軍次於陸軍故不以軍令部長爲之而以參謀總長爲之主持戰爭之大計畫。而陸海軍大臣。皆吸收於大本營之中。但通常之事依平時之制辦理所有軍事。得參與參謀總長之議。而爲軍政機關諸要部。如運輸通信部長野戰監督長官野戰衛生長官兵站監等皆統轄於大本營。故日本戰時之制。實以軍政機關併合於軍令機關。而內閣所負軍事之責任。實比平時爲較輕也。僅籌戰費較平時加重而已然則此二種之制。果孰可取法耶。日試約略論之。夫英國之國法。百事皆責成於內閣。故在日本。凡軍事參議官之上奏。參謀本部海軍軍令部之上奏。陸海軍大臣關於軍機軍令之上奏。皆不必經由內閣。平時尚如此而在英國。則非經由內閣。不能上奏。所以示內閣之全有軍事之職權也。當一八一〇年。查山公爲塞耳特遠征之司令長官。回國之後。不經由內閣而直接上奏。遂爲國會所彈劾。彼蓋以內閣既負軍事之責任。不容其不經由之以上奏也。國法之關係如此。故戰爭之時。內閣不能不握有軍事之全權。以勝敗之責任。實歸於內閣也。雖然。用兵之際。其舉動最貴敏活以文臣而遙制軍事於兵機上常蒙不利徵諸各國之往事數見不鮮矣故中國戰爭之時內閣在軍事上之地位萬不能如英國之制也若日本之制由戰略上觀之實有大利夫戰爭之時軍旅之勝敗國家之存亡繫焉故軍事機關之編制當以便利於兵機爲目的而政治責任問題則在所可緩而日本之以軍政機關併合於軍令機關實能體會此義也故吾以爲中國當戰爭之時亦必如日本之制另設大本營以軍令機關爲主體而以軍政機關（指陸海軍部）併合於其中庶可使軍事上之動作得活潑自由也且日本當戰爭之時外務大臣亦列席於大本營以參議軍事**蓋軍事與外交有密切之關係此又中國所必當倣其制者也**抑戰爭之時籌畫戰費實爲一大問題故吾以爲不特外務大臣而已**卽內閣總理大臣亦必使其列席於大本營以參議軍事**將帥與宰輔得相聯絡庶戰費之事可不虞其不繼也或曰內閣總理大臣負一國政治之責任受國法上種種之束縛而軍中

之行動則有難以國法繩之者使之參與戰事於自身得毋有不利乎雖然是非必無可救濟之道也日本憲法第十四條云天皇可宣告戒嚴又其臣民權利義務章第三十一條云本章所揭條規於戰時或國家有事變時不妨天皇大權之施行蓋戰爭之時苟有妨及人民之權利者可借宣告戒嚴之權或其他大權（如發布緊急勅令）以解除大臣之責任也中國先朝所頒布之憲法大綱既定有宣告戒嚴發布緊急勅令之權他日憲法制定慮未必删去此等條文**是即可用於戰爭之時以保障內閣總理大臣之地位者也**（及外務大臣陸海軍大臣等）

論說叁

# 英國上院改革劇爭之感言

竹塢

英國上院改革之事實爲數十年來之宿題。而其着手於改革。以致惹起莫大之政爭者。則自近二年以來也。蓋英國之上院。具有一種之特質。爲他國之所無者。則其議員。皆爲世襲之議員也。夫現今各國上院之組織。其在美國與瑞士。取代表地方主義。由各州各選出議員二名。德國亦然。其參議院之議員。由各聯邦政府任命之。法國則由各縣或殖民地之選舉會選出之。此皆毫無貴族之臭味者也。若夫含有貴族之分子者。其在意大利。凡王族成年皆得爲議員。然此外尚有碩學之議員。多額納稅之議員。有功於國家之議員。由官吏資格而成之議員。貴族蓋僅其一小部分也。其在日本。於貴族之外。亦尚有勳臣碩學之議員。及多額納稅之議員。而在普魯士。亦於貴族之外。有代表學校都市之議員。及由團體薦舉之議員。其貴族議員。皆僅占一部分也。惟英

論說 二

國上院之組織純由爵位貴族與僧侶貴族而成而不參加其他之分子緣此之故遂使英國上院之地位蒙一絕大之影響焉**則因其純爲世襲之議員失人民之後援而其勢力日以失墜是也**試觀近二百餘年以來英國之上院對於下院議決之財政案不能有修正權且不敢否決之而其他重要之議案亦常仰下院之鼻息以爲可否於是上院無能之聲久騰喧於國民之口而近數十年以來改革上院之論時有所聞而距今二年前上院忽違反二百餘年來政治上之慣例否決下院議決之豫算案以此逢下院之怒於是改革上院之問題遂如矢在弓弦應聲而發矣今者上院之改革殆屬不可避之事然而在朝黨與在野黨尚各異其意見當二年前上院之否決下院議定之豫算案也其時下院中之自由黨議員及加盟於自由黨之他黨議員皆慷慨激昂盛唱裁撤上院之論今雖覺上院之裁撤未易見之實行然改革之事則認爲不可緩矣而其改革之目的則關於改良組織之分子尙認爲第二着現所急欲見之實行者則在限制上院之權力也據在朝黨（即自由黨及加盟於自由黨之愛耳蘭黨勞働黨等）所提出之上院否認權廢止案都爲六條觀其內容不特關於財政案上院

之權力。全被剝奪。即其他法案苟繼續三會期。悉通過於下院者。無論上院之贊否。皆得成爲法律。使此案而得實施。則英國之國會。**雖有兩院之名。實則無異。僅存下院一院而已矣。**此在朝黨所主張之意見也。而上院中保守黨（即在野黨）領袖蘭斯達文卿。則提出上院改造案。依其法案。上院之議員。限於三百五十名以內。由世襲貴族互選者百名。由勅選者亦百名。由一定區域之下院議員團選舉者百二十名。皇族及大僧正二名。由全國敎會選出之高僧五名。爲高等法官之貴族十六名。而爲世襲貴族之代表者。須具有一定之被選資格。**此改革案之目的。一方面在使上院加入平民之分子。一方面又將使上院回復已失之勢力。**此在野黨所主張之意見也。然在下院中。卒謂上院改造案。可暫從緩議。而先開議上院否認權廢止案。此案經於陽歷五月十五日通過。而送之上院。上院反對之。仍提出修正案。亦於陽歷七月議決。而送之下院。現上下議院。雖各持一議。然依英國首相（即自由黨首領）之宣言。其最後之手段。將借英皇之特權。別造新貴族。以弱上院反對黨之勢力。要之務使上院否認權廢止案。得以實施。現保守黨中之一部分。亦既漸示降服之意矣。則以勢而論。將來此案之得實行。殆十有七八也。

夫稽英國國會之歷史。則其始實先有上院。而後乃有下院。而當十三四世紀以前。其國會之勢力。殆全在上院。而下院等於伴食焉。豈料物換星移。今昔異致。以前古勢力赫赫之上院。今也乃一落千丈。將爲下院之輿臺。論世者又安能不起滄桑之感耶。故吾人觀於此次英國之政爭。其所感觸者。有數端焉。

**第一** 英國上院勢力之失墜。以其所有議員。皆爲世襲議員也。觀乎此。則知凡行二院制之國。苟其上院之議員。非由人民所選舉。則上院之權力。不能不下於下院。英國無論矣。以日本之貴族。其勢力尚咄咄逼人。然其國家之財政案。每歲必先提出於衆議院。俟議決。乃移之貴族院。所以示非由民選之議院。其地位不能全與民選議院對等也。中國將來之國會。固必採用二院制。**然上院之組織。苟無民選之議員。則上院之權力。必不能與下院抗衡。蓋國會爲**

國民代表之機關日本美濃部達吉博士嘗唱此說歐洲學者唱此說者亦甚多非由國民組織者安得與由國民組織者平等觀於英國其可爲師資也

第二　英國自由黨之提出上院否認權廢止案。欲剝奪貴族之權力而擴張平民之權力也。保守黨之提出上院改造案。亦欲縮小貴族之權力而擴張平民之權力也引入平民之勢力於上院即所以擴張平民之權力也　觀乎此則知二十世紀之國家。不能不行平民政治。以有貴族之國。猶且謀所以剝奪貴族之權力。若我中國以二千餘年無階級之國。而自資政院開設。忽發生有宗室王公世爵議員。滿漢世爵議員。外藩王公世爵議員。宗室覺羅議員。若欲重揚貴族之死灰。然何其與世界之大勢相反耶觀於英國。又可爲殷鑑也

第三　英國平民勢力之伸張。實由於其政黨之發達。蓋英國今日純爲政黨政治。

組織內閣者必爲下院之多數黨由政府與議會聯絡爲一氣以故其勢力雄厚雖以前此曾大振威權之貴族僧侶不能不受其裁抑而其勢力日以衰微 **觀乎此則知政黨之勢力可以摧滅其他階級之勢力中國今日誠欲謀改造親貴內閣防止貴族議院觀於英國又可不知所致力耶**

**第四** 英國首相亞斯葵士言最後之手段將借英皇之特權別造新貴族以弱現在貴族反對黨之勢力且已得有英皇保證之書翰而以是示之保守黨夫英國今日乃貴族勢力與平民勢力互爭消長之時也而在英皇乃不袒貴族而袒平民從亞斯葵士之言使權全歸於下院卽袒平民不袒貴族也誠以爲皇室計得少數貴族之依附不若得全國平民之愛戴也 **觀乎此則知中國今日在 君主誠欲求保萬世之尊榮則遇貴族與平民衝突宜取扶翼平民之手段其毋**

惑於所近使王公貴人得借之爲護符致人民集怨於
皇室也

第五　陽曆七月二十四日英國下院中因討議上院否認權廢止案有少數保守黨員妨害亞斯葵士之演說翌日即深悟其非相率聯名致書於亞斯葵士以謝罪夫對於連年劇爭之政敵稍有失禮之舉動即能引咎自責其尊重秩序之風能勿使人起敬耶觀乎此則知爲政黨員者必不可不以禮自持而中國今日之新黨遇有集會常任意以防害敵黨之演說謗毀敵黨之名譽甚且握拳攘臂爲野蠻之舉動焉以視英國之保守黨員不識其亦有愧焉否也

第六　英國保守黨領袖蘭斯達文卿近宣言於上院『謂吾人與政府對抗用各種之手段其力已竭六分之五矣然由此方法愈以促進憲法上之危機且政府實有

保証其所主張之材料。吾人不如姑讓步。而爲名譽之解決』而在巴爾華氏。則亦同此意見。又依保守黨二三機關新聞之所言。謂保守黨員。倘不容巴爾華蘭斯達文之勸告。則巴蘭二氏。必斷然辭去首領之職。若然則巴蘭二氏之政治道德。眞可以風矣。夫巴爾華自一九〇五年辭職（時巴氏爲首相）保守黨之內閣顚覆。讓自由黨起而當政局。其伏處於野者六年於茲矣。而其因上院問題。與自由黨起非常之劇爭者。亦二年於茲矣。凡爲政治家者。久屈處於野。則思活動於朝。加以連年政爭。因種種之積忿。則其欲得政敵而甘心之。乃人之常情也。而巴氏蘭氏。獨能於頻年紛爭風潮萬丈之中。勒馬懸崖。舍己見以從政敵。使其得全奏凱歌。此眞非一般人之所能者。休休有容之量。直可與山海比高深。望風者安得不爲之下拜也。**觀乎此則知爲政治家者。必不可以無雅量。蓋能讓人成功。名正所以顯己之道德。而中國今日之達官政客。其對於政敵。不惟毫無退讓。而已且常欲擠之於九淵。蓋國家可亡。而黨見不**

可除此我國政治家之積習也視巴蘭一氏之以辭職逼同黨使讓政敵成功名眞覺高風之不可攀矣

第七　英國屬於保守黨之新聞有『每日』及『電報』者近皆變其論調勸其黨以贊成上院否認權廢止案而泰晤士報亦以是勸保守黨謂勿爲無益之紛爭夫新聞記者常好擁護其前說而不肯降伏於他人此各國新聞之通弊也而『每日』等新聞獨能恍然改悟取消其前說而贊成敵黨之所主張尊重公理而不固守己見文明國之新聞不當如是耶　觀乎此而知爲新聞記者苟有爲國爲民之心必不可無舍己從人之量而中國今日之報章當其與政敵舌戰雖已明知其錯悞而亦必力護己說必不肯屈服於他人其亦但知能辯之爲崛強而不知能讓之爲美德也觀於英國保守黨『每日』等諸新聞

# 其可不知所自返耶

夫英國此次之政爭一政治現象已耳一憲法上改革之事件已耳而其政黨之發達皇室之賢明政治家之雅量新聞記者之道德在在皆足爲後進國觀摩之資乃知英國之强盛實有所以致强盛者在也故吾觀其經過之事跡輙述所感觸者如右質之海內通人其亦與余有感焉否也

# 國民與國會之關係（續第十五號）

茬譯　柳隅

## 第六篇　公質議案及私質議案

### 第一節　論國會之利害

讀英國工業之歷史者。皆知今日工場機械之完備。由於漸次之進步。夫英國之國會。則亦一機械而已。其原始之搆造。極簡單。而隨工事之漸需乎縝密。其機械亦漸進於縝密。讀者苟熟觀前數篇所論述。則知英國之國會。所以得成爲今日之形體者。實非一朝一夕之事也。抑吾人欲論國會之性質。則其能力何如。與利益何如。實不可不置爲論題中之主眼。而此等要旨。不惟吾所不能已於言。當亦讀者之所急欲知也。

國會之機械。其爲利爲害。實可試驗而知也。彼戈尼斯比氏。嘗欲以論說之政治。代國會之政治。其批評國會之言曰。國王而倚賴國會。則使人疾怨其政治。寺院而倚賴國會。則使人不信其宗敎。雖然。此特架空笑罵之言而已。不足以爲定論也。斯託立克氏又有言曰。

人者機械之動物也。以其爲機械故。可利用。於是懷抱野心者。乃抽籤而招集六百五十八名之雜種類（暗指國會議員）因告之曰。曷使國民爲我黨盡疲勞。曷使國民爲吾黨竭膏血。曷使國民屈服於吾黨。而至於飢餓悲哀。或陷於罪惡。衆從其言

夫使第一流之學者及政治家。而皆表同情於此說。則國會之機關。將無批評可否之餘地。直社會之一毒物而已。然此等評論。其言之過當。此稍有識者之所能知也。故欲論國會之價值。當就其實際上之利害以下批評。斯持論乃可不陷於一偏也。

國會之職掌。其事項頗多。彼上院之裁判權。以與本篇無關係。姑不具論。大抵國會之職務。其大綱可分之而爲二。即**公事**及**私事**是也。公事者。關涉於全國之事業也。私事者。關涉於一方或一人之事業也。而所謂公事者。又可分之爲三項。一曰立法。二曰財政。三曰監督。其第一項。即制定法律是也。其第二項。卽供給歲入及整理歲出是也。其第三項。卽監督行政是也。而此三項之公事。則由六百五十八名之議員擔任

之。吾且由其施行之手續。以論國會實際上之利益。

今試先就立法之事論之。自耶德華第一以後。所謂『凡事關於全體者須經全體承認』之一格言。實爲國會立法權之根據。雖布蘭他的匿特朝之時。國王時有違背此格言之舉。而條特爾、及斯宇阿特兩朝。亦常不尊重此格言。然要之非經國會之勸告及協贊。則國王必不能制定法律。此固稽諸歷史而可知也。當布蘭他的匿特朝之時。立法之手續。首由上院之勸告。而下院更請願於王。國王乃與之以裁可。此常例也。而此慣例。終生出一種之障礙。蓋國王之裁可。非必悉照請願之原文。故時或以裁可請願爲名。而其內容。則國王別自變更之。此國會與國王所以常起齟齬也。及亨利第五時。（一四一二年即位）王自與國會約。謂爾後決不反下院之請願。而以私意制定法律。又亨利第六時。（一四二二年即位）國會再廢請願而創設議案。於是立法之全權。乃掌握於國會矣。（其他職權下再分論之）

## 第二節　兩院議案之起草及處理

由國會之通則論之。則上下兩院。皆有起草一切議案之權。而徵之實際。則回復名譽之議案。率由上院起草。租稅之議案。率由下院起草。除此二者之外。其他之國會條例。兩院皆得以起草。此實際上之慣例也。然在上院。其議員皆得直提出議案。而在下院。則其議員將提出議案。必先得院中之許可。而得其許可時。則理事者收受之。而付之第一讀會。然後命其印刷。旋即指定第二讀會之時日。第二讀會之後。則委托之全院委員。全院委員。逐條討議。而加以修正。修正之後。申報於會塲。會中或定再討議。或命再修正。此等之手續告終時。其議案再付之第三讀會。通過之後。則送之他院。他院亦依同一之手續。先付之第一及第二讀會。然後委托之委員。而命其審議。待其申報而再審議之。於是乃付之第三讀會。遂於斯議決焉。若接受他院送來之議案。不加修正時。則其議案。即可請裁可於國王。若加修正時。則其議案。應再送還之起草之院。起草之院。苟贊成其修正。則其議案。亦卽可請裁可於國王。經裁可之後。其議案遂成爲法律。議案以青紙印刷之。而法律則以白紙印刷之也。

### 第三節　議案之廢棄及排斥

上下兩院。對於提出之議案。皆有廢棄之之權。彼下院當提出議案之塲合。忽否拒其提出而廢棄之者。此數見不鮮之事也。蓋上下兩院。對於提出之議案。當爲付托之委員之動議。及議決本案之了結動議時。皆得廢棄之。即無論在何讀會。皆有廢棄之之權能也。不特此也。其在委員會。當審查原案或修正原案後。必報告於全院。全院得其申報。再加以審議。當此之時。亦一得以反對其議案之機會也。而又不止此。當朗讀議案時。或遂直被否決。或別有揭其不當之立議。而此立議。則不可不於朗讀原案之前。先爲從事也。又議案將委託之議員時。往往命其對原案須大爲變更。而此等立議。亦不可不於付之全院委員之前。先爲從事也。抑一切之議案。當在討議之中。爲議員者。常得提議停會或延長其討議之日程。而全院中對此提議。苟或別有異論時。則是否應如其議。不可不於未開討議本案之會之前。先議定之。又提議停會或延長討議之議員。於同一會議中。不得再爲此等之提議。若其他議員。則可以爲此等之提議也。且依議院之規則。往往對於同一問題。常需一回以上之表決。例如有某議案。當付之第二讀會之際。常必先有動議之文曰。「此議案**今**當爲第二回之朗讀」。而反對原案者。常提議刪去文中之一**今**字。於是**今**之一字。果爲問題之一部分與否。不能不付之表決也。而就此論點。大率以全院之表決爲終結。例如今之一字。苟決議保存。則此議案。當即爲第二回之朗讀。若今之一字。決議删去。則其修正之文體。當加以『延期至後六箇月之本日或後三箇月之本日』數語。此常例也。

上下兩院。當議決廢棄議案時。常故擇國會不開會之時期。謂爾後六個月之某日。或三個月若次月之某日。本議案當付之朗讀。然以某日朗讀議案之命令。終局不見施行。蓋此議案。實際上固已歸於廢棄也。而表決廢棄之際。其在上院。則用**滿意**及**不滿意**之語。其在下院。則用**諾**與**否**之語。而上下兩院。爲計算此等之發語。須有補助書記之人。大率各用二名之計算者。而由院長任命之。又表決之際。上院之唱滿意者。與下院之唱諾者。則立於右邊。上院之唱不滿意者。與下院之唱否者。則立於左邊。而在書記。則環顧左右兩邊之議員。各登記其姓名。於是計算者乃據之以計算其員數。夫國會之計算者。其名爲『珠康脫』其意義實導源於往時會計檢查院之計算者。但會計檢查院之計算者。以算金錢爲務。而國會之計算者。則以算決議爲務也。

第四節　議案之讀會

議案之提出。以無異議而收受之。又第一朗讀之際。不加討議而通過之。此雖爲常例。然對於此等之動議。須費極長之討論者。又議會中所常見之事也。當第二讀會之際之討議。於本案之議決上。最占重要之地位。蓋對於原案。其爲眞正之審議。實在此時也。若夫此後期程之討議。（如第三讀會）其責任之重。決不如前次之期程。（第二讀會）蓋議案之運命。實自前期程之表決而已決定也。凡議塲之議事。少數者常歸敗績。縱令倘試抵抗。其結果也。終不得不豎降旗。此通例也。雖然英國之國會議員。常有類於往時滑鐵盧軍隊之舉動。雖明知衆寡不敵。常强項不屈。以孤軍而當强敵之鋒。彼滑鐵盧之戰。英軍不守拿翁之戰律。卒獲最後之勝利。今日之議員。亦竊思其故。智議塲之舌戰。常浪費長久之時間。而爭議之終局。向者極有勢力之議案。當第三讀會之際。或將屆終極之議決之際。往往忽歸於廢棄。藉口舌之力。而轉敗爲勝。此國會中所常見之事也。緣此之故。爲議員者。雖其所主張之說。其始未得多數之同情。然常不惜竭力以爭之。此讀會之際。所以屢有冗長之討議也。

## 第五節　委員會之設置及同會之職務

於第二讀會與第三讀會之中間。對於議案。其職務之最重者。實爲委員會。其在委員會。對各種議案之細目皆必加以審議。而審議告終之後。則申報於全院。全院依其申報。又再加以審議。而當開全院委員會之時。無論上院與下院。其議長皆離議長席。其在上院。則以全院委員長就議長之席位。其在下院。則以立法委員長就議長之席位。而上院之全院委員長當會期之初。由貴族中選舉之。下院之立法委員長亦於會期之初。由議員中選舉之。又在下院。其平日案上置有笏焉。所以表示議長之威嚴。當開全院委員會之際。則移之案下。明此時非以議長爲主席也。且上下兩院。其委員會會員。當審議各問題之際。其討論之時間。不設限制。又議案委員會。其討論議案。既告竣事時。則必以加修正之旨。或不必加修正之旨。申報於全院。而隨此申報。議案委員會之責任。即於斯告終也。然委員會之會議。苟一次不能終結。而別須再開會。則必以其原由申報於全院。而請求許其爲再度之會議。故委員會之爲再度會議之請求。以視全院會之爲討議延長之動議。殆無所異。特委員會苟不得全院之許可。則不能遷延其會期也。

凡委托之委員會之議案。其修正之事。一任之委員。此常例也。然亦有先由全體授意於議員者。如二議案同出一意。而命其併歸一案。又或不慊於其內容。而豫命其須加修正。又時以其議案不完全。與基於其他之理由。須變更其體裁。因命委員改正之。以付印刷。此皆先由全體授意者也。遇此等之塲合。擔任該議案之議員。固得以最短之時間整理其議案。但將付之再印刷之議案。則不可不經委員會之審議。而在委員會。對於此議案。苟已決議認可。而不再加以修正。則全院接其申報。亦不得再加以修正也。而此等議案。其在委員會。罕有再加以修正者。苟其有之。則全院得其申報後。亦常再加以修正也。惟申報之後。當開全院會議時。爲議員者。對於各論題。不得有一回以上之發議。而非有豫告時。亦不得再以修正也。

又對於或種之議案。例宜開全院委員會。然竟不開。而直付之選擇委員會者。蓋以技。術。之。問。題。多。數。之。議。員。無。判。斷。其。可。否。之。智。識。不。若。少。數。之。精。於。其。事。者。更。得。辨。別。其。良。否。得。失。此。所。以。換。開。全。院。委。員。會。而代以選擇委員會也。選擇委員會之委員。其一部分由於全院所選出。其一部分則由於選舉委員所選出而選舉委員會。則以常置委員長及各會期之初依全院指名之議員五名組織之。而推其名稱所由來。則以往者有鐵道議案委員會之設立。須選舉其委員。此所以有選舉委員會之組織與其名稱也。抑在選擇委員會。又別有組織之之法焉。卽其委員一部分由於全院所選拔者。一部分由於某議員之動議而指名者。而二者之員數則必同一也。而選舉委員之職務。時或僅在於訂正議案而已。又時或對於審議上。握有幾多之特權卽凡因審議之故而須召喚人員與徵集文書。彼皆有此權力也。又對於公質議案之選擇委員會。彼其會長。則由其委員所自選舉也。抑議案之委托之選擇委員。推其本旨。非敢以是廢止全院委員之公審議也。特以委托之選擇委員。可以使審議之敏捷。蓋技術的之議案。卽令付之全院委員會。而在全院委員會。其所議決者。亦不能不爲富於經驗之議員之說所左右也。

## 第六節　兩院決議異同之處分

如上所述之方法。無論在上院與下院。皆爲對於公質議案之手續也。凡一切之議案。

當未成爲法律之先須經兩院之協贊而兩院之意見則不必相同蓋以現在組織兩院之分子有貴族與平民之分故其所持之論常不能相一致此實勢所不能免也夫通過下院之議案而上院則議廢棄之與通過上院之議案而下院則議廢棄之此爲國會中所習見之事但使此等之議案於兩院自身之權利無所影響又於公衆之利害上無重大之關係則在甲院亦常容乙院之議而使之歸於廢棄也雖然苟其議案而爲重大之事件則甲院通過而乙院欲議廢棄之於斯時也遂有種種困難之情形生焉當一八三一年第二國會改革之議案爲上院所廢棄克零侯因請於國王命國會停議數週間以促上院之反省又一八三二年第三國會改革之議案由委員會加以緊要之修正其時克零侯謀使其案之易通過因請於國王遇必要時許臨時增設新貴族蓋欲以新增之分子對抗現在反對之分子也又一八六〇年紙稅廢止之議案下院通過而上院議廢棄之其時下院即以上院無廢棄財政案之權爲口實而力攻上院爭議之結果卒定以後財政上一切之處分集爲一議案令上院承諾或否認之而已即上院可否財政案之權、限於全體、而不能分各部以可否之、緣此之故、勢不能不承認其全體、蓋由全體中有若干必要之項、不可以廢棄也、此實爲下院逼上院必從其議之策、夫讀英國之憲法史。每遇重要之問題。上院雖欲爲獨立之主張。其結果也。反以殺其權力。而爲政治家者。鑒於歷史上之事實。凡重大之問題。雖遇上院之反對。常持再接再厲之勢。抑上院之與下院競爭。其結果常歸於失敗者。亦由其當時之舉動。常不適合乎時勢也。

## 第七節　兩院之通信及協議

由實際上觀察之。甲院可決之議案。終極爲乙院否決者。其事甚稀。雖有之。亦百中之一二而已。若夫原案之大體。兩院皆可決。惟對於其中若干之細目。彼此異其意見。此則國會中習見不鮮之事也。而遇此等之場合。則不可無法以調停之。依從來之慣例。上院與下院之間。遇有此等之事件。常委之練達事務之議員。以試其調停。而欲事調查。則兩院之間。必有**通信**之事。於是乎**兩院間通信之方法**。又不可不爲論及也。

其在通常之場合。甲院與乙院之通信。以申牒之文移送之而已。但在前此上院欲移申牒於下院。必由衡平法院之院長及副院長傳之。其關於皇族之議案。則又依二名之法宜以傳之。而下院欲移申牒於上院。則由八名之議員以傳之。而此八名議員之內。其一名為立法委員長。此前此兩院間移牒之慣例也。而此慣例。今已廢棄不用。蓋今日通信之方法。其申牒之移。命書記一名以傳之而已。夫在三十年以前。甲院所議決之議案。苟不認可乙院之修正時。則須有協議。而要求協議者。則必在不承認其修正之院也。惟所以必須協議之理由。苟非詳細縷述。則在乙院。可以拒絕其請求。若此協議既認定其必開。則其會期及會所。由上院指定之。然後兩院各舉代表者赴會。以協商而代表人所應履行之手續。極其簡單。卽要求協議之院之代表者。以不承認其修正之理由書。授之乙院之代表者。乙院之代表者。卽以是申報之本院。苟乙院接其理由書。而贊同其說。則其生異議之修正文。當即為除去。反之。而乙院不能贊同其說。則可開**第二協議**。苟第二協議。尚不能解決其事。則又可開**自由協議**。所謂自由協議者。卽兩院之議員。皆得與會。而下院之議員。則先赴會所。會合之中。脫帽而起立。上院之議員。繼之而至。覿面時脫帽為禮。旋復戴冠就席。於斯時也。兩院之議員。無須授受理由書。直可隨意發議。各暢陳其所見。雖然此等協議。兩院之議員常各不肯屈其所見。於是徒浪費討論之時間。而所爭議之問題。終不能解決。故自由協議之法。今遂歸於廢止。即一七四〇年以降。開自由協議者。僅有一次。一八三六年以降。此等協議。絕不一開。至於今日。遂公認其爲已廢之法焉。又通常之協議。至於近時。亦罕聞有開之者。則以由開此等之協議。以授受理由書。無甯馳一介以送申牒。其法較爲簡便也。

### 第八節　議案之裁可

兩院之意見。苟終極不能調和。則其議案必歸於廢棄。此可無俟論也。若夫其意見既歸於一致。則其議案。卽可由之以請裁可於國王。夫由理論上言之。則國王對於議案。今固尙有拒絕其裁可之權。然自女王安卽位以來。一七〇一年卽位 國王對於議決之議案。未聞有拒絕其裁可者。是故不裁可之事。今之國會。已不復以是爲慮也。抑在國王。惟依責任大臣之勸告。以可否國會上奏之議案。而責任大臣者。依下院之向背。以爲進退者也。故責任大臣。決不能以不裁可通過下院之議案。勸告於國王。夫在往昔君權強盛時。國王亦常有不裁可議案之事。於斯時也。則用『朕有所思慮』之成語。以爲不裁可之理由。若夫裁可議案之勅文。則用『王若女王之所欲也』之成語。而至於今。猶然習而用之也。但對於供給皇室費之議案。則用最珍重之詞。即其文爲『朕今謹謝汝善良之臣民。嘉納汝臣民之忠愛。汝臣民此舉實適朕意』是皆典故之語。又裁可私質議案時。其文爲『朕裁可請願』此亦一成語也。

## 第九節　公質及私質兩議案之處理

國會之開會也。於審議公質議案之外。尙有私質議案焉。斯亦爲應審議之事也。夫由理論上言之。審議私質議案。與審議公質議案。本可用同一之手續。然彼此所經過之途徑。實際上常相異。故審議私質議案之法。不可不別爲論及也。

自一七九八年以前。條例類集中。關於全國一般之條例。與關於一地方之條例。無所區別。即關於全國一般之公質條例。及關於一部之地方條例。皆彙於一編中。未嘗分離。惟人質條例。別印成一編而已。然自一七九八年以降。地方及人質之二條例。皆別爲分出。而與公質條例異其編。蓋公質條例者。依通過國會先後之次序。排列於類集中。其號數則用亞剌伯字。若地方及人質二條例。（即私議條例）雖亦依上之次序。以排列。而其號數則用羅馬字也。今試舉其一例。即一八七九年之陸軍紀律及規則條例。其號數用 42nd and 43ld victoria caput33 是蓋維多利亞女皇即位之第四十二年。通過於國會之議案。至第四十三年始決定之公質條例。而其號數爲第三十三。其33即三十三之亞刺伯數字也。又因首府道路之工事。以奈斯橋之土地買收權。賦與國王之地方條例。其號數用 Qhe 42nd S 43nd Victoria Capwt CCXLX 是亦維多利亞女皇即位之第四十三年。通過於國會之議案。至第四十三年始決定之私質條例。而其號數爲二百十九。其CCXLX 即二百十九之羅馬數字也。夫在通常之場合。世無有用此等之語者。蓋此惟用於條例類集中。以之示各條例之位置而已。迨於近年。爲欲使大意之易知。條例之中。易以簡短之記法。即維多利亞女皇即位之第四十二年。通過於國會之議案。至第四十三年始決定之條例第三十三號數語。今所記於國會文書中者。惟爲『千八百七十九年之陸軍紀律及規則條例』之語而已。又尋常語言之際。此記號尚歸省略。但稱『陸軍紀律條例』已也。

第十節 私質議案之審議

自一七九八年以前。所刊行諸私質條例。皆專爲人質而設也。即處分富家男女離婚之法律。及規定外人之歸化與其他類似事件之條例是也。雖然此等人質的條例之外。社會又有新條例之要求焉。即規定道路築造或運河開鑿之法。規定橋梁建設之法。規定築港之法。規定都府取締之法。規定各地鋪石及街燈創設之法。是皆爲社會所需之法也。然而規定此等之事之條例。由實際上觀察之。固非必屬必要之物。蓋現今最重要之私質條例。實爲處理鐵道之法也。夫距今百年前。私質議案。概爲處理人質的事件。而在五十年前。則專以獎勵地方及寺領之事件。其在於今。則最重要之私質議案。乃在於獎勵國民重要之建設也。

私質議案之審議。與公質議案之審議。必不能相同。今試舉一簡單之例。彼許可鐵道私設之條例。與處理許可公共建物或人民教育事業之條例。其趣旨實大相逕庭也。即一方之事。國會所當審議者。惟在欲謀公益。當以如何處置爲最善。而他方之事。國會所當審議者。則在欲謀公益。同時又須防由不注意而害及他人之事也。抑謀設鐵道之人。其在國會。初不以謀公益之人視之。誠以彼其計畫持爲謀得金錢上之利益。

而其反對者。亦不得謂基因於公益。蓋唱反對論之徒。亦不過爲謀自身之私益也。是故國會欲廢棄或認可其法案。比之規定公益案。須用二重之力。卽國會對於私質案。不獨施用立法部之權力。同時又施用裁判所之權力。（上院即有裁判權）其行立法部之職權。則用通常之手續。其帶裁判所之職權時。則爲二重之審議也。

第十一節　私質議案之提出及議院受理之方法

私質議案之計畫者。其應注意之規則。極爲尨雜。卽私質議案之請願者。不可不於十二月廿一日以前。提出於私質議案局。又該請願者。於同日以前。又不可不遵守兩院之常規。此等常規之要件。一爲議案之要旨。必須廣告。二爲受此議案影響之財產所有主或占據者。必須豫告之。三爲關於所計畫之文書。必安置於指定之場所。四爲解明此等文書之模型。必須明細而整備。五爲於或場合所需工事之金額。當以其若干分納於指定之官衙。以作保訂。而此等常規能否遵守。則由私質案檢查員二名。按而檢查之。此二檢查員。則由兩院議長所任命也。其在無他人抵抗之私質案。爲檢查員者。但就其能否遵守常規。可以自己之斷案。申案於全院。若在受他人抵抗之私質案。

則爲檢查員者。於未申報之前。必先令原告舉其違反常規諸點。以備對照。但各私質議案。無論其受人抵抗與不受人抵抗。先由檢查員一名推窮其有無違反常規此常例也。

依前述之手續。私質議案之請願得檢查員之裏書時。其請願書又不可不經擔任此責之議員。以提出於議院。當此之時。若檢查員以其案無違反常規之旨申報於議院。則議院即直命提出本案。若檢查員以其案違反常規之旨申報於議院。則其請願之原案。與檢查員之申報。皆委之常任委員以處理。(該委員由各會期選任共十一名)常任委員對於此案。將嚴飭其遵守常規。與不嚴飭其遵守常規。又許可此案之提出與不許可此案之提出。皆聽其斷定。此常任委員之職掌也。故若常任委員。以嚴飭其遵守常規之旨申報。則此案應歸於消滅。反之而非以嚴飭其遵守常規之旨申報。則本案之擔任委員。即朗讀常任委員之申報。而提議許可本案之提出。於是議院遂許可其提出焉。而本案第一讀會之後。其第二讀會之期。則於三日以上七日以內。先決定之。第二讀會之際。不討議而通過。即以委託之委員。此通則也。然時或用審議本案趣意之變。則於第二讀會之際。即廢棄本案。亦所常行之法也。

私質議案於第二回朗讀之後。多以委之選舉委員會。若關於鐵道運河之議案。則以委之鐵道運河議案總委員會。而選舉委員會及總委員會。其組織之之委員。由各會期之初任命之。而彼此執行連帶之職務。蓋此二委員會。就所有之私質議案。分爲數部。每部各付之適當之委員會以審議。以分其責任。則其事易舉也。故在鐵道運河議案總委員會。以關於首府之議案。委之甲委員會。以關於蘇格蘭之議案。委之乙委員會。此其區分職務之法也。而各委員會。以議員四名委審官一名組織之。此四名議員之內。其一爲委員長。卽由鐵道運河議案總委員會所任命者也。而其他之三名。則由於選舉委員會之所選拔者也。凡奉委員之職者。限於對其議案。無自身及地方上之關係之人。而會議時則不許缺席。又對於不經正當之審問及無確證之事件。則以不投票之旨記之。以表示其對於此議案之意見也。

第十二節　私質議案之詞訟審理及其不便

如上所述之委員會。對於贊成私質議案及抵抗私質議案之訴訟。有檢定之之職務。

而議案贊成之詞訟。由贊成者申訴之。議案抵拒之詞訟。由爲反對之請願者申訴之。但此請願者其請願之理由。苟非基於現在正當獲得之位置。如現採掘之炭坑入將敷設鐵道於其上 則委員會不得採用其議。而欲判定其獲得正當之位置與否。其在下院。則於委審官之法廷行之。其審問之責。則以立法委員長及由議長指名之委員三名以上任之。其在上院。則判定之責。委之受托議案之委員也。今試先就下院論之。當審問之時。初建議者、及反對請願者、與其公議人。指律師等 皆赴下院委員之前。而於雙方訂人宣誓之後。即受審問。於此場合。遂履行裁判手續之慣例焉。而在國會對於此議案之措置。須俟委員之申報可否。若委員將與以認可時。則須先考驗其凡例。夫考驗凡例雖僅一節之事。然於審議議案之本文上。實有重大之關係也。雖然凡議案上之紛議、比之凡例上之紛議。常多爭點。蓋反對之請願者。對於議案。旣抱種種不平之感。則審議之際。每感觸於一語句。即吐出無數之議論也。抑在審問之之委員。於收受訴訟者之訂據之後。對於議案。即依自己所觀察。而加以修正。修正之後。委員長即申報於議院。議院於是乃定審議其議案之期。及屆是期。此議案或再加以修正。或仍委托之委員、要之、是期之、會議。

在本議案上。實占最重要之期程也。若其他之期程。不過履行儀式而已。然此議案。必經第三議會。然後通過。此則議事上之通例也。

如上所述。尚未足以盡通過私質議案之手續也。蓋通過下院之議案。移之上院。尚必經同一之審問。而通過上院之議案。移之下院。亦必再經同一之審問。如上所述特下院所施行之手續而已。若上院所施行之手續。則與下院有異。是又不可不知也。

夫對於一議案而上下兩院。各履行一次之審議。則其勞費甚多。此必然之事也。蓋議案之建議者。及反對之請願者。既各需用代理人及辯護士。又須携帶証人以付倫敦。就此數者。其所費固已不貲。而在同會期中。又必經兩院之審議。下院既履一次審議之手續。而上院又再履行之。此等方法。不徒建議及反對者感其不便。即兩院亦感其不便也。夫在往時。關於鐵道議案之委員會。其組織之方法。比之今日更加繁雜。而訴訟者之費。其額亦多。則對於今日之制度。不能不喜其較勝一籌。雖然其勞費之多。尚使與其事者。人人皆感其不便。故此等職務。必將以其他直捷之機關任之。而如上所述之方法。必將歸於廢止。斯實可斷言也。

## 第十三節　國會之職務分任於他機關

讀近世國會之歷史。關於私質條例上。其職務常漸次減輕。而其減輕之趨勢。今尚未知所屆。斯固事實上所彰彰不可掩者也。夫在往昔。由私質條例所許之外。不能離婚。亦不能容外國人之歸化。又選舉訴訟之事。其裁判之責。亦在於下院之選擇委員。然自三十五年前。關於外國人之歸化。許內務大臣有結與入籍狀之權。自二十年前裁判離婚之事。別付之其他之法廷。自十二年前。選舉之訴訟委之通常法官以審理。由此。立法及行政之變更。遂使國會之地位減輕。其不適當之職務。而在社會一方面亦因之而獲幾多之幸福也。又在前此凡需警察力之州。要保護貧民之都府。將起業之會社。欲鬻世襲財產之地主。苟非得國會之認可。則不能達其目的。蓋由公質條例中。無關於此等之規定。故欲舉此等之事。不能不出於私質議案也。然自一八四五年以降。凡分割共有地以發賣之事。其審理之責。別設委員以任之。（自一八四五年以前此等之事惟依國會之私質條例以行）而此等委員之職掌。在於推問其分割賣却之事情。及許可其分割賣却時。則與以許可施行之**命令書**。惟此命令書。苟非經國會認可後。則不能有效力。又雖經國會之認可。然其命令書。不過屬於一時之處分。故又稱之曰**假命令**。此等命令書。爲欲求國會之認可。必製簡單之議案。每歲提出於國會。此內務大臣之責也。而國會對於此等之議案。付之通常之審議。比之審議公質議案。殆無所異。由是觀之。共有地、分割、賣却之限制權。國會尚未放棄之也。**惟其審理之責。昔在國會之選擇委員。渚今使他官廳代理之而已。**而任此職務之官廳派吏員一名。赴分割賣却地之近傍。以探求關於此等之証據。由此方法。嚮之携証人以赴倫敦。其種種之勞費。遂可以免也。故此經國會認可之假命令。非能破壞國會之監權也。特由此方法。可以與社會以利益。與省經濟上之勞費耳。

第十四節　國會職務分任之利益

如上所述。共有地分割賣却之事。其審理之責。由國會委之其他之官廳。而此等職務代任法。今也。凡關於商埠、港灣、車道、漁業等事。亦依之以審理。**葢自有假命令以來。凡關於地方小計畫之私質議案。殆已歸於消**

滅也故此假命令之制使漸次擴張則無論如何之私質議質皆必歸於消滅斯實必然之勢也故以余之見將來於全國各地設適宜之官廳使審理經國會認可各事業之處置及編製請求國會認可之假命令斯實便利之事而亦容易之事也蓋此等官廳使任用適宜之裁判官則其所措理者必能得善良之効果且就事件發生之地以審理其事與由遠隔之地以審理其事其利益之相去又奚啻霄壤乎故從來有廣闊意義之內國民事條例即私質議案之類其範圍必日縮小而有節制意義之內國民事條例即假命令之類則爲明敏政治家之所喜斯實勢之必然者也

由上所述之事觀之則私質事件實有二種處分之法也蓋從來國會所自處分之離婚議案外人入籍議案共有地分割賣却議案等今也依假命令之創設及立法上行政上之改革已脫離國會之掌握而審理之責別屬於其他之機關然自鐵道創設以來因有此等之事業遂使國會於舊私質議案之外別有新私質議案以待其處理焉而舊私質議案雖將漸歸於消滅若新私質議案則方興而未有艾也抑如前所述審理私質事件之新法非咄嗟之間其事即可告竣也又施行之際非必絕無障礙也故

間執之議員以此等職權委之非己所置信之委員常昌言其不可蓋以從來國會所有之權力今分以委之其他之官廳實彼輩之所不欲也雖然由此改革所生之利益實足以間執彼輩之口蓋新制雖未盡善然比之舊制則其利顯然矣蓋新制之利益不特可省費用而已而又能使其設施之敏捷且使國會對於無關全國利害之職務漸次減輕而得以其有用之時間用於其他重要之職務則在國會一方面其利益亦非小也

（未完）

文牘

# 直省諮議局聯合會爲閣制案續行請願通告各團體書

敬啓者。議員等膺父老之付託。開聯合會於京師。以國勢阽危。非改良政治。不足以圖存。非改良政府。即無改良政治之希望。蓋今日種種之惡政治。皆我政府之所鑄造。我父老思之。邇年以來。朘削我民之脂膏。以饜我民之生命者誰之咎。割讓我國之土地。以飽外國之饞吻者誰之咎。委棄海外之僑商。任屠戮呼籲而不顧者誰之咎。蓋舉吾國民無老無幼無男無婦。無不舉首蹙額於我政府。而我邇年之政府。則世界各立憲國未有之皇族政府也。則我國初　祖制所未有之皇族政府也。惟爲皇族政府。其地位足以蔽塞　聖聰。其勢力足以左右內外臣工。我民即有至苦至痛之隱情。不能叩九閽而訴之。故皇族政府之階級不廢。無所謂改良政府。亦即無立憲之可言。乃者

文牘　二

朝廷實行立憲政治。新設內閣。父老喁喁望治。方冀循立憲之通例。不復以皇族掌握政權。而官制發布之初。組織內閣之大臣。仍屬諸皇族。議員等伏闕呼籲。一再呈請。六月初十日奉　上諭。都察院代奏直省諮議局議員呈請另行組織內閣一摺。黜陟百司。係君上大權。載在　先朝欽定憲法大綱。並註明議員不得干預。茲值預備立憲之時。凡我君民上下。何得稍出乎大綱範圍之外。乃該議員等一再陳請。議論漸近囂張。若不亟爲申明。將來恐滋流弊。朝廷用人。審時度勢。一秉大公。爾臣民均當懍遵　欽定憲法大綱。不得率行干請。以符君主立憲之本旨。欽此。伏查諭旨。經內閣大臣之署名。卽應歸內閣大臣負其責任。此次內閣大臣署名之　諭旨。舍皇族應否組織內閣而不言。惟以憲法大綱君上大權自爲藏身之地。其所引之憲法大綱。君上大權。又與議員等之所請求。毫不相涉。則我內閣大臣之蒙蔽宸聰。輔弼無狀。議員等所不敢不詳爲辨析也。

第一內閣大臣署名之　上諭。謂黜陟百司。係君上大權。載在　先朝欽定大綱。並註明議員不得干預。茲值預備立憲之時。凡我君民上下。何得稍出乎大綱範圍之外。竊思黜陟百司之權。操諸君上。此自臣民所同認。惟議員等請不以皇族組織內閣。乃立法之原理問題。機關組織之原則問題。非用人問題也。准立憲國之通例。行政官不得兼任司法官。外國歸化人於若干年內不得任國務大臣。一機關之組織。類有特定之限制。以貫澈立法之精神。皇族之不任內閣大臣。亦立憲國所特定之限制。蓋欲使內閣機關。爲完全負責任之機關。不得不使皇族立於內閣之外。皇族立於內閣之外。實無黜陟之可言。申言之。即凡所謂黜陟者。必其人在法律上可以組織某種機關。合則陟之。不合則黜之。是用人之問題。而非機關之問題也。若其人在立法上絕對不可以組織某種機關。無所謂黜。即無所謂陟。是純爲機關之問題。於其人之黜陟無與也。憲法大綱不云乎。君上神聖尊嚴。不可侵犯。君上何以不可侵犯。因有大臣代負責任。故大臣代負責任。何以不影響於君主。因大臣對於君主。但有任命之關係。無親族之關係。故東西君主立憲國。限制皇族不入內閣之法理。全在保持君上之神聖尊嚴。我憲法大綱。既列君上神聖尊嚴。不可侵犯爲專條。依論理之範圍。應有皇族不入內閣之解釋。故請皇族不組織內閣。非惟不出乎憲法大綱之外。實恪遵憲法大綱而後有此舉也。且所謂干預君上黜陟之大權者。必對於大臣個人之賢否。强君主之黜之陟之也。請皇族不組織內閣。謂皇族自爲一團體。立於特別之地位。不得與於國務大臣之列。以當攻擊之衝。非謂皇族　賢者當陟。否者當黜。斷斷於皇族中之個人而評騭之也。議員等兩次呈文。均請於皇族外　另簡大臣組織內閣。所謂除皇族外者。皆對於皇族團而言之。於皇族中之個人。未嘗加絲毫之臧否。天下有對於個人不加臧否而謂之干預黜陟大權耶。憲法大綱中。附議院法綱領一行政大臣如有違法情事。議院祇可指實彈劾。其用舍之權。操之君上。不得干預朝廷黜陟之權。與憲法大綱中設官制祿。及黜陟百司之權一條。互相發明。議院之彈劾大臣與君上之黜陟大權。猶並行而不相礙。議員等之請願。並非彈劾而謂之干預君上黜陟大權耶。閣臣不能言內閣必用皇族組織之理。欲巧借憲法大綱以掩一時之耳目。而不自知其逸於憲法大綱之外。此不敢不詳爲辨析者一也。

第二內閣大臣署名之　上諭。謂朝廷用人。審時度勢。一秉大公。爾臣民等均當懍遵　欽定憲法大綱。不得率行干請。以符君主立憲之本旨。朝廷用人之必秉大公。

爲天下臣民所希望。審時度勢。亦進退人才之妙用。然無論時勢如何。於絕對不能通融者。卽皇族之充當內閣大臣是也。蓋皇族密邇於君主。開一皇族內閣之例。因親貴而授以國務。無以明朝廷大公之心迹。且內閣而充以皇族。推倒內閣。卽有推倒皇族之嫌。則內閣又以皇族之故。將有不能適應時勢之更迭。故君主國無不有皇族。且旣定爲立憲政體。卽無一不劃皇族於內閣之外。皇族不組織內閣者。實君主立憲國最著之本旨也。而內閣大臣署名之　上諭。斥議員等不得率行干請。以符君主立憲之本旨。夫皇族唯君主國有之。民主國無是也。皇族不入內閣之問題。惟君主立憲國有之。民主立憲國無是也。革命黨與立憲黨宗旨之差異。全在破壞君主政體與鞏固君主政體之一點。惟欲破壞君主政體。方期剷除君主制度。皇族更非其所問。惟欲鞏固君主政體。期君主之永保其神聖。卽不得不望皇族之永保其安樂。議員等之請不以皇族組織內閣。使皇族不立於政治之中權。以招天下臣民之尤怨。皇族不爲臣民之怨府。皇上乃能永爲神聖之保持。懷挾斯旨。纘定經制。爲愛皇族否耶。爲愛皇上否耶。愛皇上因而愛皇族。愛皇族卽以愛皇上。此爲欲破壞君主立憲政體耶。抑正鞏固君主立憲政體耶。議員等惟求符君主立憲之本旨。而後有此次之請求。方以無此請求。即不符君主立憲之本旨。即無以表示我臣民愛戴君主立憲之至誠。而閣臣乃以爲與君主立憲之本旨不符。假 上諭以申儆之。則議員等之所惶惑不解者也。夫君主立憲政體。定自 先朝。 聖訓煌煌。庶政公諸輿論。旣爲立憲。而禁臣民爲政治之干請。猶得曰庶政公諸輿論耶。猶得曰符君主立憲之本旨耶。此不敢不詳爲辨析者又一也。

總之議員等之所請求者。爲不以皇族組織內閣。皇族以外。無論滿漢蒙回藏之五族。但屬中國臣民。合於爲國務大臣之資格者。皆得邀 帝心之簡。在本憲法大綱之精義。以求符君主立憲之本旨。議員等之所自信。抑亦我父老之所共信也。內閣大臣署名之 上諭。於皇族內閣不置一詞。則現內閣之自爲庇護。不以立憲之公理啓沃我 皇上。又借我 皇上之明諭。以冀緘天下之口。非獨議員等之所深喩。抑亦我父老之所共喩也。夫立憲國之君主。以不負責任不可侵犯爲原則。內閣之組織。屬於君主之懿親。是於君主不負責任不可侵犯外。加一不負責任不可侵犯之內閣。

以地位之尊嚴論。不啻一國之中有二君主。以政治之責任論。不啻一國之中。全無政府。一國之中有二君主。不可以爲國。一國之中。全無政府。尤不可以爲國。現內閣自固其地位。使我國家於世界立憲國家不能占一地位。 先朝之確定立憲政體。人民之希望立憲政治。自有現內閣而破壞斷絕盡矣。此可爲太息痛哭者也。自今以往。內閣因皇族而益固。於世界立憲國外。樹一不可動搖之內閣。任政治之腐敗。民生之困阨。我人民惟當俯首帖耳。而不能一指摘一攻擊。指摘內閣。即指摘皇族也。攻擊內閣。即攻擊皇族也。指摘攻擊皇族。即嫌於指摘攻擊皇上也。自今以往。我人民無復可談政治改良之一日。談及政治改良。即冒觸內閣。直接冒觸皇上。是皇上之神聖尊嚴。與我臣民之言論自由。同載於憲法大綱者。其勢且兩不相容。日日言立憲。憲政重要機關之內閣。首與憲政之原則背道而馳。嗚呼其何望矣。議員等自愧能力薄弱。愚誠未至。不足以動 天聽。然欲得健全之政府。以改良政治。救中國之危局。區區之隱。始終罔間。讀此次內閣大臣署名之 上諭。亦未敢遽存絕望之想。 上諭固云。凡我君民上下。何得出乎大綱範圍之外。我臣民恪遵憲法大綱之要求。 朝廷即當恪守憲法大綱以爲制度之改善。此繹　上諭之意而可知也。　上諭又云朝廷用人審時度勢一秉大公。則　朝廷之視皇族內閣爲暫時之計而終以大公爲歸可知也。　上諭又云爾臣民無得率行干請。蓋當暫行制度之時。疑吾民求之太急。故有率行干請之語。慶親王內閣本有數月以後再候　諭旨之　明諭。稍俟數月遵憲法大綱之大義。本君主立憲之本旨。再爲請　命。其必不以爲率行干請又可知也。議員等竊體斯意。再勵愚忱。定於八月內來京續行請願。尤冀我海內外各團體同時派員來京伏闕　帝閽。竭誠呼籲。倘邀　皇上之俯鑒。另改內閣之組織。吾民得完全之內閣。可以求政治之改良。皇族不當政治之中樞。君主立憲政體愈益鞏固。國利民福豈有暨焉。敬布區區。伏維　公鑒。直省諮議局議員聯合會謹啓。

## 上度支部改革幣制書

留美奥省大學畢業財政學士　陶德琨　仲涵湖北襄陽縣人

爲謹擬幣制辦法臚陳大綱幷具表說附呈書目以備採擇事。竊維幣制之善否關於財政之長消。我國近年以來。要需日增。入不敷出。內外交困。雖致此之由不一。而要以幣制未立爲莫大病根。　朝廷有鑒於斯。銳意改革。特設局調查。逐一討論。博採羣議。

詢及芻蕘。其愼重幣制。不厭求詳之處。中外同欽。德琨負笈海外。粗研圜法專學。竊謂欲建一完美幣制。須於未推行以前。認題正當。全局在握。然後可籌備妥詳計日竣事。蓋政策一經明定。日後之成敗。即豫伏於斯。改革而得其道。食福者固無涯。若規畫稍有不宜。其累及大局。往往有非數年之功所可挽回。甚至永世不能祛其遺誤。以改革幣制一事。經營之始。其費款至鉅。其擾民必多。苟非萬不得已。毋寧因仍舊制。而不肯輕議更張。查歐美各國幣制不良者。所在皆有。明知其不善而不汲汲於改絃易轍。要皆坐斯故耳。我國幣制已欲爲澈底更張之謀。凡世界各國貨幣改造史之可爲我鑒者。皆宜權衡取舍。以收他山之助。德琨游美畢業歸國。謹本斯旨。抒陳管見。擬就幣制問題綱目一冊。本欲依次條議。呈請鑒擇。繼以篇幅浩繁。撰述需日。恐無濟於時艱。遂至中止。積願未伸。寸心莫釋。茲故不揣冒昧。謹撮舉綱要。臚陳如左。

一我國宜採用金匯兌本位也。　欲定幣制。當以研究本位爲前題。欲定本位。當以審察時事爲先導。銀本位之不適於天演界也久矣。若用金本位於我國。按之實際上。非惟不便。亦可不必。因有一金匯兌本位之勝於金本位者。在我國宜採用之金匯兌本位之性質。在僅用金於國際匯兌。而不用金幣於國。中在國中則以銀幣紙幣作金之代表。准其隨時與金兌換。為國際往來之需。政府第籌備現金若干。供國際匯兌之要用斯可矣。費款僅此區區。而一國之生計界政治界外交界。因之受其益者無量。至政府年可得鑄幣贏利數千萬。猶其餘事。近世生計學家。謂金匯兌本位制者。係貧弱國之續命湯。以其不必蓄多金而能收用金之利故也。而為實行此制之著手則有四端。一須擬定一純金量以為本位之標準。不必鑄金幣而以銀幣紙幣代之。二須以法律規定金銀比價之率。然後按照此率鑄造銀幣。三須用銀以下之金屬為輔幣。而各予一法定之金價。并永遠維持之。四須存儲金款。供國際匯兌於不缺。俾此銀幣紙幣得長保其代表之金價。四者皆建立金匯兌本位制至緊且要之辦法也。而規定金銀比價一節。尤非參酌世界之大勢不可。 謹案金匯兌本位國人皆誤稱為虛金本位。或假金本位。不惟顧名思義。虛金假金之說。與貨幣信用上有大不合。即按之事實。在國內不用金。當國際匯兌時始用金。并無虛金假金等事存於其間。英文之 COLD FXCHANGF STANDABD 乃金匯兌本位之謂也。

一金銀比價之率。宜定爲金一銀二十一又三分之一也。 法定之金銀比價。必須視市面之銀價爲高者。因銀價漲落之度。至爲無常。倘市價一旦漲至法價之上。則幣質之所值。將優於幣面之所值。人將不以幣價用此銀幣。而咸以其銀質之本價。銷售於市場中矣。時日相繼。國中所有之銀幣。不至全化爲烏有不止。屆時改定法價。另鑄銀幣。不惟事繁。亦苦費鉅。印度有鑒於斯。故定其制爲金一銀二十一又九。光緒三十二年。日本改造銀幣。遂定爲金一銀二十一又六。日本欲借印度之制以自保。所以改定之價。較印度微低。菲律賓繼倣日本之改造案。卒定爲金一銀二十一又三。有日本之制在。則菲律賓之新幣可以得保無恙。有印度之制在。而日本菲律賓之法定銀價。皆將安如泰山矣。何也。萬一銀價上騰。則當其鋒者。有大多數之印度銀幣在。日本菲律賓何畏焉。此今日言定金銀比價之所以不可不借日本菲律賓之舊案。爲我作前師也。而要以金一銀二十一又三分之一之比例爲最適。

一國幣之重量成色。皆宜徵諸學理。按切事勢核定也。 數年來討論國幣之重量者。

不主一兩。即主七錢二分。二說本各有其習慣上之理由。惟徵諸學理按切事勢。欲立金匯兌本位制。則一兩與七錢二分之故事。皆非我之所宜研究。彼銀幣既爲金之代表。則其有國幣之能力全賴信用有以致之。初非有一銀質多寡之重要問題在。且也本位標準之純金量。一朝確定後。則單位銀幣之純銀量。自不難按金銀比價之率。推求而得。又何銀質多寡問題之可言。是國幣之重量問題中所待商摧者。祇此本位標準之純金重量已耳。本位標準之純金量。當以百分之七十五格蘭姆。約合庫平二分零一毫爲最宜。因此數可當我之舊制錢一串。按照民間生活程度。及用串計數之通習。實屬相合。加以百分之七十五格蘭姆屬整數。在國際匯兌時。計算至便。而又可與美之半打拉、英之二仙令、德之二馬克、法之二佛郎半、日之一圓、俄之一盧布、略相等。是內外兩便之計。無有踰於此者也。準此金量。再依法比例。金一銀二十一又三分之一。惟求單位銀幣之重量。則單位銀幣之純重量應爲十六格蘭姆。約合庫平四錢二分八釐八毫。若用世界通行之。則以純銀八成鑄造單位銀幣。則單位銀幣之總重量。應爲二十格蘭姆。約合庫平五錢三分六釐。較之現行銀幣約減輕四分之一。應當作舊制錢一千文用。 謹案庫平係指農工商部會同 鈞部奏定劃一度量衡章程內稱庫平一兩合法國衡數三十七格蘭姆。又千分之三百零一。

一國幣單位宜定名曰圜。而圜以下宜定名曰角曰分曰文也。 錢之爲物。我國數千年來體例不一。號稱各殊。每於定名之中。多寓象形之義。近今洋錢輸入我國。倣之鑄造銀幣。命名曰圓。官民上下。習焉稱便。若言酌定國幣。稱號似以仍用圓字爲佳。惟圓之名詞。日本既用之於前。我國實不宜襲之於後。貨幣名稱所繫。亦一國體制所關。國幣之定名。獨立國與獨立國。罕見有苟同者。以拉丁貨幣同盟團之親而希臘之幣名別於意。意之幣名殊於法。可以想其用心之所在矣。我國若舍日本已用之圓字而另作的當之折衷。事亦至易。九府古制。曾有圜法。攷圜法錢也。圜與圓同。以圜字爲新幣單位之定名。辭義莫當焉。由圜十析之曰角。由角十析之曰分。由分十析之曰文。我國生活程度。既不能廢一文之舊制錢。則此新幣單位千分之一之小數。仍名曰文。與舊日一文之制錢亦適相符合。便何如之。

以上各條。僅陳要義。至於一切辦法。則限於篇幅。不克備舉。附呈幣制問題綱目。可察大概。總之我國今日欲建一簡便穩適之幣制。非採用金匯兌本位不可。欲實行金匯兌本位。則以上所陳。確屬唯一要著。世之論者。有謂實行金匯兌本位制。必須待至銀本位制確立之一二年後。究非正當辦法。我國由金匯兌本位以規定國幣。較之由銀本位以規定國幣。其便宜實遠過矣。是在得其道而行之耳。德琨前在美留學時。屢與彼都士夫之精於貨幣學者論及我國改革幣制一案。僉謂欲整新中國之圜法。計無有踰於金匯兌本位制者。逮歸國攷察我國生計現狀。而益信此制行之我國。必能在在適合。伏祈大部極力主持於上。迅飭仿效此制。俾得早見實行。豈非我國之幸。而亦世界各國久爲馨香頂禮贊助弗遑者也。所有幣制辦法。理合臚陳大綱。并具表說。附呈書目以備採擇。伏惟

鈞部核奪施行。

謹將酌擬幣制列表於左。并加註案語。恭呈 鑒核。

| 幣別 | 所代表之純金量 | | 法定金價 | 本幣之純重量 | | 成色 | 本幣之總重量 | |
|---|---|---|---|---|---|---|---|---|
| | 以格蘭姆計 | 約合庫平 | | 以格蘭姆計 | 約合庫平 | | 以格蘭姆計 | 約合庫平 |

| | | | | | | | | |
|---|---|---|---|---|---|---|---|---|
| 日本之單位銀幣 | •七五 | •〇二〇二 | 二一•六 | 一六•二 | •四三四二 | 八 | 二〇 二五 | •五四二七 |
| 菲律賓之單位銀幣 | •七五二 | •〇二〇三 | 二一•三二 | 一六 | •四二八八 | 八 | 二〇 | •五三六 |
| 我國宜定之單位銀幣 | •七五 | •〇二〇二 | 二一•三三 | 一六 | •四二八八 | 八 | 二〇 | •五三六 |

謹案本位貨幣之純金量。以用整數爲宜。日本擇百分之七十五格蘭姆爲標準。世界稱便。菲律賓改造幣制之主動力在美國。美人欲使菲幣適合美幣之半價。故強定其純金量爲千分之七百五十二格蘭姆。我國宜採用百分之七十五格蘭姆爲定制。而令金銀比價之率。微高於菲律賓。而低於日本。如此則用整數之目的既達。而我之幣制亦可臻盡美盡善之境。

謹案日本未鑄單位銀幣

## 國幣之種類

| | 重量 | | 物質 以百分數計算 | | | | |
|---|---|---|---|---|---|---|---|
| | 以格蘭姆計 | 約合庫平銀 | 銀 | 銅 | 鎳 | 錫 | 鉛 |
| 一圜 | 二〇 | •五三六 | 八〇 | 二〇 | | | |
| 五角 | 一〇 | •二六八 | 七五 | 二五 | | | |
| 二角 | 四 | •一〇七二 | 七五 | 二五 | | | |

| 一角 | 五分 | 一分 | 五文 | 一文 |
| --- | --- | --- | --- | --- |
| 二 | 五 | 六 | 三 | 一•二五 |
| •○五三六 | •一三四 | •一六○八 | •○八○四 | •○三三五 |
| 七五 | | | | |
| 二五 | 七五 | 九五 | 九五 | 五○ |
| | 二五 | | | |
| | | 二 | 二 | |
| | | 三 | 三 | 五○ |

謹案照世界通行之則。我國各等輔幣所含之物質。應如右表所列。惟一文之新幣。至費籌酌。因一文所値太少。配合物質稍一不愼。卽易結幣質優於幣面之惡果。若僅減重量用庫平三分三釐五毫。又恐幣體過小。不便授受。無已祇有將幣之中心。造一圓孔。旣可使幣面稍大。又適合國人用有孔制錢之舊習。是一舉而兩得也。

# 唐蔚之侍郎致中央敎育會說帖

敬畧者。竊文治接准學部咨開。定六月二十日開中央敎育會。屆時卽希蒞會等因。適以近體多病。目疾尤劇。未克赴都。深感學部殷殷垂詢之意。敬將目前敎育事宜。應行改革提倡者。條具說略。請副會長張君在貴會提議敎正。

一停止實官獎勵。查科舉未廢以前。欲士人之趨向科學。則卽以科舉所得之職位誘之。此蓋一時權宜之計。科舉既定。停專重科學。科學尙實。不宜誘之以虛榮。近三年以來。留學生之畢業回國。及國內高等以上畢業生。經學部考試而得實官者。歲不下千數百員。畢業獎勵。行之未及十年。而得官者之多。已浮於科舉時代十餘倍。若不急圖改絃。竊恐倍數與年俱增。全國將患官滿。無論無此政體。卽其所得之官。未必見用。用之又未必盡當其才。果能給千萬人之求以養其欲乎。勢有所不能。上徒以虛榮相市。下卽以虛榮相營。而學術人心。乃有江河日下之勢。其與實官相附麗者。莫如舉貢廩增附之名稱。此等階級。專爲科舉而設。今之畢業於學堂者。非由鄉里推選。卽無所謂舉。國子監已裁。卽無所謂貢。無廩給名額。卽無所謂廩增附。而莫奇於中學畢業。考列下等者。乃得優廩生之獎。既下等矣。優於何有。尤爲名實相舛。似此無所關係之階級。并不甚正確之名稱。必當一律消除。其由各學堂畢業者。應請迅即另定學位章程。　奏明頒發。庶幾名正言順。至量能授官。自有登庸考試之法在。與畢業本不相涉。明知文官考試。轉瞬實行。實官獎勵。必將停止。但可已速已。

何待來年。獎勵早停一日。國民趨向早端一日。於教育前途。關係非淺尠也。

二變通考試章程。自實官獎勵之制行。於是上之所以待士者。有愼重名器之思。而試法日益加密。士之所以自待者。有豔羨名器之想。而受試不厭其煩。究之法愈密弊愈滋。試愈煩課愈曠。非特勞費已甚也。屢試不已。腦力之耗愈甚。覬倖之念愈深而人才將消磨於無有。揆諸教育宗旨尙實之條。未免相反。查部章畢業考試之前。有學期考試。而各中學之畢業者。即須赴省覆試。三試相連。往往考至月餘始能竣事。其才質庸劣者。不過敷衍鈔襲。其力爭上游者。勞精敝神。至以性命相博。幸而畢業。或已畢命。或成廢棄。似此情形。以家寒而力求上進者爲尤多。尤可痛憫。蓋科學深邃。算理精微。且以中人讀西書。科目繁多。事倍功半。斷難以科舉時之考試相提並論。文治愚見。曾擬裁去末一次學期考試。專以本期內平時積分爲憑。無須再試。節經兩次咨請學部變通辦理。前准覆稱學期考試。與畢業考試。性質迥殊。未能偏廢。敝校至今。仍循舊章。顧學期考試。雖未可偏廢。而畢業考試。似又未嘗不可變通。查泰西各學堂。有分門畢業之法。在所授之科既畢。即於該學期內統核積分。考分定其等次。給以該科畢業文憑。我國中學以上。似亦可採用其法。所有主要科目。某科授畢。即給以某科之憑。唯通習各科。統於末學期試畢後核定分給。如患其瑣碎。即將各科憑內之分數。塡入部頒畢業文憑。量加變通。未嘗不合式。而畢業考試。即可省去矣。至高等學堂畢業後。應送學部覆試。中學畢業後。應送提學使覆試。長途跋涉。勞民傷財。尤爲上下交困之事。且查東西洋各國。並無此等例文。應請學部。　奏明停止此項覆試。各省學堂學生畢業後。應分別將試卷申送學部提學使覆核。如果及格。准予畢業。給以相當學位。仍不失中央集權之義。總之試場時間少一日。卽講堂功課多一日。而學生不至以有用之精神。浪費諸無用之奔競。庶與人才心術。兩有裨益。

三提倡軍國民教育。查學務綱要。各學堂兼習兵學條下云。中國素習。士不知兵。積弱之由。良非無故。援諸三代學校。兼習射御之意。實有不合。故凡中學以上。悉用兵式體操。並有教中隊教練槍劍術野外演習及兵學大意等語。定章之初。極意注重體育。原所以挽柔弱不振之風。而救從前文武分途之弊。謹案憲法大綱。臣民有當兵之義務。現距實行立憲爲期至迫。欲使全國人民。克盡當兵義務。必先於學校教育。趨重尚武主義。上年十二月間陸軍部會奏請明訂軍國民教育摺內。稱京外普通各學堂課本規則。應請　旨飭下學部按照軍國民教育宗旨。特爲編訂等因。業經奏准咨行在案。邇來時艱孔亟。文治讀左氏傳民生不已。禍至無日二語。輒爲寒心。目下蘇滬各商界尚能集合大團體。勤習打靶。冀以自衛衛國。學生爲各界表率。若不作其忠勇之氣。無以立强國本根。擬請學部奏請特頒　諭旨。宣布軍國民教育主義。並通飭高等小學。及與同等之學堂。一律注重兵式體操。將體操一科列爲主課。其中學及與之同等以上之學堂。除東三省特准練習打靶外。其力能購備槍彈者。應准其一體實行打靶。唯須恪遵本年三月初五日學部奏准之案。慎重將事。防閑已密。自無他虞。不宜因噎廢食。此外高等小學以上之學堂。有願習拳術者。悉聽其便。庶尚武精神。不至徒託空言。而與奏定章程注重體育之本恉先後相符矣。

# 中國紀事

**中國與荷蘭締結設立領事條約**　中國與荷蘭國訂立關於殖民地應設領事條約。業於閏六月初六日調印。翌日宣布。計共十七條。茲錄如下。(一)中國領事得駐於和蘭國海外領地中諸外國同等官所駐之口岸。(二)中國領事除本約特例外。其餘民刑各事。均應遵守法律。(三)中國領事因確係保守自由執行職務。得有出示認可文據。而受保護援助之權利。(四)中國領事宅門得鐫領事館字樣。並樹國徽。(五)檔冊文件。不受和官檢查。(六)領事無外交上之性質。凡有請求。非經由海牙外交官不得逕陳於和政府。惟遇緊急之事。得請於領地之和官。(七)凡駐在領地之中和兩國人及他國人。均得充代理領事。惟須得和官之承認。(八)執有中國領事護照之游歷或居留人。仍須備有地方法令所需之各文件。(九)中國船隻。如因遭險一切救助之事。由中國領事指揮之。(十)中國領事。如因逮捕或監禁中國商船及軍艦中逃亡之人。得請和國地方官援助。(十一)中國船隻所受損害之事。由中國領事裁判定奪。(十二）中國人民。在領地身死無嗣。由和官依照法律。定其管理嗣續之事。從速知照中國領事。（十三）中國領事於事務所及私宅。並有利益相關之本國人。或本國船內。有收受聲告之權。（十四）領事得專任維持本國商船內之秩序。（十五）領事於職務外。不得從事商務。（十六）中國領事得享最惠國同等官之一切職權異典及豁免利益。（十七）該約以五年爲限。

●度支部覆核歲出預算之辦法●●●●●●●●● 度支部大臣澤公。因京外各衙門歲出預算各表冊。現已陸續到部。亟應釐定專章。詳細覆核。卽飭財政處楊味雲總辦。擬定辦法十條。通知各股。（一）各省預算歲出表冊。現已陸續到部。應自十六日爲始。由各股先行覆核。凡應駁查釐正裁減各款。均隨時開單。通知主管各衙門核辦。仍俟各主管預算衙門核編表冊送部時。再行詳細核對。以免兩歧。（二）宣統四年係無閏月年分。凡國家地方歲出有仍照三年數目。連閏月估計開列者。應分別駁查。以昭核實。（三）國家地方歲出有不按照部定表冊格式。及此次分配表冊所釐定款目辦理者。應分別釐正。以昭劃一。（四）照預算章程第九條。新增特別重要事件。如有誤列入正冊者。應撥歸附冊辦理。（五）覆核各項歲出經費。仍應以上年院核之數爲準。其有遠省奉文較遲。仍以部核之數列比者。均按照上年表冊分別駁查。並代更正。惟各省追加歲出經費經奏咨核准者。不在此例。（六）各項歲出款目。有應列入甲管預算衙門。而誤列乙管預算衙門者。應分別釐正。（七）有發放各款。（如奉省發放旗款之類）迹近重支者。概不得列入歲出。應於覆核時剔除清楚。（八）有應行劃入他股款目。或由國家劃歸地方或由地方劃歸國家者。仍照覆核歲入辦法。開單送交憲政籌備處核定。再行分送各股辦理。（九）各股調查案卷及一切應行會商事宜。均仍參照覆核歲入辦法。互相接洽。（十）隨時發生爲難問題。由各股開具說帖。送交第一股會議解決。

●●●度支部裁減江甯經費　江甯歲出預算表冊。自咨送度支部後。經度支部大加裁減。經已電達江督。並請於十日內電覆。江督准部電後。當即札飭甯屬清理財政局。飛行各署局限五日內具覆。以憑核辦。茲將度部原電所減各項彙錄於下。第一款督署第五六七目文案委員薪津。第八目巡捕薪水。第十三目寫生薪津員額數倍各省。擬通減三成。第十一二目先鋒戈什薪水。至一百八十七員之多。尤爲各省所無。擬減五

中國紀事　三

成。第十四目交代辛工全裁。第二款。第一項藩司公費。減四千兩。第九第十目貧員津貼。名目不正當。第十一目。冬防委員薪水。甯省已設巡警。毋庸再辦冬防。均全裁。第十二目。書吏工食。查財政公所已設司書生。該司書吏應裁撤。姑減六成。第二項財政公所經費。爲數太鉅。減三成。　第三款。糧道公費。減三千兩。第七目書役紙飯。減五成。

第七款。第一項兩淮鹽政大臣衙門經費。應歸併督署運署。擬全裁。第二項第二目運司公費。照最繁缺。改爲二萬四千兩。第十二十三目候補員歲賫路費。第念三目京都各會館幫費。名目不正當。均全裁。第八項第三目海分司各員薪費。太冗濫。減五成。第四目書役津飯。減三成。第三十八項第一目。淮南鹽政公所各員薪水。減三成。第三十九項第一目。揚子淮鹽棧員弁商董辛工津飯、第四目書役書識工糧。第四十二項第一二目。湖北督銷局各員及司事薪水。第五十二項第一目。湖南督銷局員紳薪津。均冗濫已極。統減五成。第九十項第一二目。皖南督銷局員司薪津。第一百四項第一目。正陽督銷局各員薪津公費。第二目司事薪津。第十目運汝經費。第一百二十項第一目。五河鹽釐卡員司薪水。第一百三十一項第二第五目。江西督銷局各員司薪水。

亦太冗濫。均減三成。至江西督銷局總辦津貼。早已認減。不應翻正減七成。（疑有誤字）其鹽務各署局卡巡緝費。統計七十一萬餘兩之鉅。統減二成。　第九款釐金各局卡經費減三成。　又第四十二款湖北督銷局第十四目裁減經費。第四十三至四十七項淮產各分局裁減局用。係裁節之款。不應冊列。督藩署夫役工食。淮揚道及各府役食。應比照山東等省辦法。在公費內開支。　第十款調查局經費。照新章應歸併會議廳辦理。均全裁。

**田際雲案之結果**　自瑞侍御賢奏參田際雲等十七人。奉旨拿問後。未幾而翰林院編修顧瑗。陸軍部司員葉崇榘。民政部六品警官黎宗嶽。皆被譴。勒令回籍。都下汹汹。以爲將成大獄。及六月中。新優王鐘聲。又被逮於官。於是論者以爲將藉演唱新戲羅織成罪。蓋以田與王素相識。王以能唱新戲名。田曾請其唱新戲於天樂園。故推想及此也。現田王兩案。已於初三日由法部併案奏結。科罪甚輕。非特與外人推想爲與貽穀案有關係者不符。卽於演唱新戲。亦未著一語。眞不可思議。虎頭鼠尾之奇案也。茲將各人判決彙錄於下。　老朱卽朱仔蕡。又名朱榮昌。依詐官有所求爲徒三年律徒三年係廢疾。照律收贖。應追贖銀廿兩。王鐘聲即王希普。依在家容留賭博徒一年。例減一等。處十等罰。應追罰銀十五兩入官。陳鎔即陳子陶。依例冒生監頂戴。處十等罰。例處十等罰。應追罰銀十五兩。均俟交銀後。或限滿後。分別遞解回籍。交地方官嚴加管束。瑞星橋即瑞洸。依誆騙財物。滿一兩以上者。工作四個月。律工作四個月。係職官分咨除名。免其工作。仍交該旗。嚴加管束。想九霄即田際雲。朱韵笙謝寶筏喬稽氏。即稽姓婦人。又名稽宗華。均依賭博之人。各處十等罰。例處十等罰。追罰銀十五兩。喬稽氏並驅逐回籍。蕭得霖鮑黃笙即鮑灤。耿少臣即耿鑾仔。又名耿覲汶。老馬即馬漢臣。又名馬學融。均依不應爲而爲。事理重者。處八等罰。律處八等罰。追罰銀十兩。鮑灤係職官。交閣議處。免其罰金。李范氏先與果香齡在刑科一庭搆訟。應與李雲階李厚田另案訊辦。朱旭東劉樹楠小怔馬榮李八等。訊無不合。與誤拿到案之蕭得彬蕭德森李憬楨並傳質到案之周楊氏周佑之等。均免置議。魏可斌即餧不飽。業已病故。無庸置議。老胡即臭狐。獲日另結。共計列名者廿七人。應追罰金一百四十兩。按王鐘聲。案本與奏案無涉。朱韵笙謝寶筏喬稽氏。皆王案人物。其所以與田案併結者。因原參田際雲有勾結奸民。以演唱新戲爲名。希圖煽惑等語。警廳疑奸民即指王鐘聲而言。正在搜查。而浙江館長班之告發至。故遂并案奏結也。陳鎔亦非奏案中人。爲魏可斌牽出。補傳到案。周楊氏爲田際雲妻母。周佑之爲田際雲妻弟。因田參案有虐死其妻。行賄免驗情事。飭傳對質。蕭得彬蕭德森李悍楨。則以涉於疑似。誤行拘拿者也。

**懲辦清鄉騷擾之員弁**　粵省自革黨肇事之後。張督懲前毖後。因分派員弁。大舉清鄉。廣屬則派在籍紳江孔殷爲總辦。所有水陸防營。均歸調遣。詎日前清鄉至順德龍山等處。各匪聞風先逸。僅獲數人。且各營兵勇良莠不齊。竟有藉端肆行擄掠騷擾者。江紳於是具一長摺。力陳當日勦捕情形。並各勇騷擾之形狀。張督震怒。劄覆江紳文略云。來摺所言吳道宗禹統帶之巡防新軍中營副中營及鄧弁瑞祥管帶之中路巡防第二十八營右哨各兵勇種種騷擾情形。証以本督院所聞。深堪髮指。以後清鄉安有起色。吳道宗禹身任統將。應如何認眞約束。乃縱容所部兵勇任意搜掠攘奪。以致激動頑民。鳴鑼閉閘。該道并不將所部勇丁。立時查明懲辦。輒命開砲數百响。雖據稱向廟轟擊。並未傷人。舉動實異常謬妄。統將如此。何怪所部兵勇漫無紀律。本應將該道立行撤差嚴辦。姑念平日辦事尚稱勇敢。此次圍捕。亦甚出力。姑予從寬。奏請暫行革職。仍留營統帶。以觀後效。勒限一個月內。將匪首譚義張炳鄧江胡啓麥錫等。悉數弋獲。如逾限無功。再行從重參辦。仍責成該道迅將此次滋事弁勇。逐一確切查明。限五日內全數交出。聽候懲辦。不得稍有庇縱。自干嚴譴。中路巡防第二十八營管帶鄧瑞祥。所部各哨兵勇。隨同騷擾。鄧瑞祥並有盤據蠶舫。購食飲酒情事。實屬藐抗軍律。玩視捕務。應由順德協趙副將立將該管帶撤差。押解來省。聽候發交緝捕局嚴行訊辦。該營右哨官長勇丁。一併責成趙副將逐一詳查。分別稟候嚴辦。該副將疏於約束。亦屬咎有應得。應即撤任。並記大過三次。以示薄懲云云。

## 世界紀事

**政府黨之强硬**　英國保守黨領袖爲該黨對於上院否認權案再開會議。然政府仍執極强硬之態度。請上院若於第三讀會否決該案。或下院反對其修正案後固執如故則政府直創設新貴族云。

**英國下院之活劇**　英國首相愛斯葵欲使上院否認權限制法案通過上院。奏請英皇行使大權。西七月二十四日謁見英皇後。即往下院發表政府對於此案之政見。彼方起立而議場內反對黨議員狂叫國賊叛逆者之聲。殆如鼎沸。一時秩序紊亂不可名狀。後經議長再三干涉始乃鎮靜。首相遂先陳上院否認權限制法案之歷史。未終其說。反對黨又即喧囂痛罵。遂中止演說。繼反對黨首領巴科起立演說則大受歡迎。巴氏痛言政府請皇帝使行大權爲英國憲法史上向所未有之非立憲的行爲。演輿方酣。政府黨又疾聲叫罵。妨阻其演說之進行。院內又復大紛擾。議長不得已遂宣言閉會延期再議。

英人之愛國心　德法兩國。對於摩洛哥問題。尚無解決之方法。美國輿論。甚形憂慮。巴科氏宣言。謂我國內政。兩黨之意見。雖難融和。至關於摩國事件。對於政府之外交。常力助政府。爲之後援云。

加拿大議會解散　加拿大議會。現已解散。以十一月再行召集。首相羅律於其選舉演說。極力辯明互惠條約之益。且云該條約非獨不損英國之優先權。且可增進英美兩國之親交。

飛行家之成功　美國飛行家堯們以二十二時二十八分間飛行一千零十米突。實示可驚之速力及永續力。且着地之際。尤極飛行自在。

德國備戰　摩洛哥形勢。日益危迫。德國特開臨時內閣會議。擬召集四十萬之豫備軍。準備出師。

三國同盟之鞏固　墺皇行該國開院禮時。暢論墺國對德意兩國之關係。且對於三國之親密。極表滿足。

法土鐵道契約　法土之鐵道契約。已於土都畫諾。法國因此契約。於土耳其獲得鐵道數設機數處。且靑年土耳其黨。與法國資本家之關係。再見親善。

鴉片會議　美國提議以西十月十日開鴉片會議於海牙。現各國皆已承諾。屆時派員赴會。

仲裁條約之發達　美國大統領塔虎脫揚言於衆。謂法國政府。與美國商定之仲裁條約。行將畫諾。英美及法美之仲裁條約。十日以內。便可完成。此外德意及荷蘭亦已有加入之意云。

墨西哥之危機　墨西哥亂黨。仍復猖獗。現德里安市。又陷於無政府之狀態。舊革命軍反對武裝解除之議。又起暴動。且反對外人之感情。勃發。勢甚洶湧。惟現政府之勢力尙未鞏固。無從鎭壓。故外國之干涉。恐終不免。

土都大火　土京君士但丁堡大火。亘十四時間。延燒之地域。殆二方哩。家屋之成灰燼者。約五千戶。

波斯之變亂　前波斯國王之弟德列。自宣言以前國王爲波斯國王。後卽占領西拿及哈墨丹兩地。近更率軍隊四千。向茄孟沙進發。該地之知事。勢成孤立。已告急於政

世界紀事　三

府。請其派兵援救。

波斯政府之行動　波斯政府已決執進取之行動。新內閣組織已成。各政黨之領袖。皆聲言援助政府以拒廢王。

懸賞捕縛廢王　波斯議會。以廢王日謀復位。決議將廢王之年金一萬六千五百鎊。以爲捕縛廢王之懸賞金。不問生死。皆如數照給云。

摩洛哥問題與英國　英國首相於下院關於摩洛哥問題之演說。謂德法關於摩洛哥之交涉。甚望其與各國以滿足之解決。又苟不損害英國之利害。英國決不干涉云。

海軍學生之練習　我國第二次派送日本學習海軍之學生。現有二十三名。卒業於海軍機關學校。擬即搭乘機關術練習艦津輕。由橫須賀軍港拔錨。巡遊內地及朝鮮沿岸。以爲實地練習。

嚴妃之薨逝　朝鮮李太王妃嚴妃。已於西歷七月二十日薨逝。

叢錄

# 春冰室野乘

春冰

## 萬伯舒遺詩

山陰萬伯舒先生方煦。治刑名家言。游幕秦中。古文詩皆高絕一時。文學柳州。頗極幽峭之致。詩筆淸蒼沈鬱。出入杜陵放翁間。有雜感五律七首。述陝囘亂事。可作當時詩史。詩云。避地竟何益。干戈困此身。烽烟邊南國。刦火續西秦。擾寇豈無策。持籌況有人。天驕原隱患。誰遣擾風塵。河山空百二。防守失雄圖。縱賊窺三輔。當關少一夫。蕭墻延伏莽。同室競張弧。多壘未爲恥。淒涼問幕烏。虛慕汾陽事。花門未可輕。昧機興撫議。失策解鄉兵。奮往心原壯。因循禍已成。招魂淸渭北。碧血灑縱橫。此首哀張文毅之死事也。回亂起。文毅以副憲丁憂家居。　朝命授爲團練大臣。文毅惑回紳馬百齡之言。謂賊可撫。乃親往渭南之油坊鎭。與回酋議招撫事。始至。賊迎謁甚恭。舍館供張備極優隆文毅益自喜。謂撫議必成。次晨賊驟擁入行館。文毅及隨員文武十餘人並死焉。惟百齡免。渭南鄉民。自相保聚禦賊頗力。賊畏之。撫議既興。乃悉令解散。數十萬人。遂束手就戮矣。殺氣乾坤暗。妖氛日月驚。郊原連一炬。風鶴自孤城。殘破無完邑。遷延賴救兵。艱難根本地。只賴伏波營。此指省城被圍事也。壬戌六月。賊進圍西安。提督孔廣順統八營居城中。恇怯不敢出戰。提督馬德昭。蜀人也。統三營軍北門外。兵雖少而皆百戰勍卒。數背城力戰。殺賊甚夥。城圍始獲解。入關來一旅。爭欲獻鐃歌。豈謂援師至。無如狂寇何。城邊兵火逼。帳下美人多。警報傳西鄙。甘涼亦弄戈。此指欽差大臣勝保事也。勝故伉爽負知兵名。及來陝西。則驕蹇恇怯。抵省數月。不敢出省城一步。日惟取民間女子。縱淫樂。將校有言戰事者。悉被斥。秦人銜之次骨。會被劾逮問。 賜自盡。將軍天上下。回鶻敢披猖。已奏商山捷。微聞我武揚。頓兵故不進。返旆一何忙。涕淚向蒼旻。蒸黎刲未央。此指多忠勇西征事也。忠勇以欽差大臣率大軍由武關入。曾文正忽有奏請仍回師援鄂之舉。故詩云然。其後卒不果。南兵集須籌餉。流離賴拊循。未聞飛輓策。日有死亡人。投幘防飢卒。揭竿慮難民。安危關大局。事在二三臣。

## 鶴唳篇遺稿

李武愍公孟羣起家牧令。初署廣西桂平縣事。粵亂初起、團練鄉民。以保縣城。嘗逐日記賊中事迹。及戰守始末。名鶴唳篇。雖未成書。而記載詳明。多官書所未及者。其載馮雲山被禽復縱事甚詳。當時官吏之顢頇昏謬。足見一班。欲大亂之不起也得乎。僞南王馮雲山者。廣東花縣人也。流寓廣西。館于桂平縣紫荊山鄉民曾玉珍家。附會西人耶教之說。誘惑鄉愚。信從者日多。數年間至數千人。遂率徒盡毀紫荊山旁廟宇。鄉人之不從教者異之。生員王大作等。因率衆捕雲山而縛之。將以解縣。未發而爲匪黨曾亞孫等搶回。大作等即赴縣具控。邑令王烈。得稟批云。閱呈殊屬荒謬。該生等身列膠庠。應知條教。如果事有實蹟。則當密爲呈稟。何得輙以毀踐廟壇之故。揑飾大題架控。是否挾嫌誣衊。亟應澈底根究。蓋當時官斯土者。人人皆知匪亂之必成。而無人肯先發難端。率相與包荒掩覆。以冀幸目前之無事也。雲山得批。則益無恐。乃具呈訴縣。畧云。上帝當拜。此古今大典。觀廣東禮拜堂。懸挂兩廣大憲奏章。並　皇上准行御批可查。雲山遵旨敬天。不犯不法。橫被誣累。謹將唐虞三代書辭開列。伏乞鑒察。中間雜引

叢錄 四

雖有惡人、齋戒沐浴、則可以事上帝、唯此文王、小心翼翼、昭事上帝、諸語。王令得呈遽移文花縣云。據敝縣大黄司巡檢查獲無業游民馮雲山一名、訊係花縣童生、並無爲匪不法情事。查該民既無籍游蕩。應卽遞籍管束。雲山既釋。竟未回籍。其明年遂起兵。而王大作一家八十餘人。悉爲所殺。王令昆明人。後議發軍台效力。

## 紀陳忠愍公死綏事

道光二十二年五月八日。英人陷寶山、同安陳忠愍公化成死之。吾國與歐人交戰。大將之死綏者。公爲第一人矣。公束髮從戎。隸李忠毅公長庚麾下。屢殲海盜。洊升專閫。道光十八年。授厦門提督。庚子夏。鴉片戰事起。粤東甫被寇擾。 上念吳淞爲長江門戶。非威望重臣不能任。乃命公移節江南。公於是年七十餘矣。閩浙總督鄧公廷楨方倚公如左右手。累疏請留。 上卒弗許。任事五日。而浙警告。公率所部馳赴吳淞。駐帳於操臺基。而大學士兩江總督伊里布。駐寶山。沿海塘築二十六土堡。公枕戈海上者二年。薪水悉自備。肩輿出入。不用儀從。嘗大雪壓帳。竟夕不寐。晨起則徧閱將校。單寒者製棉衣給之。庚子秋。伊里布奉命赴浙督辦軍務。蘇撫裕靖節公謙署總督駐節寶山。初聞公勤勞狀。未之深信也。一夜颶風大作。暴雨傾注。海潮溢塘面。部將請公移帳高處。公不可。曰大帳一移。萬衆驚擾。爲寇所乘。其若之何。且我就高燥。而士卒皆在湫溢。於心何安。卒不肯少動。而潮亦退。靖節度公必移帳。使人驟馬覘之。公方凝坐帳中。水深幾及尺。聞帳外馬蹄聲。自起視之。使者曰。大帥以水起非常。使某來訊公起居。公笑謝之。仍入帳危坐。靖節移駐上海。聞公病痢。遣醫藥來。公卻之曰。櫛風沐雨。軍中恒事。吾以老憊偶疾。何張皇爲。訖不服藥。而疾亦旋瘉。辛丑春。伊里布被逮入都。靖節繼爲欽差大臣。督師杭州。調狼山鎮謝某爲前鋒。而以徐州鎮王某率師助公。受節制。謝故公部將。公所倚爲爪牙者也。奉調去。公兵力稍弱矣。公令王鎮守塘北小沙背。不從。而居城中某書院。小沙背者。由崇明入淞口第一隘也。徐兵獷悍。頗爲民間患。公廉得其情。召王鎮至。切責之。治不法者。鞭貫十餘人以徇。王鎮由是銜公。時河南巡撫牛鑑來督江南。奏親出督師吳淞。知公忠勇。聞其食粗糲。疑爲貧。故飭軍需局每十日餽白金二百五十兩。堅辭弗受。公誕日。客軍將某製金字爲旂。以壽立命裂之。而還其金。閩安協周某者。貌樸訥。公信爲誠。奏署蘇淞鎮。兼攝吳淞營參將事。守西礮臺。而王鎮守東。臺時方鎔廢。鐵鑄大砲子。公檄周董其役。鐵質固精純。遠勝新鐵。周夤緣爲姦。刻扣匠人工資。匠無所得。則抽鐵胚而中塡以碎瓶。見者譁然。周竭力彌縫。不使公知。試砲。砲裂。箍以鐵皮。公亦不知也。是年秋。敵再犯。鎭定旋陷。甯波靖節死焉。壽春狼山兩鎭死尤烈。公潸然出涕。語諸將曰。武臣報國。死疆埸。幸也。爾等勉之。方寇犯乍浦時、有奸人某導之攻上海。而吳淞扼其咽喉。寇至。以遠鏡瞭公營。見晝夜有備。無瑕可乘。逡巡未敢遽深入。壬寅三月。寇乃遣一頭陀乞食東砲臺前。逗遛將一月。實陰詷王鎭虛實也。四月二十三日。晝霧漫空。暴風大作。寇船悉泊口外。五月朔。忽有汽船三艘。兩舵列木人。繞小沙背而過。直向西砲臺。蓋以試吾軍砲力耳。公知其計。不爲動。船亦颺去。端午日。船集愈多。砲聲震天。六日。寇以木牌浮戰書來告。周鎭得之。請公緩師期。公弗許。擲書塘外。立發口號。戒戰備、七日。牛督至營。以敵鋒難犯。議迎犒緩師。徐圖後舉。公勃然撫髀曰。某經歷行陳四十年矣。今見賊而畏。何以對君父。吾志決矣。請公勿怖。牛默然去。八日。敵艦銜尾南進。兩兩相輔。空一艦於西。以防西砲。若預知東臺之不足慮者。揚帆出小沙背前。王鎭竟按兵不動。公出帳揮旂發砲。敵飛砲對擊。所注摧陷。牛督聞砲聲。尙飛輿至校場。鳴鼓助戰。敵偵知總督在校場。乃架砲桅項。擊演武廳。毁之半大驚。部下急擁之而逃。至胡巷鎭。遣守備姚雁字以令箭檄王鎭赴援。未至。人馬皆中砲死。公然砲毁敵頭陳一艦。西船敵稍却。而王鎭以所部在東臺。作壁上觀。訖不發一彈。敵乃移東船。併力來攻西臺。我軍砲彈既多礙心。未至敵船。已灰裂墮水中。部將韋印福、錢金玉、許攀桂、徐大華等。皆死。尸積公前。公猶麾旂督戰。忽一飛砲拂旂角而墜。陷地尺許。公見事急。亦以令箭召王鎭。及他營之分駐海神廟者。皆已潛遁矣。周鎭來勸公少退。公切齒數之曰。曩謂爾誠樸。薦拔至是。今爾負我。致我負國。汝尙喋喋多言乎。時砲已不可再用。公猶掬藥納子。砲震傷腕。血流至脛。旋一巨彈來。擊公仆地。細子中股。紛如雨點。公手紅旂。猶不偃。塘下弁兵盡潰散。敵遂麾大隊登塘。把總龔增齡迎戰。刃數夷。敵圍而禽之。脅降不屈。釘手足於板。擲諸海。公自拔佩刀接戰。又一彈來。遂洞腹。時在塘者僅三人耳。公呼武進士劉國標曰。我不能復生矣。汝當以我元歸。毋辱賊手。語畢而絕。劉亦創甚。負公尸。掩叢蘆中。脫一履。懷之以蘆葉對續爲識。出葦中而逃。方公中彈時。敵船已沖入土門。有衣周塘砲兵王某。出不意。然砲轟擊。拂船面如掃。

塘上寇躪竄。公尸乃得匿。是役也。實碎敵八船。斃其五百餘人。而王某砲所斃百餘人。尤敵中勍卒也。越八日。寶山士民。始出公尸。殮諸嘉定。敵遂入寶山城。酌酒鎮海樓。相慶。頭陀及奸人某悉與焉。北門譙樓上猶有砲子五百石。悉運諸船中。其後掠上海。陷鎮江。犯江甯。卽以我之砲子。攻我之郡縣。嗚呼。是孰之過歟。方公授命時。牛督已退至崑山。猶以手書促公暫避。豈知其已濺血喪元。騎箕尾而去耶。公駐軍海上數年。百姓安堵。秋豪無犯。有陳老佛之稱。强敵窺伺兩年餘。不敢遽發。又有陳老虎之稱。兵權不屬。軍令旁撓。卒以僨事。傷哉。

## 文苑

### 編年東坡樂府序

詞之有南北宋。以世言也。曰秦柳。曰姜張。以人言也。若東坡之於北宋。稼軒之於南宋。並獨樹一幟。不域於世。亦與他家絕殊。世第以豪放目之。非知蘇辛者也。顧二家專刻世不恆有。坡詞尤鮮善本。古微前輩。詞家之南董也。酷嗜坡詞。迺取世所傳毛王二刻。訂譌補闕。以年爲經。而緯以詞。既定本。屬煦一言簡端。煦嗜坡詞。與前輩同。綜其旨要厥有四難。詞尚要眇。不貴質實。顯者約之。使隱。直者揉之。使曲。一或不善。鉤輈格磔。比於禽言。撲朔迷離。或儕兎迹。而東坡獨往獨來。一空羈靮。如列子御風。以遊無窮。如藐姑射神人。吸風飲露。而超乎六合之表。其難一也。詞有二派。曰剛與柔。毗剛者斥溫厚爲妖冶。毗柔者目縱軼爲粗獷。而東坡剛亦不吐。柔亦不茹。纏綿芳悱。樹秦柳之前旃。空靈動盪。導姜張之大輅。唯其所之。皆爲絕詣。其難二也。文不苟作。寄託厲焉。所謂文外有事在也。於詞。亦然。然世非懷襄。而效靈均九歌之奏。時非天寶。而擬杜陵八哀之。

文苑 二

篇。無病而呻。識者恫之。而東坡夙負時望。橫遭讒口。連蹇廿年。飄蕭萬里。酒邊花下。其忠愛之誠。幽憂之隱。旁礴鬱積於方寸間者。時一流露。若有意若無意。若可知若不可知。後之讀者。莫不睪然思。逌然會。而得其不得已之故。非無病而呻者比。其難三也。夫側豔之作。止以導淫。悠繆之辭。或將損性。拘墟小儒。懸爲徽纆。而東坡涉樂必笑。言哀已歎。暗香水殿。時軫舊國之思。缺月疏桐。空吊幽人之影。皆屬寓言。無慙大雅。其難四也。噫、東坡往矣。前輩早登鶴禁。晚棲虎阜。沉冥自放。聊乞玉局之祠。峭直不阿。幾蹈烏臺之案。其於東坡。若合符契。今樂府一刻。殆亦有曠百世而相感者乎。若夫校訂之審。箋注之精。則前輩發其凡矣。此不具書。時宣統二年庚戌夏五月金壇馮煦

## 藏語叙

英人以兵入藏。脅藏人訂私約。於是朝廷命今尚書香山唐公充印藏議約大臣以爭之。相持逾歲。累議不決。旋內召。繼之者爲新會張公蔭棠。而順德何翽高外部實左右其間。卒成約以歸。翽高負魁壘才。潛郎十餘載。借籌藏一發攄。洎隨節還。乃葺錄藏議始末。顏曰藏語。余讀而歎奇之。翽高復語余曰。藏約凡七議。既定期換約矣。英全權戴諾忽悔之。嗾駐京英使要移外部定約。卒從第五議。蓋備極艱困。千回百折。始達乎此。事後邊臣猶褰阻請勿互換。何其言之易耶。藏約之就緒與否。視主國之名義定否爲衡。達賴班禪積不睦。達賴避英兵竄青海。詔班禪攝位。懾不敢至。因勸班禪入覲。班禪既得請。商上乃大恐。挾達賴由西甯請覲。先班禪發。而主國之名義定。英乃漸就範圍。外人入境受治我法律之下。爲有約以來所僅見。印人經藏邊至三埠。歸地方官管理。異時我國議收回治外法權。斯其前軌。印茶入藏徵稅。爭持最力。議幾罷。比約定不及茶稅。仍可援光緒十九年約。照華茶入英例稅焉。電郵俟我國自設後。英局一切罷之。吾心力之所注。此或可告無罪者。張使既辭幫辦大臣之命。專辦埠務。即劾駐藏大臣有秦媚外乞憐。喪權辱國。褫職遣戍。復奏革噶布倫齊丁溫珠箭頭寺護法曲吉。藏民譽悅。因藉以收回二百餘年喪失之權。手定工商路礦等九局章程。與之更始。乃善後條陳十六條。迄今不行。此吾念之而不去於心者也。余維藏事潰敗決裂至今已不可收拾。當達賴在京時。不亟起而圖之。逮其歸。乃率然為褫職之舉。既褫之矣。又復聽其出亡。奇貨與人。而以兵納亡。且見告矣。雖有先慮遠識之士。捐心力。靡筆舌。以冀補萬一。者。皆例諸空文。不其惆歎。宣統二年六月順德羅惇曧乞晏陀鼇君相隨同往。承彼允肯。遂同車而行。所經之地。皆吾人所不識者。今日方見巴黎繁盛地矣。此翳栁巷。大異於意大利康衢。陸麗娘子之居。亦遠勝吾人之廬舍。獨惜其家之侍女。大難纏障。彼直謂阿母不在此間。吾人反覆告求。彼終不聽也。姌娜聽其女言容顏大戚。淚漸浮於睫。德理斯又曰。吾亦不怒彼侍女。蓋彼不過奉命而行。然倘非阿母出視吾人。將不得入門。吾爲阿母。憂苦甚矣。勸阿母立地辭職。不然。恐更遭意外事也。姌娜問曰。此書今安在。晏陀鼇曰。在吾懷中。方探懷欲出之。姌娜以色授意。似不令其將出者。復謂其女曰。吾欲獨與伊爾溫長者作片刻談。兒且坐此間少待也。曰。唯唯。阿母毋太久延。吾恐又失母所在。心不得安也。姌娜一吻其女。復謂晏陀鼇曰。請君與我俱去。晏陀鼇無語、惟鞠躬聽命。略一返顧德理斯。遂隨姌娜出。深慮此段情緣。不知作何結局也。姌娜導至鄰近一會客廳中。尙嫌與其女相隔未遠。復經書畫室。越膳廳。直出至一廊廡。恰對園中。其後方爲馬廄。前通於外。可由此達街衢。園中闃無人跡。不虞竊聽。姌娜乃語之曰。吾敢句君平心論斷。君之與吾人來往。固非吾所誘而致之者。君於此亦當不能不謂然也。晏陀鼇驟聞此語。已而驚起。知後事之不可問矣。

姌娜又曰。君遇吾女。拯救於奸人之手。其後君更尾隨吾女。不肯舍去。至昨夕之枉顧吾廬。更毋庸道。凡此皆君與吾人來往之事蹟。君自欲之。而非吾人敢妄相攀附者也。晏陀釐曰。娘子。凡此前蹟。吾不敢忘。而昨宵之會。尤爲判定吾艱阻之命途者。吾尤不敢作行雲流水觀也。曰。君意云何。將毋謂君雖與吾女有信誓。而實未知其底蘊。此婚嫁之誓盟。儘可不須踐之耶。計君之用心。未必若是愚。且君今晨與答坡氏會食。吾人之底蘊。答坡氏必已具以告君。然君尚肯枉顧。則知君殆非忍於寒盟者也。曰。答坡氏更不我答。惟教吾徑向娘子問之耳。曰。然則君之徑來此者。其意安在乎。曰。吾實不欲來此間。初念實欲至意大利康衢造訪。乃事出意外。遂至展轉到此。其中情節。頃已悉告娘子矣。曰。然。君因吾女得書。所言如是。故與之同來者。君今知爲此書者之用心乎。曰。答坡氏曾告我。謂娘子有一仇人。勢欲加害。吾既見此書。不能無疑。恐此仇將計陷小娘。故吾護之同來也。曰。然。此中大有機阱。彼其人實欲吾女審知吾之眞相。而其所以當君之面而付書者。蓋料君之必與吾女俱來。彼更欲君亦與知之。使君曉然於德理斯之毋。實居髒柳巷中。且別以一姓氏行於世也。其計畫之險狠。吾已一一參透矣。

當數刻之前。吾亦得一來書。謂答坡氏有要事欲見。將在此間遲我。其書固非剛騰手筆。然彼倩他人代書。固亦常有之事。故吾更不致疑。吾以爲彼之來訪。殆與君事有關涉者。遂急從意大利康衢趨歸此宅中。然答坡氏固未嘗來。則知此書亦僞造者。其與吾女所得之書。必同出一人之手無疑也。晏陀釐乃將書出。姌娜視之。曰吾言果不謬。兩書固同出一人手筆者。吾自認受雇於圖黎爾商肆爲此書者。乃亦知之。故得以此賺吾女。君試觀之。吾之仇人。竟無所不知者。而其設計亦工巧之甚。君之欲婚吾女。彼亦必已聞之。故設計如是。其何以得聞。固非吾所能知。然其必欲沮尼此婚事則固釐然可見。今果如其所願。此婚事竟被敗壞。成一萬不可行之局面矣。晏陀釐奮然問曰。何故不可行耶。曰吾固料其不可行耳。究其實而言之。此婚事苟未嘗不可行。亦非彼所能破壞。苟誠不可行。則亦無須彼之破壞。是則彼之設計。亦不過多此一舉耳。彼蓋以爲吾立意欺誑。不肯以眞情告君。故特欲就此挑剔。而不知吾實不爾。昨日與君初覿面。又不知君意果否誠摯。故不敢罄情自剖。自今晨聞吾女言。知君與吾女已約爲夫婦。吾乃自誓。從茲更不瞞君。平心論之。此翻當面剖白。吾誠大損面目。本非所願。然事勢不得不爾。吾亦安敢畏避。此固吾身造孽之果報。吾所當得者也。吾今罄情告君。德理斯實一私生女。其父倉猝死。未嘗循俗例以承認之。不得謂其爲父也。晏陀鼇曰。此何害者。苟執其生身之所自而咎之。非忠恕之道也。曰。君言如是。吾所深感。然彼雖不與其母同罪。世俗之人。固猶不肯恕之。彼終將受累於其母。而隱痛至於終身。蓋以其爲陸麗娘子之女兒也。吾尙未畢其詞。願君且聽。吾年十九時。慕一男子。乃生此女。吾惟願彼之娶我。亦深信其能娶我者。而不圖未及締婚。其人已忽然死去。嗚呼。吾之罪過更不敢希圖解脫。最初之失足。猶可言也。而後此之墮落。實不可恕。蓋吾最初之情人旣死。而後此更多所戀愛也。吾受世間之種種誘惑。不能自堅。又無所憑藉以餬口。且吾更有一愛女。吾不忍其飢寒。遂喪其安貧之節。而爲游蕩之生涯。易姓爲陸麗。以吾先世爲勇武之軍人。吾不忍玷其姓氏也。晏陀鼇惟垂首默聽。殊不忍聞。婀娜復曰。吾實望答坡氏爲我告君。彼不忍爲。吾今不能不自爲之矣。今更傾盡底蘊以語君。吾之醜行。實昭昭於世人耳目間者。君倘不能解。不過未稔巴黎風俗耳。君試問此地人士。陸麗氏之婀娜爲何如人。殆靡不知之者。亦無不謂陸麗娘子爲十餘年來巴黎

# 三希堂化度寺碑

定價大洋八角

歐書諸碑以化度寺最爲難得此碑原爲唐搨卷首有　高宗御題**墨苑**

**至寶**四字又於卷末題曰蘭亭行書二百二十八字耳此碑楷書已備三

百字深得　**鍾王妙諦**　其推重可謂至矣而夾行之中每字之下題識

尚多至可寶貴原本今藏盛宫保家聞庚子亂後以重金購得者兹從友人

處借得影本用珂羅版影印與原本不差毫髮誠臨池家之雄寶也用作學

堂習字帖尤爲第一善本

**寄售處上海廣智書局**

# 春冰室野乘

此書爲咸陽李孟符先生所著先生久居京師胸羅掌故書中所紀皆遺聞軼事多得諸故老傳聞未嘗筆之於書者而於咸同光三朝之事故所紀特詳誠近世之史料非特供茶餘酒後之談助而已全書不下十萬言定價大洋六角

上海福州路廣智書局印行

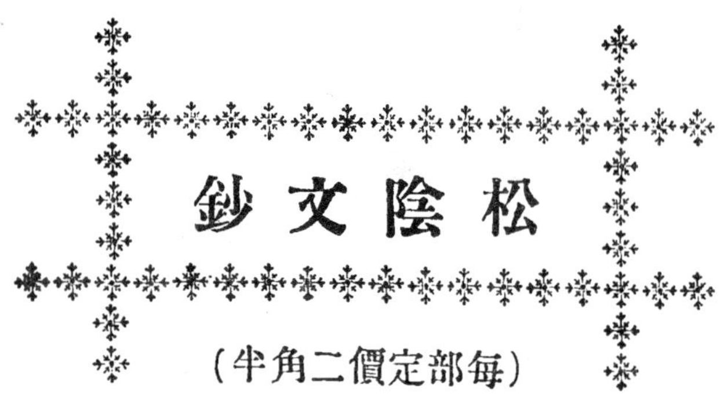


日本維新之業。其原因固多端。而推本其原動力。必歸諸吉田松陰。松陰可謂新日本之創造者矣。日本現世人物。其嘖嘖萬口者。如伊藤博文桂太郎輩。皆松陰門下弟子。不待論。雖謂全日本之新精神。皆松陰所感化焉可也。夫松陰生三十二年。而見僇於政府。生平所爲事業。無一不失敗。其學問又非有以遠過於儕輩。若近世之新學理。無洪無纖。皆松陰所未嘗夢見也。顧其力之及於一國者。何以若是。固知事業與學問。皆枝葉也。而有爲事業學問之本原者。本原盛大。則枝葉不必出自我而不啻出自我。而不然者。日修其枝葉。本則撥矣。夫安所麗。吾生平好讀松陰文。乃鈔其最足爲我國人厲者著於篇。丙午二月梁啓超鈔竟記。

上海福州路廣智書局印行

最近中國財政論綱目次（計五百六十餘頁 定價洋二元四角）

第一章 總論
第二章 中央收入
經常收入
漕糧 京餉
關稅 海關
一 進口稅
二 出口稅
三 子口稅
四 沿岸稅
五 噸稅
六 鴉片稅
常關
附 鈔關
雜款
固本兵餉
籌備餉需
邊防經費
協餉 船廠經費
內府經費 雜項
臨時收入 協餉
捐項 借款
第三章 中央支出
宮內費 俸食
養廉 公費 軍
政費 一 陸軍
二 海軍 敎育費

民政費 司法
費 交通費 財
政費 邊防費
交涉費 典禮費
工程費
官業支出
公債償還費
第四章 地方收入
地租 地租種類
田制 田數稅率
徵收 耗羨地
丁銀 漕糧租
課 糧折附赫
德氏中國地租改
良意見書
鹽稅
鹽稅之組織
行鹽法
區域及鹽額
鹽稅及鹽盤
官業收入 造幣
局 雜業 公債
雜稅 牙稅
礦稅 花稅 契
稅 當稅 總收
入 結論

第五章 地方支出
行政經費 官吏
報酬 俸給 養廉
公費 軍政費
民政費 司法
費 敎育費 交
涉費 交通費
典禮費 財政費
工程費 河工
海塘 營繕
官業支出 邊防
費
外債償還費
公債償還費
第六章 結論
附錄
宣統元年各省歲入
歲出表
宣統三年豫算總案
度支部豫算說明書
資政院議員豫算審
查報告書
各省各項入款表
宣統三年每月賠款
外債表

湖北周棠編輯

總發行處

上海 羣益書局
漢口 昌明公司

---

大日本 島津製作所告白

營業概目

理化學器械及藥品
一般測定用精密機械
電氣其他實用諸機械
蓄電池及電線工事
機械及土木學用模型
博物學標本及模型
紙製生理學用模型
地理歷史敎授用標本
博物採集及實驗用器械材料

敝所創業以來已三十有七年在日本敎育用器械標本製造廠中爲最老而最大者也

販賣品目錄有數種如欲取閱請詳書姓名住址寄下當即郵送

島津製作所

本店 大日本京都市木屋町二條南
長電話四八八 振替貯金口座大阪六四〇〇
標本部用電話三八〇六 工場用電話四〇九〇
納品係用電話二五六七甲 倉庫用電話二五六七乙

東京支所 大日本東京市神田區錦町一丁目十八番地
長電話本局一一四一 振替貯金口座東京二三二七

九州發售舖 大日本福岡市天神町九十五番地
長電話三二〇 振替貯金口座福岡二六一

人間第一精本

# 王右軍書聖教序

右軍書精本難得。在有宋時已發此嘆。人間流傳。多是翻刻失真。於右軍面目。何嘗得其絲毫。近見坊間有北宋拓聖教序。筆意生動。少足當意。惟筆畫過細。恐仍非至善者。此本爲崇語鈴中丞所藏題跋徧紙。號以墨皇。且稱爲天下法書名碑第一。吾家宋搨墨寶第一。又有何道州題詩。舉以與所藏肥本黃庭並稱雙絕。則其爲鴻寶可知。拓影亦極精良。臨池家所宜手置一編也。

（每部定價八角）

# 初拓李璧碑

此碑最新出土。神彩與張猛龍至爲酷肖。眞魏碑中之尤物也。有志書法者。不可不家置一編。　每册定價四角

寄售處上海福州路廣智書局

# 二十世紀大著作名家童君愛樓實驗自來血保証書

明州童君愛樓著作等身生平擅長詩文書其小說戲曲等一切撰作大江南北久噪文名歷在本埠各譯局各報館纂筆多年海內文學界中莫不知有此君其爲文莊諧並作獨闢町畦實爲近今二十世紀著作家中有數人物因其朝夜著作操勞過甚以致心血大衰精神困憊時患喘咳百藥無功今讀其來書能知其服本藥房自來血後其病如失精神倍增仍能深宵著述不知勞倦深讚本藥房自來血有起衰扶弱之功今特將其惠書照登於下藉見自來血大有功於人之以思慮致疾云云○五洲大藥房主人雅鑒今啓者鄙人向以筆墨餬口歷在廣學會山西大學堂譯書院萬國商業月報館字林滬報娛閒日報文娛報鶴鳴報春申諸處辦事多年自顧不文著書至數百萬言一人精神有限終日埋頭窗下竟成了肺喘之症近更書寫稍久神志易昏不能如舊時深宵著述莫知苦辛鄙人亦稍諳醫理念小恙之來多由心血暗耗致陽氣飛越成神衰咳喘痰多內熱之症服多方均不見效後自去秋八月間服 貴藥房自來血後不覺喘平痰少仍得耐勞蓋由補血而得能若此也心感之餘爲作此書聊伸謝悃幷告學界諸君之抱有同病者即頌 財安

厲本埠大馬路德仁里六弄志強學堂內童隱頓

海內諸公如蒙惠購請認明全球老牌商標每瓶內加附五彩認眞劵一張值洋一角保證書一本方不致誤小瓶一元二角每打十二元 大瓶弍元每打二十元託局函購原班回件

總發行所上海四馬路老巡捕房對面五洲大葯房抄

登

# 銜福建候補知縣賴永福大令服自來血

辦理船政支應處委員五品

## 得補腦筋兼治遺精之實效

五洲大藥房總發行所主人鑒鄙人前在船政文案兼發審差次患痔甚劇兼有遺精之症四肢乏力平日行動不便坐臥不安如是經年幾有支持不得之勢僉者皆稱爲先天不足或思慮過傷所致鄙人雖信其言無如百方調治服補不下數十劑毫不見効深知勞神若不早圖卸肩得以靜息一時於賤軀實有關礙去歲春正欲稟請委代忽蒙　松鶴帥調辦支應處第以奉諭諄諄不得不仰體　憲意竭力從公惟該處出入欵目頗鉅而往來公牘又繁鄙人責有專司凡事無巨細靡不悉心經理以致精神日益疲敝不特舊症未除而左鼻孔每日子午兩時常流濃水臭不可當人皆稱之爲鼻淵實由腦筋過傷之故其時約在客秋九月也得症以後夜不能眠飲食頓減雖曾購服各國馳名補品時而稍愈時而復發心甚憂之幸於本年春間閱報始悉　貴藥房存心濟世所售人造自來血服者口碑載道其功効無比遂即專差晉省杜南街詹斗山紙坊由　貴號分局購得兩小瓶服之果驗精神較健於前嗣後復由敝友程光明太尊處諄　來半打服未完而諸症業從消除迄無復發噫此種妙品謂之全球第一靈驗丹誠不愧矣此功此德實皆出自　貴藥房之所賜也謹具數行聊以誌謝並乞登報是禱專此順頌　財安

**自來血價目** 大瓶二元 小瓶一元二角 每打二十元 十二元 託局函購原班回件凡各界諸君如蒙惠顧 **須認明全球老牌商標**每瓶附有**值洋一角之認眞劵一張**五彩**保證書一本**方是翼的

● **總發行所上海四馬路老巡捕房對門五洲大藥房**

**抄登**

韋廉士大醫生紅色補丸

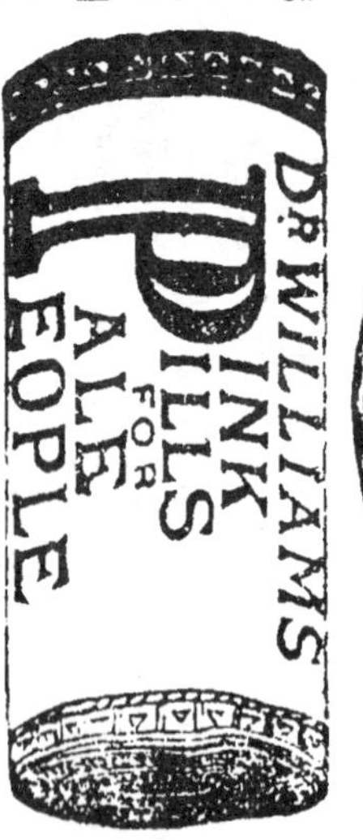


中國各處藥局凡經售西藥者均有出售如疑假冒可直向上海四川路八十四號韋廉士大醫生藥局中國總發行所購或向重慶白象街一分行所購亦可價銀每一瓶大洋一元五角每六瓶八元遠近郵費在內

此係甘肅常備步隊第一標第三營軍官世襲恩騎尉李倬如君漢之玉照也右幅乃表明李君患胃病甚劇及四肢風濕時之情形左幅乃表明李君服韋廉士大醫生紅色補丸後胃病風濕皆得全愈身體康强時之氣象焉

KOUK FONG PO
No. 17
Issued on Tri-monthly

大清郵政局特准掛號認為新聞紙類
日本明治四十三年二月十三日第三種郵便物認可

宣統三年六月念一日

# 國風報

第貳年第拾柒期

每月三期逢壹[illegible]行

Annual Subscription $6.50 each copy 25 cents.
Published by Hor Kwok Ching
585 Foochow Road
SHANGHAI, CHINA.

# 愛理士紅衣補丸

治愈體氣素弱兼久患痰疾承鎮江焦山礮台台官李君省庵惠來玉照證書

震寰藥廠雅鑒鄙人體氣素弱兼患痰疾久治未痊去年典兵焦臺深恐以積弱之身難膺重任旋聞 貴藥廠所售愛理士紅衣補丸有轉弱爲强之功特購服四瓶其病若失精神倍健足徵 貴藥廠心存利濟强我黃魂感佩之餘謹書數語以告同胞附上照片並希惠存敬頌 時祉 鎮江焦山礮臺省庵李亮頓首

每瓶補丸四十粒價洋一元二角　每六瓶價洋六元

各埠藥房商店均有發售倘內地無從購買請函至上海四川路一百十七號震寰藥廠購辦即日回件郵費不加

# 國風報第二年第十七號目錄

宣統三年六月念一日出版

編輯兼發行者　何國楨

發行所　上海福州路　國風報館

印刷所　上海福州路　廣智書局

定價表　報費先惠閏月停刊

| 項目 | 報資 |
|---|---|
| 全年三十四冊 | 六元五角 |
| 半年十七冊 | 三元五角 |
| 零售每冊 | 二角五分 |

| 郵費 | |
|---|---|
| 全年 | 一元 |
| 半年 | 五角 |
| 每冊 | 三分 |
| 歐美每冊 | 七分 |
| 日本每冊 | 一分 |

| 廣告價目表 | |
|---|---|
| 一面 | 十元 |
| 半面 | 六元 |

## 諭旨

五月二十七日內閣奉　上諭內閣會奏酌擬內閣屬官官制暨內閣法制院官制繕單呈覽一摺朕詳加披覽尙屬妥協著先將此兩項官制頒布除應簡之閣丞各員另行簡補外著卽遵照設立內閣承宣廳及制誥敘官統計印鑄各局應設之內閣法制院亦卽同時並設所有憲政編查館吏部中書科稽察欽奉上諭事件處批本處等衙門著一併裁撤其所管事項與已經裁撤之舊設內閣軍機處會議政務處所管事項凡應併入內閣辦理者統卽分別接管舊隸軍機大臣之繙書房著改隸於翰林院至各衙門應行劃入事項及應劃歸各衙門事項均著妥愼交接以淸權限而專責成餘俱照所擬辦理此外各項官規及京外官制仍著遵照修正籌備淸單妥速擬訂陸續奏聞候旨頒布施行俾臻完備欽此

同日內閣奉　上諭內閣閣丞著華世奎補授內閣承宣廳廳長著趙廷珍補授副廳長著英秀補授內閣制誥局局長著楊壽樞補授副局長著裕隆補授內閣敘官局局長著寶銘補授副局長著張鍇補授內閣統計局局長著楊度補授副局長著張國淦

諭旨 二

補授內閣印鑄局局長著陸宗輿補授副局長著黃瑞麒補授欽此
同日內閣奉　上諭內閣法制院院使著李家駒補授副使著章宗祥補授吳廷燮林炳章徐宗溥院忠樞均著補授內閣法制院參議欽此
同日內閣奉　上諭李家駒現充資政院副總裁內閣法制院院使著劉若曾署理章宗祥現在出差內閣法制院副使著吳廷燮暫行署理欽此
同日內閣奉　上諭此次裁缺之吏部侍郎于式枚榮勳均著聽候簡任吏部右丞孫紹陽軍機領班三品章京易貞均著以三品京堂及交涉使提學使提法使候補軍機領班三品章京文年著以副都統記名吏部左參議毓善著以四品京堂及道員候補其次裁缺各員並著妥籌分別改用辦法奏請施行欽此
同日內閣奉　上諭所有此次裁缺各員均著仍食原俸欽此
同日內閣奉　上諭陸軍部奏湖北等省督練公所軍事參議官職缺選擬各員請旨派充一摺試署湖北兵備處總辦鐵忠著派充湖北督練公所軍事參議官並賞給陸軍協都統銜浙江兵備處總辦補用道袁思永著派充浙江督練公所軍事參議官並

賞給陸軍協都統銜直隸前總參議陸軍副都統銜陸軍正參領舒淸阿著派充直隸督練公所用事參議官江蘇兵備處總辦吳茂節著派充江蘇督練公所軍事參議官並賞給陸軍正參領銜存記分省道劉邦驥著派充湖南督練公所用事參議官並賞給陸軍正參領銜安徽參謀處總辦直隸補用道唐啟垚著派充安徽督練公所軍事參議官並賞給陸軍正參領銜江西兵備參謀等處總辦存記道張季煜著派充江西督練公所軍事參議官並賞給陸軍正參領銜山西統領官陸軍協都統銜補用道姚鴻法著派充山西督練公所軍事參議官陝西統領官陸軍協都統銜陸軍協參領毛繼成著派充陝西督練公所軍事參議官陸軍協參領蔣雁行著派充江北督練公所軍事參議並官賞給陸軍正參領銜欽此

同日內閣奉　上諭陸軍第八十一標統帶官劉詢著派充陸軍第四十二協統領官並賞給陸軍協都統銜欽此

同日內閣奉　上諭禁衛軍軍諮官固倫額駙品級世襲一等誠嘉毅勇公麟光著賞給固倫額駙爵章欽此

同日內閣奉　上諭奉恩鎮國公毓岐奏丁生父憂請假百日一摺王公丁憂例應由宗人府具奏該公自行奏請殊屬不合毓岐著交宗人府議處欽此

同日奉　旨正藍旗護軍統領印鑰著成安暫行佩帶欽此

二十八日內閣奉　上諭李家駒現補授內閣法制院院使學部右侍郎著于式枚補授欽此

同日內閣奉　上諭內閣現在接收吏部事宜著派達壽幫同清理歸併欽此

同日內閣奉　上諭吳廷燮現署內閣法制院副使內閣法制院參議著李景鉌暫行署理欽此

同日內閣奉　上諭章宗祥現補授內閣法制院副使內城巡警總廳廳丞著王善荃調補吳籛孫著補授外城巡警總廳廳丞欽此

同日內閣奉　上諭外務部右侍郎曹汝霖著賞給二等第一寶星外務部左丞高而謙左參議曾述棨右參議陳懋鼎均著賞給二等第二寶星欽此

六月初一日內閣奉　上諭王人文奏提學使呈請開缺回籍修墓一摺四川提學使

劉嘉琛著准其開缺欽此

同日內閣奉　上諭四川提學使著方履中試署欽此

初三日內閣奉　上諭周彪著開缺雲南鶴麗鎮總兵員缺著張繼良署理欽此

同日內閣奉　上諭山西平陽府知府員缺著耆昌補授欽此

初四日內閣奉　上諭廣西提督著陸榮廷補授欽此

同日內閣奉　上諭龍濟光著派充陸軍第二十五鎮統制官並賞給陸軍副都統銜欽此

同日內閣奉　上諭廣東陸軍混成協統領官蔣尊簋著賞給陸軍協都統銜欽此

初五日內閣奉　上諭廣西左江鎮總兵員缺著李永芳補授欽此

初八日內閣奉　上諭督辦鹽政大臣奏請仍留張鎮芳署直隸長蘆鹽運使並懇恩免其議處等語已補湖南提法使張鎮芳著調署直隸長蘆鹽運使餘依議欽此

同日內閣奉　上諭湖南提法使著劉鍾琳調署欽此

初十日內閣奉　上諭都察院代奏直省諮議局議員呈請另行組織內閣一摺黜陟

百司係君上大權載在先朝欽定憲法大綱並註明議員不得干預值茲預備立憲之時凡我君民上下何得稍出乎大綱範圍之外乃該議員等一再陳請議論漸近囂張若不亟爲申明日久恐滋流弊朝廷用人審時度勢一秉大公爾臣民等均當懍遵欽定憲法大綱不得率行干請以符君主立憲之本旨欽此

同日内閣奉上諭陳夔龍等奏考察辦學各員優劣分别舉劾一摺所有辦學最優之直隸署東光縣知縣張徵乾任縣知縣謝𤦺麟署祁州知州葛龍三前署威縣知縣邱廷棨霸州知州劉傳祁吳橋縣教諭兼縣視學馬錫蕃吳橋縣勸學總董劉祖㫋豐潤縣勸學總董楊金第霸州勸學總董張文田均著傳旨嘉獎雄縣知縣張允翰才識庸闇漠視學務平鄉縣知縣程遐師委靡性成學務廢弛均著卽行革職延慶州知州周文藻情形隔膜不知振興衡水縣知縣金樹棠敷衍因循毫無振作均著以縣丞降補新樂縣知縣麥汝良年力就衰難期振作著原品休致署棗强縣知縣阜平縣知縣普容習於因循延擱要政正任保安州知州吕懋光才力短絀莫覩成績均著開缺另補餘著照所議辦理該衙門知道欽此

同日內閣奉　上諭浙江甯紹台道員缺著文溥補授欽此

十三日內閣奉　上諭直隸巡警道舒鴻貽著開缺留於直隸遇有相當缺出請旨簡放所遺直隸巡警道員缺著葉崇質試署欽此

同日內閣奉　上諭直隸通永道著錫齡阿調補林志道著調補湖南衡永郴桂道欽此

十五日內閣奉　上諭　監國攝政王面奉　隆裕太后懿旨皇帝沖齡踐阼寅紹丕基現當養正之年亟宜及時典學以裕聖功而端治本著欽天監於本年七月內選擇吉期皇帝在毓慶宮入學讀書著派大學士陸潤庠侍郎陳寶琛授皇帝讀其各朝夕納誨盡心啓沃務於帝王之學古今中外治亂之原詳晰講論隨事箴規當此世界大通文明競進舉凡數十年來通行之憲政發明之學理尤當按切時勢擇之務精語之務詳仍不外乎孔子格致誠正修齊治平之要旨庶幾弼成日新之德卽以培成郅治之基皇帝讀書課程及毓慶宮一切事宜由監國攝政王妥爲照料至於國語清文乃係我朝根本著派記名副都統伊克坦隨時敎習並由監國攝政王一體照料欽此

諭旨

同日內閣奉　上諭陸潤庠著開去禁煙大臣差使欽此

同日內閣奉　上諭山西巡撫陳寶琛著開缺以侍郎候補都察院副御史伊克坦著開缺以副都統記名欽此

同日內閣奉　上諭兼管順天府府尹事務一差著即裁撤欽此

同日內閣奉　上諭榮慶著充弼德院院長鄒嘉來著充弼德院副長欽此

同日內閣奉　上諭趙爾巽奏周肇祥因公來奉請將該員留於東三省差委等語四川巡警道周肇祥著開缺准其留於東三省差委酌量補用欽此

同日內閣奉　上諭四川巡警道員缺著徐樾補授欽此

論說

# 論裁可權之範圍及裁可法律諭旨之格式

柳隅

今世各君主立憲國。除一二有特別國情者外。（如德國）君主對於議會議決之法律案。皆有裁可權。（ueto）（裁可權者謂君主對於議會議決之法律案認以爲當則得裁可之使成爲法律認以爲不當則得不裁可之使不成爲法律也）吾國既將爲君主立憲國。則　朝廷之必有此權。固理所應然。此我國民所樂承認者也。雖然所謂裁可權者。其權力之行使。實有其範圍。而其頒布之詔書。亦有其格式。苟越其範圍違其格式。則或侵犯議會之權限。或紊亂法律之內容。是立憲國之所不許也。自去歲開設資政院以來。　朝廷之行使其裁可權。蓋屢見不一見矣。然以當道者輔弼之無狀。其越範圍違格式之事。時有聞焉。使今後而無所以救正之之道。則資政院之立法權。必大受其蠶食。而法律已公布之後。亦必常生疑義也。故吾竊欲有所論。

（一）裁可權行使之範圍　立憲國之法律。必經議會之議決與君主之裁可。雙方同意而後始得成立此政治之原則亦各國之通例也夫既必須雙方同意矣則未經君主之裁可者固不得成爲法律而未經議會之議決者亦不得成爲法律苟君主對於議會議決上奏之法案濫用其裁可權更改其內容而公布之則必不得成爲法律何也其所更改之處僅根於君主一方之意思而未得議會之同意也乃觀去歲十二月二十五日 上諭裁可資政院議決之新刑律總則而於第十一條之十五歲改爲十二歲第五十一條或滿八十歲人之下添加十六歲人字樣此其侵犯資政院之職權決非淺少也夫 朝廷對於資政院議決上奏之法案苟認以爲不可無妨全體拒絕之若既肯予以裁可矣則對於其法案之內容斷不容點竄一字何也可以點竄一字即可以塗改全體推其流極資政院之立法權必被其剝奪而無餘也聞者或以爲誠如是則君主對於法律但有承認權而無編制權矣而不知正非爾爾也蓋一法律之制定議會可以提出草案君主與政府亦可提出草案此君主之有編制權一也議會之立法議定而未上奏之際君主政府苟認爲不能同意者儘可與議會協商使重加斟酌而後議決上奏此君主之有編制權二也有此二點君主得以編制法律之機

會已甚多矣若夫議會議決上奏之後則君主對之但有裁可不裁可已耳若妄事點竄則人民可以不認其爲法律以其所點竄者由於君主專制而成而非由於議會協贊而成也夫世界之君主立憲國如德意志者其君主並不裁可權而無之英國之君主雖有此權然近二百餘年來亦未嘗一用視吾國之屢否認資政院議決之法案迥不相謀吾勿敢取以相比擬矣若日本者固尚帶專制之餘燄而當道者所盛稱爲可以效法者也然日本天皇其對於議會議決上奏之法案亦未嘗有點竄之之權力實則日本自開國會以來其君主且未有不裁可其議會議決法律案之事也蓋法律之制定必經議會與君主雙方同意而成此爲立憲國共通之原則雖在日本亦不能外此公例也日本有賀長雄博士有言『元首雖有制定法律之權然於議會豫表同意之意思以外無以其他意思制爲法律之權』有賀氏此論其能確定君主立法權之範圍矣蓋一法律之成立具有二要素即法律之內容與法律之效力是也法律之內容或基於議會提出之草案或基於政府提出之草案其由來固非一途然確定之者必由議會若夫法律之效力當議會議決一法案而據以上奏之際固卽承認其有可爲法律之效力然確定之者必由君主故議會

論說 四

之立法權重在確定法律之內容君主之立法權重在確定法律之效力此君主與議會之權限也德國法學大家拉曼特氏謂議定法律內容之責固在於議會而賦與法律効力之權則全在於君主蓋拉氏持主權不可分之說故謂賦與法律効力之權惟君主始得有之也而耶里陻克氏則謂議會不惟得議定法律之內容而已且得賦與法律以効力蓋議會當議決上奏之際即表示其對於此法律案許其有爲法律之効力也而日本有賀長雄博士美濃部達吉博士皆贊成耶氏之說美濃部之論謂法律之內容時或取材於學會之意見與雜誌之文章然一經議會之議決其性質即與學會雜誌之議論異者蓋學會雜誌所陳述之事僅足供採擇之資料若議會所議決者則即予以有可爲法律之効力特必經君主之裁可而後其効力始完全與確定耳議會之所以爲立法機關而與學會雜誌之議論異者實在於此也雖然拉派學說與耶派學說所異之點特在確定法律効力之權專屬於君主與分屬於議會而已若夫確定法律內容之權應全在於議會此則拉派學說與耶派學說之所同也故去臘二十五日更改新刑律總則之 上諭就耶氏之學說以立論固爲侵犯資政院之立法

權就拉氏之學說以立論亦爲侵犯資政院之立法權而徵諸世界各立憲國亦未見其元首曾有此等之舉動此而可付之不問則將來議會議決之法案將悉被塗改無遺而議會之討議立法皆徒勞而無功矣故今後必當以法律規定裁可權之範圍毋使當道者動假借　上諭以侵越議會立法之權限也

(二)裁可法律上諭之格式　立憲國之通例君主裁可一法律必於該法律之前附一上諭表示其裁可之意而關此上諭各國學者嘗有爭論焉其第一說則謂此上諭與法律之內容同其性質當先由議會擬稿君主而裁可該法律即用議會所擬之上諭以發表之其第二說則謂裁可公布之權在於君主此上諭之措辭若何宜一聽君主之自由非議會所能干涉其第三說則謂此上諭之措辭固可委之君主然苟中有解釋語影響於法律之內容者則必先付議會以議決今試就此三說批評之則第一說太傾於民主政治之性質非一般之君主國所能適用也第二說漫無限制則法律之條文或緣上諭中之說明語而大生變動也第三說既不剝奪君主自擬諭旨之權又有以豫防其流弊比較上殆稱適當焉故現今各國大抵參酌第三說之精神裁可

法律之上諭雖委之君主自擬然或以法律規定其格式或雖無文明之規定而其措辭極簡單亦成爲一種之慣例所以防上諭中有解釋語致變動法律之內容也（今世各立憲國其裁可法律之上諭用冗長之文中多說明語者殆未之見若其有之自必先交議會之議決日本有賀博士已曾主張之）今試徵之日本日本之君主其裁可法律之上諭皆用『朕經帝國議會之協贊裁可……爰使公布之』等語而此外未嘗贅一辭此則自其立憲以來已成爲一種之慣例其所以必如此簡單者所以防上諭中語或影響及法律之內容也中國去歲資政院所議決之豫算案 朝廷雖予以裁可然裁可之文頗冗長中多說明之辭又間涉游移之語衡以裁可文之格式實有未合也雖曰豫算之性質近於行政未可名爲法律然以廣義解釋之凡經議會與君主雙方合意而制定者皆可名爲法律（今世學者論法律與命令之差別皆謂由君主一方之意思而制定者謂之命令合君主與議會雙方之意思而制定者則謂之法律）故歐洲各國多有名豫算案爲法律而明規定於憲法中者正不得謂其不含有法律之性質也（日本裁可豫算案亦用朕經帝國議會之協贊裁可總豫算爰使公布之等語）而裁可豫算案可用此等冗長之上諭裁可他種法律案安見其不可用此種冗長之上諭蓋其例一開固無施而不可耳則欲豫防流弊此等之事又豈可付之不議也夫一法律之成立臣民之權利

義務於斯繫焉。當官者之治事判事。又將準據於是焉。使裁可之上諭。擅加說明之詞。則或使法律中之條文。變其意義。或與條文相矛盾。而彼此各成一說。如此則將使依此法律以處事者。迷於適從。而臣民之權利義務。亦將陷於不確定之地位。則其予國家人民以不利者。實非淺少也。故竊意將來釐定公文式。關於裁可法律之上諭。（各種規則亦然）必以明文規定其格式。要使其措辭極簡單。不容涉及說明之語。斯乃可確保議會之立法權。而法律之條文。亦不至因上諭而生疑議矣。

此二者聞者毋以爲小事也。實則關於立法之事議會之權限。法律之內容。其確實與否。皆存於斯焉。今當新舊過渡時代。萬事草創。我國民前此之未留意於是也。固無足怪。然今後苟無明文規定。則如上所言之流弊。實無從豫防。吾是以一論及之。望我國民之無或忽視。並望今歲之資政院議員。謀有以善其事也。

# 皇室與人民

柳隅

今世各君主立憲國。多以君主神聖不可侵犯之文。著諸憲法。而其民對於皇室。亦率敬若神明。蓋皇室之安富尊榮。殆無若立憲國也。雖然。立憲國之人民。所以敬禮皇室者。非根於迷信也。實則皇室有所以使之敬禮之道焉。蓋今世各立憲國　政府之待其民也。惟以法治之。皇室之待其民也。必以恩結之。故人民犯法。在政府必執法以相繩。在皇室則常屈法原情。而以仁勝義。緣此之故。人民對於政府。雖有生惡感之時。其對於皇室。則無生惡感之時。君主之所以能長保其尊榮。蓋以此也。今之中國。當新舊過渡時代。國是似定而未定。憲政將成而未成。人民惡政府之專橫也。時或懟及於　皇室。蓋亦往往有焉矣。然而政府所以輔弼　君主者。謂人民而有怨嗟。有刑法可以抑壓之。人民而有暴亂。有兵力可以弭平之。一若保衛　皇室之道。惟此而已。試觀近十餘年來上下衝突之歷史。政府之輔相吾　后其對於人民之怨謗。舍束縛拑制之外。更有何策。其對於人民之倡亂。舍慘殺屠戮之外。又更有何策。吾以爲此等方法。非所以保　皇室之道。實所以危　皇室之道也。長此不變。則人民對於　皇室之感情。必有瓦解土崩而不可收拾之一日矣。余忠於　皇室。不忍坐視政府之輔弼無狀。以危我　皇室也。故關於　皇室所以待人民之道。竊欲有所言。雖然無徵則不信。且一述他國之先例焉。

環球憲政之母。實稱英國。英國皇室之待其民。惟施澤而已。未嘗用威也。蓋英國社會上之慈善事業。常由皇室提倡之。皇室不作他事。而惟好作慈善之事。人民之愛戴之。固其宜矣。又以國會議員爲人民之代表也。許其得入禁苑。以獵鹿一頭。所謂靈臺靈囿與民共樂者。英皇有之焉。試問吾國之資政院議員。能得此殊恩否也。又豈特英國而已。若俄羅斯者。固猶帶專制之餘燄者也。然試問俄皇所以待其民者顧何如。日本建部遯吾博士。去歲遊歷俄國。依其所調查。則現俄皇所以待其人民。築有娛樂兼矯風之人民館。以爲人民宴會之所。又有大育嬰院。可收容嬰兒一千五百。每一嬰兒附以一媬姆。又有所謂歷山二世小學校者。可收容生從二千。此外尚有各種之盲啞學校。此皆由其皇室所經營。與其政府無關者也。不特此也。現俄皇舉其宮城及離宮半開放之許人民得入而遊觀蓋英皇之許入禁苑以獵鹿一頭者尚限於國會議員若俄皇則恩及於一般之人焉斯眞能與民偕樂者也若我國民則何有焉有犯禁門一步者陷於罪而已矣安所得覩上苑御林之景物君門萬里當官者猶有餘慨矣而何論小民也又不徒俄羅斯已也試更觀日本日本皇室之待其民本有家人父子之親而自去歲有無政府黨事件之發生日皇對於人民益思以恩結之今歲陽曆二日日皇憫貧民之疾病無告也賜金百五十萬圓以爲施藥救療之資遂有恩賜財團濟生會之設立三月又因山梨縣累被水患民力凋敝卽以皇室土地二十九萬八千二百三町七段七畝十五步賜爲該縣之縣有財產四月沖繩縣有暴風民多罹災又賜金千五百圓以恤之其膏澤之及於民亦云渥矣然此猶曰其所關者及於全國或一縣也二月其神奈川縣之須馬村有火災以一村落之小厄亦賜金四百圓以賑之四月有航海學校之練習船名七寶丸者聞因風遭難亦賜金百圓以爲弔祭之費蓋日本皇室之待其民實如保赤子焉我國民見日人之敬禮其天皇輒嗤之以迷信彼豈迷信哉實則日皇之所以待之者仁至義盡欲不愛戴而有所不能也夫以英俄日本諸

國其君皆汲汲焉謀施澤以結其民而惟恐不及然則皇室之待人民當取何道亦從可知矣

夫英國爲最純全之立憲國吾勿敢取以相比擬矣若日俄兩國固世所稱爲半專制之國者也然其皇室之待其民比吾國顧何如夫俄皇之設育嬰院娛樂嬌風館及各種學校以使民得所養所教開放其宮城離宮以使民得所樂所安非因其民之全輸誠愛戴而以是爲報也其原因實由於有虛無黨之暗殺欲以是消滅其怨氣返觀吾國則近數年來如吳樾之案徐錫麟之案汪兆銘之案其謀行暗殺實與俄羅斯之虛無黨相髣髴者也然盈廷臣工未聞有勸吾君以效俄羅斯皇之故事施仁義以結人心而惟多派警察窮搜黨人此何爲者日本天皇之賜土地以爲民產賜金錢以恤民災亦非其仁民之意數月來忽驟加優渥也實因去歲有幸德秋水之謀反案欲以是滅泯其餘黨返觀吾國則近數年來如萍鄉之亂欽州之亂雲南河口之亂最近廣州焚攻督署之亂其將謀大不敬於　皇室與日本幸德秋水之案亦相髣髴也然盈廷臣工未聞有勸吾君以效日本天皇之故事施膏澤以固民志而惟肆爲瓜蔓之抄

濫賞邀功之吏此何爲者夫以吾皇上之天縱至聖使左右輔弼得其人吾知其所以施澤於民者必過於俄皇日皇萬萬也而徒以輔相者不得其人過草野之有變動則利用之以爲升官發財之機會已收其利而使怨毒盡歸於皇室天恩所以難下逮輿情所以難上達皆此之由也循斯以往則人民對於皇室有心日離而已矣則政府之罪可勝誅哉

故吾敢以告當道諸公曰公等而不忠不臣也則吾勿復言苟稍有一綫之天良以愛戴皇室也則當知皇室之對於人民只可有恩而不可有怨人民縱有不禮於皇室之事皇室斷不可有積怨於人民之事則當輔弼之責者當如何謀所以引君當道使恩膏時聞足以弭草澤之戾氣蓋皇室與人民能保有親愛之感情斯國內乃可長治久安國本亦以根深蒂固愛國忠君之事實無有大於是者斯則大臣應盡之責任也非然者不能謀上下之叶和而徒以虐政淫刑挑撥人民觖望皇室之惡感斯不特爲國民之罪人亦爲皇室之罪人也

# 論英法間都華海峽爲大地新化所自出

更生

不遊英倫五年矣。至光緒三十年甲辰、遊意奧瑞士德法。以六月八日復至倫敦。夜渡都華海望見砲壘燈火森列海波浩淼僅隔水八十里如一衣帶天時晴明兩國壁壘可相見而夜深燈火可相望也以此八十里海故產出種種非常異事震動大地開發文明且以遙遙絕域數千年神聖之中國亦賴此八十里紫瀾以爲之隱庇默護而不淪亡、噫豈不異哉倚檝中流憑闌太息素月半輪波影相照追思鼐爾遜戰拿破侖而死時此月亦相照也今吾發思古之幽情生地勢之異論爲今論者以英之强盛政治之創美工藝之先精嘖嘖稱道之曰此由條頓種人之强健活潑好自由也條頓盎格魯種人能自治也然德意志豈非條頓種之宗邦哉薩遜豈非盎格魯之本種哉卽至危弱之奧國德種人尙千餘萬其他諾曼種人偏于歐北各國然立憲之政工藝之精不始于大陸諸國何哉以此知謂條頓種之尤能自由自治者非也蓋英之所以爲立憲之先河爲工藝之先達寔以島國不連于大陸故也昔羅馬之致文明僅在其三十里之京意大利雖其本部僅服戎出租餘則羈縻而未開闢如吾之蒙古西藏等耳自羅馬解紐峨特南侵全歐大亂數百年文化掃地耗矣盡矣沙立曼雖創業一統而起自佛蘭覲草昧之地以兵力立國如元魏遼金蒙古耳旣大封羣臣以爲部長而北人方爲海盜日作邊警治本榛狉未識文明與法分裂日尋干戈上則有教皇爲牽掣下則有羣侯與競爭故千年以來大陸王侯惟有躬擐甲冑跋涉山川以兵爲國不知政治夫以兵爲國者奴隷其民邱甲其賦以嚴酷爲政壓抑其下以戈甲爲器無事美藝其與立憲自由通商惠工皆最相反者也以近世言之條頓種人之正者莫若德意志而德意志之主爲普魯士而普開國極北自其先王大威廉大非特累世以來窮兵黷武東征西定以有于今自彼十八十九紀開國以來與法俄大敵頻窺累至無少休息以故用兵日精屢耀其武君權日盛服從日甚立憲自由之理何從而天降地出哉且國大民多亦無從產憲法者也德意志與法分裂後寔兼合德與意三國之壤地半全歐在新舊教爭時人民已三千萬故死者至有千八百萬之多當鐵道未開之世安得而聚集人民以大開議院哉法雖嘗集羣英而公議政然法之君權方且日漲一日所

以集議者乃欲煦民爲削侯之計非開誠布公以爲議會之謀故迹愈近而去逾遠也惟意之唲尼士佛羅鍊士諸市以商爲國眞有民主憲法之生存而瑞士二十二村及漢堡七十市府與之相應和皆以彈丸市國上傳雅典腓尼基民主之政體此則歐土環海爲洲港汊歧互適丁諸侯爭亂故得以別體爭存其伏流所發乃爲美洲新政體之基而于大地萬國立憲之本原政治之先型究不屬焉惟英僻遠在西北之島立國千年與大陸之會盟征伐渺不相接其島內之兵爭惟有蘇格蘭其大陸之兵爭惟有法國若與班荷爭則遠在其後矣英以島國習于水戰故其十三四紀與法爭者幾滅法國而法雖有英主若路易十四拿破侖亦無如英何路易十四且歲賂數十萬金于英以免其助鄰兵也故英之爲國自非初未開化之時稍爲大尼薩遜諾曼人所服後垂千年未嘗有外國之兵能一破其都而少躪其國者此與日本之立國東亞正同雖以蒙古混一亞洲之力而范文虎十萬之水師卒無如日本何也蓋其所恃者以海爲池以島爲城故雖衆無所用之也是故以島國之故得從容自保只有君臣之內爭而無外警之廹切故貴族得以敵其君民生得易以自由其文化雖後而與大陸近得徐

以取人之長此其大原因也以是原因故有數果條頓上世會議之俗乃今我猺黎諸洞通行之風吾粵鄉曲械鬬之事非足爲貴異也故一入沙立曼一統之國而滅絕不行惟其入于英也七酋之時人十數萬及威廉末造當宋南渡時全英人民僅百七十萬耳及至康熙初威廉第三入英時人民不過五百萬夫其立國千年人民不過吾一大縣而又有世爵大地主萬數以與其王相支拄當威廉第二顯理第一之時尙無法度無刑例故得設陪審人以証定而判罪王僅有百餘萬衆戰爭頻仍奢欲無厭則曰求金于其下而其下之貴族公臣大夫大夫臣士各有隸民王不能直取于佃農也必問于有地之諸侯大夫諸侯大夫有地者旣以萬數自必合力成黨而不任王之橫征苛歛故約翰之大憲章顯理之請願書乃勢之自然也假令此大憲章請願書在德法也敵戰旣多君權日盛即貴族有權間開議會浸假而有選侯之立選侯地位尊重亦何異于英之國王乎而議會斷續無力終不能與民權而成憲法者則以國大民多爭亂相仍斷無權以下與于民亦勢之自然也其在中國以經法爲治所以治君者亦有限制矣明世臺諫之伏闕力爭唐宋給事之駁還詔旨明爭大禮議致有空朝者此其

民權黨力亦奚讓于英之初開議會焉徒以國大民多君非有莫大之權不能治國而文治既久安平日多君權益尊此又勢之自然也故立憲之獨出于英島國驟興而民少一也英既地僻民少貴族之權得與王相爭又外患絕無故得以其權分下而內亂相繼君每一次爲議院所去所立卽一次失權自紅白玫瑰三十年之爭楂理第一之弑占士第二之逐積漸而來故成茲憲法其間稍有强武之君若咽活第一第三顯理第三第五第八及女王以列沙伯卽復奪議院之權而行其專制矣假令英國有若中國法制早定綱紀肅然以立嫡爲主否則立繼世嫡早立君臣分定女子無立壻之爭懿親無柄政分藩之力則試觀宋明及國朝千年嗣位之變有幾哉嗣世無事君位久安乾剛益振國事益定民心亦寡思亂者若是則議會從何而得權憲法如何而能立卽有一二强勁之夫若哥克敢與王抗者逐之因之斯已矣惟其本出草昧未有政法君位不定爭亂相仍故議會以靜制動以治待亂因得有其權積數百年體遂堅固憲法永定民權永伸議院之制遂爲萬國師是則以臭腐而化神奇其與政法久定數千年之中國乃爲最相抵拒之反比例無得而言者也夫六朝之世一國之君位數爭內

亂頻仍則權落于大臣之手而篡業成焉以無貴族故也春秋有貴族矣凡爭位而釀禍亂者國人亦多立君殺君若衛人立晉莒人殺其君庶其而周人流厲王于彘周召以共和治國此亦與英議會之逐弑其君而別事擁立相同矣然亦不能創成政體者亦以政法已古一成難變故也故憲法之獨出于英以島國草昧未有政化二也然大地之島國多矣何以不能成此政體乎若西西里則地太小而不能久自立也若錫蘭則開化太久而政體早成也若古巴馬達加斯加及南洋諸島則不與有治化之大陸近而無從開化也惟日本三島皆可自立而又近于中華之大陸宜有新政體出焉然而不能產出者則土地人民頗已廣大王者無勢貪求亦無貴族合黨王室政體師法中國亦少內亂故政權之失落于權將而亦無有議院之能產假令大地各國有能產此憲政者然其國不當新舊教爭新地日闢機器日盛之時有汽舟汽車電綫以張之亦不能推行于大地萬國也當彼十六紀時大陸爭教三十年德國死者千八百萬民無所歸爭託命于英于是文學藝術之士咸集島國矣于是以列沙伯受而用之而英之學藝驟興倍根之流乃出焉荷蘭侯威廉入主英國乃挾荷蘭之海軍商船所麗世

爭得班葡者之屬地盡以歸英于是英海力驟漲奄有印度南洋與北美澳洲矣法之大革命也法之貴族富家學人藝士無所歸爭託命于英佐治彼得受而用之于是英之富力才人大盛而莫與京矣夫英所以獨得此者以海島之別有天地而亂世人所樂託足也趙江漢走蒙古而理學大開于元朱舜水走日本而儒學大昌于德川故英者以島國安樂之故爲大陸之桃源坐受而集其大成焉故以拿破侖之强雄幾混一全歐之諸國矣當其時大陸各國無大無小無强無弱無智無愚當之者靡拒之者碎而英遣鼐爾遜威靈頓一二偏師當大陸鎖港之淫威乘班葡破滅之兇餘乃破衆艦于海擒猛虎于陸波濤塵息歐土復平則以此都華海八十里隔絕之功也若使英土連於大陸則向已幷吞于路易十四矣藉不然者區區三島八百萬人之小國其能當拿破侖之鞭箠哉英不能立則拿破侖必一全歐如是則挾其全歐之土地人民財賦兵力與機器之日盛新學之日興席卷全球囊括東亞自印度東來從安南西入海疆旣歷水陸交侵吾國在嘉道之間閉關軒睡文武恬嬉雖草寇大呼猶能亂十餘省一旦若拿破侖橫天而下直若葛參之入墨西哥祕沙路之入祕路驚爲天神一鼓而亡

矣。豈待庚戌洪秀全之內亂。庚子聯軍之入京哉。乃以連雞之勢。羣雄不得逞而留我。以變法之從容。令吾神州赤縣。黃帝子孫。猶得有保國保種之一日。則寔賴英島有此數十里之衣帶水以保障之。然則此海也。近保英及諸歐。遠之保大地各國。以及于遠東。數千年文明之萬里中國。豈不異哉。區區海波。蒙作天幕。巨作長城。以保我人。歎息嗟異。甚矣。地勢所關之大也。深思遠懷。與月同光。照與海同浩瀚。未知百年渡海望月者。幾人同此懷抱也。

著譯壹

# 國民與國會之關係（續第十六號）

柳隅

## 第七篇　財政

### 第一節　下院於立法權之外尚有重要之職權

論國會之職務。其筆鋒所向。固不能不先述巴力門（即國會）之立法權。雖然。國會之地位。非徒為立法部已也。其所負擔之職務。於立法之外。尚有重大之事焉。今舉其最大者。則議決租稅及監督歲出是也。

自一二九七年。依其時發布之法律。議決租稅之實權。已歸國會之手。爾後三階級之人（即貴族僧侶平民）各自議定其自級納稅之額量。然因此之故。在代表國民之階級。必占有歲計之權力。此亦自然之勢也。蓋多數者之納稅。比之少數者之納稅。其稅額必多。從而亦占重要之地位。於是議決稅權之事。下院遂將要求專歸其掌握。斯亦必然之勢也。倍根氏有言。下院之慣例及特權。在於得先提議租稅案之事。而近時俗諺亦謂租稅爲下院所給與。在上院惟得協贊其案而已。夫兩院之職權既生如此之差異。從而國王所下於兩院之詔勅。亦不能無差異。卽下於兩院公共之詔勅。其文爲『誥爾諸侯伯及諸紳士』若單關於租稅之事。則其文爲『誥爾下院諸紳士』也。

由是觀之。議決租稅之特權。實爲下院所專有。若其他官廳。雖有計算歲出之權力。而不能議定稅額也。雖然。下院之中。關於公金賦課之議案。苟非出於國王之首唱。則不與以協贊。斯實下院議稅權之原則也。職是之故。關於歲出之項目。爲國王之大臣各有唱議之責任。對此原則。政府與國會遵守極嚴。雖或時有例外由下院自提出歲出之議案。然結局終無效果。故政府苟憚於爲歲出之提議。則下院遂無如之何也。

## 第二節　豫算案之及提出討議

國會開會之初。政府必以翌年度之歲出豫算案。先提出於下院。此定例也。而此豫算案分爲三册。第一則爲陸軍之政務費。第二則爲海軍之政務費。第三則爲其他之政務。費各種政務。附以精細之費目。且各分項列記之。此其豫算案之內容也。其在下院。旣專有監督歲出之權。故對於此等之豫算案。必分條以事討議。以國會之法語言之。則豫算案中之各項。由財政委員會逐條議定。而此委員會之委員。無論對於豫算之何條欵。或附之例外。或提議删除省畧之。或摘其施設之疑點。此皆其應有之權也。**故全會期之中。其最惹人注目之討議。實在於財政委員會。**討議之際。往往各執己說。相持不下。實使理財家振其生蓮之舌。而猶不能熄議場反抗之燄也。是故編製豫算案之際。必當重注意。以注意無使尙留破綻。予政敵以攻擊之口實也。抑度支部之編製豫算。常力求費用之節省。其紓緩不急之經費。可列之例外者。豫算案中殆可謂絕無。雖然財政上之制度。非無可改良之餘地。故將來而欲望財政之發達。必當廢從來之舊法。而別用其他之新法。即欲事貨幣儲蓄之策。在於改良行政之組織。而不在於討論區區之細事也。然而理財家之改革財政。常出於拙劣之舉。使人心反厭其改革。而謀行政上之改革者。亦未能挽回財政之衰運。使革新之業。合於人心所要求。斯又豈可勝慨乎。

夫在下院。基於財政委員會之審查。以議定豫算案中之各款。此其議決歲出之手續也。然而有須注意者。**則豫算中所議定各項之經費不許其濫用是也**。蓋甲事業所需之經費。下院雖與以認可。苟政府而移以用之乙事業焉。則爲違法。由此等之限制。則政府雖欲濫爲揮霍而不可得也。雖然其在政府欲曲庇其法外之行爲。初非無策。即爲大臣者。亦嘗飾辭曰。余非神明。一年中緩急所需之經費。安能於第一月之初。即先知之。而爲之確定其不易之額量。是故於總豫算之外。必許有追加豫算焉。即於會期之初。雖已提出之豫算案。及將閉會之際。仍必許爲豫算之追加。乃至次年度之初。亦須許爲豫算之追加。而此等制度。已爲國法之所許容也。夫此等之事。雖亦有防其濫費之法。然在政府。常依之以隱蔽歲出之增額。使議員中十分之九。國民中百分之九十九。茫然無所知焉。斯則可痛者也。今試舉例以言之。如一年度之初。其各豫算之總額。算定爲五千萬磅。至會期之閉會前。其總額增進至五千五十萬磅。及次會期之初。又增進至五千七十五萬磅。然次年度之豫算。定爲五千五十萬磅。是今歲之政府。尚得以二十五萬磅之減額。誇其能節用也。夫播弄此等之手段使十二閱月間所生五十萬磅之增額竟得行之無礙故自邇年以來全國之歲出所以歲有增進也而在政府方且以此等朝三暮四之術操縱國會故謂其隱蔽實際之增額正非必厚誣之也

## 第三節　專用議案

如上所述下院之議決豫算案實依供給委員會之審議蓋在供給委員會以其所議定者申報於全院而全院依其申報逐項爲之決定及會期之末彙集各項成爲一議案斯卽議定之總豫算案也而此議案從來之意義爲下院認可奉呈於國王之經費其款項則依目次敘列之而此議案其所議決各項之經費限於用之所豫算之事業故此議案又稱爲**專用議案**專用議案亦與其他議案同皆必經國會通常期程之討議但此議案殆涉全年之總歲出從而所包含之問題極其尨雜故審議之際非必限於經費問題而已凡案中所包含之問題皆得以討論也（如政府所欲建設之事可以討論其可否）專用議案者所以處理對歲出各種之經費也其目次中所示之豫算費必用最簡單省畧之語此常例也雖然此等之經費其認可之期限僅十二閱月實短期之支出也

而於此短期支出之外**尚有長期之支出**國會亦常與以認可焉今試舉其重要者**第一爲國債之支出第二爲固定資金**（不經國會認可而徵收者）**之支出是也**凡國債之大部分苟拒其償還必失國家之信用而固定資金亦多無須年年之審議此所以須許爲長期之支出也夫對於國債之支出數年以前分之爲二部分而其大部分則以供所謂永久債之利息及國債償還準備金之用也其小部分則以供所謂暫時債之利息之用也而此二部之金額時由國會發布各別之條例以制定其額然今則此法廢而不用矣蓋由今之法其應支出之額由一次議定而非由每年議定也若夫固定資金之支出其種類頗多其最重要者則爲維多利亞女皇即位之初所議定之皇室費三十八萬五千磅及其後所應供給之皇子女及皇族之年金也此外如馬波羅公惠靈吞公等之子孫應永久或畢生間給以年金又或對於國家有武功治績憂勞者亦例須給以年金又或因其祖宗有善行亦有給以年金者乃至下院之議長高等官之一部分其俸給亦由固定資金支出而此等經費使國必年

年定之。實非勢之所能行。故由今之制。經國會一次之議決。其性質遂以固定也。故國家之歲出可分之爲二部分。一則經國會一度議決之後。即無須爲定期之改正者也。一則雖經國會之議決。而每歲尚須俟國會之承諾者也。而國家之歲入亦分爲二部分。即一則其租稅之性質。永久徵課。非有年限之定期者也。一則其租稅之性質。其徵課限於一年或二年間者也。但租稅之課期。雖有長短之別。而其賦課之手續則歸同一也。抑在下院。其審查財政上一切之處分。一年惟一次而已。而審計院之院長。其所計畫之事。須向下院而說明。而會計年度以四月一日起算。故該院長之說明。當於四月一日以後。擇其最便利之日。而其所欲說明者。則**歲計書**是也。而此歲計書。則以之提出於下院之委員會。蓋在下院。當其發財政上之討論。以處分同院之豫算也。則其責任在於財政委員。當其審議徵集經費之方法也。則其責任在於立法委員。故審計院之院長。其所製之歲計書。常提出於立法委員會。而在立法委員纂集其歲計書所發議之點。以作爲立議。而以是申報於全院。全院即基此立議。以製議案。復命同委員提出此案。以請全院之認可。而此等議案。亦須經由其他法律案所經之期程。始得通過也。

## 第四節　上院無修正財政案之權

由上所述之事觀之。則關於豫算上有二顯著之法焉。即一。則歲出之細目每年由財政委員會確定之而編集於專用議案中一則徵收必要歲入之方法每年由立法委員會審議之而纂集於一個以上之議案質言之卽歲出豫算案及歲入豫算案是也夫下院全院委員會之所決議者固必經兩院及國王之審查與認可。然後始成爲法律。然在下院對於專用議案當通過同院之際必認爲至當者。乃始予之以議決。故對於此案實有修正之之權　至於上院唯對於該議案之全部得承諾或廢棄之而已若夫修正之之權則無有也　夫上院之對於財政議案。所以僅保有此僅小之權力者語其由來蓋始於十四世紀之末。自查里斯一世即位以降（一六二〇年即位）則其事最爲明瞭。者也。彼其經費案之緒言。謂經費者獨由下院所贈與。且謂本案必經兩院協贊。乃得通過者。不過常套語而已。當時之論如此。於是修正財政案之全權。遂漸以專歸於下院也。

夫下院所議決之財政案。而上院不能修正之者。其始基於何理由。今固不能詳悉。而一繙國會之歷史。則上院對財政案之修正權。其爲下院所否拒者。則實始於查里斯第二之時（一六六〇年即位）爾後下院堅持此說。不肯讓步。而上院亦遂許諾之。而下院實依如何之手段。以剝奪上院此等之權。雖熟悉英國憲法史者。亦無能知之。但依學者所推測。則以爲兩院性質實使之然而已。抑在上院其不敢修正財政案者。至今已二百餘年。顧上院雖無修正之之權。而其廢棄之之權則尚保存之。但就實際而論。則即此廢棄權亦屬有名無實也。其偶一行之者。則一八六〇年之廢棄紙稅廢止案是也。當時廢止紙稅案既通過於下院。而上院獨反對之。議廢棄其案。於是遂惹起全國人之憤怒。其攻擊上院之景象。蓋自一八三一年廢棄第二國會改革案以來所未嘗見也。

當時國民之意以爲使上院而有廢棄廢止紙稅案之權是即有課稅之權也何也以下院所議決廢止之稅而上院尙欲使其繼續焉夫非有課稅權而何也當時首相巴馬斯頓侯以此事付之委員令其調查上院曾有廢棄財政案之先例與否調查之結果謂在古代上院雖曾執行此權然今已久不用矣巴馬斯頓侯得此報告遂提出翠固下院權利之議案謂賦課租稅及減廢租稅暨調製經費案皆屬下院之權利而下院此等之權利他人絲毫不得侵犯之巴侯此議下院既定爲鐵案而上院終亦不得不承認之焉故次年度之會期下院遂以全年財政上處分之事彙爲一議案送之上院而彙者紙稅廢止案即包含於其中然上院以不能廢棄全年財政之總處分也不得已通過其議案而紙稅廢止之事遂亦實行焉自斯以後下院襲用此例以全年之總豫算彙爲一案而送之上院令其但對於全案得承認或廢棄之而已此上院對於財政案所以無勢力也

第五節　下院之破壞上院廢案權之策

如上所述因一八六〇年紙稅廢止案之爭議翌年下院遂以財政上全年之總處分

彙爲一案。令上院但對此全案。可決或否決而已。而上院之廢止稅案權。遂爲所破壞。然此等破壞之策。斷非新奇之手段。其在往時。下院常因其議決之議案。上院不與以協贊。因以之與他議案併合。而逼上院以協贊。又時用强逼之手段。令上院同反對國王之財政案。此固國會史上數見不鮮之事也。今試舉例以言之。當威廉第三時。（一六九五年即位）曾以愛耳蘭沒收地賜其寵臣。而下院卽以此案與其他諸議案連合。經兩院議決逼國王以返還其土地。此等手段。實爲抑制君權跋扈最好之武器也。但當女王安在位（千七百一年即位）之初期。此等手段。雖屢襲用。而其效力甚微。據當時上院所主張。謂以財政案而與他議案聯絡。徼獨違背議院法而已。且將破壞英國之政體。而在下院。驚此反對論之强悍。一時稍爲戢其氣。其後雖時用此等之手段。而上院固執前議。不肯讓步。故此等聯合議案之手段。下院遂不敢輕用也。由是觀之。今後下院强逼上院之事。當不常逢。雖然彼尚有其極强之武器焉。卽自一八六一年以來。以財政總處分集爲一議案之例。下院依此。常可以抑制上院。故兩院之間。偶生意見時。下院卽依此武器。用强硬之手段。以威逼上院。故下院之得占優勝之地位。其大原因。蓋在於是也。

## 第六節　開全院委員會之方法

豫算案之議定。先由委員會之審查。其方法既述於前矣。抑在下院。苟無爲之提議者。則不得自開全院委員會。而開全院委員之提議。則一開討議之機會也。依議院之規則。凡開討議。當有應商量之問題。而開全院討議之方法。先由政府之議員（英國之政府大臣亦得舉爲議員）發議曰『議長今當去席位』是卽開全院委員會之討議也。而此『議長今當去席位』一語。遂爲議院之一問題。但爲議員者。可以不用此語。而代以他語。如『經郵政局遞送之書信。而內務大臣乃下令以開拆之。則內務大臣有受議院譴責之價値』此亦可爲開會之發議詞也。而緣此之故。開會之初。又有一問題發生焉。則原用之發議詞（卽議長今當去席位一語）將用與否。是也。使其議用之。則議院乃更以『議長當去席位』之原動議付之討議。苟其不然。則直用『經郵便局遞送之書信而內務大臣乃下令以開拆之則內務大臣有受議院譴責之價値』數語。以爲發議詞也。當開全院財政委員會之際。此等之動議。當大費討論。始以列載於豫告簿。但全院於議定『議長今當去席位』一問題之後。其次之表決。則爲全院應變爲委員會與否之問題也。

第七節　國會遷延國王之經費之實利

其在往昔專制之餘燄未熄爲君主者苟非需川經費則不召集國會然以非經國會之協贊不能徵稅因此之故乃始常召集國會雖然國會尚別有抑制國王之一方法焉即人民被災害時非國王許爲救濟之則國會即拒絕國王所要求之經費而人民之災害非得十分之救濟則國會對於國王提出之財政案猶然逡巡而不議決也故在當時國會與國王常因此而起莫大之爭議然以國會之强項其結果也國王終不得不稍示讓步雖然國王之優容國會之議亦常需莫大之報酬昔查里斯第一因裁可權利法典國會酬以五種之補助金而各種金額則平均三十五萬磅乃至四十萬磅也

國會對於國王所要求之經費。必求有報酬。始爲認可。斯實爲措制國王最好之武器。而依此等之手段。不特可使國王一身之舉動。不敢放恣也。卽政治上之施設。亦必求有善政以勉副民望。英國國會之有功於民。實在於是也。故當時政治上有一格言曰。『人民之災害。不可不於供給國王經費之前。先爲回復。』爾後幾經流傳。此格言雖漸失其本意。然今尙保守而不失。蓋使能依此以行之。則在下院。決不憂國王之放恣。無道。且得監督行政部。使其所施之政。必勉爲人民謀幸福也。夫使下院而能長保有此等之地位。則在政府無論有如何之問題。皆不可不求得其同意。則知彼災害之救濟。當先於供給國王經費之格言。其益於生民者。眞功德無量也。

（未完）

著譯弍

# 摩洛哥與德法西三國之關係

繫匏

摩洛哥者。今日歐洲外交界之爭點也。自千九百五年三月之末。德皇訪問但遮爾之結果。德法遂起衝突。翌六年阿焦斯拉士會議。磋商累月。敝舌焦唇。始結和局。九年德法之新協商成。大局稍定。其後摩洛哥之內政。雖紛亂如故。暴徒蠢起。殆無甯歲。然尚無事變。足動搖國際關係者。故德法兩國。雖互相猜忌。然外示和親。莫敢發難也。迨今歲之夏。德國不動聲色。突派砲艦於亞嘉查路。始一聳各國之觀聽。於是兩國釁端。又將再解。且昔日爲法後援之西班牙。近亦倒戈以相向。風雲再起。豈特摩洛哥之不幸。牽一髮而動全身。歐洲之政局。復從此多事矣。

自阿焦斯拉士會議後。摩洛哥實於國際監視之下。以延殘喘。而法西二國。實握其主權。二國之中。法尤占優勢。其關於維持秩序問題者。首爲警務。而其開港地之警務。委之法西者八。如摩喀爾蘇腓瑪沙幹及拉拔四港。則屬之法。拉拉格及的治安二港。則屬之西。其最重要之但遮爾及喀蘇勃蘭二港。則法西聯合。掌其任務。雖各地之警察權。仍爲摩洛哥王所統轄。然法據其南。西據其北。隱握其實權。已非摩王所能過問矣。且摩國軍隊之教員。素仰給於法。會議時未加干涉。法國遂得保存其權利。以爲摩蠹。此法國之地位。較之他國得尤鞏固之原因也。

至與警察問題而並重者。則有國立銀行之新設。據阿焦斯拉士會議之定議。雖云各國之資本平等均分。然法國之出資。實三倍於他國。蓋法國舉其素所固有之銀行權利。移讓於新設之國立銀行。故他國無從置喙。因此之故。摩洛哥銀行自不得不屈伏於法國勢力之下。此又法國於財政上先占優勢之原因也。

雖然、自千九百四年英法協商成立而後。卽有法西協商。據其宣言書。則西班牙於英法協商。極表同意。且法西兩國於各自之勢力範圍。別訂密約。此約雖未發表。然其大旨。不外區分勢力。除勃河以北。則隸西班牙。除勃河以南。則歸之法而已。及千九百九年則又有德法協商。協商所定。則德國承認法國於摩洛哥之政治上特權。法國則尊重摩國之獨立。且不妨害德國工商業之利益。各飽所欲。兩不相妨。法西訂密約於前。德法協商於後。苟能信守勿渝。雖百年無事可也。惜乎漬墨未乾。而事變已紛至沓來矣。

至最近之事變。果何因而起乎。夫摩洛哥之內亂迭起。固爲召侮之由。而其近因。則實由法國自摩利內閣成立。而的卡西入閣後。其經營摩洛哥。着着進步。刺激西德兩國之嫉妒心。有以致此也。夫法國於摩洛哥隱植勢力之基礎。實由與西班牙同握其開港地之警察權。然據阿焦斯拉士會議之決議。其警察權之期限。僅以五年爲期。卽本年十二月。便已期滿。凡與摩洛哥有關係之國。皆欲利用此時機。奪其警察權以還之摩王。或縮少其區域。以殺其權力。而窺伺最力者。厥爲德國。此固法人所熟知。故其政府凝慮殫心。先謀所以保持其固有者。而徐圖進取。彼首所注意者。則爲財政。三月十四日其外相於議院演說。大聲疾呼曰。我等欲於摩洛哥維持勢力。當其財政上固其基礎。故彼所計畫。欲自摩洛哥銀行。貸千七百萬法郎。以整頓摩洛哥之軍隊及各港警察之組織。爲償千九百九年以前之國債。則發行千五百萬法郎之公債。但遮爾及喀蘇勃蘭之築港。及一切工事。則發行四千五百萬法郎。要皆取給於本國。此外教育慈善及文明事業。凡可以固法國之地位。而無害摩國之感情者。靡不併力經營。此其招西德之忌之所由來也。

不寧惟是。法國更乘間伺隙。以逞其狠吞虎噬之野心。千九百六年三月。南部摩洛哥之亂民。殺害法國一醫師。法國卽以爲口實。占領與阿焦利亞相接之窪治打。直至今日。兵猶未撤。及喀蘇勃蘭稟告警急。是年八月。卽派大軍。深入其內地。以占領西威亞。凡法軍屯駐之地。卽建立兵房。開設學校。作永遠計。迨本年正月。法國一中尉一監督部長。爲遮路族所虐殺。駐紮喀蘇勃蘭之法軍。其司令長官摩亞尼將軍。卽要求政府。增派軍隊。懲戒亂民。是時勃利安內閣頗主平和。訾遠征軍之非策。遂寢其議。及三月摩利內閣成立。政策一變。卽自阿焦利亞先派援軍。以向喀蘇勃蘭無幾、摩洛哥叛軍。逼近京邑。摩王事瀕危急。倉皇失措。求救於法。法國政府大喜過望。卽諾其請。遂以保護歐人。恢復秩序爲詞。一面自喀蘇勃蘭進軍於其首都腓緇。復增遣援兵。以赴威治達。夫以久經訓練之法軍。禦烏合之亂黨。摧枯拉朽。固意中事。尤可慮者。此救援軍。一變而爲永駐軍。則將爲英國占領埃及之續。卽不然。定期撤還。而救援軍之軍費。將爲摩國政府之負擔。財政所出。仍仰給於法。而法仍坐收其利。此尤與人以口實。而西班牙與德國。所以急起直追。而不能袖手旁觀也。

西班牙對摩洛哥之行動。雖常與法國同其進止。而以法恆占優勢。己時懷不平。夫賒勃河以南。早已定爲法國之勢力範圍。然今春新設一鐵道。自但遮爾以達亞嘉查路。更可延長以至首都腓緇。此實爲重要之線路。而此地域。實在河北。爲西班牙之範圍。乃法國不商之於西。但承諾其借款。西班牙以其違反密約。卽開嚴重之交涉。直迄今日。仍未解決。且法以阿集斯拉士會議後。形勢一變。遂以法西密約。動多縛束。屢思破約。西班牙雖時有違言。法國置爲不恤。且新派遠征軍。以占領腓緇首府。至是摩國全境。將盡委法軍之鐵蹄。於是西班牙忍無可忍。六月上旬。遂亦送兵於拉拉克。更進而占領亞嘉查路。雖千九百四年之密約。明定條款。謂西班牙於其勢力範圍內。有所企圖。須負與法協議之義務。然彼之毅然出此者。其仇法之心。蓋已至矣。

雖然、西班牙之出師。猶師出有名也。其尤可驚者。則爲德國之派遣砲艦。七月上旬。摩國亂事。已漸鎮定。而德國以保護南部摩洛哥之本國人爲名。突派砲艦於亞嘉查路。夫德國之於摩洛哥。非若法西有密切之關係。即以法國爲破千九百九年之德法協約。亦不當有此孟浪之舉。然德國怵於的卡西對摩政策之一日千里。且以法西反目。實一最好之時機。故不得不急爭先着。自南方以制法。而爲他日得寸進寸之地步也。自法人應摩國政府之請。派遣援軍後。德國輿論。已極激昂。波士者柏林最有力之新報也。其言曰。

法蘭西自阿焦斯拉士會議以來。其吞幷摩洛哥之心。路人皆見。自西迤南。長驅直入。以氐亞特勒士山脈。喀蘇勃蘭之占領軍。亦日益深入。始僅沙威一州。今更增兵三千。以謀侵蝕其隣境。昔日所謂領土保存之摩洛哥。今僅得自由者只西南部及亞特勒士之高原而已。今日之摩洛哥。爲法所侵噬者。已逾半數。即其殘餘。吾恐不待今歲之夏。將盡歸法有矣。

摩洛哥之主權。今果誰屬乎。摩王哈腓。實爲法國之臣僕。夫會議以後。以法國任摩洛哥之警務。故許其派送士官。隨時訓練。今也各地之警察。已變爲法國之軍隊。腓縚之法國將校及教習等。皆變爲司令長官。及參謀總長。以指揮摩國之軍隊。而東征北伐。且警察隊之俸給。將非出自摩洛哥銀行。而由法國政府。今日之摩王。全然在有力債權者支配之下。低首下心。惟命是聽。苟一抵抗。則滅亡隨其後矣。

法人將以我等對其不法之行動。熟視而無睹。實大誤解也。我國輿論。久已沸騰。法人將何如以對待我國人之警告乎。的卡西將有厲行其摩洛哥政策。務得最後之勝利之決心乎。彼今日內閣之地位。能比千九百五年之夏。較爲安固乎。（千九百五年的卡西內閣因德國之反對而辭職）吾恐對的卡西之決鬭。期將不遠。法國之新派援兵。卽請爲挑戰。殆無不可。甚望我國之鬭士。以決心勇氣。博一圓滿之結果也。

觀此數言。法國之野心。已昭然若揭。而德人嫉妬憤慨之念。亦已磅礴鬱湧。雖欲自制而不可得矣。

彼西班牙之占領亞嘉查路。法人百喙同聲。咸謂出於德國之嗾使。其信否雖不得而知。然德國之歡迎此計畫。則可斷言也。夫法西之不和。實德之所甚。便西與法疏。即親德之漸也。德國之派遣砲艦。實隱與北方之西班牙軍。互相聯絡。南北若相提携。中部之法軍。即有所拘牽。無能爲役。法將隱忍讓步。則將再蒙千九百五年之屈辱。若欲執强硬主義。公與德敵。則德西之交。益相固結。匪爲今日之憂。將成心腹之疾。德國蓋已熟思審處。計出萬全。不然。德雖至愚。亦何敢輕舉妄動。一至此耶。要而言之。德西之接近。即法國之大憂。彼德國之於巴爾幹半島。既藉德墺提携之故。大張勢力。遂使與彼角逐之英俄法三國。相顧失色。莫敢誰何。今引西班牙以爲援。曩日孤立無助。初無與法對抗之勢力者。今已立於不敗之地。即令法國恃英俄爲後援。有所恃而無恐。而外交界之變動。實可豫決也。

文牘

# 外務部奏和屬領約已定請旨派員畫押摺

附片條約照會

奏爲和屬領約磋議已定請旨簡派大員畫押恭摺仰祈聖鑒事、竊和蘭東印度屬地華商衆多。非亟設領事。不足以資保護。顧自光緒十七年以來。迭經歷任使臣向彼政府提商。和輒堅拒。光緒三十四年七月。臣部又電致駐和大臣陸徵祥查酌情形。再行竭力提議。並照會駐京和使轉達和外部。務請照允。嗣據該大臣迭次文電。和雖不復峻拒。然仍任意推延。經該大臣抱定保商聯交立說。反復進言。臣部亦向駐京和使隨時催問。迄宣統元年夏。彼始允許訂約。蓋和於屬地政策。向主固閉。不許他國在彼設領。自咸豐五年後方針雖改。然仍非明定領事權限不可。故設領必先訂約。各國於其屬地設領之先。均經訂有專約。是其例也。惟約雖允訂。而訂約之期。則謂須僑屬地民籍新律通過議院以後。又經內外協力設法嚴催。並將彼訂新律竭力抗議。舌敝唇焦。復閱數月。始允開議訂約。又經該大臣聲明。中和領約。若較日和成約條文有差。決難遷就。彼復一再宕延。波折環生。幾欲罷議。經該大臣屢次抗爭。並電臣部力與維持。始據送交領約全稿計十七條。除施行期限與日約不同外其他條文尙屬無異。所定條例。皆和蘭對於各國領事之普通規則。自未便再與爭持。徒滋口舌惟約文之外。另有附則一條。謂施行本約。不得以所稱和蘭臣民之人。視爲中國臣民且該附則。應歸入本約。一切辦法。與本約均同云云。礙難承認。仍由該大臣繼續磋商。始則商將附則刪除。繼則商加以亦不得以中國臣民視爲和蘭臣民一句。旋又商加所謂和蘭臣民者。係各人自願承認云云。彼均堅執不允。詰以附則所載於兩國權利不均大違公法平等之旨。彼謂本約爲中國在和屬設領而訂。其事專屬一面。本無均平可言。往復辯論。又越半年。彼終謂此次允訂領約。實係和政府顧念邦交格外讓步。故無論如何。附則必須堅持。臣部酌度情形。知在海牙無可再商。經於上年六月十二日據陸徵祥電 奏明奉 旨准其來京陛見欽此。謹卽電知該大臣欽遵來京。嗣又面商辦法。由臣部照請駐京和使來署與該大臣接議。告以附則必欲堅持。只好暫不立約。幸彼見我駐和大臣輟議回京。不復固執。於接議數次後。允將附則改爲公文可不歸入領約。但文稿措詞。磋議十有餘次。仍未就範。彼堅稱中國在和屬設領。專係一方面事。故聲叙國籍。只須就和屬立說。迭告以既欲敍明。則中國方面必須兼顧相持至於今日。始允將生長和屬之人。遇有國籍紛爭。在彼屬地可照和律解決等語。備文互換。一面將該項人民回至中國。如歸中國籍。亦無不可等語。由彼備文敍明存案。於是領約遂行議定。據該大臣陸徵祥報告前來。臣部查和屬設領。係積年懸案。屢議屢擱。垂二十年。此次自該大臣重提前議以來。一年有奇。始克開議。旋因附則一條。致生枝節。彼此磋磨。又更兩稔。蓋近世各國國籍法。多偏重出生地主義。生長其地之人。大率隸屬其籍。而我國新定之國籍法。則採用血脈主義。根本解釋。逈不相同。和國之欲加附則者以此。我國之堅持删去。亦以此。上年臣部迭與江鄂閩粵各督往返電商。或慮我認和律。恐啓各國效尤。或慮此項新律波及於回國僑民子弟。然英美於所屬新加坡小呂宋等處。其律法主義。與和國相等。實先和律而行。則此種辦法。非自和國爲始。至回國僑民，沿用外籍。誠多流弊。茲定明和屬人民。回至中國。可歸華籍。藉資補救。其非出生於和屬之僑民。仍可認爲華籍。與我國國籍法。亦不致相背。臣部詳核所議各節，並彼此前後曲折情形。雖揆諸徑删附則之初衷。未敢遽言無憾。而數載磋商。僅僅得此效果。實已大費該大臣操縱之苦心。似不能不就此結束。俾可迅派領事。以慰僑民喁喁之望。謹繕錄約款全文。並商定文稿。恭呈 御覽。如蒙 俞允。請卽 簡派陸徵祥爲全權大臣。會同和使。將約本署名畫押。仍俟 批准互換後。再行宣布，至和屬應派領事辦法。由臣部酌擬再行請 旨。所有和屬領約前後磋議緣由。謹恭摺具陳。伏乞 皇上聖鑒。謹 奏。

又奏荷屬苛例修改情形片 再華人流寓和屬。所最難堪者。莫如種種苛例。上年臣部因設領事。與江鄂閩粵各督電商辦法。亦以苛例爲亟應注意。臣部迭據華商來稟。電致駐和大臣陸徵祥查明。向和政府交涉。彼初以爲治理屬地數百年成例。未易更張。强詞駁拒。嗣經該大臣極力磋商。據稱警察裁判。祗允將改良之法。從事調查。未能卽時遽改。其入境居留旅行三項。允先修改。現入境新章。雖尚未見頒布。而居留及旅行二者。先已於爪哇馬渡拉兩島改有新章。較之舊例。自多寬大。業經上年冬頒布施行。除未盡事宜。仍當隨時設法切商外理合附片陳明伏乞　聖鑒謹　奏。

又奏畫押約本擬用法文片　再畫押約本。專用法文。緣漢文和文。彼此均有未諳之處。如有辯論。仍須以第三國文字爲准。且和與各國所訂屬地設領專約。條文大致相同。有公約之性質。是以概用法文。中國自不必獨異。至該約內文字之間。業經飭員詳愼查核。與所譯漢文符合。謹附片陳明。伏乞　聖鑒。謹　奏。

中國和蘭關於和蘭領地殖民地領事條約

和蘭國　君后陛下　大清國　皇帝陛下願於和蘭中國間通商行船條約之外。特訂專約。確定在和蘭國領地殖民地中國領事官之權利義務職權特權特典。及豁免利益。是以　和蘭國　君后特派駐華使臣貝拉斯爲全權大臣。　大清國
皇帝特派駐和使臣陸徵祥爲全權大臣。兩全權大臣。各將所奉全權文據。互相校閱合例。會同議定各條款如左。

第一條　中國總領事領事副領事及代理領事。得駐劄於和蘭國海外領地殖民地

中諸外國同等官吏所現時駐箚與將來駐劄之口岸。

第二條　中國總領事領事副領事及代理領事係商業事務官。爲其轄內本國人之商業保護者。　領事官應駐劄於其委任文據所指定之和蘭國領地及殖民地各口岸。除本條約專爲該領事所定特例外。凡領地殖民地之民事刑事法律皆應遵守。

第三條　總領事領事副領事及代理領事。於受其執行職務之認可。及享其職務所附屬之一切職權特權特典及豁免利益之先。應將所載該領事官管轄區域駐劄地方之委任文據。呈於和蘭國政府。　領地殖民地政廳發給領事官執行職務。所需照章副署之認可文據。應不收費。領事官因確保其自由執行職務。有出示認可文據而受政廳保護地方官援助之權利。　和蘭國政府。有示其理由收還認可文據之權能。並得命領地殖民地督撫收還之。　總領事領事副領事代理領事。如有死亡或因事故。或不在之時。學習領事官書記生或書記官。應將各員資格通知該管官。經其承認之後。得暫時管理各領事官事務。惟代理之員。須與不經商之外國人地位相當者。始得於暫時管理期內享受第十五條所允與領事官之一切權利職權特權特典及豁免利益。

第四條 總領事領事副領事及代理領事。得於其居宅門戶銘記中國總領事館領事館副領事館代理領事館等字樣。並標本國政府徽章。所有標章。不得以之庇護罪人。其房屋及居住之人。亦不能免地方法權之查追。

第五條 凡關於領事官事務之檔冊。及一切文件。應不受搜查。無論何項官員及裁判官。亦不問其用何方法。或藉何口實。均不得檢閱捕取。以及查究。

第六條 總領事領事副事領代理領事。毫無外交上之性質。無論何項請求。非經駐紮海牙外交官。則不得逕陳於和蘭國政府。遇有緊急事情。各領事官。得直接陳請於領地殖民地督撫。但須證明其事。確係緊急。並當備文記載。不能請求於次級官吏之故。或陳明前已向次級官吏請求。絕不見有效果。

第七條 總領事領事得派代理領事。駐劄第一條所載各口岸代理領事。凡在派駐之地居住之中國或和蘭臣民。或他國人民。及照地方法令。可以准其居住該口岸者。皆得充當。惟任命之時。應經領地殖民地督撫承認。並奉有執行職務上應受節制之領事之文據。領地殖民地督撫無論何時。得將理由通知總領事領事向代理領事收還前項承認。

第八條　執有領事官所給。或經其查驗之護照。在和蘭國領地殖民地遊歷。或居留時。凡照地方法令所需各文件。仍應一律具備。又領地殖民地政廳。對於執有護照之人。仍有禁其羈留或命遠離之權。決不因此護照有所妨碍。

第九條　和蘭國領地殖民地沿岸。遇有中國船舶遭險。一切救助事務。由中國總領事領事副領事代理領事指揮之。地方官若爲維持秩序保護遭難船員以外救助者之利益。並確保所救商品實行進口出口時應守之規則。方得干與之。總領事領事副領事代理領事不在。或未到以前。地方官亦應設法衛護個人保存遭難物件。又所救之商品。除在內地行銷外。所有關稅。概無庸納。

第十條　總領事領事副領事代理領事。因逮捕拘押或監禁中國商船軍艦逃亡之人。得照請地方官援助。其照請應備公文。倘在逃之人。據船艦簿記冊及船艦上人員名册並其他確實文件。可證其實係船艦上人。地方官不得拒其所請。但和蘭臣民。不在此例。地方官有盡力緝捕船艦逃亡者之義務。緝捕之後交領事官處置。如須交還其所屬船艦或他項之中國船艦。則可以應要求者之所請爲之。暫時拘留所需費用。應歸請求交出逃亡之人者擔任。從捕獲之日起。四個月內。如尚未經交還。當即釋放。將來不得因同一事件。再行緝捕。逃亡者犯有重罪輕罪。或違警罪。未經和蘭國領地殖民地或其國受理該事件之裁判所宣布判决。並業已結案。則應展期交出。

第十一條　中國船舶在海上所受損害。一經駛泊口岸。無論其爲逼急避難。或出於自願。則除船主貨主及保險者之間另訂契約外。均由中國總領事領事副領事代理領事裁定。該船舶及其所載之貨。如與領事官有利益關係。或領事官爲船貨之代理人。或和蘭國臣民及第三國之臣民人民與其損害有關係時。當事者間不能協和議結。應由該管地方官决定。

第十二條　中國臣民。在和蘭國領地殖民地死亡。如無嗣續人。並無從查知執行遺言之人。則和蘭國領地殖民地法律命令所定管理嗣續事務官員。應從速知照中國領事官。俾其切實通知利益關係人。如領事官先知其事。亦當知照和蘭國管理嗣續事務官。該管地方官。應將死亡證據正式錄稿送交領事官。以爲補證前項之知照而不收費。

第十三條　中國總領事領事副領事代理領事。於其事務所及私宅。並有利益相關之本國人住所。或本國船舶內有收受本國船長船上役員及船客並他項本國庶民聲告之權。

第十四條　中國總領事領事副領事及代理領事。得專任維持本國商船內秩序。船長船上役員並水夫之間。在海上或港內所起一切紛議。專由領事官一人處理。其關於整理薪工或履行相互承認之契約等事有關者。亦包括在內。前項紛議。除於陸上或港內之安甯秩序有所妨礙。或與船員以外之人有干。或領事官因欲實行其所判決與維持其實行之權力而請援助之外。和蘭國領地殖民地裁判所。以及他項官員。無論用何名義。皆不得干涉。

第十五條　中國總領事領事副領事及代理領事。於領事職務之外。不宜從事商業。及他項職務職業。該領事官倘非和蘭國臣民。則一切兵役及軍事上之徵派抵代軍人宿舍及兵役之課款。以及對人稅與有對人的性質之各項徵稅。市村賦課。如中國有以同等恩惠允與和蘭國總領事領事副領事代理領事者。方准豁免。但關稅對物的稅。以及他項間接稅。不包括於此項豁免之內。　總領事領事副領事及代理領事。雖不合前項規定。然非和蘭國臣民。則一切兵役及軍事上之徵派。抵代兵役之課款。但使中國有以同等特典允與和蘭國總領事領事副領事及代理領事者。亦准一律豁免。　總領事領事副領事代理領事。倘係和蘭國臣民。而經准其執行所受中國政府委任爲領事官之職務者。於所有稅課及徵派諸費。不論其性質如何。仍應照納。

第十六條　中國總領事領事副領事代理領事。並學習領事書記生。及書記官。應享和蘭國領地殖民地已經允與或將來允與最惠國同等官吏之一切職權特權特典。以及豁免利益。

第十七條　本條約以五年爲期。批准互換之後。自第四個月起實行。其互換日期。自畫押之日起四個月以內。從速在海牙舉行。　本約將屆期。如此國欲將本約效力停止。通知彼國。則應從其知照之時起。仍行一年。惟其知照應至少在一年以前。

爲此兩國全權大臣畫押蓋印。以昭信守。

中歷宣統三年四月初十日　西歷一千九百十一年五月八日訂於北京

和國駐華大臣貝拉斯照會

本日畫押之領約內。有中國臣民和蘭臣民字樣。因兩國國籍法不同。故此等字樣。易滋疑義。不能不先解除。用特備文。彼此証明施行。中國領事在和蘭屬地領地之權利義務條約。遇有以上兩項字樣所滋之疑義。在和蘭屬地領地內當照該屬地領地現行法律解決。

華歷宣統三年四月初十日貝拉斯押

大清國駐和大臣陸徵祥照覆

接准貴大臣本日來文。茲特與貴大臣証明施行。本日畫押之中國領事在和蘭屬地領地之權利義務條約。遇有和蘭臣民中國臣民字樣所滋之疑義。在和蘭屬地領地內。可照該屬地領地現行法律解決。

華歷宣統三年四月初十日陸徵祥押

和國駐華大臣貝拉斯照會

爲照會事。中國派領事前往駐紮和國屬地。新近幸已妥定章程。查商訂該約章時。屢次提及兩國籍律之區別。論至此中國政府曾經發表贊成兩國律例平等相值之情。本大臣今應講明所有原係華族而入和之人。每往中國地方。如欲歸中國籍。亦無不可。均聽其便。此等辦法。本大臣諒與以上所提平等相值之理並無不合。且以上所提之籍民。除中國業經言明外。如前往別國居住者。或存或出和國民籍。亦可一律聽其自便也。相應照會貴親王查照可也。須至照會者。

宣統三年四月十二日

外務部奏中和領約業已畫押請旨批准互換摺

奏爲中和領約業已畫押請旨批准互換恭摺仰祈聖鑒事。竊此次議定和屬領約十七條。經臣部奏請 派員畫押。於宣統三年四月初三日恭奉 硃批。著派陸徵祥爲全權大臣署名畫押。欽此。當即咨行該大臣欽遵於本月初十日由該大臣會同和國使臣貝拉斯。將該約本兩分署名畫押訖。查該約第十七條第一款內開本約批准互換之後。自第四個月起實行。其互換日期自畫押之日起四個月以內。從速在海牙舉行等語。自應按照約章。及早互換。以昭信守。謹將法文約本一冊咨送內閣。請用 御寶。作爲 批准。發交臣部。以便寄和互換。所有中和領約。請旨批准緣由。理合恭摺具陳。伏乞 皇上聖鑒。謹 奏。

外務部奏照約酌設和屬總領事領事各員缺摺

奏爲照約酌設和屬總領事領事各員缺。恭摺會陳。仰祈 聖鑒事。竊中和領約經外務部於本年四月間奏明畫押 批准寄和互換在案。約內載批准互換之後。自第四個月起實行。又載凡各國現時派駐領事及將來派駐領事之口岸。中國均可派領各等語。現各國在彼設領地方。已有七處。中國創設之始。應視彼處設官轄地之制。參酌分配。擇要設立總領事正領事等員。並規定駐紮地方管轄區域。暨各該領館員缺。以資遵守。查和屬巽他羣島。口岸繁多。彼分行政視學司法三大綱。畫區分治。而於巴達維亞泗水把東等處。爲商務重要之區。與華僑尤有關繫。茲擬於爪哇島設立總領事一員。即駐紮巴達維亞。管轄本島三寶隴以東地方。及婆羅洲和屬全境。萬里洞全島。并其附屬各小島。於泗水設立正領事一員。管轄本島三寶隴以西地方。及西里伯和屬全境。馬渡拉峇釐龍目。並其附近各小島。又於蘇門答臘之把東地方。設立正領事一員。管轄本島全境。及邦加並附近各小島。以上各地。均係華僑薈萃商務叢集之所。其總領事館擬設二等通譯官一員。二等書記官一員。正領事館擬各設三等通譯官一員。三等書記官一員。均作爲額缺。至各該館公費員薪。均參照現駐各國領署辦理。如蒙 俞允。即由外務部揀選妥員奏請派充。此外如尚有應行增設領事之處。再隨時酌量情形奏明辦理。所有照約酌設領缺緣由。理合會同恭摺具陳。伏乞

皇上聖鑒。謹 奏。

## 護理川督王人文奏鐵路借款合同喪失 國權請治籤字大臣誤國之罪並提出修改摺

奏爲鐵路借款合同。於路權 國權。喪失太人。內亂外患。事機已迫。籤字大臣。欺君誤 國。請速治罪。然後提出修改。以救危亡。恭摺密陳。仰祈 聖鑒事。竊維非廣修鐵路。則政治軍事實業。均難敏活發達。非借入外債。雖日日議修鐵路。終等築室道謀。數年以來。士民懲羹吹虀。遂欲因噎廢食。自辦鉄路。與拒借外款之議。交興並起。臣嘗憤歎不研究借款之自有法。而惟恐怖外款之不可借。是何異於不研究藥石之性。而惟拒醫以待死。乃者幸得樞臣部臣之協心毅力。使四國借款合同。竟能成議。自奉鐵路改歸 國有之命。臣不勝歡幸。以爲天佑中國。救亡圖强。將在此舉。及昨承准郵傳部咨寄合同底稿。反覆尋繹。不覺戰慄。臣之初心。以爲此次借款。可以救亡圖强者。不意合同乃舉吾之 國權路權。一畀之四國。而內亂外患。不可思議之大禍。亦將緣此合同。循環發生。不可究詰。蓋天下之人。無論智愚。一聞借入外款。無不掩耳而去者。懼夫一借外款。則必有抵押。則必受監督也。臣之愚。以爲借欵之自有法者。則以中國日來借入外款。從未遲誤本息。既有信用。卽不必有抵押。即以此次借欵過鉅。亦僅指一關稅以爲抵押。非我遲誤本息。則彼不得過問。是與不抵押等。至於借款當作何用。

有信用則彼不得過問。有抵押則彼更不得過問。萬無受其監督之理。即有一定不易之法。循此法以借款。即抵押亦無害。所謂外款之可借者在此。乃按之部臣會奏。則明明謂四國催促實行。我苟無信用。如此鉅款。雖約成不難中變。今而自彼催促。是童蒙求我也。準諸情勢。惟當以逸待勢。強其就範。不謂合同第九條。竟以兩湖財政抵押也。既有抵押。則此六百萬磅。勿論中國如何支用。雖以浮支濫費。皆我完全自有之權。非彼所得毫髮預聞。不謂又與以鐵路之範圍。又用彼之工程司以督工。又由彼派經理人以購料。又由彼派查賬員以監款。至於第十四欵所列隨時所需之欵。均必聲明緣由。而查帳員有可以認爲不應開支之權。既用之款。查帳員又有隨時查看之權。夫欵乃中國以釐稅作抵借入之款。路乃中國以釐稅抵借外款自修之路。第九欵之規定抵押釐稅。既如彼其嚴重。我即不以修路。即以修路而用不得力之工程司。購不合算之材料。有不切實之支出。於彼銀行何涉。而第十四第十七第十八之規定查帳員工程司經理人之貲力權力。又如此其嚴重。然則款雖我以抵押借入。彼四國者固猶認爲彼之款。非我之欵也。路雖我以抵押借款自修。彼四國者亦竟以爲借彼之款即彼之路也。外人之狡猾。則如第十七款之三言自行選用。若以主權畀我矣。而其下即緊接英國人一名。德國人一名。美國人一名。以定其國其人。而制限我不用他國他人。又第十八款郵傳部鐵路總局如欲在中國或欲在外國招他人經理購買各項外洋材料。以爲更覺合宜者。可以有權照辦。惟用錢仍照上所詳。給該經理人等語。亦若與我以特權者。實則我以釐稅作抵押。借得之款。乃並招人經理購買合宜之材料。亦似非該銀行特許。竟不得有此權。且猶必扣回用費。使我有兩重用錢之擔負。自不得不仍託銀行所用之經理人包攬購買。就可以有權照辦一語觀之。則不止狡猾直刻薄矣。就仍給用錢一語觀之。則不止刻薄。直慘毒矣。最可駭怕者。則第二款小注云。此段路綫抵補截去之荆門州至漢陽枝路數語。部臣會奏之解釋。則謂刪除以分枝幹界限抵補乃爲宜夔難工。而天下人之解釋。則謂此乃劃分地域十餘年慘不忍聞所謂瓜分之謠傳於此將合力以實踐。臣初疑爲過慮。反覆思之。我刪除漢荆枝路六百里。於彼何損失。而乃必以宜夔六百里補之。苟非認此路爲彼之路。即不得認刪除爲損失。即不得索宜夔爲抵補。奪我兩湖。猶以爲未足。必加入四川一節以補之。六百之里數相當。四川之咽喉已失。外人之處心積慮而涎我。已非一日。夫何足怪。臣特不審以盛宣懷愛國之誠。外交之熟。乃不解此抵補二字之至可危至可怖。而竟許之。且爲作一尋常無所關係之解釋。稍有識者讀此合同。無不痛哭流涕。以爲落落二十五款。雖標目爲湖北湖南兩省境內川漢鐵路借款合同。而借款二字。乃外人標以弄我之詞。其實則送與湖北湖南兩省境內粵漢鐵路。湖北省境內又加入四川省境內川漢鐵路之合同。路者 國家之土地。路不爲我有。土地寧爲 國家所有。旣索我九五扣五釐息。又限我十七年。又質我兩湖釐稅。然後借欵。而終明目張膽。視我之路爲彼之路。奪我之權爲彼之權。較之許該四國在兩湖境內修路。利害我不過問者。此則利全在彼。害全在我。名若自修。實則加酷。臣實不料以誠於愛國熟於外交又慣於借欵之盛宣懷。而亦不悟外人之陰很。不解合同彰明較著之意義。不以剖陳於我 皇上我 監國攝政王之前。而竟與之簽字。且猶歷陳其困難。列舉其爭回之條件。亦似有大功於 國家者。二十五款之中。其爲中國利益保障最力。獨該尙書自辦漢陽鐵廠之鋼軌一事。然則非盛宣懷智慮有所不及。天下皆謂盛宣懷非於合同別有個人莫大之利益。決不簽字。而貽　國家無窮之患害。臣雖不敢斷言其貪狠至此。然敢斷言其欺我　皇上之在沖齡。欺我　監國攝政王之初爲國際條約。故敢悍然肆其詐欺貪蠹。置　國家一切利害於不顧。該尚書亦知合同一定。天下必羣起相攻。因委其過於既死之張之洞。又知合同既定。聖哲亦無從措手。又委其責於將來之督辦大臣。其用心之奸。必爲　聖明所鑒。合同既經簽字。國際關係已成。臣雖至愚。亦豈忍以無可挽回之事。上煩　宸厪。特自合同宣布以來。不惟有識者奔走號呼。羣若旦暮不能自保。本月二十一日。成都各團體集鐵路公司大會。到者二千餘人。討論合同及於國家與鐵路存亡之關係。一時哭聲震天。坐次在後者。多伏案私泣。臣飭巡警道派兵彈壓。巡兵聽者亦相顧揮淚。日來關於鐵路合同攻難之文字演說。紛紜四出。禁不勝禁。防不勝防。人人皆憤盛宣懷之欺　君誤　國。既無一語怨望　朝廷。尤無一人稍形暴動。又不可繩之以法。四川所受合同之影響。較兩湖爲輕。而人民對於合同之懸情已哀痛至此。臣反復深維。已簽字之合同。若提議修改。外患必由此而生。交涉誠不宜輕率。然合同內容既如此失敗。強爲含忍。雖免有形之患害。實蹈無形之危亡。

人民哀痛既如此迫切。強爲抑制。內亂旣不可收拾。外患恐相因而生。再進而爲輕重利害之比較。今日提出修正合同。外人不過索我賠償損失。比之損失　國權路權。旣有輕重之分。比之激成內亂。不幸而見非常意外之變。其賠償損失之鉅。利害尤不可同日而語。臣嘗窮思盡慮。而得提出修正合同可以謝外人謝天下之一法。惟有乞我

皇上我　監國攝政王先治盛宣懷以欺　君誤　國之罪。然後申天下人民之請。提出修改合同之議。外人於近年中國民氣考察甚習。　朝廷又將簽字之大臣。嚴加治罪。且未嘗取銷借欵。不過修改抵押及路權用人購料查帳之條件。未必始終固執。必待激成變亂。使其在內地之人民財產。先蒙損失。合同幸有轉機。是誠　國家之福。天下人民之幸。即不可得。而天下所欲得而甘心之盛宣懷。旣蒙　嚴譴。人民感激　聖明。一切怨憤。必當銷化。內亂自可消弭。外人知我　君民上下一心。咸瞭然於權利之關係。不特後此交涉。不敢再爲牢籠一二人。以肆其制削。即此次合同所定種種狡猾刻薄慘毒無形之限制。或亦有所忌憚。不敢實行。盛宣懷此次主定合同。即有委曲難求共諒之隱。然罪其一人。而可以謝外人。可以謝天下。可以消外患。可

以弭內亂。臣知　朝廷必不愛一盛宣懷而輕　聖祖　列宗艱難貽留之天下。臣知盛宣懷之忠。亦必不惜捐一身以愛　朝廷。且知盛宣懷之智。亦必知合同苟難修改。　朝廷即予優容。而天下之怨既深。則未來之患方永。臣以書生蒙　孝欽顯皇后　德宗景皇帝恩遇之隆。二十年間。叨竊疆符。值此時局。萬難挽救。大患已在眉睫。若復貪戀緘默。是直毫勿心肝。然既不能於合同未定以前。先事以竭愚誠。又不能於合同宣布以後。盡力以解羣惑。負　恩溺職。實莫如臣。應請　皇上天恩。准治臣以盛宣懷同等之罪。既謝外人。使知發難者。臣又謝盛宣懷。使知糾彈者。臣但得鐵路有萬一之轉圜。　國權路權。有萬一之補救。內亂外患。無自而生。臣雖身被斧鑕。甘如飴。事機危迫。不勝干冒屏營之至。謹密摺具陳。伏乞　皇上聖鑒訓示。謹　奏。

## 中國紀事

**中俄條約談判之詳情**　現行中俄陸路通商條約章程。自締結至今已歷三十年之久。中俄兩國均認爲宜加改正。故前由中國提議改正。向來俄國政府對於中國外交。純取屈辱中國、排斥中國、及向中國收回利權主義。此次改正條約談判。中俄兩國。又將因條約結果。發生多數之新關係。其改正主要案件中。避有種種之困難問題。今先摘其最要者。略舉如下。(一)蒙古方面國境問題。附近蒙古邊境。有烏梁海地方。從地圖上看。乃中國領土。但中國向來禁止內地人民向該海附近移住。且採金狩獵等事。又純任俄國經營。並未加以干涉。相沿已久。迨中俄定恰克圖條約時。中國又要求俄人在該地狩獵須納獸皮稅。視獸之價値。定徵稅之多寡。自有此條約。故中俄開始國境劃定談判時。俄國直以恰克圖條約爲藉口。主張烏梁海爲俄國領土。至今此問題尙無解決之方針。(二)滿洲方面國境問題。愛琿對岸之七十二屯。及琿春附近滿洲里等地。屬於何國問題。其中滿洲里地方。中俄兩國委員。屢屢爭議。中國委員謂滿洲里爲中國屬地。俄國則以滿洲里最北之車站。爲滿蒙人及俄人出入所必經過之地。且將來爲陸上貿易地之中心點。決不能讓於中國。然就實際現狀而言。滿洲里商業上權利。盡操於俄人之手。但住該里之人民。中國人比俄國人多四十倍。而俄國仍公然主張此地爲俄國領土。中國委員以臚賓府開墾中國招致自國人民。已非一日。是滿洲里爲中國領土之鐵証。決不能讓步。故此問題。今亦在懸而未決。其次卽新疆方面問題。塔爾巴哈臺之境界。限占新疆西北部一大部分。與俄領毗連。設有關卡。中俄兩國。均呼爲卡倫。光緒九年之科布多條約。以此地爲俄國之租界地。國境沿線。許俄人永久屯駐兵隊。一朝有事時。由齋桑湖及依爾齊思河用輪船輸送兵器軍隊。但約定不得侵入烏魯木齊之首府。此次劃境。塔爾巴哈臺之卡倫。爲中有或爲俄有。未易判斷也。其次卽松花江之航行問題。向來松花江從吉林之伯都納及三姓等處經過江口。約一千二百俄里。皆可自由行駛汽船。其支流通過嫩江。至庫拉吉爾並經特木得赫站至江口。爲航行最便利之地。實黑龍江吉林兩省交通之大道。不可輕忽之關係。然俄國於西歷一千八五八年之愛琿條約。與一千八八一年之伊犁條約。允許俄人在松花江航行並許以沿岸貿易權。大小輪船。俄人殆有獨占的性質。現在中國欲將此航運權收回。而俄人則以松花江早已開放。各國皆可自由航行。故至今日。幷無何等解決。其次即無稅地帶問題。本問題現行陸路通商章程第一條。已經規定。國境交界五十俄里以內(即中國百里)俄國貨物輸入此境內。概行免稅。中國政府早已認許。現國境沿線。商業漸次繁盛。若仍依舊時之規定。中國所受之損害。殆不可勝計。但俄國既取得此權。而又於貿易上最有利益。欲刪除此項規定。頗爲困難。統前後困難問題而觀。中俄陸路通商條約之改訂。其前途尚在不可知之數矣。

**南滿鐵道會社佔地之交涉**　光緒三十一年。趙次帥初次到東。第二年即籌鉅款。派員設局。辦理省城商埠開闢事宜。劃小西邊門外至南滿鐵道附屬地止。共地一萬餘畝。出價收買。作爲商場。以備租與華洋各商。藉以振興商埠。不意至三十二年冬間。即與南滿鐵道會社起界務之交涉焉。當光緒三十二年冬月間。商埠地畝。大半已由官家收買。界務交涉發生時。其地已爲官有。交涉之地點。即在西塔附近一帶。共地九百餘畝。其時南滿鐵道會社。幷無照會交涉局。亦未通知開埠總局及商埠房地局。遽將九百餘畝商埠官地。插立標樁十三枝。指爲鐵道附屬地。迨開埠局得知後。卽由交涉局與日人大起交涉。自是之後。經歷任交涉局總辦。交涉司使。與日人交涉五六年。會議數百次。往返辯駁之公文盈尺。迄未解決。而日人始終堅持。謂西塔一帶商埠地畝。前經東淸公司俄人出價收買。乃係日人之戰利品。當由南滿會社收受。作爲鐵路附屬地等語。迨至去冬。經韓紫石司使。與日領事小池一再辯論。復由開埠局切實調查證據。幷傳集地戶村長人等。再四訊問。各地均有契據。確未賣與東淸公司。而日領事乃因據證確鑿。始允交還三分之二。惟尙有種種要求。旋經韓司使與之竭力磋商。方始就緒。現在南滿會社佔用之地。已一律交還。其中所有日本磚窰及商戶佔用地畝。則按照商埠租地章程繳納地租。又有毗連南滿車站地畝一段。該會社則暫時租借堆煤之用。亦照章繳租。(外間傳言賣與日人者卽指此)地內所有民房。一槪照商埠收買章程。發給房價。限令遷讓。

葫蘆島開埠情形　奉天錦州府屬之葫蘆島開闢商埠。一節經營已歷年餘。現由京奉火車之連山站以達葫蘆島。相距十餘里。已就京奉幹綫。接築枝路一條。直達該島。

其路堤已築成三分之一。現正安排路軌。大約年內。可望通車。該島築港工程。曾據該工程師英人秀思君籌畫。擬築防波堤埂五千英尺於海面。以便繫留船舶。該堤五千英尺中。約二百英尺已經動工。並擬設鐵路車站於其間。附近則作護岸工程。約長四百英尺。該港海灣。據退潮時測量。計深尚有二十英尺。聞該港竣事後。能容二三千噸之輪船十二三艘。可稱爲北地之良港灣也。近該港從事之工人。約計二千二三百人上下。均由官署分給住房。就中有木工三百餘人。現均從事修建開埠局、辦事所、工程師寓處。並其餘各官署。並聞尚有各埠外商。陸續派人在該處購買地皮。大有爭先恐後之勢。唯外人購佔居多。將來定不免又有意外之交涉。當軸有見及此。近日已將該處一帶地土。全數收買。並無論內外士商。概不准興築房屋。僅准開設矮屋飯店。藉供給苦工之食料。

**會計年度之商榷**　鄂督前奏改會計年度。以七月朔開始。奉　旨度支部核議具奏。該部曾咨商各督徵取意見。據滇督覆電。略謂會計年度。須以國庫收入最旺時開始。本以九月爲宜。惟於中國按季截算習慣不合。正四兩月收入太少。七月開始。按之事實較爲便利。義督與鄂督電商。意見相同。但年度既改。議院期似宜提前以二月始以四月終。蓋六月爲一年度之終。若九月開會。則相距僅兩月。決算冊趕辦爲難。且預算通過距實行期過遠。恐事實變更。預算即難正確。貴部議覆時。應否將此節與內閣商定。祈酌。惟既改四月閉會。僅隔五六兩月。即須實行。似應先將預算辦法詳訂妥善。若仍如本年辦法。其勢斷難實行。且冊到甚遲。又須往返奏咨理由。屆期恐仍多周折矣。再閏月最爲財政障礙。似應一併籌及。粵督覆電。謂欲定會計年度。當先改定歷法。蓋現行歷法。其最爲財政之障礙者。無如置閏一事。歲計以收支適合爲原則。今歲出各費。屬於經常年者什九。皆以月計。獨少數之地方官俸給。遇閏不加。將來官俸實行。恐並此亦須改從月計。歲入以地丁糧課爲大宗。今制雖有遇閏加徵之條。然爲數至少。舉粵爲例。丁米一項。無閏額徵一百零九萬餘兩。以數推之。則閏年當徵一百一十八萬餘兩。乃可相當。然閏年額徵僅一百二十一萬餘兩。是少七萬餘兩矣。釐金關稅。亦佔歲入一大部份。其收數以月計。而不以歲計。似與田賦不同。逐月數多寡不等。欲求閏月所收。適合於平年歲收十二分之一。是又不可必得之數。其餘一切雜收。亦復類此是故閏年歲出比於平年恒十二而加一而歲入則不逮於是同一財源平年可以收支適合者。閏年必告不足。此礙於歲計之施行也。編製預算。以估計精確爲第一要義。近世各國咸尙推測法。蓋取前三年或五年之數年平均計算。以爲基礎而推測將來之頃向。今未嘗不仿而行之。然既往之數。其中有閏無閏。至爲雜糅。多寡互異。取舍皆迷。强爲損益。乃治絲而棼。基礎既不可憑。估計遂難精確。又現行預算法。收支各款。皆以上年之數爲比較。若上下相乘適有平年閏年之別。則其弊亦復相等。此礙於會計之預算也。夫所貴乎會計年度者。以其爲整理財政之要件也。今閏月實爲財政之梗。不先廢之。雖確定會計年度。於事奚裨。廢閏則必改歷。歷法改而後會計年度始可得而議。

江督請借洋債　江督張安帥電請舉債五百萬。其電文云。甯省上年維持市面。蒙准借滙豐洋款三百萬兩。長年七厘行息。又光緒三十四年。江北災賑。息借正金銀行一百萬兩。八厘行息。已還一半。現尙欠五十萬兩。甯省財政困竭。平時已入不敷出。乃加負此三百伍十萬兩短期利重之債。而抵押各款。又皆係本省行政之需。其竭蹶情形。

自較平昔爲尤難。況歷年以來。補助創辦各項實業。如大生紗廠、印刷廠、寧省鐵路、雲南銅本、贛州銅礦、阜寧煤礦等。抽一百數十萬。亦無非將行政之款。移作實業之用。是因市面及實業。而行政受其影響者不尠。加以近年以來。籌撥崇陵工程經費。海軍部經費。預備檢閱秋操建造兵房。以及新政調查等局經費。賑災平糶。勸業會虧耗等項。約增支銀一百六十七萬。需款鉅而待支迫。行政費固已不敷。而每年須備還債銀約七十餘萬兩。尤無可措。屆時不付。失信外人。更恐別生枝節。現齊集司道磋商。惟有先將重息短期之外債。設法全還。並酌籌餘欵。以抵歷年維持市面補助實業之款。使洋債不致失信。市面實業。不致搖動。而行政亦不致墮壞。庶幾稍紓喘息。再去年借款專爲維持市面。現在元氣未復。借款之流存市面者尚多。若一旦悉數提還。則恐慌更甚。且歷年補助創辦之實業。一經抽本。危險尤多。急切既不敢收回。籌借又別無良法可以設施。查湖北省因歷年借欠洋債。請借輕息還重息。借長期還短期。業已奏咨允准。江南情形相同。擬請比照成案。議借輕息債欵五百萬兩。將兩次借款一律還清。稍有所餘。以抵市面及實業不便抽回之款。如蒙照辦。現已探有五厘週息十五年期限之的欵可借。每年仍以財政公所之行政費鄂湘贛皖四岸收回復價八成鹽釐江南要政鹽斤加價等項財款作抵。無須另籌別項押欵。庶幾目前之艱難稍濟。逐年之擔負亦稍輕。如蒙　允准。並請欽遵度支郵傳兩部借款成案所奉諭旨。俟資政院常年會再行交議追認。江南幸甚。大局幸甚。當有旨交度部議奏。現已經度部議覆。大旨謂須交該省諮議局議決再行奏咨辦理云。

**烟濰鐵路收歸官辦**　直督陳制軍魯撫孫中丞日前會銜奏請將烟濰鐵路改歸官辦。謂烟台爲南北要衝。近因青島大連兩處先後設關。輪路交通。往來便捷。烟台草辮繭絲各行商業。半爲青島所佔。今則油房礦房亦有駸駸趨赴大連之勢。該處商人屢有建築烟濰鐵路之議。上年復有烟台職商譚宗瀛等二十餘人接續籌議。稟經咨部。准由該商等就地招股。惟此段路工。綿長七百餘里。需款甚鉅。烟商招集之股。一年有餘。僅及五六十萬元。復以滬市風潮及去臘防疫閉港數月。行商倒欵。交不足數。倘仍聽商自辦。必致徒延歲月。自應將前案取消。仰懇天恩。俯念煙濰路綫。關係北洋及東省大局。飭下郵傳部籌議收歸官辦云云。

# 世界紀事

不信任案之否決　英國政府爲欲通過上院否認權制限法案。奏請皇帝創設貴族。反對黨目爲破壞憲法上之自由。然下院對於統一黨領袖巴科所提出政府不信任之決議案。以對二百四十六票之三百六十五票否決之。

政府之勝利　英國上院以對百十四票之百三十一票通過上院否認權制限法案。

英國之大罷工　英國鐵路工人罷工大鬧。以利物浦格拉司哥及雲遮士打等埠爲尤甚。雲遮士打之商業已有全然中止之勢。政府已調步兵二大隊騎兵一聯隊前往防變。又各種之同盟罷業者約二十五萬人暴亂騷擾。形勢頗爲危險。倫敦各車站多已戒嚴。倫敦食料之供給大形缺乏。人心甚爲惶恐。自有罷工以來。當以此次爲最烈。

英國之貿易　西歷七月英國之外國貿易比之昨年。輸入額則增加百六十九萬四十八鎊。增加者多爲食料煙草及原料品。輸出則減少三百七十八萬五百四十一鎊。其原因則爲鋼鐵棉花羊毛各製造品之減少。

**歲費案通過**　英國議員。向無歲費。現英國下院以對百五十八票之二百五十六票。通過議員歲費四百鎊之決議案。

**俄德協約**　俄德協約。已於聖彼得羅堡畫押。據該協約之條款。北部波斯鐵道。則可與巴達特鐵道聯絡。又德國之貨物。通過俄國領土時。不課關稅。可自由輸入波斯。

**法日商約**　法日商約。現已妥商。兩國均以最惠國相待。法國允對於日本所輸入之絲綢漆器等物。用最輕稅。日本對於法國之輸入貨物十五種。亦如之。

**葡國新總統**　葡萄牙議院將於西歷八月二十四日。選舉第一總統。

**葡國憲法可決**　葡萄牙政府所提出之憲法案。國民議會經以多數可決。

**西國水兵叛亂**　西班牙之新造巡洋艦奴孟沙。其水兵初因瑣事滋擾。後直示政治上之叛亂。大呼共和政治萬歲。旋將爲首者處以死刑。

**俄國之極東調查**　俄國大藏省爲發展極東之商務。特派委員。調查黑龍江移民發展事宜。愛琿河沿岸之金礦。黑龍江之定期航業。及黑龍江鐵道與各地聯絡之方法。

**俄國與波斯**　波斯政府以俄國庇護廢帝。曾爲強硬抗議。俄國回答。嚴責波斯政府不能恢復該國之秩序。且謂此次國內騷擾俄國所受一切損害。波斯政府當負其責任云。

德法之交涉 法國以德國關於摩洛哥事件。有意延擱要求召集國際會議以解釋此問題。

上院反對公判條約 美國國務卿諾士於上院解說英美公判條約。謂日英同盟形勢已大變遷。即日美間關於中國領土保全有所爭議。英國亦無助日本之義務。上院議員大爲反對。謂日本既與美國交換覺書。即爲日本欲與美國維持極東平和之確證云。

大統領之憤慨 美國大統領塔虎脫以上院之外交委員會欲修正英美及美法公判條約。甚爲憤慨。謂該修正案若不幸而通過上院。則彼斷然拒絕直接付之國民投票。俾照原案以批准公判條約。

桑港之軍備 美國海軍省之計畫。決以桑港爲太平洋岸之海軍大根據地。近已建築極偉大之船塢。且決於太平洋岸常設戰鬪艦隊。其竣工之期。當在巴拿馬運河開通之時云。

**波斯廢帝之勢力**　波斯國多數之種族。近對廢帝。甚表忠順之意。故波斯政府之地位。頗瀕危殆。現廢帝已向首府的耶蘭進發。

**火山爆裂**　日本淺間火山爆裂。傷害及被焚者。約百數十人。

**朝鮮歲入之增加**　朝鮮總督府明年度之豫算計收入之可增加者。則租稅及關稅九十五萬圓。製鹽則三十萬。人參專賣二十五萬。印紙五十五萬。郵便電信四十萬。鐵道五十萬。合計增收之數二百九十五萬圓。

**日本之水災**　日本信儂川堤坊崩潰。長岡全市已被淹浸。至濱松市之家室罹水災者。約三分之二。

叢錄

# 春冰室野乘

春冰

## 紀甘將軍輝事

甘將軍輝者。鄭延平之良將也。延平之攻江甯也。連營八十餘。勢張甚。總兵梁化鳳以輕騎襲破前屯。斬其前鋒將余新。輝亦被傷走。於是諸營瓦解。延平亦遁去矣。先是延平進兵時。貽書張公煌言。請會師。舟次崇沙。煌言謂延平曰。崇沙江海門戶。有懸洲絕險。不若先定之。以爲老營。倘有疏虞。則進退可依。輝議與之合。延平不從。及至江甯。煌言已進次蕪湖。復移書延平。謂宜分遣諸將。取句容丹陽。如白下出援。可首尾夾擊。如其自守。則堅壁以待。且先屯軍漂陽。以遏蘇常援兵之路。輝力贊其謀。延平又不從。遂及于敗。輝嘉定之江灣鎮人。少年無賴。數與博徒鬥。顧性至孝。其母亦賢而有勇力。負者奔告。母則攘袂一呼。輝輒屏息。不敢發一語。母徐擿其耳。俾跪謝博徒乃已。江甯軍潰。輝被創遍體。亡命崇沙。從卒五十餘人。謀梟其首以獻梁軍。輝拔刀與衆卒戰盡殲之。而後自刎。輝死。母猶無恙。居敝廬中。死時年九十餘。

康熙初京朝官之風氣

客舍偶閲一卷。海鹽彭孫貽箸。皆紀順康間軼事。孫貽爲羨門少宰昆季行。其序云。客長安。見貴遊接席。必屏人促膝良久。人不聞。須臾廣坐。寒暄而已。徵以道路所聞。皆唯唯謝弗知。廷有大事。卿寺臺省集禁門。其中自有主者。羣公畫尺一而退。咸諾諾無它語。更置大吏。冢宰不得聞。有所調發。司馬不知。羣公優遊無事。日置酒從容。諸小臣相聚博弈。連晨夕。或達旦失朝會。始以病告。當事者亦不問。下略按此則康熙初年京朝士大夫之氣象。其於今日何以異耶。

彭剛直遺事

道光末烟禁既弛。營伍中被其害者獨劇。故中興諸老。莫不痛惡洋烟。然嫉惡過嚴。往往反爲小人所算。以余所聞。左文襄、彭剛直兩公。烟禁尤厲。然兩公晚年。皆躬染嗜好。文襄事未能詳。而剛直之吸煙。則其部下某總兵嘗詳述之。亦足爲馭下過嚴者戒也。

初剛直軍令綦嚴。將校有敢吸烟者。殺無赦。衆皆懍之甚。乃陰謀所以陷之者。得一童。年甫十三四。儇巧機警。乃進之剛直。使侍起居而重賄之曰。汝但能使大帥吸烟成隱者。勿憂不富也。剛直得童。喜其慧黠。俾留侍左右。剛直嗜淡巴菰。煙管終日不去手。童乃陰燒烟成泡。更研之極細。和入烟草中。以進。久之。烹茶時亦置烟末其中。數月後。剛直之烟茶。乃非此童不甘矣。後數年。剛直遊金山。方與寺僧清談。忽聞隔院譁噪聲。出視之。蓋別院有佛手一株。甚馨烈。寺僧極寶惜之。時方初夏。甫結實如繭栗。某童愛之。欲摘其一。寺僧力阻之。故爭而相詈也。剛直大怒。叱童胡敢犯我軍令。立命材官縛而斬之。童聞言。亟奔出。衆逐之。則砉然一聲。已投江矣。激流迅急。覓其尸不得。剛直本無意殺之。特欲示以威而已。童遽自沈。剛直意亦悔之。數日後。漸覺體不適。久之益甚。以爲病也。延醫者數輩診其脉。皆云無疾。而莫明其故。漸覺坐臥不甯。飲食悉無味而已。一日剛直太息語左右曰。自某童死後。吾之烟茶。皆大遜昔日矣。汝曹胡魯鈍至此。旁有他童者。齒最穉。率然曰。宮保憶某童乎。今其人尚在。吾能得之。唯必許以不死。彼始敢出耳。剛直詫而詰之。則曰。某故諳泅水術。疇昔之沈于江。蓋泅而逃耳。今尚在某僧寺中。請以宮保令召之。剛直大喜曰。吾本無意殺之。彼自懼罪耳。爾速喚以來可也。童如言往。果至。伏地頓首請死。剛直意不忍。所以慰藉之良厚。自是某童復侍左右者年餘。齒益長。腰纏益富。而剛直之烟。乃日服至三錢矣。有材官某嘗獲罪當死。賴此童救之得免。感其惠。謀所以報之者。一日屏人語之曰。汝胡大膽乃爾。今大帥烟量已加至數錢。人人皆知之。汝橐中已富。猶不遠走。一日事發。汝尚有死地耶。童悟。遂亟遁去。剛直乃驟委頓。其苦倍蓰疇昔。意中亦頗自疑。顧無人敢進言者。幕中一叟。故剛直布衣交。不忍其困。乃密語曰。公煙癮近日益加劇矣。剛直大驚曰。吾何嘗吸煙者。君乃作此言耶。叟太息曰。公吸烟已數年矣。特不自知耳。因歷數某童所爲。剛直始憬然悟。搏膺自詈。拔佩刀欲自裁。叟持之曰。公胡至是。此特爲小人所算耳。然老年積勞。驟斷絕不吸。恐不能自勝。無已。惟有破戒一吸而已。剛直終不可。然困憊益甚。叟徐徐以爲國大臣。此身已非己有。不可以小節而誤國大事之義。譬說萬端。剛直始首肯。自此日吸煙以爲常。然怨艾終弗輟也。

## 曾文正謔語

曾文正好諧。一日與諸客論事。因歎曰。天下事有非賢豪所能濟者。有非庸人所能辦者。當別設一科。曰絕無良心科。其幕下士善化何君應祺者。少年倜儻不飾邊幅。聞文正言。卒爾對曰。公如設此科。則裒然首選者。舍我其誰耶。舉座胥大笑。文正薨。後既予謚。應祺因自號武歪公。以示與文正相當云。

## 紀劉金門侍郎獲咎事

劉金門侍郎鳳誥督學浙江。有學胥某家故以業鹺富。其子頗聰慧。既入學。更謀鄉舉。會撫臣以事出省。奏以學政攝監臨入闈。胥因徧賄諸官吏。既入場。先以文稿呈侍郎。侍郎親爲點竄。而後付胥子謄眞。闈中得卷。果擬掄元。而胥所爲頗洩。多口沸騰。未揭曉。諸生已先榜姓名於撫署。闈中聞之懼。亟以他卷易之。而事已宣播。侍郎性卞急。嘗因巡夜。手批號軍頰。或戲爲聯曰。監臨打監軍。小題大做。文宗改文字。矮屋長槍。又有集四書文以嘲之者。其破題云。公劉好貨。天之將喪斯文也。結語云。鳳兮鳳兮。則足以殺其軀而已矣。侍郎素與浙人御史陸言不協。陸遭喪家居。頗悉其事。起復。即奏之。欽差大臣按治。胥更以賚請。事良可已。惟陸所奏關節字句悉符。欲寢其事。必先易試卷。

卷存。庫莫敢公然取。乃密商諸庫丁。許萬金。庫丁謝曰。凡利財者。爲妻孥耳。吾鰥且獨。多金何爲。六十老翁。終不以身試法也。再三言。增至十萬金。卒不肯。獄遂具。侍郎與胥皆遣戍。侍郎嘗有句云。無言辨罪存臣體。有命投荒即主恩。亦强辭也。

## 陳右銘中丞之排難解紛

曾文正之移軍安慶也。沈文肅爲江西巡撫。約以贛省釐捐供大營月餉。有事則分兵回救。既而江西寇四起。曾軍益東。文肅懼救兵不時至。上疏請截留釐金以供贛省自行募兵之需。 詔許之。文正怒文肅之賣己。絕不與通。文肅致書謝。亦不答。會義寧陳右銘中丞游江南。聞之。往見文正。從容言曰。舟行遇風。柁者篙者槳者。頓足叫駡。父子兄弟若不相容。須臾風定舟泊。置酒慰勞。歡若平生。甚矣小人喜怒之無常也。文正曰。不然。向之頓足相詬詈者。懼舟之覆。非有私也。舟泊復好。又何疑焉。陳公曰。然則曩者公與沈公之爭。亦懼兩江之覆焉耳。今兩江已定矣。而兩公之意不釋。豈所見出舟人下哉。文正大笑。即日手書致文肅。交誼如初。按此與閻文介之說胡文忠。皆可謂能排難解紛者。

## 僞制藝

洪秀全據金陵時。數開科取士。其試士亦以八股試帖。特所出之題。不於五經四書。而於所崇奉之僞經典耳。有一友。其先德曾從我湖北。嘗於書攤上購得抄本書一冊。皆賊中文牘首呈詞。次表狀。次告示。次檄文。次詔令。次論賦。次八股。次試帖。批點極詳明。似是當時士人奉爲揣摩之程式者。其八股題爲眞神獨一皇上帝。文云。皇矣上帝。神眞無二也。夫猶是神也。得其眞者。非獨一皇上帝而何。且自三代而下。神靈每操禍福之權。然僞妄者恒多。眞正者恒少。自聖人出。去其僞而存其眞。猶恐人不識至眞者之果何屬也。故特指一眞實无妄之神。以明其寡二而少雙焉。吾不禁穆然於皇上帝矣。今夫當建業之初。惟念予懷於順則。値開祚之始。當凜帝謂於無聲。此石言怪誕。聖人所以斥其非。有赫明昭。王者所以隆其號。何也。諸神皆非眞神也。眞神獨一皇上帝也。人心之不古也。妖魔多惑其良貴。而不知眞神之照臨孔昭。當聖主興。必有以杜其弊矣。夫名山大川。非無形貌以示衆。而究不若皇上帝之獨有加嚴者。知羣黎之憔悴罔憔悴者此也。慮億兆之倒懸。解倒懸者此也。維皇上帝。其眞正孰有與於斯哉。世運之方興也。隱怪不迷於寸衷。而咸知眞神之鑒觀弗爽。有王者起。先有以格其心矣。夫風雲雷雨。豈無位號以彰尊。而要獨由皇上帝之令出維行者。見庶民困於旱潦。救旱潦者此也。念下民厄於水火。極水火者此也。上帝是皇。其眞實誰能過乎。是哉。皇天震怒今我天兄。而舍命代人。將以□□□□□之餘業。以鼎新夫宇宙。自非上帝居歆。眞神默牖於其間。何以攘泯棼之敝俗。而煥其文章。此其神之無有匹休也。獨一皇上帝。誠克當此而無忝矣。上天眷顧。不惜太子。而降之凡間。於以起天朝數百代之景命。以大展其功德。自非上帝時享。眞神保佑於其際。何以體帡幪之隱會。而廣其勛庸。此眞神之未有並美也。獨一皇上帝。詢能任此而無慚矣。此文着眼獨一字。又一題爲皇上帝乃是眞皇帝。其文着眼乃是字。又有崇拜皇上帝文一篇。尤爲精湛閎深。要非時文老手不辦。又有不好拜邪妖賦一篇。取材不出蕭選。古雅絕倫。此輩肆力帖括。必已在十年以外。當時舍其所學。而爲此不中不西之妖教。不知當時何以下筆。

## 劉武愼之外交

劉武愼公長佑之撫廣西也。越南土寇犯境。公遣將率師往剿。垂滅矣。寇請援于法。法西貢總督。遣使來言。寇已降法。受法約束。不復敢犯邊。請班師。復照會總署。請促武愼退兵。武愼陽諾之。而攻益急。月餘卒滅之。訊俘。得法校七人。撫而遣之。且賜以金帛曰。若不幸爲寇所虜。羈囚良苦。幸吾提兵來。得拯爾儕。遂生還。若主將誠長者。受寇欺矣。若其爲吾傳語。此後毋受彼輩所播弄也。法督大慚。終武愼任。不復干預桂邊事。

道光朝大臣之鄉愿 一條

曹文正公振鏞。晚年恩遇益隆。身名俱泰。門生某請其術。文正曰。無他。但多磕頭。少說話耳。有無名子賦一翦梅刺之曰。仕途鑽刺要精工。京信常通。炭敬常豐。莫談時事逞英雄。一味圓融。一味謙恭。大臣經濟在從容。莫顯奇功。莫說精忠。萬般人事在朦朧。議也無庸。駁也無庸。又云。八方無事歲年豐。國運方隆。官運方通。大家襄贊要和衷。好也彌縫。歹也彌縫。無災無難到三公。妻受榮封。子廕郎中。流芳身後更無窮。不諡文忠。便諡文恭。

道光朝大臣之鄉愿二

文正之爲軍機也。極惡人上疏言事。門生後進。改官御史。有來見者。必戒之曰。毋多言。

毋恃豪氣。由是臺諫承其意旨。循默守位。浸成風俗。然其行事亦有不可及者。陶文毅督兩江時。以鹺商借引販私。國課日虧。私銷日暢。至有根窩之名。謀盡去而改行票鹽。文正家故業鹺。根窩尤夥。文毅成進士。又出文正門下。意頗難之。乃先以私書請命焉。文正答曰。苟利於國。死生以之。區區歲入多寡。甯足介意。君但放手爲之。毋以寒家爲念。古今固無餓死宰相也。文毅遂上疏。得旨允行。前弊盡革。而文正家中歲入乃驟減巨萬。

## 雙料曹操

道光朝。陝西巡撫朱某者。穆相死黨也。以簿尉微員。洊升開府。巧佞爲當時第一。方其爲某縣主簿時。娶妻已數年矣。以事至省城。聞臬司某有一女甥。方擇配。某臬固穆相所荐剡者。朱聞之。心動。歸署。陽爲愁悴寡歡狀。每入內室。輒太息蹙額不語。妻問之。初不答。固詰之。則曰。在省時。適得君家書。知岳母病危。相去過遠。君勢不能往視。故不敢以告。用此悒悒耳。妻聞言。涕泣固請歸甯。朱陽爲不可。固請而後許之。即遣一幹僕護送。臨行。密以千金與之。曰。人與金皆若有之。東西南北任所之。惟必出陝境。無爲吾累。

足矣。朱妻固有色。僕大喜。遂載之以奔。朱因揚言妻從僕逃。而浼客爲媒。娶某臬女甥爲繼室。由是得間接受知穆相。朱固權譎。展轉援繫。不十年。遂至封疆矣。朱生平行事多類此。人呼之爲雙料曹操。按此事大可入官場現形記中。

李雨蒼軼事

李雨蒼都護雲麟。漢軍世家。豪邁有奇略。家世簪纓。獨耐勞苦。能徒步行百里。不食不饑。經月弗倦。嘗往謁伊文正。文正適不在署。公子惠敏公出見之。都護艸笠芒屨。衣衫藍縷。惠敏疑爲役夫。叱使出。都護大怒。拳抵惠敏仆地。會文正歸。因留宿。語數日。甚奇其才。欲挾與俱東。都護謝曰。公非能用度外士者。某亦不能俯首就銜勒。毋寧離之。使雙美也。遂辭去。同治初。官新疆。以領隊大臣駐塔爾巴哈台。回逆犯境。都護募兵討平之。用銀三十萬兩。上計戶部。部臣奏駁。下使核減。都護抗疏曰。臣所用實無毫髮私。部胥索臣賫。臣無以應。故爲是難臣耳。臣即復上。度終不能中程式。請徑下臣刑部。當臣盜帑律。斬臣頭以謝戶部。不能復上計也。上知其忠。詔勿問。後以與左文襄齟齬。移疾歸。

## 王侍郎之持正

六部京察。多由尚書或筦部大學士主政。侍郎不過與叅末議而已。非尚書筦部意所屬。侍郎不能爭也。先內定。然後堂議。堂議之日。七堂或六堂。皆南面坐。郎中以下立堂外。部胥持官冊。一一呼名。入一見即退出。謂之過堂。過堂既畢。尚書或筦部執筆。故躊躇良久。顧諸堂曰。一等與某某何如。皆贊曰善。則標姓名畫諾。付部胥繕奏。相揖散去。咸豐戊午京察。時大學士瑞常筦兵部。而涇縣王公茂蔭爲左侍郎。及過堂日。瑞舉一等諸員姓名。語諸堂。侍郎起正色曰。某某特善奔走。非眞能辦事者。若某某皆勤於職事。爲守兼優。應以一等與之。瑞怫然曰。如君言。乃非我所知。請君自定之。即以筆授侍郎。侍郎曰。誠然。中堂事多。不常至署。茂蔭終歲在部。察諸司勤惰較詳。敬當代中堂定之。經取筆標識。促其畫諾。付胥繕摺具奏。瑞大不平。然竟無如何也。

## 文苑

### 南海先生倦遊歐美載渡日本同居須磨浦之雙濤閣述舊抒懷敬呈一百韵

滄江

弘道宗。先覺安危仗。大賢行藏關。一世歌泣話。千年先德如。陳寔求師得。薛瑄先王父訓導公曾從學于康連州先生連州寔先生之祖淵源從此大。辟咡記曾傳。夫子承家學。諸天舊散仙。卷舒身萬億。出入界三千。乘願來塵濁。能仁念泯顛。陳詩夢周魯。窮易得坤乾。名世應時出。奇懷與俗愆。罪言賫貝錦。小隱託丹鉛。萬木南天秀。羣英東井聯。天龍同法會。春夏盛歌絃。我以年、家末。躬陪弟子員。識仁思負荷。聞道悵高堅。霽挹波千頃。頑開石一卷。傳心時中義。授記大同篇。曲突誰當徙。明膏合自煎。正當令狐役。憶共孝廉船。領袖爭和戰。鋒芒讋佞便。甘陵傷禍始。濠濮返天全。桂樹幽幽綠。衡雲鬱鬱連。自乙未公車上書從先生以開強學會爲當道所忌避地桂林余居上海尋應湖南學堂之聘寸心波共遠。兩載月同圓。亦有江湖興。其如大夏顛。謀曹驚百鬼。救宋走重趼。丁酉十月膠旅告警先生奔走詣闕上書冒死猶言事。孤忠竟格天。啓心容傳說。神武是周宣。謇謇陳

文苑

王道兢兢捧 御筵瞻依 唐日月黎頓漢山川小子才無似同時席屢前元良常握
髮多士許隨肩百日建新極羣生解倒懸文萌監二代廟戰懾三邊謂是明良合應將
國恥湔妖讖來鵲羽博禍起龍涎風折垂天翼雲霾太白躔車中驚有布殿上失誅嫣
痛哭承 衣帶間關度陌阡未容身蹈海空有淚如泉同盡哀巴肅何辜譴鄧虔微軀
仍戀 闕敵愾但空拳（戊戌八月余出京後先生四日）繞樹俱三匝投荒共一廛淒涼王粲賦慘憺子卿
氈消息 房州斷憂傷絕域牽秦庭無路哭吳市更誰憐客睡方難著凶聞況屢扇將
軍斗米道王母水衡錢主器如棋置佳兵玩火燀豺狼橫輦轂蛇豕鬥幽燕竟以千秋
業翻從一擲捐陳騷西極馬險失北門鍵隴塞聞鈴雨滹沱執橐饘諸侯娛棧豆逐客
泣蘭荃籲帝知何補呼羣共式遄丸泥塡瓠子援日入虞淵鶉首天方醉精禽力已綿
分攜贈斗柄行邁卜筵篿杖屨隨春遠芒鞵踏地穿馱經追法顯鑿空陋張騫舍衛衢
泥入須彌倚鑾眠夜吟紅海月曉碾落機煙突厥宮依疊波斯寺禮祆火山遺市掩獅
首古陵鐫陳迹原堪弔新華亦可搴仁賢友僑肸掌故問聃籛政敎三千禩圖經二十
編（先生有二十國游記）質文資損益成壞說因緣反顧憂嫠緯傷心拜杜鵑蕭蕭髭鬢白冉冉歲時

二

遷四塞祲氛惡羣黎疾厄駢昊天何不弔恨海耿難填蛇影鬨殊變 龍胡叵少延哀哀身莫贖惓惓淚長懸夙謂新吾國終焉藉主權溯圖從己矣前事倍潸然蕭瑟哀時客覊愁瘴海壖生憎花的爍可奈水潺湲極目隨回雁驚魂墮跕鳶江山已寥落吾道況屯邅永憶違函丈相望闊海田公私幾憂患毀譽兩拘攣望眼窮天末心期託素箋索居書咄咄示疾念拳拳潮拍須臍浦樓開八九椽海風猶可吸時卉亦能妍舊有爲鄰約中間百罣纆亂離重捧手欣喜欲忘筌青史遲陳範吾廬合草玄論詩酬二鳥講學待三鱣卽此甘幽屏何由墮象詮功名原失馬流俗任憐蚿卻上高樓望翻然萬感閱楚雲常漠漠漢月白娟娟時節催啼鴂芳心委暮蟬吾徒空老大何地足回旋萬姓方瞻止千金尚愼旃員輿正杌隉閒氣必騰騫超也駑思駕猶之埴在埏立誠常惕若未濟卜終焉物役情何極心齋地幸偏潮音惟喜受暫擬住初禪

風月界之翹楚。傾覆無數男兒之身家。以致富饒。而宮室車馬。皆取辦於茲者也。此爲盡人皆知之事。吾縱不相告。君亦終能知之。其始終不知者。惟吾女一人而已。晏陀鼇聞此一席之談。已驚駭欲絕。到此乃竊問之曰。而女眞未之知乎。曰。君尙何疑。頃聞之僞書中所云云。吾女猶自深信。遂爲人紿至此地。君猶未瞭然乎。曰。娘子到此。是否仍私作冀望。欲卒瞞而女耶。媧娜欷然曰。吾今後更不作何等冀望。蓋已願望都灰也。獨者吾不忍無罪愛女。蒙此奇辱。吾已竭吾力爲之洗脫。吾甚願捐棄舊業。退隱於山林。更望於彼中得遇忠謹之士。能不念吾前愆。而惠好吾女者。將以吾女嫁之。倘其人有憎於吾媵送之貲。以爲非義之物。吾願悉敬之以振窮乏。或猶以吾依吾女爲有玷。吾願嫁女後。逃諸異域。終身不復相見。甚或以吾之偷息人間。終覺玷辱。吾更可以自殺。晏陀鼇聞此。不禁舉首揚目以視。媧娜又曰。吾之爲吾女謀。至不惜犧牲其性命財產。亦可謂至矣盡矣。然又何濟於事。吾本不欲以半生之汚行。盡告其女。私意以爲毋寧告諸其夫壻。今既爲奸人所算。卽使吾女親至此地。吾雖欲自掩。亦已不能。吾女今將竊問吾。吾亦更不能不告。明知吾女聞之。將有備極難堪者。然事至於此。亦無可奈何也。君今已知吾之眞實地位。須當自審擇之。爲問伊爾溫之子爵。能自貶損以娶陸麗娘子之女兒否。願君明以告我。雖然。吾亦非迫君立決取舍。此何等事。吾知君必不忍面斥其非。君縱羞爲吾壻。或欲與吾訂何等之約束。亦當不肯徑向吾言也。君倘顧念與吾女之情愛。或者舉此種種障礙。而悉以愛慕之念尅化之。吾更當深感高誼。願君反覆思之。而終有以自決其行否也。蓋吾言尙多未盡。君細思之。意在言外。況談已過久。姑止於是。請更往見剛騰。吾所未盡。彼必能爲我更語君矣。晏陀鼇形容大變。駭惶欲絕。猶勉荅之曰。吾深謝娘子之坦懷告語。尙望娘子之許其再來也。曰。來此處耶。不能矣。曰。否。到意大利康衢華都娘子之家中耳。曰。君他日果爲求婚而來。吾乃接待君。至爾時。君儘能自決。計事之成否。在此一舉。果其不成。則君之枉顧。亦當從此而止。事貴果決。更不容委靡因循。蹉跎歲月也。吾惟欲更以一言相告。願君聽之。他日德理斯所擇得之夫壻。縱使家道淸貧。而又不受吾媵送之貲。亦不至令其妻淪於貧乏。蓋其亡父之姊妹。適遺彼以巨貲。其數不止二百萬佛郞也。姠娜先前言。大足以動晏陀鼇之心。此婚事固猶有可望者。惜乎最後數語。翻成蛇足。非徒無益。且更害之也。晏陀鼇旣聞此語。矍然遽起。面含愧憤之色。略一躬身。徑趨出門而去。其駭疾如是。幾若脫兔。眞覺出人意表。使人雖欲止之。亦不能及。婀娜幾欲追躡而要返之。又恐輕舉妄動。更增一大錯。遂癡立不敢前。但目送之。自念曰。此必因吾之語及貲財有以傷觸之也。吾未告以德理斯之生父實爲何許人。彼殆以爲其父與母皆同此卑汚苟賤。彼惟愛其女。而不復問其父母之惡行。故不憚娶之。而其父母之所賸送。則必不可受。寧娶一隻身之貧女。必如此而後心跡雙淸。今乃復以巨貲相歆。是無異謂其可以利動。此其所以羞之也。其實此貲財並非汚穢之物。遺此貲於德理斯者。實爲其姑迦爾尼爵夫人。並不辱沒。使其知此。當不至於一旦去之若浼。今彼旣硜硜自守。落落難合如是。吾更不可耐。不如乞致剛騰告彼。使之從茲絕跡。吾之爲此。果斷剛騰亦必深韙之。爾後將與吾女另擇佳壻。藉剛騰之相攸。當不難旦暮遇之也。吾知德理斯之心固眷戀彼晏陀鼇者。然苟知晏陀鼇適纔之舉動。當必意冷心灰。其情意將銷滅於無何有矣。吾今即往告之。乃返身入室。徑覓其女。一時意氣所激。未暇致詳。及將至廳事。其氣已漸平。稍知慮患。念何以告其女。不覺踟躕。復自計曰。吾十餘年之艱難辛苦。一朝爲奸人所敗壞殆盡。彼奸人一施其手段。而吾母若女同被其害。德理斯旣失其潔白之情人。而吾之行止亦一發無餘。吾女旣知吾平日有所隱蔽。今必窮加詰問吾將何以爲詞。吾不夫而孕彼此事何能以告人。吾實非受雇於圖釐爾商肆其所有貲財皆取諸非義。吾將何以善吾說。意不如從旁假託。謂世間有等婦人。乃以歡情爲市物。以之易取男子貲財。吾爲此言。能不汚染吾女未漓之天眞乎。更須告彼。謂吾卽爲此類汚賤婦人之一。其行事實爲貞良所羞稱者。吾能勿汗顏無地乎。凡此種種。皆令吾無可啓齒者。雖然吾終不能不告。德理斯雖一派天眞。未知世事。今經者番磨折。已有所覺觸。不復前此渾沌之天矣。倘更隱之。非徒無益。恐有後憂。則吾今之向彼自首。亦悪可以緩者。乃仰天禱告曰。天其啓牖余衷。俾余知所以善其詞令乎。乃褰簾入至廳事中。植立戶間。以觀其女。則見其注視己之肖像。見母入室。乃曰。佳哉此肖像也。阿母何來如許寶石。且常服舞衣以臨於舞蹈會中者。然阿母何故留此像於陸麗娘子家中。彼其與母相友善乎。姌娜曰。吾今告汝。謂即我便是陸麗娘子。汝其謂何。曰何謂也。阿母乃有二名耶。吾何以未之知也。曰吾以爲汝不必知之。故不告汝。吾所用此名。實爲不得已者。今而後吾其舍之矣。曰。吾甚喜。以此名殊難記憶也。母何爲用之耶。曰。久後汝將知之。且此亦過後之事。何消說得。吾行舍此宅矣。曰。此宅本阿母自居之者耶。曰。然。吾居此多年矣。曰。此中諸華麗鋪陳。皆阿母之物耶。由此觀之。母必甚富饒者。曰。吾所有儘足優游度日耳。吾之所有亦卽汝之所有也。曰。何幸如之。吾曹三人。將偕往不列丹尼。與晏陀鼇共處也。晏陀鼇何未入室耶。娓娜始趨就之。謂之曰。彼已他去矣。德理斯驚曰。彼更不與我再見羌無一言。便他去乎。惡。寧有是理者。或者阿母遣去之。則未可知耳。曰。吾不惟未嘗遣去之。且更欲止之。無如彼不聽吾言耳。女不覺陡然失色。怨曰。母何以開罪於彼耶。曰。吾所言有爲彼不樂聞者。彼遂不答一語。岸然徑行。曰。母何言耶。曰。吾告彼。謂汝適承襲一項遺貲。已巨富耳。曰。吾知母意。不過欲試其鍾情之肫摯否耳。雖然。阿母之計大左矣。晏陀鼇聞此。必以爲己身非富。愧不足以爲我配。此其自愛之心。事有以驅之去也。惟彼倘能再來。吾當明告之。謂吾身世猶昔。並非暴富。則彼可釋然矣。曰。吾兒。汝其大誤矣。此數日間。汝之境地已經一大變動。汝身之所有已過二百萬佛耶。今非昔比矣。曰。異哉。母也。吾何自得此巨貲耶。曰。汝父之姊妹遺命以此畀汝者。女訝曰。吾父之姊妹耶。阿母向未嘗語及吾父。遑論父之姊妹耶。吾都未之知也。姌娜至此。已不啻臨命之時。自知既造惡因。當受此報。亦不復畏避。心知震恐失次。而勉自斂抑。務以鎭靜出之。乃泰然謂之曰。汝其聽之。此中之情實。吾一向隱不告汝。以汝尚幼也。今則汝已長大。固當知之。吾行年十有九。曾愛戀一男子。切欲與之爲夫婦。不幸汝生後僅四年。而其人遽喪。德理斯愕然。眙視其母。狀若驚憂。彼雖不能明白了解。然已知此爲大不了之事矣。姌娜復曰。汝父爲英吉利人。其名曰佐治。人稱之曰阿弗爾貴爵。蓋爲貴胄中人。其妹亦適貴胄之家。近方卒耳。不幸汝父尚未婚吾。不能視爲吾夫。故其姓氏不得爲汝所有。汝但能用吾之姓氏。故汝名曰華都氏之德釐斯。爲華都氏姌娜之女。而其父則爲不知誰氏。此實塵世中人所定之法律。命之如是者。汝之生世。遂爲此不公之法律所斷送。而令汝因母之罪過。蒙恥終身矣。德釐斯急以兩臂環抱母項。慰之曰。吾寧以此抱怨阿母者耶。姌娜更奮然曰。汝尚未悉知之。吾亦未便悉告汝。蓋不肯令汝因我而自羞也。顧亦不能不使汝略知其故。今徒以吾爲陸麗娘子。其生世不無可疵。此伊爾溫氏所以決計。而以爲此等婦人之子女。不能與之爲婚也。曰。否。不然。彼固愛我者。且與吾有信誓。寧肯負之。彼之決然舍去。並不爲是實爲此孽障之貲財耳。曰。大抵如是。然彼雖未肯遽棄吾人。其心終不能無所審顧。或且商諸其親友。則人人皆將勸彼敗盟。彼必從之。則將不肯再來矣。曰。彼如不再來。吾將以憂憤死矣。曰。如此則是汝因我而死矣。噫。我兒毋爾。吾不致汝死。汝當爲我而生存。且爲汝將來之夫壻而生存。汝將得遇一忠實之士。其人不但切愛汝。且能不以汝父母之罪過爲玷。亦不以汝之擁有貲財爲嫌。吾固得以汝嫁之也。曰。吾之貲財。徒令吾生種種惡因。吾不欲有之矣。曰。兒尚無權以爲此。俟兒及歲時。任自爲之。至於吾本身所有之貲財。汝如不欲保有之。吾亦將如汝姑迦爾尼夫人之遺言。捨之於倫敦巴黎諸病院中。吾寧捨棄一切。不願捨汝。自今以往。吾將與汝共處也。曰。居此宅耶。曰。否。神明呵護。斷不令汝在此得一夕之淹。從今更無陸麗姮子其人。惟有華都氏之娍娜。彼將卽日與汝共返於意大利康衢之宅中。汝願之乎。盍明告我。曰。阿母。此固吾所至願者。雖然。吾更須有一事要求也。娍娜已自述其生平。見其女亦更不加窮問。以爲可以無事。心稍慰。今見其有所要求。乃急問之曰。何事。盍語我來。女曰。吾欲再與晏陀鼇一見耳。彼倫不復愛慕我。須自爲我言之。如其不肯來。吾自往訪之已矣。婀娜知其女方在激切中。不宜與之辯論。乃默然不之荅。然已知此事未可遂了。後此之煩惱。正自無涯也。今且置之。而先述剛騰之所遭遇焉。

## 第十一回　訪倫提細談婚嫁事　詢羅句盡悉隱藏機

剛騰自與晏陀釐分道。即驅車徑造綸提氏之門。綸提氏歡然迓之。相與縱步園中。二人雖不過昨宵一面。已覺傾蓋三生。蓋天下之物。能融洽人情。使之交誼驟密者。實無有捷於飲博二事者也。剛騰既還其昨宵所貸之一千佛郎。乃相與縱談。率性而行。更無矯飾。備述其在巴黎中所行之事。然後問及綸提氏今後之所欲行。且詢其前此之所經歷。綸提氏亦無所掩藏。舉其家世生平。罄情相告。兩人談未數刻。已覺相知甚深。剛騰本具有深意者。至是乃問之曰。吾之愛友子曾爲吾言。謂頗思娶妻。其然乎。綸提氏曰。然。此固難期之事。然吾之願望如是。不能自禁。吾之盤桓巴黎。端爲此事。今實希冀其如願而償也。曰。吾已知子之所期。且知子之擇婦。並不問家世之隆替與貲財之有無。但求其人本躬之德貌言工。爲君可愛慕耳。顧吾重思之。蓋天下惟眞知灼見者。

# 西班牙遊記

南海康有爲廣厦

光緒三十二年丙午十二月十五日。自法國之南入西班牙。攜婉洛及幼女同復行。同復適自中國來。癸卯吾自印度還遊于爪哇。而同復生于濠鏡。今四歲乃復見哇哇者猶在抱也。然舟車見慣已絶不驚。法班之界曰要離。十二時于此易班車。關吏驗行李有巡警三人立焉。望見比里㒒斯大山。汽車終日穿山行。岩壑百重。峰巒萬簇。爭奇競秀。青綠未了。山秀嫩已極。嶺巓皆種葡萄。連畦接雲。望皆碧綠。漸至正峰。其高摩雲。澗水涓流。漸成河而黃色。行百里至素馬拉加市。班人屋雖四五層。甚污陋。白灰平直無他飾。裙褕襮罝闌干皆滿。污亂觸目。有極似中國北方者。瓦舊壞不堪。屋脊金字形。且垙磚夾路。以石與歐北相比。有若天淵。但甫入其境。遊其野。而班之貧弱。不治。已可窺其概矣。穿隧道三十里許。大地之隧。以此與瑞士爲最長矣。逾峰巓至西爾沙素。開大平原數十里。溝水涓涓。蓋大山之頂反平故也。漸至絶頂。但見積雪封山。平嶺純石。有

附錄 二

若臥虎。其最頂則爲大雪所蒙。不可得見。氣象雄奇。絕歐南壁。羣峰橫排。極于海濱。南走爲班葡。至海濱。爲賒尼華羣山。後穿海而成非洲。皆祖此山。爲所自出。而全班葡境半島皆山境。亦此山餘枝所騰溢而成。其山盤亘二千餘里。當冠歐洲。雖瑞士之阿爾頻岳。尚遜其大也。中國內地則無之。惟自太行走西山。隔絕漢北者似之耳。若無冬無夏。終歲青青。此惟羅浮有之。衡廬尚不及。吾未至天台雁蕩。不知相似否。但台蕩之小。比之培塿耳。吾于大地至大之山。若印度之須彌。居之經年。美加之落機。四過之。墨西哥之母山。歐洲之阿爾頻山。再穿之。及此山皆再過。而在吾國。穿居庸關。走七十里而出西山表。與及繞廬山羅浮一周。則如丘垤。殆不足數。須彌山橫絕印度南北。其長萬里。每望絕頂。雪峰若片雲在河漢。其高大爲宇內第一。在加拿大。逾落機山。汽車須三十餘時。南入美大半國。當次之。阿爾頻山汽車七時可過。逾此山十一時乃畢。吾惟未至南美安底斯山。則此山之雄奇偉大。當在第三。然須彌落機。終年常雪。如千里青峰。競秀爭榮。則此山與阿爾頻。尤令人應接不暇。惜謝康樂李青蓮不及遊也。吾生也晚。而幸當交通之運。名山屐齒。足傲前賢。逋人良用自喜也。夕七時下山。至美蘭大。九時至班家謨。羣峰次第漸低。排隊而下。如勒伏衞。如立亭盖。如劈金斧。暝色雖赴。月光照人。與積雪相映。聳崖峭壑。奇碧無盡。乃賦長歌

## 過比里臯斯大山

雪色何穹窿。横絶歐南壁。延亘三千里。天作法班隔。翩翩茜崒姿。一青惟頭白。絶頂闢大原。莽莽接蒼碧。横巘偃長胥。積玉凝巨石。突兀聳天宇。連峰走頷頷。儼若分軍隊。仗伍如部勒。亭亭旂盖出。森森金斧劈。淵流瀉絶底。渾灝黄河窄。葡萄徧山麓。蒙茸發芳澤。千岩與萬壑。競秀綠可摘。濃姿如美人。容華倚天末。不知衡岱色。頗覺台廬索。南走踰尼華。礌砢露節目。餘枝落非洲。萬里變平漠。南歐萃菁秀。宜開文明國。忽念十年戰。英雄夢已昨。山色渾不改。青青横海角。

是夕嚴臘奇寒。行徧歐北。皆不覺冷。至班境以爲漸暖。忘帶毡裘。不意白雪徧地。又適資斧已匱。是時無通行之銀行。盡易各國金錢。不足上等客位之數。所宿下位板几無暖爐。寒氣益迫。旁艙客多。如盜如丐。惡臭薰蒸。巡警數人。處處相隨。持槍巡視。似警盜然。買酒支夜。益不敢寐。與家人擁足偎寒。終不能噤。旁客來往無常。有時無人則巡警

附錄 四

亦復可畏。幸竟夕自明。越山過野。景皆絕佳。足以消遣。既而。審。知。班。境。多。盜。常劫。盜。汽。車。中。客。物。故汽。車。中。常。派。警。吏。持。槍。相。從。有時。並。警。吏。亦。被。殺。也。此夕。千。餘。里。荒。山。其劫。盜。亦。因。其。所。即大。市。密。邇。汽車。亦。常。見。此。事。班葡。交。界。處。尤。甚。後此吾一夕在上等車夜臥。有客無行李。破扉而上。目炯炯。髮蓬蓬。吾慮其爲盜。告知所攜嚮導者。乃竟夕。與之對坐。此人覺。至車站遂行。嚮導者曰。在班葡間多盜。有金銀首飾。宜別寄。否亦不可少露。行李上下宜戒慎。深夕尤宜檢點。不宜熟寐。游班葡者。不可不知也。吾行。徧。歐。美。數。巡。未聞。有。劫。盜。事。不意。來。班。而。聞。此。班與。諸。歐。比。鄰。政治。皆。同。民權。立。憲。無。異。而民。貧。多。劫。盜。行。李。多。警。人視。爲。畏。塗。乃。若。此。也。他日。吾。國。汽。車。徧。地。時。未知。尙。有。盜。戒。否。或亦。處。處。須。巡。警。隨。車。耶。若班。葡。者。不。可。不。以。爲。戒。也。

十六日早六時至兩班牙京馬得理停車場。即在王宮前御園旁。掃夫如丐。執箒而掃街道。馬車小而劣。街道狹而汚。砌以小石。犖确殊甚。屋三四層。白灰方平。無刻飾。道狹僅丈許。最廣者亦僅二三丈。時有敞地立石像噴池在。亦復湫隘。客店皆「褊」小。且無爐。行徧數大街。徧入最大客店數處。吾覩其規模之小。街道之狹。皆以爲偏僻之所。不欲止焉。既又易馬車。再徧問最大道之最大客舍。則皆昔所曾經而問訊者。乃班京第一大道。且開敞最聚衆處。如吾北京之騾馬市。吾粵之雙門底矣。市長署。前銀行各大公司皆在是。其客舍乃班京最大者。初到不知。吾猶以爲偏僻狹小也。盖吾習于歐北美東之俗。未見有狹道矮屋。而爲國京之最也。即丹墨瑞典比利時小國。其京師客店廣道之規模。亦尙偉然。不料班之大國文明。乃若是也。益爲失望。又晨光方啓。馬車馳問時。丐者已徧地隨車行。乞上車。下車。出門。行路。無在非丐者。攘臂低顏求乞之時。稍有所施。則塞門壅路。不得行。其在中午。或在廣場。或在游觀要地。乞者連環百十。或高。或下。或老。或少。或男。或女。跛者。瞽者。逐車。攔路而乞施錢。盡而不及給。或施不均。則慢罵。必待御者揮之以鞭。乃去。吾昔遊意大利。訝其多丐。今遊班。益駭其多丐。比吾京師有過之。豈凡舊國。新政未行。機器未行。養民無術。其必不能免于此乎。吾不知貞觀盛時斗米一錢。民生何若。否則必如歐北各國之政。善于養民而後可也。班與德英不遠。觀感至易。而絕不知採其政法。民無以爲養。乃多驟爲盜丐。亦可哀。夫同爲歐民。苦樂何遠也。

馬得理京散衣施多路創于西十一紀。當吾宋時。據坡陀羣岡而立。羣岡自後擁至地勢似揚州。王宮立其岡勢盡處。前盡低窪爲御園。又遠爲行宮。爲火藥房在王宮前可憑眺而盡覽其形勝也。立羣山崎嶇之中。既無江河以去其穢而便流通。又去海甚遠。以地形論。近海平陸。而膏腴不如篩非。宅中險壯。不如迦憐拿大。回人二京城。得全班之勢。要馬得理僻遠崎嶇。如州郡城市耳。以查理第五之雄。內帝德與意之壤。外啓全美洲之土。應在臨海之靈對。以宅新京。否則稍北而在稽秩。或在篩非。皆大原廣壤。綺野繡錯。運輸便利。農商豪富。胡爲其在馬得理也。不過嚯難開創。啓自山僻之侯封。漸定回疆。亦不復遷焉。查理第五以入德道近。又時巡回京而分駐之。故安而不改。至今此京長僅十里。橫僅三里。當英一里耳。曾不能當吾國府城。何有于美國新闢之萬家市邑乎。西班牙。數百年。前在宇內。實爲第一大國。自拿破倫後。美洲諸屬地盡失。而非利賓。古巴。猶爲其殖民之地。即論本國。土十九萬英里。在歐土中。亦復泱泱大國。與法比。大不意其京邑之狹小如此。當時新闢大地。奄有美洲。萬貨渡海而來。咸輻輳于馬德理。于是。千年。商國之嚯尼士。爲所奪而遂衰。吾昔讀書。側望馬德理。及理斯本。庶幾。

于倫敦巴黎之殷賑焉及親至其地乃見二京之崎嶇山谷而褊小也追思昔者奄有全美時物品轉運皆賴騾馬馱來南自靈對北入要離騾鈴相屬于道陌塵飛揚正與吾京津居庸北口相同厥惟艱哉巴黎倫敦百年來式廓累增柏林五十年前人僅六萬今乃三百餘萬馬德理乃不見增如吾北京然可慨矣夫此舊國也蕞爾垤塿而已馬德理昔稱歐美轉運市第一聚歐美之貨而享受之國大民富自西十五六七紀三百年間雄霸于歐史稱其俗淫佚驕奢衣飾珠寶絕麗車馬華都宮室嚴妙戲曲食譜皆別出精妙王宮尤有名歐人亦至今稱之吾未至時想像思議其富麗又于戲場見其衣製以爲國雖近弱應並駕巴黎而別開生面舊霸之國必有稍異者及親見之乃若無觀凡舊史所談今人所道皆非也其市道之狹隘宮室之灰汚乞丐盈道一望皆然其居室之內多墊白石亦有走樓間以鐵網陳以花木惟外觀不整素灰無飾或多凋壞亦不修治其內室似稍麗而厚壁階磚樓道灰土色迫人不惡壞則樸拙絕無歐北精妙華雅之氣其宏大而帶土气尙不如印度乃甚似中國北方但內室華飾與崇大過之京師第宅之內鋪設亦有精美者但皆不顧宅外故道汚屋舊壞令觀者失色

正與班同也。美德之宅。以園林環外。而一屋峙中。又復樓塔詭妙。閣廊突兀。五色相宜。家家異式。故望之滋美。班乃高墻圍宅。但見敗磚落灰。內美不彰。覩之黯然。正與中國同。京市僅有一二大街。雖或百貨闐溢。而狹溢卑小。過之而不知。吾常入其大銀行。灰樓兩轉。綠板無飾。如吾國當店。然其視紐約芝加高三層樓入雲。文石摩色。以為階壁。光彩照耀。廣大都華。比之何啻蟻壤也。入其大戲園。略飾金彩。而剝舊皆用廂房。而紅板甚粗。地毯污舊而壞。壁不塗飾。戲曲服飾鋪設。與歐北皆稍異。而土气不除。比之巴黎之華妙。有都人鄉夫之別。戲調之女。時帶男聲。即看戲諸廂房之婦女。傾國之富貴者備在矣。而衣飾不甚華。鑽石雜寶無多。求如巴黎紐約之寶光照耀者甚少。亦遠不能如倫敦柏林焉。惟陳市廛中婦女衣飾。常多新式耳。其道路雖劣而狹。公園雖荒而塵上。而遊者車馬無數。油壁新式。駱黃雄姿。相隨踵接。當夕陽至黃昏時。富貴家必以車馬一出遊為榮譽。至入夜八時乃歸。大街之中。驅車者非別以金錢領憑牌者。不能馳也。以道狹故。無憑牌者。旁行地。小道犂全京。僅此一二大街。自公園還至市長署。戲園前。及夫王宮議院。不過三數里。迴環周遭。載馳載驅。只此矣。道狹人衆。轂擊肩摩。

# 東坡樂府

東坡詞傳世者自汲古閣四印齋外更無善本歸安朱古微侍郎重爲編訂依据宋傅藻紀年錄王宗稷年譜及國朝王文誥總案以年爲經而緯以詞其無可考者用馮注玉溪生詩例別爲一卷所有誤入他人之作考證已明確者悉皆删削不載此書出而坡翁一生出處行藏之跡與其愛國之誠憂時之隱讀者不待冥思窮索而可得之匪特爲倚聲家所珍秘而已本局特向朱侍郎借得木板刷印三百部每部二册定價一元

上海福州路廣智書局白

## 最近中國財政論綱目次

（計五百六十餘頁 定價洋二元四角）

第一章 總論
第二章 中央收入
經常收入
漕糧 京餉
關稅 海關
一進口稅
二出口稅
三子口稅
四沿岸稅
五噸稅
六鴉片稅
常關
附 鈔關
雜欵
固本兵餉
籌備餉需
邊防經費
協餉 船廠經費
內府經費 雜項
臨時收入 協餉
捐項 借欵
第三章 中央支出
宮內費 俸食
養廉 公費 軍
政費 一陸軍
二海軍 教育費

湖北周棠編輯

民政費 司法
費 交通費 財
政費 邊防費
交涉費 典禮費
工程費
官業支出
公債償還費
第四章 地方收入
地租 地租種類
田制 田數稅率
徵收 耗羨 地
丁銀 漕糧 租
課 糈折 附赫
德氏中國地租改
良意見書
鹽稅
鹽稅之組織
行鹽法
區域及鹽額
鹽稅及鹽釐
官業收入 造幣
局 雜業 公債
雜稅 牙稅
礦稅 花稅 契
稅 當稅 總收
入 結論

第五章 地方支出
行政經費 官吏
報酬 俸給養廉
公費 軍政費
民政費 司法
費 教育費 交
涉費 交通費
典禮費 財政費
工程費 河工
海塘 營繕
官業支出 邊防
費
外債償還費
公債償還費
第六章 結論
附錄
宣統元年各省歲入
歲出表
宣統三年豫算總案
度支部豫算說明書
資政院議員豫算審
查報告書
各省各項入欵表
宣統三年每月賠欵
外債表

**總發行處** 上海羣益書局 漢口昌明公司

---

奇情小說 **盜面出版**

新會陸鴻璧湘鄉張默君合譯○敘少年性戇愚而多金有人涎其貲巧竊其廬山眞面及聲音筆迹易以他貌致其親舊咸莫之識幸遇異人百計援之出險其摹寫貧民之慘淡俠客之神奇人之情義靡不淋漓盡致可泣可歌末段寫此次墨西哥革命眞像足資社會研究文筆酣暢亦莊亦諧誠說部之最有價値者也

（定價每冊大洋五角）

代售處上海四馬路廣智書局

萬國人物傳

萬國地理志

萬國商務志

中國商務志

教育學史

政治學新論

經濟教科書

世界進化史

人羣進化論

社會學

歐洲文明進化論

滿洲處分案

國文語原解

飲冰室癸卯集

以上十四種每種定價大洋二角合購二元

上海廣智書局印行

# 二十世紀大著作名家童君愛樓實驗自來血保証書

明州童君愛樓著作等身生平擅長詩文書畫小說戲曲等一切撰作大江南北久噪文名歷在本埠各譯局各報館秉筆多年海內文學界中莫不知有此君其爲文莊諧並作獨闢町畦實爲近今二十世紀著作家中有數人物因其朝夜著作操勞過甚以致心血大衰精神困憊時患喘咳百藥無功今讀其來書能知其服本藥房自來血後其病如失精神倍增仍能深宵著述不知勞倦深讚本藥房自來血有起衰扶弱之功今特將其惠書照登於下藉見自來血大有功於人之以思慮致疾云云〇五洲大藥房主人雅鑒今啓者鄙人向以筆墨餬口歷在廣學會山西大學堂譯書院萬國商業月報館字林滬報娛閒日報文娛報鶴鳴報春申諸處辦事多年自顧不文著書至數百萬言一人精神有限終日埋頭窗下竟成了肺喘之症近更書寫稍久神志易昏不能如舊時深宵著述莫知苦辛鄙人亦稍諳醫理念小恙之來多由心血暗耗致陽氣飛越成神衰咳喘痰多內熱之症服多方均不見效後自去秋八月間服貴藥房自來血後不覺喘平痰少仍得耐勞蓋由補血而得能若此也心感之餘爲作此書聊伸謝悃幷告學界諸君之抱有同病者即頌財安厲本埠大馬路德仁里六弄志强學堂內童隱頓

海內諸公如蒙惠購請認明全球老牌商標每瓶內加附五彩認眞劵一張值洋一角保證書一本方不致誤小瓶一元二角每打十二元大瓶弍元每打二十元託局函購原班回件

**總發行所上海四馬路老巡捕房對面五洲大葯房抄登**

辦理船政支應處委員五品銜福建候補知縣賴永福大令服自來血

# 得補腦筋兼治遺精之實效

五洲大藥房總發行所主人鑒鄙人前在船政文案兼發審差次患痔甚劇兼有遺精之症四肢乏力平日行動不便坐臥不安如是經年幾有支持不得之勢醫者皆稱爲先天不足或思慮過傷所致鄙人雖信其言無如百方調治服補不下數十劑毫不見效深知勞神若不早圖卸肩得以靜息一時於賤軀實有關礙去歲春正欲稟請委代忽蒙松鶴帥調辦支應處差以奉諭諄諄不得不仰體憲意竭力從公惟該處出入款目頗鉅而往來公牘又繁鄙人責有專司凡事無巨細靡不悉心經理以致精神日益疲敝不特舊症未除而左鼻孔每日子午兩時常流濃水臭不可當人皆稱之爲鼻淵實由腦筋過傷之故其時約在客秋九月也得症以後夜不能眠飲食頓減雖曾購服各國馳名補品時而稍愈時而復發心甚憂之幸於本年春間閱報始悉 貴藥房存心濟世所售人造自來血服者口碑載道其功效無比遂即專差晉省赴南街詹斗山紙坊由 貴號分局購得兩小瓶服之果驗精神較健於前嗣後復由敝友程光明太尊處讓來半打服未完而諸症業從消除迄無復發噫此種妙品謂之全球第一靈驗丹誠不愧於此功此德實皆出自 貴藥房之所賜也謹具數行聊以誌謝並乞登報是禱專此順頌

財安

自來血價目 大瓶二元 小瓶一元二角 每打 二十元 十二元 託局函購原班回件凡各界諸君如蒙惠顧 須認明全球老牌商標 每瓶附有 值洋一角之認眞劵一張 五彩保證書一本 方是眞的

●總發行所上海四馬路老巡捕房對門五洲大藥房

抄登

在奉天有患皮膚拆裂者服韋廉士大醫生紅色補丸而全愈

奉天八旗工藝廠事務長常捷君來函云○余遍體曾發紅癍奇癢難堪雖經試用中西各藥內服外敷皆無效驗後承本廠醫士徐君榮舫勸服韋廉士大醫生紅色補丸未及兩瓶所有紅癍消除淨盡今則身體强健毫無疾病特誌數行以表韋廉士大醫生紅色補丸之奇功

韋廉士大醫生紅色補丸中國各處藥局商店凡經售西藥者均有出售如內地無從購買可直向上海四川路八十四號韋廉士醫生藥局

中國總發行函購或向重慶白象街分行函購亦可價銀每一瓶大洋一元五角每六瓶大洋八元遠近郵費一律在內